제5판

新 관광법규론

최철수 · 김판영 공저

기문사
KIMOONSA
www.kimoonsa.co.kr

머리말

Preface

관광법규는 대한민국의 관광정책과 방향이 함축되어 있기 때문에 이를 이해하지 않고서 관광산업을 전반적으로 이해한다는 것은 사상누각과 같은 이치일 것이다. 따라서 관광법규를 이해한다는 것은 우리나라 관광정책의 흐름을 파악할 수 있으며, 관광의 미래를 가늠할 수 있는 초석이 될 수 있다. 또한 관광법규는 관광행정담당자에게는 행정집행을 위한 지침서가 될 수 있으며, 관광사업자에게는 사업의 설립에서부터 경영에 필요한 사항을 내포하고 있다. 그리고 관광종사원에게는 서비스 자세와 사명감 등에 관한 사항을 포함하고 있으며, 모든 관광종사원 자격시험에 필수 과목으로 선정되어 있기 때문에 이를 이해하지 않고서는 자격증을 획득하기 어려운 실정이다.

관광법규의 중요성에도 불구하고 관광학을 전공하는 많은 학생들이 법률용어의 생소함, 법률 · 시행령 · 시행규칙을 복합적으로 이해해야 하는 어려움, 그리고 관계 분야 법률과의 연관성으로 복잡함 등으로 인해서 법규를 혼자만의 학습을 통해 이해하고 해석하기란 녹녹한 일이 아니다. 기존의 법규 관련 서적들이 많이 출간되어 사용되고 있지만 법률의 나열에 치우치거나 법률 해석만을 고집하는 경향이 있었다. 오랜 시간 동안 관광법규를 강의하면서 실무적인 차원과 병행하여 보다 쉽게 설명하고, 이해하기 편하며, 수험생이나 관광학도들에게 법규를 친근하게 접근할 수 있는 교재가 절실히 필요함을 인식하였다.

이러한 생각을 바탕으로 관광법규를 공부하는 모든 이들에게 보다 쉽고 명확하게 이해할 수 있도록 교재를 구성하고 서술하려고 노력하였다.

첫째, 관광법규를 이해하는데 반드시 필요로 하는 법에 대한 기초적인 사항을 간략하게 소개하였다. 법의 적용 범위, 법령 해석 등을 소개함으로써 법의 기초지식을 함양토록 하였다.

둘째, 대한민국에서 현재 시행되는 관광법규의 이해를 위해서 과거의 관광법규 변천사를 간결하게 정리하여 제시하였다. 관광법규의 변천을 보면 각 시대별 특징을 살펴볼 수 있고, 미래의 흐름을 직시할 수 있는 안목도 기를 수 있다.

셋째, 우리나라에서 시행되는 관광법규 중에서 관광기본법과 관광진흥법을 중심으로 법령과 관련된 분야를 상세하게 해석하려고 노력하였다. 관광학을 전공하는 학생이나 관광종사원 자격시험을 준비하는 학생들이 혼자서 법규를 이해하고 상황에 대처할 수 있는 역량을 기를 수 있도록 해석에 주안점을 두려고 노력하였다.

넷째, 관광진흥법의 법률과 시행령, 시행규칙 사이의 인과관계를 분명히 하고, 조문에서 제시한 사항을 시행령, 시행규칙과 연계하여 일목요연하게 정리하였다. 조항과 연관되는 시행령과 시행규칙을 동시에 기재함으로써 이해의 편리를 돕고자 하였다.

다섯째, 저자들의 오랜 실무경험을 바탕으로 법규의 학문적 차원뿐만 아니라, 실무적 차원에서의 활용도를 높이기 위해서 관광진흥개발기금법, 국제회의산업 육성에 관한 법률, 한국관광공사법의 법률, 시행령, 시행규칙을 연계하여 수록하였다.

이러한 의도에도 불구하고 저자들의 생각과 다르게 독자들에게 많은 도움을 드리지 못할 수도 있다는 두려움이 앞선다. 앞으로도 부단히 노력하여 미흡한 부분은 지속적으로 보완해 나갈 것을 약속드린다. 끝으로 졸저가 발간, 개정될 수 있도록 적극 협조해 주신 기문사의 모든 분들에게 깊은 감사를 드린다.

저자 일동

차 례

Contents

Part 1 법의 이해와 관광법규의 변천과정

제1절 법의 이해_7

1. 법령 체계 • 7
   1) 법령의 의의/7
   2) 법령의 체계/7
   3) 법원/10

2. 법의 효력 • 11
   1) 법의 시간적 효력/12
   2) 장소에 대한 효력/13
   3) 대인적 효력/14
   4) 특별법 우선의 원칙/14
   5) 일사부재리의 원칙/14

3. 법령 해석 • 14
   1) 법령 해석의 3단계/14
   2) 법령의 해석/16

제2절 관광법규의 특성_17

1. 규정 형식상 특징 • 17
   1) 성문성의 원칙/17
   2) 규정형식의 다양성/18

2. 규정 성질상 특징 • 18
   1) 자유재량성/18
   2) 획일성과 강행성/18
   3) 기술성과 수단성/18
   4) 명령규정(단속규정성)/18
   5) 행위 규범성(규정성)/19

3. 규정 내용상 특징 • 19
   1) 행정주체의 우위성/19
   2) 공익 우선성/19
   3) 평등성(집단성)/19

4. 관광법규로서의 특징 • 19
   1) 임무법적 성격/19
   2) 질서법적 성격/20
   3) 영리보장법적 성격/20
   4) 공시주의적 성격/20

제3절 관광법규의 변천과정_20

1. 개요 • 20
2. 변천과정 • 21
   1) 관광사업진흥법/21
   2) 한국관광공사법/21
   3) 관광진흥개발기금법/21
   4) 관광단지개발촉진법/22
   5) 관광기본법/22
   6) 관광사업법/22
   7) 올림픽대회 등에 대비한 관광 · 숙박업 등의 지원에 관한 법률/22
   8) 관광진흥법/23
   9) 국제회의산업 육성에 관한 법률/23
   10) 관광숙박시설지원 등에 관한 특별법/24

Part 2 관광기본법 해설

1. 관광기본법의 제정 배경 • 27
2. 관광기본법의 제정 목적 • 27
   1) 관광진흥의 방향/28
   2) 국제친선의 증진/28
   3) 국민경제의 향상/29
   4) 국민복지의 향상/29
   5) 건전한 국민관광의 발전/30
3. 정부의 시책 • 30
4. 관광진흥계획 • 32
5. 연차보고 • 33
6. 법제상의 조치 • 33
7. 지방자치단체의 협조 • 35
8. 외국 관광객의 유치 • 35
   1) 해외홍보의 강화/35
   2) 출입국 절차 개선/36
9. 시설의 개선 • 37
10. 관광자원의 보호 • 38
11. 관광사업의 지도 · 육성 • 39
12. 관광종사자의 자질 향상 • 40
13. 관광지의 지정 및 개발 • 41
14. 국민관광의 발전 • 41
15. 관광진흥개발기금 • 42
16. 제15조 삭제 • 43
17. 제16조(국가관광전략회의) • 43

Part 3 관광진흥법 개관

1. 관광진흥법의 개관 • 47
2. 관광진흥법 3단 비교 • 47

Part 4 관광진흥법 해설

제1장 총칙_53

제2장 관광사업_57

제1절 통칙 • 57
제2절 여행업 • 120
제3절 관광숙박업 및 관광객 이용시설업 등 • 128
제4절 카지노업 • 153
제5절 테마파크업 • 164
제6절 영업에 대한 지도와 감독 • 186
제7절 관광종사원 • 196

제3장 관광사업자 단체_213

제4장 관광의 진흥과 홍보_218

제5장 관광지 등의 개발_237

제1절 관광지 및 관광단지의 개발 • 237
제2절 관광특구 • 262

제6장 보칙_269

제7장 벌칙_286

Part 5 관광진흥개발기금법 • 291

Part 6 국제회의산업 육성에 관한 법률 • 301

Part 7 한국관광공사법 • 317

Part 1

법의 이해와 관광법규의 변천과정

제1절 법의 이해

1. 법령 체계

1) 법령의 의의

법(法 : law)은 국가의 강제력을 수반하는 사회적 규범이다. 즉, 사회 질서를 유지하기 위하여 국가 및 공공기관이 제정한 법률, 명령, 규칙, 조례를 의미한다. 법령(法令)은 국회에서 제정한 법률과 행정부에서 제정한 명령(대통령령, 총리령, 부령)을 총칭한다.

대한민국은 성문법(成文法)을 원칙으로 한다. 그러나 성문법이 모든 법률관계를 빠짐없이 규율하기는 어렵기 때문에 성문법 외에 관습법·판례와 조리(條理) 등의 불문법(不文法)을 바탕으로 보충적으로 적용하고 있다.

법단계구조설에 의하면 입헌주의적 법치국가에서는 헌법을 정점으로 하여 수많은 법령들이 하나의 통일된 체계를 이루고 있다. 그런데 그 법령들은 그 존재형식 즉 법원(法源)이 다양하고 생성시기가 다르며, 각각 그 제정이유도 다를 뿐만 아니라 각 법령의 입안 및 집행을 담당하는 소관부처를 달리하고 있기 때문에 법령 상호 간에 상충될 소지가 있다. 따라서 이들을 일정한 기준에 따라 분류하고 정돈하여 이론적으로 일관성 있게 체계를 정립함으로써 법률생활을 원활하고 확실하게 할 필요가 있다.

법이 사회질서를 유지하기 위한 규범으로써 통일된 국가의사를 표현하고 보편타당한 것이 되기 위해서, 다수의 법령은 하나의 국법체계 안에서 그 상호 간에 통일된 체계로서의 질서가 있어야 하며 서로 상충이 생겨서는 아니 된다(이상희, 2008).

2) 법령의 체계

한국 법령의 체계는 최고규범인 헌법(憲法)을 정점(頂點)으로 그 헌법이념을 구현하기 위하여 국회에서 의결하는 법률을 중심으로 하면서 헌법이념과 법률의 입법취지에 따라 법률을 효과적으로 시행하기 위하여 그 위임사항과 집행에 관하여 필요한 사항을 정하는 대통령령과 총리령·부령 등의 행정상의 입법으로 체계화되어 있다. 또한 헌법상의 자치입법권에 따라 법령의 범위 안에서 지방자치사무에 관하여 제정하는 지방자치단체의 자치법규도 전체적인 국법체계의 한 부분을 이루고 있다.

■ **법령의 체계**

(1) 「헌법」(Constitution)
(2) 법률(Act), 대통령긴급명령, 대통령긴급재정경제명령, 조약, 국제법규
(3) 시행령(Enforcement Decree) = 대통령령(Presidential Decree), 국회규칙, 대법원규칙 등
(4) 시행규칙(Enforcement Rule)
 = 총리령(Ordinance of the Prime Minister)·부령(Ordinance of the Ministry of 각 부처)
(5) 행정규칙(훈령, 예규, 고시 등)
(6) 조례(Municipal Ordinance) ← 자치법규
(7) 규칙(Municipal Rule)

자료 : 이상희, 2008 : 96-97.

가. 헌법

국가의 근본법으로 국가통치의 기본조직, 권력구조의 작용원리는 규정하고 국민의 자유와 권리 등 기본권을 보장하는 최상위법이다. 하위법인 법률, 명령, 규칙 등은 헌법에 저촉될 수 없다. 헌법은 국가의 근본법으로서 국가의 권력구조에 관한 기본적인 사항과 국민의 기본권을 규정하는 최고법이다. 대한민국 헌법은 1948년 7월 17일 제정되었고, 1988년 2월 25일 개정을 거쳐 오늘에 이르고 있다(박철호 등, 2008). 헌법에서는 국민의 모든 자유와 권리는 국가안전보장·질서유지 또는 공공복리를 위하여 필요한 경우에 법률로써 제한할 수 있으며, 제한하는 경우에도 자유와 권리의 본질적인 내용을 침해할 수 없도록 하고 있다. 또한 헌법에서 대통령긴급명령은 법률과 같은 효력을 가진다고 명시하고 있다.

나. 법률

헌법 제40조에서 "입법권은 국회에 속한다."라고 하여 국회가 법률을 제정하는 권한을 가지고 있음을 규정하고 있다. 이에 따라 성문의 법규범은 원칙적으로 법률의 형식으로 정립되며, 헌법 다음으로 중요한 법원(法源)이 된다. 법 가운데 입법부인 국회에서

만든 것으로 법이라는 것은 국가적 강제로 지키게 하는 사회 규범이며, 이에는 헌법, 법률, 명령이 있다. 국회의 입법권은 형식적으로 '법률'에 초점을 맞춘 것으로서 헌법에서 법률의 형식으로 입법하도록 한 것은 반드시 국회의 의결을 거쳐야 한다.

다. 명령

명령(命令)이란 행정권에 의하여 정립되는 법규범(조약 등 국제법규와 자치법규는 제외)을 총칭한다. 명령 가운데 재판규범이 되는 법규의 성질을 가진 것을 법규명령(法規命令)이라 하고, 법규의 성질을 갖지 아니한 것을 행정규칙(行政規則)이라 하는데, 이는 학문상의 개념이며 실정법상의 구분은 아니다. 헌법 하에서는 국민의 권리·의무에 관한 사항은 물론 그 밖에 많은 사항이 법률의 소관사항으로 되어 있다. 하지만, 오늘날 행정의 양적 확대와 질적 고도화에 따라 입법에 있어서도 사무의 능률적 배분이 요청되어 법률은 대략적인 사항만을 정하고 세부적 규정은 명령에 위임하는 일이 많아지면서 법원(法源)으로서 명령의 중요성이 점점 커지고 있는데, 이러한 사항을 규정하는 명령은 위임명령으로 불린다. 또한 법률에 의한 입법권의 위임에 의하지 아니하고 정립되는 것이 있는데, 이는 일반적으로 상위의 법령을 집행하기 위하여 필요한 사항을 규정하기 위한 것이거나, 명령권자의 직무를 수행하기 위하여 필요로 하는 사항을 규정하는 것으로 집행명령이라고 불린다(이상희, 2008).

라. 조약 및 국제법규

조약은 그 명칭이 어떠한가를 불문하고, 국가 간의 문서에 의한 합의를 말하며, 국제법규란 우리나라가 체약국(締約國)이 아니라도 국제사회에서 대다수의 나라에 의하여 일반적으로 그 규범력이 인정된 것과 국제관습법(예: 외교관의 특권과 면책에 관한 관습법 등)을 말한다. 헌법에 의하여 체결·공포된 조약과 일반적으로 승인된 국제법규는 국내법과 같은 효력을 가지므로, 국내법의 체계에 수용된다. 여기서 국내법과 같은 효력이란 반드시 법률과 동일한 효력만을 의미하는 것은 아니고, 법률에 해당하는 내용은 법률과, 하위법령에 해당하는 내용은 하위법령과 동일한 효력을 가진다.

마. 자치법규

헌법 제117조 제1항은 "지방자치단체는 주민의 복리에 관한 사무를 처리하고 재산을 관리하며, 법령의 범위 안에서 자치에 관한 규정을 제정할 수 있다."고 규정하여 자치입법권의 보장을 명시하고 있다. 자치법규에는 조례(條例)와 규칙(規則)이 있다. 지방자치단체는 국가의 보통지방행정관청으로서의 역할도 함께 하고 있어 국가사무에 대하여도 그 위임받은 범위 안에서는 자치법규로 국가사무를 규율하고 있고, 특히 법률이나 그 하위법령의 위임에 따라 제정되는 자치법규는 상위법령의 내용을 보완하여 전체적인 국법체계를 완성시키는 역할을 한다. 그러나 자치법규는 지방자치단체가 그 소관 사무에 관하여 주민의 직접 선거에 의하여 구성된 주민 대표기관인 지방의회와 지방자치단체장에 의하여 자주적으로 정립되는 법규범이라는 점에서 일반적인 행정입법과는 구분되며, 조례에 대한 법률의 위임은 일반적인 행정입법에 대한 법률의 위임과는 달리 반드시 구체적으로 범위를 정하여 위임하지 않고, 개괄적으로 위임하더라도 위임입법의 한계에 위반되지 않는다는 특수성이 인정되고 있다(이상희, 2008).

조례는 지방자치단체가 법령의 범위 안에서 그 사무에 관하여 지방의회의 의결을 거쳐서 제정하는 자치법규이다. 규칙은 지방자치단체의 장이 법령 또는 조례가 위임한 범위 안에서 그 권한에 속하는 사무에 관하여 제정하는 자치법규이다.

3) 법원

법원(法源)이란 말은 다의적이나 보통 법의 연원(淵源), 즉 무엇이 법인가를 결정하기 위한 근거가 되는 것을 말한다. 부연하면 법을 구체적으로 해석·적용하는 경우 그 기초가 되는 법의 존재형식이라고 할 수 있다(정희천, 2009). 즉 법의 원천(源泉) 또는 인식근거나 자료 내지 법의 존재형식을 의미한다. 관광법규는 행정법의 한 분야이기 때문에 행정법의 법원이 곧 관광법규의 법원이 된다. 행정법의 법원은 행정법이 어떠한 행태를 취하고 있는가와 어떠한 형식에 의하여 행정법의 존재 및 내용이 인식되고 있는가를 고찰하는 그 형태 내지는 형식을 말한다(정희천, 2009).

법의 근거 내지 존재형식으로서의 법원은 보통 법관이 재판의 근거로 원용할 수 있는 것을 말하며, 각국의 법제에 따라 다르나 일반적으로 성문법으로 헌법, 법률, 조약, 명령, 조례(條例), 규칙이 있다. 불문법으로는 관습법, 판례법, 조리(條理)[1], 학설 등이 있다. 대륙법계 국가에서는 성문법, 영미법계 국가에서는 판례법이 주요 법원이 되고 있다. 한국은 성문법을 주요 법원으로 하되, 민법에서는 관습법이 법률에 규정이 없는 경우의 보충적 법원이 되고, 관습법이 없는 경우에는 조리가 보충적 법원이 된다. 그러나 형법에 있어서는 성문법만이 법원이 되고 불문법은 배척된다. 상법에 있어서는 관습법이 성문법인 민법에 우선하여 보충적 법원이 되며, 행정법 등 성문법이 정비되어 있지 아니한 법 분야에서는 관습법, 판례법, 조리 등이 법원이 된다.

1) 조리(條理) : 일반사회의 정의감에 비추어 반드시 그러하여야 할 것이라고 인정되는 이치를 말한다. 즉, 많은 사람들이 승인하는 공동생활의 원리인 도리(道理)이며, 사회통념, 선량한 풍속 기타 사회질서, 신의 성실의 원칙이라는 말로 표현되기도 한다. 재판에 있어서 성문법이나 관습법의 결함을 보충하기 위하여 채용되는 경우가 있다.

■ 법령의 입법절차

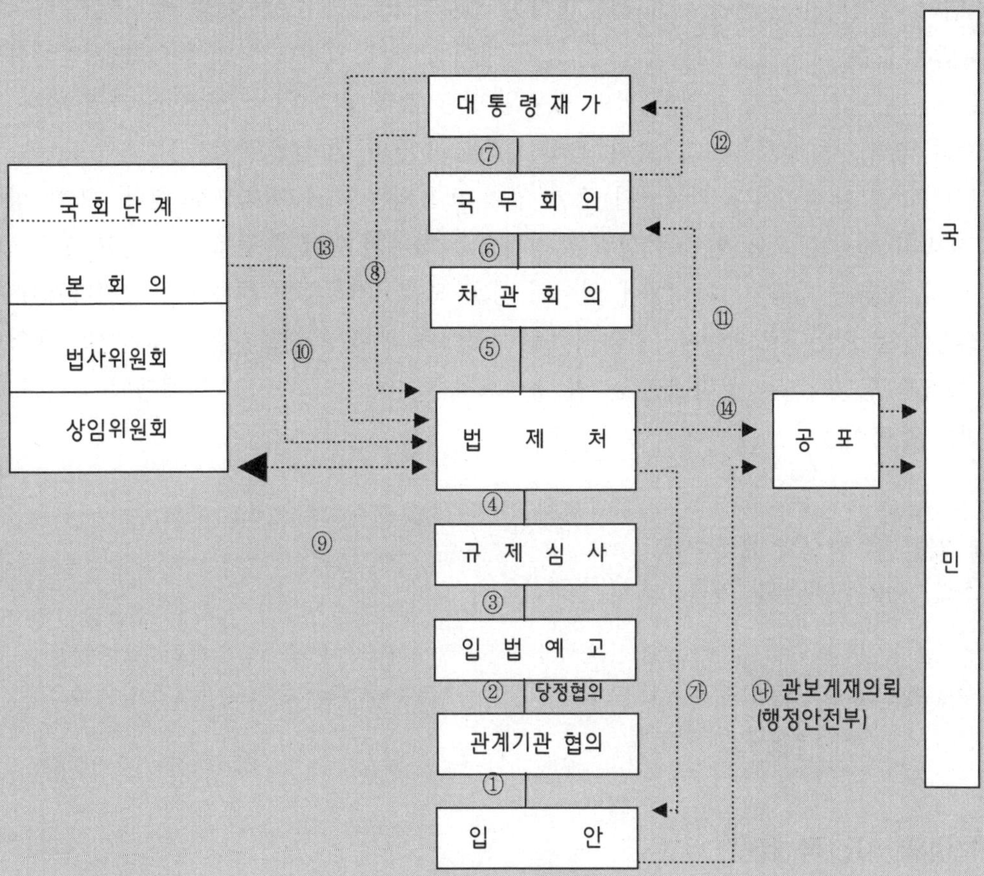

주 : 법령별 입법절차
- ㅇ 법 률 : (①~⑭)
- ㅇ 대통령령 : (①~⑧) → ⑭
- ㅇ 총 리 령 : (①~④) → ⑭ (총리령의 경우 국무총리의 결재를 거친 후 관보 게재 의뢰함)
- ㅇ 부 령 : (①~④) → ㉮ → ㉯

2. 법의 효력

법의 효력이란 법의 규범력(規範力)이 어떻게 발동하느냐 하는 것을 의미하는 것이다. 법의 효력에는 법이 왜 효력을 가지게 되느냐 하는 근거를 찾는 법철학적(法哲學的)인 문제와 그 법의 효력이 어느 시점에서 어느 사람과 어느 곳에서 효력을 발생하느냐 하는 형식적(形式的)인 문제로 구분될 수 있다. 여기에서는 법의 형식적 문제만을 다룬다.

법 효력의 형식적인 문제는 첫째, 모든 법은 그 법이 시행되는 날부터 효력이 있고 그 법이 시행되기 이전에는 효력이 없다는 법률불소급(法律不溯及)의 원칙이 있다. 둘째, 법은 모든 국민에게 적용되는데, 그 국민이 국내에 있거나 국외에 있음을 막론하고 모든 국민은 그 국가가 제정한 법의 적용을 받는 것이 원칙이다. 셋째, 국가의 법은 그 국가의 영역, 즉 영토(領土), 영해(領海), 영공(領空)의 전반에 걸쳐서 적용되고, 그 영역 안에서는 내국인이나 외국인의 구별 없이 적용되는 것을 원칙으로 한다. 또한 형식적 효력의 원칙은 모든 법령은 헌법을 정점으로 하나의 단계적 구조를 이루고 있으므로 둘 이상 종류의 법령이 그 내용에 있어서 상호 모순·저촉하는 경우에는 상위법령이 하위법령에 우선한다는 것이다. 따라서 어떤 법령에 대한 특례를 정할 경우에는 적어도 그 법령과 동등하거나 상위에 있는 법 형식으로 규정하여야 하지만 법체계의 일반적 위계관념일 뿐이다.

■ 법령 간 형식적 효력순위

헌법 〉 법률 〉 대통령령 〉 부령 〉 조례 〉 규칙

상위법 우선의 원칙이란 이러한 법령 간 형식적 효력 순위에 따라서 두 개의 법이 서로 상충하는 경우에 상위법령을 우선적으로 적용하는 개념이다. 그러나 위임형식에 따라 효력순위가 달라질 수 있으며, 조약은 법률과 동등한 위치를 갖는다.

1) 법의 시간적 효력

가. 법의 유효기간

법의 효력 시효는 일반적으로 시행일부터 폐지일까지 계속된다. 즉, 시행기간·유효기간 등으로 말할 수 있으며, 공포일부터가 아닌 시행일부터 효력이 발생하게 된다. 단, 부칙에 의거 효력이 발생하는 시점을 명시한 경우에는 예외가 된다. 그리고 법의 시행일이 정해지지 않는 경우에 법의 공포를 하며 특별규정이 없는 한 공포 20일이 경과한 후 효력이 발생하게 된다. 법의 공포일부터 시행일까지를 주지기간이라고 한다.

나. 신법(또는 후법) 우선의 원칙 : 법 폐지

법이 종래에 가졌던 구속력을 소멸시키는 것을 법의 폐지라고 하는데 법의 폐지에는 명시적 폐지와 묵시적 폐지가 있다. 명시적 폐지의 경우, 한시법에 적용되는 것으로 법이 그 시행기간을 정한 때에는 그 기간의 종료로 그 법이 폐지되는 것을 말한다. 묵시적 폐지의 경우, 법의 효력을 소멸케 하는 명시적 규정은 없으나, 구법의 규정이 신법의 그것과 상호 모순 저촉되는 경우, 그 저촉되는 범위 내에서 구법은 당연히 폐지된 것으로 본다. 이를 '신법(또는 후법) 우선의 원칙'이라고 한다.

신법우선의 원칙은 형식적 효력을 동등하게 하는 같은 종류의 법 형식 사이에 법령 내용이 상호 모순·저촉하는 경우에는 시간적으로 나중에 제정된 것이 먼저 제정된 것보다 우선하는 효력을 가진다는 것이다.

다. 한시법

일시적인 특정사정을 위하여 일정한 유효기간을 정하여 제정되는 법률을 한시법(限時法)이라 한다. 한시법은 그 유효기간의 만료에 의하여 법의 효력을 잃은 후에도 그 유효기간 중에 행하여진 법의 위반에 대하여는 그대로 적용된다. 일시적인 특정사정을 위하여 제정된 법률이라 할지라도 일정기간을 한정한 것이 아닐 때에는 한시법이 아니고 임시법이며, 보통의 법률과 같이 취급된다. 임시법(臨時法)은 일시적인 사정에 대처하기 위하여 제정되고 그 존속이 항구적(恒久的)이 아닌 법률을 의미한다. 넓은 뜻의 한시법에 포함되는 것이나, 좁은 뜻의 한시법은 처음부터 또는 사후적으로 일정한 기일에 법률의 효력이 상실될 것으로 예정되어 있는 것이다. 이에 대하여 임시법은 폐지의 시기가 명시되어 있지 않은 법률이다.

라. 법률불소급의 원칙

모든 법률은 행위 시의 법률을 적용하고, 사후입법(事後立法)을 통하여 이전의 사실에 대해서 소급해서 적용할 수 없다는 원칙을 기본으로 하는 것이 법률불소급(法律不遡及)의 원칙이다. 즉, 법의 시행 이전에 발생한 사실에 대해서는 소급하여 적용할 수 없다. 그러나 소급적용이 법률 행위자에게 유리할 경우에는 예외로 할 수 있다.

2) 장소에 대한 효력

국가의 영역이라 함은 국가가 국제법에 의하여 제한되지 않는 범위 내에서 배타적으로 지배하는 공간을 말한다. 국가영역은 육지(영토)와 육지에 접속한 수역(영해) 및 영토와 영해의 상공(영공)으로 구성되며, 법은 이 영역 내에서는 내국인·외국인을 불문하고 모든 사람에게 일률적으로 적용된다. 원칙적으로 한 국가의 법률은 국가의 주권이 미치는 영역에서 발생되는 모든 사실에 적용되며, 국가의 모든 영역 내에서 효력을 가진다.

예외적인 사항으로는 ① 지방자치단체의 조례와 규칙 : 해당 지역에서만 적용된다. ② 자국의 선박과 항공기 : 공해상은 물론 타국의 영역 내에서도 자국법이 적용된다. ③ 점령지, 조차지, 위임통치지, 외국군인주둔지, 그리고 관리지역 등 : 법 적용에 일정한 제한을 받는다.

3) 대인적 효력

법의 대인적 효력에는 속인주의, 속지주의, 보호주의, 그리고 보편주의로 구분된다. 속인주의는 국적을 기준으로 하여 자국민에 대하여 그 어느 곳에 있더라도 자국의 법을 적용하는 것을 의미한다. 속지주의는 국가의 영토를 기준으로 하여 국적과는 관계없이 그 나라에 입국하여 있는 동안에는 그 나라의 법을 적용하는 경우를 의미한다. 오늘날 국제사회에서는 일반적으로 서로 타국의 영역을 존중하는 의미에서 속지주의를 원칙적으로 채택하고 속인주의를 보충적으로 적용하고 있다.

보호주의는 국가의 안전, 영토의 보전 및 독립을 해치거나 통화 및 여권의 위조 등 국가의 공적 신용을 해치는 행위에 대하여 행위의 장소, 행위자의 국적에 관계없이 관할권을 행사하는 주의이다. 보편주의는 행위의 장소, 행위자의 국적에 관계없이 국제사회의 공통이익을 저해하는 행위(해적행위, 노예수송, 반인륜적 범죄 등)에 대해 국제사회의 구성원인 모든 국가가 관할권을 갖는다는 의미이다.

4) 특별법 우선의 원칙

특별법우선의 원칙은 동등한 법형식 사이에서 어떤 법령이 규정하고 있는 일반적인 사항과 다른 특정의 경우를 한정하거나 특정의 사람 또는 지역을 한정하여 적용하는 법령이 있는 경우에 이 두개의 법령은 일반법과 특별법의 관계에 있다고 하고, 이 경우에는 특별법이 일반법에 우선한다는 것으로서 신법우선의 원칙, 상위법 우선의 원칙의 예외가 된다.

5) 일사부재리의 원칙

어떤 구체적인 사건에 대해서 일단 판결을 내리고 그것이 확정되면 그 사건을 다시 소송으로 심리하거나 재판하지 아니한다는 원칙을 의미한다.

3. 법령 해석

1) 법령 해석의 3단계

법령은 단지 제정되었다는 것만으로 그 효용을 발휘하는 것이 아니고 그것이 시행되고 실제로 이를 작동시켜야 비로소 그 소기의 목적을 달성하게 된다. 즉 법령은 제정에 의하여 법령으로서 형태가 완성되고 시행이라는 형식을 통하여 법령으로서 효력을 가지게 되며 구체적인 사실에 포섭시켜 그 힘을 발휘하게 하는 법령의 적용을 통하여 법령 제정의 목적을 달성하게 된다.

일반적으로 법령의 해석 · 집행과정은 다음과 같은 3단계의 과정을 거친다. ① 우선 구체적 사실을 밝혀서 확정해야 하는 단계로서 이를 사실의 인정 또는 확정이라고 한다. ② 그 다음 법령의 발견 또는 검색의 단계로서 확정 또는 인정된 구체적 사실에 대하여 적용할 법령을 찾는 단계다. ③ 마지막으로 구체적으로 확정 또는 인정된 사실을 적용 가능한 법령에 맞추어 보아 구체적인 판단을 하는 과정이 뒤따르게 되는데 이를 법령의 적용이라 한다.

가. 사실의 확정 또는 인정(1단계)

사실의 확정은 사실의 인정이라고도 하며, 추상적인 법령을 적용하기 위한 전제로서 구체적인 사건성의 유무를 확정하는 것을 말한다. 사실의 확정은 원칙적으로 객관적 증거에 의하여 입증이 되어야 한다. 사실의 확정이 실제적으로 매우 어려운 경우에는 법령 그 자체가 사실을 확정하기도 하는데, 대표적인 것이 「추정」과 「간주」의 두 가지 방식이다.

나. 법령의 발견 또는 검색(2단계)

사실이 확정되면 다음은 확정된 사실에 적용되어야 할 법령규정을 찾아내어야 한다. 확정된 사실에 정확하게 적용할 수 있는 법령이 발견되면 간단하지만 복잡한 사안의 경우 꼭 들어맞는 법령규정을 좀처럼 찾아낼 수 없는 것이 오히려 일반적이다. 이런 경우에는 법령해석상의 여러 가지 기술 또는 방법이나 원칙을 응용하여 문제가 되는 사실에 적용할 수 있는 법령을 발견하도록 하여야 한다. 사실관계에 잘 들어맞는 법령을 발견하였다고 하더라도 그 법령이 헌법 및 상위법에 위반됨에 없이 적법하게 제정 · 개정된 것인지 여부, 해당 법령 또는 규정의 시행일이 도래했는지, 경과조치 등 법령이 구체적 사실에 적용할 수 있는 상태에 있는지 등을 살펴보아야 한다.

다. 법령의 적용(3단계)

사실이 확정되고 여기에 적용 가능한 법령이 발견되면 법령적용의 마지막 단계로써 발견된 법령을 확정된 사실에다가 맞추어 보는 과정 즉, 법령적용을 하게 된다. 또는 확정된 사실이 발견된 법령의 해석범위에 포함되는지 여부를 확인하는 포섭과정을 거치게 된다. 이러한 법령적용의 과정에서 실질적인 '법령의 해석'이 행해지게 된다.

2) 법령의 해석

법령해석이라 함은 법령의 구체적 적용을 위하여 법령의 의미를 체계적으로 이해하고 그 제정목적에 따라 규범의 의미를 명확히 하는 이론적 · 기술적인 작업을 말한다. 달리 말하면 어떤 사실에 대하여 해당 법령을 찾아 적용하는 것이 법령해석이라고 할 수 있다. 법령해석의 방법으로서는 일반적으로 법규적 해석과 이론적 해석으로 나누고 이론적 해석은 다시 문리해석과 논리해석으로 나누어진다.

법령 해석은 제1차적으로 문리해석에 따라 법령의 의미내용을 파악하여야 하지만, 제2차적으로 그 해석내용이 과연 사회에 있어서의 정의와 공평의 관념에 합치되는지, 또한 법의 최종목적인 공공복리의 유지 · 실현 방향에 합치하는지를 논리적으로 검토하는 해석을 하여야 한다(이광재, 2008).

■ 법령 해석의 방법

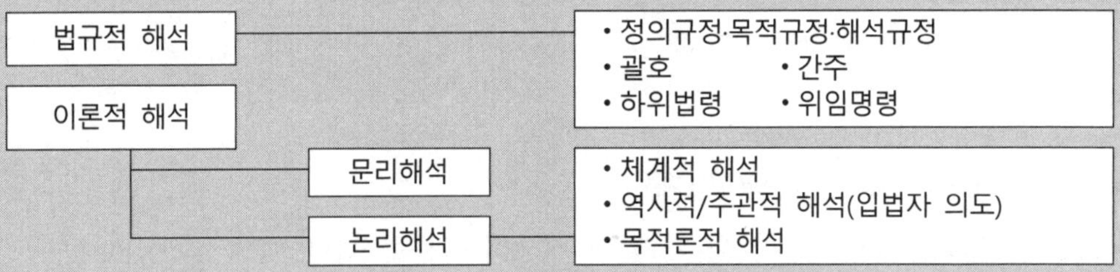

자료 : 이광재, 2008 : 56.

가. 법규적 해석

법규적 해석은 입법자가 당해 법령이나 다른 법령 중에 특별한 규정을 두어 법령규정의 의미를 명백히 하는 것을 말한다. 이는 가장 확실하고 권위가 있는 해석으로서 행정기관, 법원, 일반 국민 모두를 기속하게 된다. 법령에 정의규정, 목적규정, 해석규정을 두거나 괄호 또는 간주규정을 두는 경우와 하위법령으로 정하는 경우 등을 들 수 있다.

나. 문리해석

문리해석이란 법령규정의 문자나 문장이 의미하는 바에 입각하여 해석하는 것이다. 성문법의 해석에 있어서는 먼저 그 문자를 충실히 파악하여 당해 법령의 의미를 파악해야 한다. 다만, 지나치게 문리해석만을 하는 경우에 바람직하지 못한 결과가 될 가능성이 있다. 따라서 이런 경우에는 논리해석 등의 방법을 적용하기도 한다.

문리해석을 할 때에 주의하여야 할 점으로는 첫째, 법령의 용어는 원칙적으로 일반적으로 사용되는 의미로 해석하여야 한다. 둘째, 법령의 문자 · 용어는 원칙적으로 그것이 제정된 당시의 의미를 파악하여 해석하여야 한다. 다만 시대의 추이에 따라 변화하였다고 볼 수 있는 경우에는 해석할 당시의 사고방식에 의하여 이를 해석하여야 한다. 셋째, 법령상에 사용되는 문자 · 용어에는 입법기술상 하나의 약속 또는 관례라고 할 수 있는 사용법이 있기 때문에 그 약속 또는 관례에 따라 해석하여야 한다. 넷째, 법령 문자 · 용어의 의미는 절대적인 것이 아니라 법령에 따라 상대적인 것이라는 점이다.

다. 논리해석

논리해석은 법령의 문자 · 용어에만 얽매이지 않고 사물의 이치 · 논리를 도입하여 법령을 해석하여야 한다는 것이다. 논리해석은 조리에 근거하여 해석하는 것이기 때문에 조리해석이라고 불리는 경우도 있다. 논리해석의 방법으로서는 법령상의 문언에 구애되지 않고 입법자의 의사와도 관계없이 법질서 전체와 해당 법령 전체의 체계를 유기적으로 관련시켜 논리적으로 해당 법령의 의미와 내용을 확정하는 체계적 해석, 법령의 성립 및 변천과정과 입법이유서, 의사록 등 입법자료를 통하여 역사적 의미내용인 입법자의 의사를 해명함으로써 행해지는 역사적 주관적 해석 및 법령의 목적 · 취지에 무게를 두고 결과의 타당성을 보면서 해당 법령을 해석하는 목적론적 해석 등으로 분류된다.

제2절 관광법규의 특성

관광법규는 행정법으로서의 성격을 가지며, 관광진흥과 관광사업 발전을 도모하는 차원에서 관광법규 고유의 성격을 갖기도 한다. 행정법은 행정에 관한 또는 행정의 조직 · 작용 및 구제에 관한 국내 공법을 의미한다.

1. 규정 형식상 특징

1) 성문성의 원칙

국민의 권리 · 의무에 관한 사항을 일방적으로 규율하므로 그 규율의 예측 가능성 보장과 법적 안정성을 도모하기 위해서 성문성(成文性)을 원칙으로 하고 있다.

2) 규정형식의 다양성

단일법전 및 통칙 규정이 없으므로 그 존재 형식이 타법에 비해 다양하다. 즉, 법률에 의할 것을 원칙으로 하면서도 그에 근거한 법규, 명령, 특별권력관계 내부의 행정규칙, 지방자치단체의 조례 및 규칙 등이 중요한 역할을 수행한다(법률, 명령, 규칙, 자치법규 등이 존재함).

2. 규정 성질상 특징

1) 자유재량성

사법에 비해 상대적으로 재량의 여지가 많다. 관광법규는 관광활동의 지원을 목적으로 하기 때문에 법규 내에서 법을 수행하는 행정기관에 의해서 수행될 수 있는 자유재량의 여지를 크게 부여하는 특성이 있다.

2) 획일성과 강행성

행정법은 공익을 추구하는 것을 목적으로 하기 때문에, 관광행정주체는 관광진흥이라는 행정목적을 달성하기 위해 개개인의 의사 여하를 불문하고 다수인에 대해 일방적으로 획일적이고 평등하게 규율한다는 성격을 갖는다.

3) 기술성과 수단성

행정법은 행정목적을 합리적이며 공정한 방법으로 달성하려는 기술적, 수단적 성격이 강하다. 공공의 이익을 실현하기 위해 편의, 능률, 정확 등의 합리성에 의해서 지배되는 동시에 공익과 사익의 엄격한 구분 및 조정을 추구한다. 기술성을 가치중립성을 의미하는 것으로서 정치적 변동보다는 관광현상(사회현상)의 변화에 반응하고, 변화하게 된다.

4) 명령규정성(단속규정성)

행정법상 강행규정은 대부분 명령규정(단속규정)으로서 위반하면 벌칙이 부과되지만, 효력에는 영향이 없다. 관광법규는 관광행정의 목적달성과 원활한 관광활동을 보장하기 위해 금지 규정이나 단속 규정 등의 명령 규정을 두고 있다. 명령규정의 형태로는 과징금, 영업정지, 벌금제도 등이 있다.

5) 행위 규범성(규정성)

사법규정의 경우 당사자 간 분쟁이 발생하는 경우에 재판규범이 크지만, 행정법에서는 법치행원의 원리상 행위규범의 성질이 강하다. 즉, 국가와 국민 간의 권리 · 의무를 설정하고 국가기관의 활동에 근거를 제공한다는 점에서 행위 규범의 성질이 강하다.

3. 규정 내용상 특징

1) 행정주체의 우위성

일반적으로 명령 · 강제하며, 법률관계를 형성 · 변경하는 힘, 즉 행정주체에게 지배권을 인정하고 있다. 그리고 행정주체의 공권력 행사에 관한 법률관계를 규율하는 것을 주요 내용하고 있다. 즉, 관광행정주체가 개인에 대해 그 의사에 관계없이 일방적으로 명령 및 강제할 수 있는 우위성을 인정하고 있다.

2) 공익 우선성

권력관계나 비권력 관계를 막론하고 공익과 사익의 조화를 도모하여 전체로서의 국민 이익의 증진, 공익의 실현을 기본적인 목적 내지 내용으로 갖는다. 이 점에서 대등한 개인 간의 관계로서 원칙적으로 개인의 이익 즉, 사익을 추구하는 사법과는 그 성격을 달리한다.

3) 평등성(집단성)

많을 사람을 규율 대상으로 하므로 이는 법적 평등을 요구하게 되며, 이로 인하여 행정법의 규율 내용이 정형화되어 가는 경향이 있다.

4. 관광법규로서의 특징

1) 임무법적 성격

국가나 지방자치단체 등 행정주체의 임무를 정한 것을 의미하는 것으로 관광기본법, 관광진흥법 등의 관광법규에서는 관광행정의 주체가 관광진흥을 위하여 이행해야 할 책무와 의무를 규정하고 있다.

2) 질서법적 성격

관광법규에서는 관광사업자, 관광종사원, 관광객의 금지행위 등을 규정함으로써 관광질서를 도모하고 있다. 이는 국민의 정상적인 생활은 보장하면서도 개인의 자유와 권리를 제한함으로써 공공의 질서를 유지하기 위한 것이다.

3) 영리보장법적 성격

관광진흥법의 경우에는 기업 활동에 대해 영리성을 인정하므로 상법의 성격을 내포하고 있다. 관광사업자가 영업범위 내에서 관광객을 위해 시설과 서비스 등의 관련 행위를 제공하고 그에 따른 댓가를 청구할 수 있도록 규정하고 있다.

4) 공시주의적 성격

관광법규는 관광행정의 원활과 신속을 도모하기 위해 관광사업 및 관련 사항에 대해 일반에게 공시할 것을 요구하고 있다. 관광법규에서는 관광사업체의 등록 등의 정보 공시, 관광종사원 시험 등의 공시 등을 규정하고 있다.

제3절 관광법규의 변천과정

1. 개요

현재 한국의 관광법규로는 관광기본법, 관광진흥법, 관광진흥개발기금법, 국제회의산업 육성에 관한 법률, 한국관광공사법이 존재하고 있다.

우리나라는 1960년 이전까지만 해도 현대행정이란 측면에서 보면 행정의 질은 많이 낙후되어 관광행정과 같은 경우, 행정조직도 취약하였거니와 관광행정의 근거가 되어야 할 독자적인 관광법규마저 전무한 상태였다. 그런 상황에서 경제개발이라는 시대적 요청에 직면하면서 우선 시급한 외화획득의 수단으로 관광산업의 중요성이 인식됨에 따라 관광산업의 진흥에 역점을 둔 관광사업진흥법을 1961년에 제정하였다(정희천, 2009).

관광사업진흥법 이전에 관광위원회규정[대통령령 제1350호, 1958. 3.18, 제정]을 둠으로써 관광사업, 관광시설, 관광선전, 관광객의 유치 기타 관광대책에 관한 사항을 조사, 연구하기 위한 목적을 가졌다. 이후 관광산업의 외화획득 수단이라는 관점에서 국민관광의 발전을 도모하는 관점으로 발전하면서 한국의 관광발전을 위한 다양한 시책들이 강구되면서 현재의 관광법규 체계를 갖추게 되었다.

2. 변천과정

1) **관광사업진흥법**(1961. 8. 22~1975. 12. 31)

관광객의 유치 및 접대와 관광에 관한 시설 및 선전 기타 필요한 사항을 규정함으로써 관광사업의 진흥을 도모함을 목적으로 1961년 8월 22일 최초의 관광법규가 제정되었다. 이 법에서는 관광사업을 여행알선업, 통역안내업, 관광호텔업 및 관광시설업 등으로 대별하고 정의를 규정하고 있으며, 관광사업을 정부의 지도·감독 하에 두도록 함으로써 정부주도하의 산업 육성에 기반을 두고 있다. 또한 외국인 관광객의 유치 및 접대의 개선을 촉진하고 관광사업의 활성화를 기하기 위하여 지역별 및 업종별로 법인인 관광협회를 설립하고 그 연합체로서 대한관광협회를 설립하도록 하였다. 1963년 법 개정에서 관광사업을 생산품판매업, 관광교통업을 추가하였다. 1967년에는 관광휴양업, 관광삭도업(케이블카 등 가공한 삭도에 운반기를 달아 요금을 받고 관광객을 운송하는 업)을 추가하였다. 1971년에는 생산품 판매업을 관광토산품판매업으로 변경하여 신설하였다. 1973년에는 민박(특수한 목적으로 여행하는 외국인관광객을 그 여행의 목적에 비추어 필요한 경우 등록된 가정에서 숙박하게 하는 것)이 추가되었다. 1975년 12월 31일 이 법이 폐지되면서 관광기본법과 관광사업법이 제정되었다.

2) **한국관광공사법**(1962. 4. 24~현재)

한국관광공사를 설립하여 관광진흥, 관광자원 개발, 관광산업의 연구·개발 및 관광 관련 전문인력의 양성·훈련에 관한 사업을 수행하게 함으로써 국가경제 발전과 국민복지 증진에 이바지함을 목적으로 제정된 법이다.

3) **관광진흥개발기금법**(1972. 12. 29~현재)

관광사업을 효율적으로 발전시키고 관광외화수입의 증대에 기여하기 위하여 관광진흥개발기금을 설치함을 목적으로 이 법을 제정하여 시행하고 있다. 관광진흥개발기금법은 관광사업진흥에 필요한 자금을 지속적으로 확보·운용하기 위하여 관광진흥개발기금을 설치하려는 의도에서 제정된 법이다.

4) 관광단지개발촉진법(1975. 4. 4~1986. 12. 31)

관광사업진흥을 위하여 관광단지 개발을 촉진함으로써 관광사업 발전의 기반을 조성하고 국민경제발전에 기여함을 목적으로 1975년에 관광단지개발촉진법이 제정되었다. 당시 정부는 관광단지의 개발을 통하여 외래관광객의 유치를 증진하고, 관광사업 발전의 기반을 조성하려는 의도를 가지고 있었다. 이러한 관광단지개발촉진법에 의하여 우리나라에서 처음으로 경주보문관광단지개발이 진행되었다. 이후에 관광사업과의 일원화 과정에서 흡수되어 현재의 관광진흥법에 관광지, 관광단지 등의 개발에 관한 조항을 담고 있다.

5) 관광기본법(1975. 12. 31~현재)

1975년에 이르러 관광법규의 모법(母法)이고 근본법의 성격을 갖는 관광기본법이 제정되었다. 관광진흥의 방향과 시책의 기본을 규정함으로써 국제친선의 증진과 국민경제의 향상을 기하고 건전한 국민관광의 발전을 도모함을 목적으로 제정되었으며, 정부와 국가의 역할과 의무를 명시하였다. 2000년 1월 12일에 관광정책심의위원회에 관한 조항을 삭제하였는데 이에 이유로는 관광진흥계획의 수립, 외국관광객의 유치촉진 및 관광자원의 보호·개발 등 관광진흥에 관한 정부의 시책을 심의하기 위하여 국무총리 소속하에 관광정책심의위원회를 두었으나 그간의 운영 실적이 저조하여 존치의 필요성이 적음으로 이를 폐지하였다.

6) 관광사업법(1975. 12. 31~1986. 12. 31)

관광사업을 건전하게 지도·육성함으로써 관광진흥에 기여하게 함을 목적으로 관광사업법이 제정되었는데, 이 법은 관광사업진흥법을 폐지하고 관광사업의 육성과 규제에 관한 사항을 분리하여 종전의 잡다한 관광사업의 종류를 일부 통합·폐합하였으며, 관광사업을 건전하게 지도하고 육성하기 위하여 필요한 사항을 규정하기 위한 목적으로 제정되었다. 당시의 관광사업의 종류는 여행알선업, 관광숙박업 및 관광객이용시설업 등으로 구분되었으며, 여행알선업은 허가제로 하고, 관광숙박업 및 관광객이용시설업은 등록제로서 3년마다 갱신하도록 하였다.

7) 올림픽대회 등에 대비한 관광·숙박업 등의 지원에 관한 법률(1986. 5. 12~1988. 12. 31)

1986년의 제10회 서울아시아경기대회 및 1988년의 제24회 서울올림픽대회 등 대규모 국제행사에 대비하여 관광·숙박업 등을 운영하는 자에 대하여 외국인관광객이 이용할 시설의 정비 등을 지원함으로서 대규모 국제행사를 원활히 수행하고 아울러 관광사업의 획기적인 발전에 이바지함을 목적으로 제정되었다. 당시 교통부장관은 관광사업법에 의한 관광사업 및 숙박업과 기타 외국인관광객이 이용하는 사업 등을 운영하는 자 중에서 대규모 국제행사를 위하여 그 사업이나 시설에 대한 정부의 지원이 필요하다고 인정되는 자를 지정관광사업자로 지정하여 세제 · 재정지원을 하는 등 필요한 지원을 하기 위해서 제정된 한시법(限時法)으로 제정되었기에, 그 유효기간 만료로 자동 폐지되었다.

8) **관광진흥법**(1986. 12. 31~현재)

관광사업법에 의한 관광지에서의 관광자원의 보호 · 관리업무와 관광단지개발촉진법에 의한 관광단지의 개발업무가 각각 개별법으로 이원화되어 있어 이를 통합 규정하고, 관광여건의 조성과 진흥에 기여하기 위하여 관광진흥법으로 그 법제명을 변경하였다. 관광단지개발촉진법을 폐지하여 그 내용을 이 법에 흡수 · 통합하는 한편, 당시 규정상 불합리한 제도나 행정절차를 보완하려 하였다.

대규모 관광수요를 유발하는 국제회의의 계획 · 준비 · 진행 등을 대행하는 국제회의용역업을 관광진흥법의 규율대상으로 함으로써 1986년 당시의 관광사업의 종류는 여행업, 관광숙박업, 관광객이용시설업, 국제회의용역업, 관광편의시설업 등으로 구분하였다. 1994년에 카지노업이 신설되었으며, 1999년에 국제회의용역업이 국제회의업으로 변경되고, 유원시설업이 추가되었다. 현재 관광진흥법상의 관광사업의 종류는 여행업을 비롯한 7가지 종류로 구분되고 있다.

9) **국제회의산업 육성에 관한 법률**(1996. 12. 30~현재)

국제회의의 유치를 촉진하고 그 원활한 개최를 지원하여 국제회의산업을 육성 · 진흥함으로써 관광산업의 발전과 국민경제의 향상 등에 이바지함을 목적으로 제정되었다. 대규모의 국제회의를 개최할 경우 직 · 간접적으로 고용이 증대되고, 국제회의와 관련된 산업이 발전되며, 각종 정보의 교류로 인한 산업의 경쟁력이 향상되는 등 국제회의 자체가 하나의 산업적인 의미를 가지고 있으나 우리나라는 이러한 대규모의 국제회의 개최에 필요한 인적 · 물적 자원이 취약하며 특히 ASEM · 2002년 월드컵 등 각종 행사와 관련하여 국제회의의 유치를 촉진하고 그 원활한 개최를 지원하여 국내기반이 취약한 국제회의산업을 육성 · 진흥함으로써 관광산업의 발전과 국민경제의 향상을 도모하고자 하였다.

이를 위해 문화체육부장관은 국제회의산업의 육성 · 진흥을 위하여 국제회의산업육성기본계획을 수립하도록 하며 이 계획에는 국제회의의 유치 및 개최에 관한 사항, 국제회의 전문인력의 양성에 관한 사항, 국제회의시설의 설치 및 확충에 관한 사항 등이 포함되도록 하여야 한다. 그리고 문화체육부장관은 국제회의의 유치를 촉진하고 그 원활한 개최를 위하여 이를 유치·개최하는 자에 대하여 필요한 정보제공 및 자문을 하고, 국제회의유치를 위한 해외홍보를 하는 등의 필요한 지원을 하도록 하며, 국제회의산업의 육성·진흥을 위하여 필요한 경우에는 특정지역을 국제회의도시로 지정할 수 있도록 하고, 국제회의도시안의 국제회의 관련사업 또는 국제회의시설에 대하여는 관광진흥개발기금을 우선 지원할 수 있도록 하였다.

10) 관광숙박시설지원 등에 관한 특별법(1997. 1. 13~2002. 12. 31)

관광호텔시설의 건설과 확충을 촉진하고 관광호텔업 기타 숙박업의 서비스개선을 위하여 각종 지원을 함으로써 국제행사의 성공적 개최와 관광산업의 발전에 이바지함을 목적으로 제정되었으며, 한시성을 갖는 법으로서 2002년 월드컵 대회 등이 끝나는 시점에서 자동 소멸되었다. 이 법은 2000년 ASEM 회의와 2002년의 월드컵대회 등 각종 국제행사에 대비하여 관광호텔시설의 부족을 해소하고 관광숙박업의 서비스개선을 위하여 2002년까지 한시적으로 관광호텔시설의 건설과 확충 등에 필요한 지원에 관한 사항 기타 관광숙박업의 시설 및 운영의 개선에 관한 사항을 규정함으로써 각종 국제행사의 성공적인 개최와 관광산업의 발전을 도모하려는 의도에서 제정되었다.

■ 관광법규의 변천과정

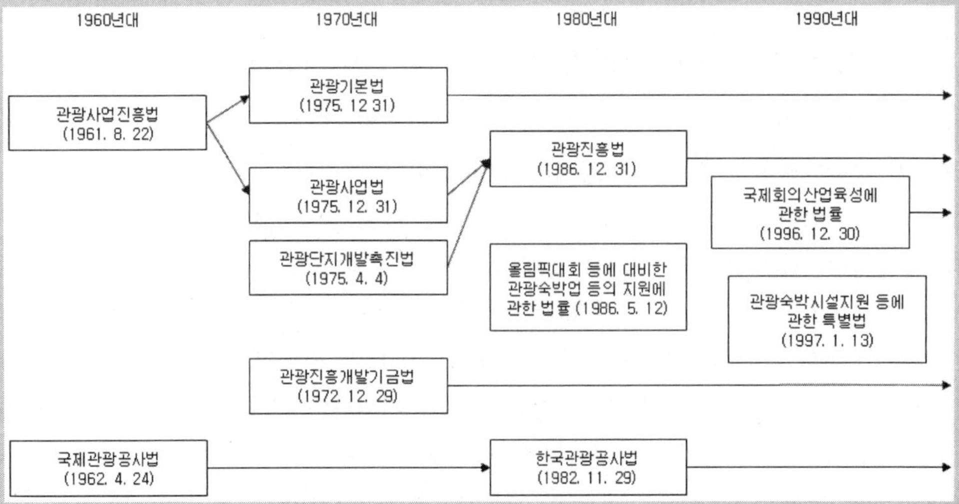

현재 관광부문과 관련하여 법령의 효력이 존재하여 시행되고 있는 관광법규로는 관광기본법, 관광진흥법(시행령, 시행규칙 포함), 관광진흥개발기금법(시행령, 시행규칙 포함), 국제회의산업 육성에 관한 법률(시행령, 시행규칙 포함)이 존재하고 있으며, 관광기관의 법규로서 한국관광공사법(시행령 포함)이 존재한다. 현행 법적 효력이 있는 관광법규의 개괄적인 구성을 살펴보면 다음과 같다.

■ 현행 관광법규

법 규		내 용
관광기본법		법률 16조와 부칙
관광진흥법	법 령	법률 86조와 부칙
	시 행 령	대통령령 67조와 부칙
	시행규칙	문화체육관광부령 73조와 부칙
관광진흥개발기금법	법 령	법률 13조와 부칙
	시 행 령	대통령령 22조와 부칙
	시행규칙	문화체육관광부령 4조와 부칙
국제회의산업육성에 관한 법률	법 령	법률 18조와 부칙
	시 행 령	대통령령 16조와 부칙
	시행규칙	문화체육관광부령 10조와 부칙
한국관광공사법	법 령	법률 19조와 부칙
	시 행 령	대통령령 12조와 부칙

Part 2

관광 기본법 해설

1. 관광기본법의 제정 배경

소비성 산업으로 인식되던 관광산업이 외화획득과 고용창출 효과로 주목을 받으면서 효자산업으로 인식이 전환되는 과정에서 관광산업의 중요성을 인식하게 되었다. 이러한 일련의 사회적 · 경제적 분위기를 고려하여 범정부적 차원에서 관광산업을 육성하려는 분위기가 조성되고, 국민관광의 활성화를 위한 기반을 마련하며, 체계적인 관광사업 육성의 필요성을 인식하게 되면서 국민관광과 관광산업의 발전을 위한 조치로써 1975년 법률 제2877호로 관광기본법이 제정되었다.

기존의 관광사업진흥법을 폐지하면서 관광기본법과 관광사업법으로 분리하였다. 관광기본법은 관광진흥에 관한 명확한 목적을 명시하여 기본법적인 성격을 명확히 하게 되었으며, 관광사업을 전략산업으로 국가적 차원에서 적극적으로 진흥하는 데 필요한 사항을 정하려고 제정되었다. 관광기본법은 관광정책, 예산, 진흥계획 등의 정부(지방자치단체 등을 포함)의 역할을 명시하고 있으며, 신법우선의 원칙에 적용을 받지 않게 되어 이후의 법의 중요한 근간이 되는 것이다(박철호 등, 2008). 즉 관광관련법규들은 모두 관광기본법의 입장에서 제정되고 해석 · 적용되어야 하는 것이다.

현행 관광기본법은 전문 16조와 부칙으로 구성되어 있으며, 국민 개인의 의무나 책임 등을 규정하기보다는 관광행정을 담당하는 정부, 지방자치단체, 그리고 국가기관의 의무와 책무를 주로 다루고 있는데, 이는 공공의 이익을 도모하기 위한 공익우선성의 성격을 지닌 법으로 사회보장법적인 성격을 갖는다.

2. 관광기본법의 제정 목적

정부에서 관광기본법의 제정을 통하여 달성하고자 하는 목적은 ① 국제친선을 증진, ② 국민경제와 국민복지를 향상, ③ 건전한 국민관광의 발전을 도모하는 것이다. 이러한 3가지 목적을 달성하기 위한 수단으로써 "관광진흥의 방향과 시책에 관한 사항"을 규정하였다.

제1조(목적)

이 법은 관광진흥의 방향과 시책에 관한 사항을 규정함으로써 국제친선을 증진하고 국민경제와 국민복지를 향상시키며 건전하고 지속가능한 국민관광의 발전을 도모하는 것을 목적으로 한다.

1) 관광진흥의 방향과 시책

관광 진흥의 기본 방향은 국내·외 관광환경 변화에 능동적으로 대응하며, 시대적 변화를 국가 및 지역발전의 기회로 활용하기 위한 조치로서 간주될 수 있다.

정부에 의해 추진되고 있는 관광 진흥의 방향은 다음과 같다. ① 삶의 질 향상에 기여하는 국민참여형 관광으로의 발전을 도모하고자 한다. 이는 국민생활관광을 도모하고 관광소외계층에게 관광기회를 확대하여 국민 모두가 관광기회를 향유할 수 있도록 하는 정부의 역할을 의미한다. ② 국제경쟁력을 갖춘 매력적인 관광한국의 목표를 달성하기 위해서 국가적 차원의 거점 개발과 지역 특화 개발을 도모하여 경쟁력 확보의 기반을 마련하고, 동북아 주변국간의 공동발전을 도모하여 국제경쟁력을 갖춘 관광한국을 실현하고자 한다. ③ 개발과 보전이 조화된 환경친화형 관광자원의 개발을 목표로 한다. 즉, 관광자원은 미래 세대에 물려줄 유산임을 인식하고, 지역문화의 정체성을 살린 독특하고 다양한 문화관광자원을 개발하며, 관광자원의 보호·개발·이용·관리를 강화하여 개발과 보전이 조화된 지속가능한 관광자원의 개발과 친환경적인 관광사업의 육성을 목표로 한다. 또한 정보 네트워크를 활용한 관광자원 및 관광안내정보시스템을 구축하여 효율적인 관광을 도모한다. ④ 남북한 관광교류와 협력을 강화하여 한반도 평화 및 세계 평화 실현의 기반을 조성함으로써 한반도 평화시대를 열어가는 관광한국을 실현하는 목표를 갖는다.

2) 국제친선을 증진

국제친선이란 외국과의 사회적·경제적 및 문화적 교류를 통하여 국가 간 또는 국민 간의 상호 이해와 협력을 돈독히 함으로써 국제사회의 평화정착에 기여하는 선린 우호관계를 말한다. 지구 전체가 하나의 거대한 촌락개념으로 바뀌어 가고 있는 상황에서는 국제친선이야말로 모든 국가의 관광정책에서 최우선으로 다루어야할 과제임에 틀림없다(정희천, 2009).

또한 관광의 기본적 활동은 여행자가 타 지역이나 다른 나라의 문화를 보고, 체험하고, 느끼는 과정이라고 할 수 있다. 이러한 관광활동의 과정을 통하여 방문하는 지역의 문화를 이해하는 것이며, 지역주민과 방문자 간의 접촉과 교류를 통하여 상호 이해와 친선을 도모할 수 있다. 지리적, 환경적 영향을 기반으로 생성된 상호 간의 문화의 이해는 서로가 다름을 이해함으로써 결과적으로 국제 친선을 증진할 수 있다.

3) 국민경제의 향상

관광산업은 단일 산업으로서 여타의 산업에 비하여 높은 성장잠재력과 일자리 창출이 가능한 고부가가치 산업이며, 외화획득 산업으로서의 중요성이 인식되고 있다. 또한 산업연관효과가 막대하여 고용창출에서도 다른 산업에 비하여 월등한 우위를 보여준다.

한국 관광산업의 부가가치 유발효과는 76.6%로 제조업(64.3%)의 1.2배에 달하며, 관광산업의 취업유발은 외래객 지출 10억 원당 22.9명으로 제조업(12.1명)의 2배에 달한다. 또한 관광산업 외화가득률은 88%로서 자동차(71%), 휴대폰(52%), 반도체(43%) 등보다 월등한 우위를 점하고 있으며, 전산업(全産業) 평균의 1.3배에 달하는 외화가득률을 보여주고 있다(국가경쟁력강화위원회, 2008). 따라서 관광산업의 육성은 부가가치의 향상, 외화획득, 그리고 고용창출 등의 효과를 보여줌으로써 국민경제의 향상을 도모할 수 있다. 또한 관광의 발전은 국가 간 무역수지의 불균형을 완화시켜질 수 있으며, 지역 간 경제 격차를 완화하는 등의 긍정적 효과를 발휘함으로써 국민경제의 향상을 기하기도 한다.

4) 국민복지를 향상

자본주의의 발전과 급속한 사회변화는 사회적 불평등과 사회적 갈등을 야기하기도 하는데, 관광에 있어서도 관광소외계층이 발생할 수 있으며, 관광활동의 부정적 영향으로 사회적 갈등이 발생할 수 있다. 이러한 사회적 갈등을 해소하는 차원을 포함하며, 모든 국민들의 여행의 권리, 행복추구의 권리 등을 보장하려는 국가차원의 활동이다.

관광소외계층에는 노인, 근로자, 청소년, 장애인 등으로서 관광활동 참여기회가 주어지지 않는 계층을 의미한다. 이러한 관광소외계층을 위해 범정부적 차원에서 국민여가활동시설을 확충하고, 이들에게 관광 참여기회를 제공하는 등의 활동을 의미한다. 유사한 개념으로서 유럽을 비롯한 선진국에서는 국민복지와 참여기회 확대를 위해 복지관광(social tourism)이 활성화되어 있는 반면에 우리나라의 경우에는 아직은 기초적인 단계에 머물러 있다고 할 수 있다. 현재 관광협회중앙회에서 주관하는 복지관광은 '우리 주변 소외된 이웃의 국내여행 경비를 국가가 전액 또는 일부를 지원해주는 제도'이며 아동, 청소년, 노인, 장애인, 저소득계층, 한부모가정, 외국인근로자, 다문화가정 등을 지원하고 있다.

5) 건전한 국민관광의 발전

국민관광이란 국민 모두가 일정 한도 이상의 관광을 즐기는 것으로, 국내관광(domestic tourism)과 국외관광(outbound tourism)을 포함한다. 국민관광은 국민 누구나가 참여하는 관광이이며, 건전한 국민관광이란 관광의 질서 유지, 퇴폐관광의 일소, 관광도덕의 고양과 계몽 등 단순히 건전한 관광풍토를 조성하는 질서적인 측면뿐만 아니라(신상준, 2000), 정책적으로도 관광참여 기회의 확대, 관광여건의 개선 등을 통하여 인간이 행복을 누릴 수 있도록 관광정책을 수립하고 시행하는 내용을 의미한다.

한국인은 행복하게 생활할 수 있는 권리를 헌법이 보장하고 있다. 행복하게 생활한다는 것은 건전하게 생활하는 경우에 한하여 국가가 개인의 행복권을 보장한다는 뜻이다(이항구, 2000). 또한 세계관광기구는 1980년 마닐라에서 개최한 세계관광대회에서 채택한 마닐라선언(Manila Declaration)에서 '국민의 여가 및 휴가의 권리를 국가 책임으로 보장할 것'을 천명하였다(정희천, 2009). 이러한 헌법에서 명시하는 행복권 추구와 세계관광기구의 선언 등을 바탕으로 모든 국민들이 행복하게 즐겁게 생활하며, 이를 위해 관광 등의 활동에 대한 제약이 없도록 하는 것이 국가적 책무이다. 이를 위해서 국가가 국민관광의 발전을 도모하기 위한 제반 활동과 시책을 강구하려는 것이다.

3. 정부의 시책

제2조(정부의 시책)

정부는 이 법의 목적을 달성하기 위하여 관광진흥에 관한 기본적이고 종합적인 시책을 강구하여야 한다.

시책이란 '어떤 정책을 시행하는 것을 의미하거나 그 정책 자체를 의미'하는 것이다. 따라서 관광진흥에 관한 기본적이고 종합적인 시책이란 정부 및 행정주체가 행하게 되는 관광 진흥에 관련한 국가적 활동의 총체로서 정치, 경제, 사회, 문화 및 교통에 관한 종합적인 행동계획을 의미한다.

우리나라의 관광정책은 1960년대 관광과 관광사업의 활성화를 위한 관광기반 확충에 역점을 두게 되며, 관광사업의 육성과 발전을 통해 외화획득이라는 경제적 목적에서 2000년대 국제 · 국내관광의 균형적 발전, 국민 삶의 질 향상, 문화관광 및 국제경쟁력 향상 등의 사회경제적 목적으로 변화하게 되었다.

■ **한국 관광정책의 변화과정**

구분	1960년대	1970년대	1980년대	1990년대	2000년대
정책 방향	관광기반 확충	국제관광 진흥	국민관광 확충	국제 · 국내관광의 균형	국민관광 향상 및 문화관광 확충
정책 목표	외화획득	외화획득	외화획득과 국민 삶의 질 향상	국민 삶의 질 향상과 국제경쟁력 향상	국민 삶의 질 향상 지역특화 상품개발
권역	–	상징적 복합권역 (8대 흡입권 24개발소권)	독자적인 관광권역 (8대 이용권 26개발소권)	법정 관광권역 (5대권 24개발소권)	법정 관광권역 (16개 시도권역)
조직	교통부 관광공로국	교통부 관광국	교통부 관광국	문화관광부 관광국	문화체육관광부 관광산업국
주요 제정법	· 관광사업 진흥법 · 한국관광 공사법	· 관광기본법 · 관광사업법 · 관광진흥개발 기금법	관광진흥법	· 국제회의산업 육성에 관한 법률	–

2차 관광개발기본계획에 의해 추진되는 관광시책으로는 ① 국제적 수준의 관광시설(관광숙박시설, 컨벤션시설, 거점 관광시설 및 관광지 개발, 관광교통체계 구축 등 관광시설)의 확충과 개발 추진, ② 지역별 특화 관광자원의 개발을 유도하며 광역적인 연계체계를 구축과 환경 친화적이고 지속가능한 관광자원의 개발 · 보호 · 이용 · 관리를 강화 ③ 문화자원의 체계적 관광자원화 촉진, ④ 국민 생활관광(관광소외계층을 위한 관광참여기회를 확대하여 국민 모두가 풍요로운 복지관광) 기반 확충, ⑤ 남북한 관광협력체계 구축 등을 들 수 있다.

제2조의2(다른 법률과의 관계)

관광에 관한 다른 법률을 제정하거나 개정할 때에는 이 법의 목적에 맞도록 하여야 한다.

4. 관광진흥계획

제3조(관광진흥계획의 수립)

① 정부는 관광진흥의 기반을 조성하고 관광산업의 경쟁력을 강화하기 위하여 관광진흥에 관한 기본계획(이하 "기본계획"이라 한다)을 5년마다 수립·시행하여야 한다.

② 기본계획에는 다음 각 호의 사항이 포함되어야 한다.

1. 관광진흥을 위한 정책의 기본방향

1의2. 관광의 지속가능한 발전에 관한 사항

2. 국내외 관광여건과 관광 동향에 관한 사항

3. 관광진흥을 위한 기반 조성에 관한 사항

4. 관광진흥을 위한 관광사업의 부문별 정책에 관한 사항

5. 관광진흥을 위한 재원 확보 및 배분에 관한 사항

6. 관광진흥을 위한 제도 개선에 관한 사항

6의2. 관광산업 인력 양성과 근로실태 조사 등 관광 종사자의 근무환경 개선을 위한 기반 조성에 관한 사항

7. 관광진흥과 관련된 중앙행정기관의 역할 분담에 관한 사항

8. 관광시설의 감염병 등에 대한 안전·위생·방역관리에 관한 사항

9. 그 밖에 관광진흥을 위하여 필요한 사항

③ 기본계획은 제16조제1항에 따른 국가관광전략회의의 심의를 거쳐 확정한다.

④ 정부는 기본계획에 따라 매년 시행계획을 수립·시행하고 그 추진실적을 평가하여 기본계획에 반영하여야 한다.

관광진흥계획을 체계적으로 수립하도록 하고, 계획의 실효성을 높이기 위하여 관광진흥에 관한 기본계획의 수립 주기 및 기본계획에 포함되어야 하는 세부 사항을 규정하며, 기본계획에 따라 매년 시행계획을 수립·시행하고 그 추진실적을 평가하여 기본계획에 반영하도록 하는 것이다(2017년 11월 28일 개정).

관광진흥계획이란 관광진흥을 위한 바람직한 목표를 수립하고 그 목표를 달성하기 위 수단을 탐색·개발하여 설계한 문서로 관광진흥지침서와 같은 것이다. 관광진흥장기계획은 관광기본법의 목적을 달성할 수 있도록 구체적인 정책수단들을 개발하여 체계화한 종합계획으로 수립하여야 한다(정희천, 2009). 정부가 수립한 기본적이고 종합적인 관광시책을 최선의 방법과 수단을 통하여 능률적으로 실시할 수 있도록 장기계획과 연도별 계획을 수립하되, 계획의 중요성을 감안하여 국가의사를 결정하고, 일정한 구속력을 부여함으로써 행정 각 부처가 일관성 있게 계획을 실행하도록 한 것을 의미한다. 이러한 관광진흥계획은 행정계획으로서 당면계획(당장 시행해야할 계획), 단기계획(2~3년 계획), 중기계획(5개년 계획, 관광진흥 5개년 계획), 장기계획(10년 이상 계획, 관광개발기본계획)으로 구분된다.

5. 연차보고

제4조(연차보고)

정부는 매년 관광진흥에 관한 시책과 동향에 대한 보고서를 정기국회가 시작하기 전까지 국회에 제출하여야 한다.

행정부의 정책에 대한 입법부의 감시와 견제는 필수적이다. 따라서 매년 문화체육관광부에서는 '관광동향에 관한 연차보고서'를 작성하여 정기국회 개시 전까지 국회에 제출하고 있다. 연차보고서를 국회에 제출하도록 규정한 것은 첫째, 국회는 국민의 대표기관이므로 국회의 통제를 받는 것은 물론, 국민에게 지난 한 해 동안의 관광행정의 실적과 동향을 보고하고 알림으로써 책임행정을 구현하도록 하기 위함이고 둘째, 정기국회는 다음 연도의 정부예산을 심의·의결하는 예산국회이므로 관광예산심의에 도움을 주고 협조를 구할 수 있으며 셋째, 관광법률의 제정 또는 개정 시에 입법참고자료로 활용할 수 있게 하기 위함이다(정희천, 2009).

관광동향에 관한 연차 보고서의 내용에는 지난 한 해 동안의 주요성과, 세계 및 우리나라의 관광동향, 국민관광 및 국제관광의 진흥, 관광자원개발, 관광인력 양성, 관광산업육성, 관광교통발전, 관광관련기구와 활동, 지방자치단체의 관광진흥에 관한 실적, 그리고 다음 연도의 주요관광정책 방향 등 관광에 관한 모든 시책과 활동을 포함하고 있다.

6. 법제상의 조치

제5조(법제상의 조치)

국가는 제2조에 따른 시책을 실시하기 위하여 법제상·재정상의 조치와 그 밖에 필요한 행정상의 조치를 강구하여야 한다.

정부시책을 구체적으로 실시하기 위해서는 필요에 따라 법을 만들거나 예산을 확보하거나, 또는 세부적인 행정조치를 취하여야 하기 때문에 법제상·제정상·행정상의 조치를 취하도록 국가에게 의무를 부과한 것이다(정희천, 2009). 법제상 조치란 국가는 기본법 제5조에 의하여 관광과 직·간접적으로 관련되는 입법조치를 할 수 있다. 즉, 관광여건을 조성하고 관광자원을 개발하며, 관광사업의 지도 및 육성을 도모함으로써 관광진흥에 기여하기 위한 관광진흥법의 제정, 관관사업을 효율적으로 발전시키고 관광외화수입 증대에 기여하기 위한 관광진흥개발기금법의 제정, 관광진흥을 위한 선도적 역할을 담당할 한국관광공사를 설치·운영하기 위한 한국관광공사법의 제정, 국제회의산업을 지원하고 육성하기 위한 국제회의산업 육성에 관한 법률, 그리고 법의 제정 및 관광사업에 대한 세제상의 특혜를 부여하는 등의 관광진흥을 위한 법률의 제정을 의미한다. 재정상의 조치란 예산안의 작성, 국회의 보고 및 국회의 통과, 예산의 집행을 의미하며, 관광관련산업에 대한 직·간접적인 투자, 재정지원(보조금 지급 등), SOC투자, 특정업종에 대한 지원 및 세제상의 혜택 등을 줄 수 있다. 그 밖의 행정상의 조치는 법제상·재정상의 조치를 제외한 모든 것을 의미한다(박철호 등, 2008). 외국인 관광객 유치를 위한 출입국절차의 간소화 등은 정부가 행정상 취할 수 있는 적절한 조치의 예라 할 수 있다.

■ **법제상·재정상·행정상의 조치의 사례**

구분	내 용
세제 감면	관광호텔 외국인 숙박용역에 대한 부가세 영세율 적용, 관광호텔 부속 토지 재산세 감면, 과밀억제 권역 내 관광호텔 취득세·등록세 완화, 여행업 관광알선용역 영세율 범위 확대, 임시투자세액 공제적용 대상에 전문·종합휴양업 추가, 관광단지 개발·투자에 대한 조세 부담을 산업단지 수준으로 완화 등
규제 개선	관광(단)지 지정 신청 전 권역계획 변경승인 절차 생략, 관광(단)지 개발 사전환경성 검토 절차 개선, 관광개발 관련 경미한 변경의 경우 절차 간소화, 관광휴양지 내 건축물 층수 제한 완화, 유스호스텔 숙박시설 기준 개선, 식품접객업 영업장내 객실/객석 설치 의무 개선, 관광사업 지역 내 설치하는 옥외광고물을 허가의무에서 제외, 유원지 내 설치가능 시설 확대, 여행업 등록 자본금 기준 완화 및 여행객 보증보험 기준 강화 등
서비스 개선	중국관광객 비자제도의 획기적 개선, 의료목적 관광객 비자 편의 제고(비자제도 개선지침 개정), 외국관광객 탑승 차량의 버스 전용차로 통행 허용, 유기시설 부적합 이용자에 대한 이용거부 명문화, 콘도 만기도래 회원권의 갱신 계약 및 재분양 법규정 개선, 콘도시설 증축 및 리모델링의 경우 80% 회원동의 의무 완화, 덤핑 여행상품 판매 및 쇼핑 강요 전담여행사 관리 강화, 관광쇼핑점 인증제 도입 및 안내, 제주공항 및 항만 면세점 확대, 한옥·고택 등 한국형 숙박시설 체험활동 지원 확대, 관광식당업 지정기준 및 관리감독 강화방안 마련, 관광숙박시설 확충을 위한 호스텔(Hostel)업 신설 등

7. 지방자치단체의 협조

> **제6조(지방자치단체의 협조)**
>
> 지방자치단체는 관광에 관한 국가시책에 필요한 시책을 강구하여야 한다.

지방자치단체는 자치행정의 주체로서 국가로부터 행정권의 일부를 부여받은 공공단체의 전형적인 존재이며 공법인(公法人)이다. 한국의 헌법은 지방자치를 보장하고, 지방자치단체의 조직 · 운영 등에 관한 사항을 법률로 정하도록 하고 있다.

지방자치단체는 국가와 같은 형태의 통치단체 성격을 가지며, 권능으로는 자치 행정권은 물론이고 조례(條例)를 제정 · 개폐하는 자치입법권과 지방세 과징, 사무처리 경비 등의 수입 및 지출을 관리하는 자치 재정권 등이 인정된다.

국가는 관광시책을 수립하여 직접 시행하는 경우도 있긴 하지만, 대부분의 경우 국가가 기본시책을 수립하면 지방자치단체는 이 기본 시책에 근거하여 지역실정에 맞는 세부 추진시책을 수립하여 집행하는 것이 일반적인 현상이다. 그 지역의 여건, 특성, 지역주민의 정서 등 지역실정은 그 지역을 관할하는 지방자치단체가 제일 잘 알기 때문에 그 지역에 가장 적합한 세부 시책을 수립할 수 있다. 즉, 국가가 관할하는 법, 제도, 예산에 의해 관광정책의 대부분이 결정되던 방식에서 지방자치단체와 그 지역 내의 시민사회 및 지역주민들에 의한 관광정책의 기획 및 집행이 이루어지는 것을 의미한다.

8. 외국 관광객의 유치

> **제7조(외국 관광객의 유치)**
>
> 정부는 외국 관광객의 유치를 촉진하기 위하여 해외 홍보를 강화하고 출입국 절차를 개선하며 그 밖에 필요한 시책을 강구하여야 한다.

1) 해외홍보를 강화

전 세계적으로 관광산업의 중요성이 증대되고 있으며, 자국 문화의 전파, 지역경제의 활성화, 고용 및 소득증대 등의 사회 · 문화적, 경제적 파급효과가 국가의 성장 동력으로 인식되고 있다. 또한 국가 이미지 제고, 국가 경쟁력 강화의 수단으로 주목받고 있고 이러한 중요성이 부각됨에 따라 관광시장을 선점하기 위한 국가 간의 경쟁이 치열해지고 있다. 주변 경쟁국인 일본 'Yokoso, Japan('03~)', 중국 'Visit China 2010', 말레이시아 'Malaysia, Truly Asia('07~)' 등 범국가적 차원의 외국 관광객 유치활동을 전개해 오고 있다. 정부는 국내·외의 급격한 환경변화에 능동적으로 대응하고, 외국관광객 유치 진흥 및 관광경쟁력 강화를 위한 수용태세의 개선과 지속가능한 관광발전의 새로운 전개를 마련하기 위하여 노력하고 있다(문화체육관광부, 2009).

연도별 해외관광선전의 방향은 ① 2005년 : 지역별 별도 광고(지역별 슬로건 활용), ② 2006년 : 이미지 통합 광고(통합슬로건, Korea, Something More), ③ 2007년 : 관광브랜드(Korea, Sparkling) 확산 광고, ④ 2008년 : 관광브랜드(Korea, Sparkling) 이미지 구축 광고를 실시하였다. 우리나라의 해외관광선전강화를 위한 수단으로는 관광목적지로서 새로운 한국관광 이미지 구축을 위하여, ⑤ 2019년 : 한국관광브랜드인 'Imagine Your Korea'를 보급, 확산하기 위해 노력하는 한편, 한국관광종합홍보 영상물 및 가이드북, 종합화보집, 관광지도 등 간행물을 제작하여 관광 홍보 및 마케팅에 활용하고 있다. 한국관광을 홍보하기 위해 정부를 비롯한 한국관광공사, 지자체, 단체, 업계 등이 역량을 결집하여 일관적이고 통합적인 관광마케팅 전략을 실행하고 있다.

2) 출입국 절차를 개선

출입국 절차는 국경을 넘어 관광목적지에 접근하는 과정에서 각국 정부가 외국 관광객에 대해 취하는 제반 조치로 사증(visa) 발급의 규제 완화, 무사증(no visa) 제도 실시 여부와 그 범위, 출입국 수속 대기시간 등의 규제와 완화 등이 포함된다. 출입국 절차는 외국 관광객의 양적 증대뿐만 아니라, 관광객의 편의, 즐거움의 정도에도 영향을 미치며, 관광목적지 선택에도 영향을 미친다.

우리나라는 외국인 관광객 유치 지원을 위하여 2008년 중국인 단체관광객에 대한 입국신고서 제출을 생략하였고, 중국인 청소년 수학여행단의 간편한 입국을 위하여 인솔교사에 대한 인터뷰와 여권제출절차를 생략하는 등 입국수속절차를 대폭 간소화하였다. 출국자와 항공사의 보다 신속한 출국수속 지원을 위하여 항공사의 탑승권발급 단계에서 여권유효기간 도과, 체류기간 도과 등의 사유로 출국에 문제가 있는 경우 관련 기관에서 사전에 해결한 후 탑승권을 발급하도록 안내해 주는 사전승객정보처리(IAPP-Interactive Advance Passenger Processing) 시스템과 내국인과 외국인 모두가 여권을 소지하고 자동출입국심사대 이용을 위하여 자신의 지문정보 제공하는 경우 자동출입국심사대를 이용하여 간편하게 출입국심사를 받을 수 있는 자동출입국심사시스템을 도입하였다.

또한 관광의 잠재적 수요가 큰 중국, 동남아국가 국민을 적극 유치하기 위해 비자발급 제도를 개선하였다. 중국, 러시아, 인도 국민 중 일부에 한정하여 복수비자를 발급하던 것을 동남아 10개 국가, 자원외교 대상 13개 국가로 확대하였으며 발급 대상 요건도 완화하였다. 그리고 치료 또는 요양이 필요한 환자 및 동반 가족에게 기타(G-1)자격 복수사증을 재외공관의 장이 재량으로 발급할 수 있게 하여 국내 의료관광 활성화 및 해외환자 유치를 촉진시켰다. 단체관광객 사증발급 절차의 간소화를 위해 사증발급 소요기간 단축, 인센티브 단체관광객에 대한 영사관할적용 완화 및 첨부서류 간소화 등 단체관광객의 사증발급 절차 등을 크게 개선하였다.

9. 시설의 개선

제8조(관광 여건의 조성)

정부는 관광 여건 조성을 위하여 관광객이 이용할 숙박 · 교통 · 휴식시설 등의 개선 및 확충, 휴일 · 휴가에 대한 제도 개선 등에 필요한 시책을 마련하여야 한다.

현행법은 관광진흥의 방향과 시책에 관한 사항을 규정함으로써 건전한 국민관광의 발전을 위한 제도적 기반을 마련하고 있다. 따라서 정부는 학교의 재량휴업 제도, 대체공휴일 제도, 임시공휴일 제도 등을 도입하여 관광 여건을 조성하고 있지만 이를 위한 체계적인 시책 마련이 제대로 이루어지고 있지 않은 상황이다. 이에 정부는 관광 여건 조성을 위하여 관광객이 이용할 숙박 · 교통 · 휴식시설 등의 개선 및 확충, 휴일 · 휴가에 대한 제도 개선 등에 필요한 시책을 마련하도록 함으로써 국민경제와 국민복지 향상에 이바지하려는 것이다(2018년 12월 24일 개정).

정부가 개선 및 확충해야 할 대상시설은 숙박, 교통, 휴식시설에 국한하는 것이 아니라, 관광객이 이용하는 모든 시설을 포함하는 포괄적인 의미로 보아야 한다. 정부가 강구해야 할 시책은 관광객이 이용하는 모든 시설의 질적 향상을 기하고, 관광수요의 증가에 따른 양적 확대를 도모하는 시책이라고 할 수 있다(신상준, 2000). 이러한 시설 개선의 일환으로 정부는 지역 관광환경의 체계적 개선을 위해 숙박, 교통, 편의시설, 안내, 쇼핑, 음식 등 지자체관광 수용태세 6대 부문을 진단할 수 있는 '관광수용지수'를 최초로 도입하고, 이를 토대로 50개 지자체를 시범 평가하여 관광 수용태세 개선의 계기를 마련하였다. 아울러 권역별 수용태세 개선위원회 운영을 통해 수용태세 점검 및 개선방안을 논의하여 지자체별 자체 개선을 유도하고, 매년 성과관리를 실시하여 관광 수용태세 지적사항에 대한 개선을 촉구하고 있다.

구체적인 사례로는 국내 관광산업을 활성화하고, 관광인프라 경쟁력을 강화하기 위하여 중저가 관광호텔 경쟁력을 강화하였다. 그리고 관광호텔 경쟁력 강화 지원 사업은 관광호텔 공동 브랜드(베니키아 : BENIKEA)를 개발하여 브랜드 사용 호텔의 시설과 서비스 수준을 높이고, 가격 경쟁력 강화 기반을 제공하였다. 또한 고택 · 종택 등 한옥을 활용하여 우리 고유의 전통숙박 문화를 체험할 수 있는 환경조성의 일환으로 한옥에 개보수와 편의시설을 지원하였으며, 전통 한옥 체험프로그램 운영시설을 지원하고, 전통숙박 통합 웹사이트를 구축하여 팸 투어 · 홍보 · 마케팅 지원, 서비스 개선 교육 등 종합관리지원시스템을 운영하는 등의 것이다. 그리고 'U-Tourpia' 사업을 추진하고 있는데, 이는 온라인 · 모바일 등을 통해 한 · 영 · 중 · 일 등 4개 국어로 지역의 관광, 숙박, 음식정보 및 전자지도서비스 등을 제공하여 개별 외국인 관광객(FIT : Foreign Independent Tourist)의 관광환경 개선을 시도하며, 향후 온라인 관광정보체계와 오프라인 관광안내체계의 상호협력체계 정착, 관광정보 콘텐츠의 지속적 발굴 갱신 및 'U-Tourpia' 사업 등을 통한 안내체계 선진화를 위하여 관광인프라를 준비하고 있으며, 한국관광공사가 보유하고 있는 다양한 관광정보를 여러 가지 어플리케이션 개발에 편리하게 활용할 수 있도록 개발된 관광정보 'OpenAPI' 서비스를 제공하고 있다.

10. 관광자원의 보호

> **제9조(지속가능한 관광 시책의 추진)**
>
> 정부는 관광자원의 보호와 환경친화적 개발 · 이용, 고용 창출 및 지역경제 발전 등 현재와 미래의 경제적 · 사회적 · 환경적 영향을 충분히 고려하는 지속가능한 관광에 필요한 시책을 추진하여야 한다.

관광자원은 인간의 관광동기를 충족시켜 줄 수 있는 생태계 내의 유 · 무형의 모든 자원으로서 보존 · 보호하지 않으면 그 가치를 상실하거나 감소할 성질을 내포하고 있는 자원이다. 관광자원으로는 자연관광자원, 문화관광자원, 사회관광자원, 산업관광자원 등으로 나눌 수 있다. 관광광자원 개발의 기본방향은 자원을 개발하는 것은 자원의 가치를 보다 효과적으로 보전하고, 새로운 가치를 증진시키는 것으로 해석할 수 있다. 이에 일환으로는 정부에서는 관광개발기본계획을 근간으로 한국적 특성의 명품콘텐츠 개발을 목적으로 ① 역사 · 문화자원 ② 자연 · 생태자원 ③ 문화 · 예술 · IT자원, ④ 녹색 관광 등을 바탕으로 하는 관광자원의 개발의 시책을 강구하고 있다.

문화관광자원 개발은 「관광진흥법」에 의해 지정된 관광지나 관광단지, 「문화재보호법」에 의해 지정된 사적지나 명승지, 정부가 정책적으로 추진하는 광역권 개발 사업에서 제외된 지역에 소재한 독특한 역사 · 문화, 레저 · 스포츠자원 등을 대상으로 소규모 자본을 투자하여 관광자원화 함으로써 다양한 관광수요에 대응하고자 1999년부터 지원을 시작한 사업이다(문화체육관광부, 2009). 문화관광자원 개발은 그 지역의 독특한 역사 문화자원을 주요 테마 관광상품으로 하여 지속적인 관광자원 개발이 시도하는 것이며, 이를 통하여 역사 · 문화교육의 장으로 활용함은 물론 지역경제 발전 및 국토의 균형발전에도 크게 기여함을 목적으로 한다. 자연 · 생태자원을 활용한 관광자원의 개발로는 비무장지대(DMZ)를 활용한 생태, 자원 관광자원을 개발하고 보호, 육성하는 시책을 수행하고 있다. 또한 문화와 예술 등을 IT 산업과 접목시키고 세계 속에 한류를 자극하는 관광상품을 개발하는 시책 등이 수행되고 있다.

11. 관광사업의 지도 · 육성

제10조(관광사업의 지도 · 육성)

정부는 관광사업을 육성하기 위하여 관광사업을 지도 · 감독하고 그 밖에 필요한 시책을 강구하여야 한다.

관광사업은 대부분의 경영이 사람과의 직접적인 접촉을 통하여 이루어지는 서비스 사업이며, 한 국가의 문화를 판매하는 사업이기 때문에 관광사업자의 직업윤리나 관광종사원의 서비스 자세가 특히 요구되는 사업이다(정희천, 2009). 또한 관광사업이 단순한 민간영리사업의 차원을 넘어 한 나라의 이미지를 담당하는 사업으로서 공적 사업의 개념을 포함하고 있는 사업이다. 이러한 이유로 인하여 정부가 관광사업에 대한 지도와 육성이 필요한 것이다.

12. 관광종사자의 자질 향상

제11조(관광종사자의 자질 향상)

정부는 관광에 종사하는 자의 자질을 향상시키기 위하여 교육훈련과 그 밖에 필요한 시책을 강구하여야 한다.

관광사업은 무형의 상품을 판매하는 서비스 산업이기 때문에 무엇보다도 종사원의 서비스 태도 및 자질 등이 중요한 요소가 될 수 있다. 즉, 기업의 고객 서비스 향상을 위해서는 종사원의 자질 향상이 주요 과제가 된다. 또한 대고객 서비스 접점에서의 종사원의 자세는 고객만족, 기업의 이미지, 그리고 국가 이미지의 순차적 영향관계를 갖게 된다. 따라서 정부에서는 한국의 관광이미지 제고를 위해서 관광사업의 종사자의 자질 향상을 위한 교육훈련 및 시책을 강구해야 한다.

한국관광산업은 외래관광객 2,000만 시대를 준비하며 21세기 국가 전략산업으로서의 새로운 도약을 맞이하고 있다. 아울러 한 단계 더 나아가 선진관광대국 대열에 진입하고, 수준 높은 문화관광 국가로 발돋움하기 위한 관광산업의 질적 업그레이드가 필요한 시점이다. 이를 위해서는 확고한 서비스 정신과 전문성을 갖춘 우수한 관광전문인력 양성이 필요하다는 인식하에 한국관광공사는 관광전문인력 양성 지원을 위한 포털을 새롭게 오픈하여 업무능력의 향상을 위한 교육지원을 보장하고 있다.

관광종사원의 교육훈련의 일환으로서 정부는 지자체공무원, 관광업계종사자 및 기타 공공교육과 관광종사원 국가자격시험을 관리하고 있다. 지자체 공무원 교육으로는 축제담당 공무원 교육, 온라인 관광마케팅 전문가 과정이 각 연1회 실시되며, 관광개발 담당 공무원 교육이 연2회 실시된다. 관광통역안내사교육은 현직 관광통역안내사 대상 역량강화교육 및 자격시험합격자 대상 1개월 실무교육이 이루어진다. 관광업계종사자 대상으로는 의료관광 코디네이터양성 과정, 호텔리어 서비스 실무교육, 국내여행 안내사 실무교육, 국외여행인솔자 소양 교육, 농촌관광리더과정, 한국MICE아카데미 교육 등이 있다. 관광안내인력 대상으로 전국 관광안내소 직원 직무 교육과 문화관광해설 아카데미, 고궁안내원 역량 강화교육, 템플스테이 전문가 과정, 생태관광 가이드 전문가 과정, 굿윌가이드 소양 교육 등이 있다. 1984년부터 시행한 관광통역안내사 및 호텔경영사, 호텔관리사에 대한 자격관리 업무는 2009년부터 한국산업인력공단에 이관됨에 따라 국가자격증시험 합격생들이 한국관광공사 관광아카데미를 방문하여 국가자격증을 수령하는 이원화된 체재로 운영하고 있다(문화체육관광부, 2009).

13. 관광지의 지정 및 개발

제12조(관광지의 지정 및 개발)

정부는 관광에 적합한 지역을 관광지로 지정하여 필요한 개발을 하여야 한다.

관광지는 자연적 또는 문화적 관광자원을 갖추고 관광객을 위한 기본적인 편의시설을 설치하는 지역을 대상으로 한다. 이곳에 관광객의 관광활동에 필수적인 진입도로, 주차장, 상·하수도, 식·음료대, 공중화장실, 오수처리시설, 관리사무소, 관광지 안내도 등 기반시설과 야영장, 어린이 놀이시설, 청소년 수련시설, 체력 단련장, 샤워·탈의장, 물품보관소 등 편익시설을 공공사업으로 추진하고 그 외 이용관광객의 편의를 위한 운동·오락시설, 휴양·문화시설, 숙박시설, 상가시설 등은 민간자본을 유치하여 개발하는 사업이다.

정부에서는 주 5일 근무제의 본격적인 시행과 국민소득 증가에 따른 관광수요 증가에 맞추어 관광지를 특화하여 개발함으로써 아름답고 쾌적한 환경을 조성함은 물론 관광을 통하여 국민의 삶의 질을 향상시키는 복지관광정책의 일환으로 활용하고 있으며, 직장 내 자유로운 휴가문화 조성을 위해 기업과 정부가 함께 근로자의 국내여행 경비를 지원하는 '근로자휴가지원사업'을 시행하고 있다. 정부는 자연적 또는 문화적 관광자원을 갖추고 관광 및 휴식에 적합한 지역을 대상으로 관광지를 지정하여 공공·편의시설, 숙박·상가시설 및 운동·오락시설, 휴양·문화시설, 녹지 등을 유치·개발하고 있다. 정부는 지역특성을 살린 관광지 개발을 촉진하기 위해 관광지 지정 및 조성 계획 승인 권한을 2005년 4월 시·도지사에 이양하였으며, 동시에 관광지 지정 등의 실효성을 제고하기 위해 관광지의 지정 또는 조성 계획 승인효력이 상실되도록 하였다(문화체육관광부, 2009).

14. 국민관광의 발전

제13조(국민관광의 발전)

정부는 관광에 대한 국민의 이해를 촉구하여 건전한 국민관광을 발전시키는 데에 필요한 시책을 강구하여야 한다,

국민의 이해를 촉구한다는 의미는 정부가 국민들의 관광활동, 관광인식, 관광지 등에서 행동의식 등에 계몽과 선전 등이 필요함을 의미한다. 건전한 국민관광의 발전을 위해서는 관광목적지에서 행동 지침이나 불건전 행위에 대한 지속적인 캠페인이 필요하다. 이는 단순히 관광객 스스로가 지켜야할 관광윤리의 개념을 넘어서서 정부가 이를 계몽하고 선도할 필요성이 있음을 시사하는 조항이다.

15. 관광진흥개발기금

제14조(관광진흥개발기금)

정부는 관광진흥을 위하여 관광진흥개발기금을 설치하여야 한다.

정부는 1972년 관광사업을 효율적으로 발전시키고, 관광외화수입 증대에 필요한 자금을 확보하기 위하여 「관광진흥개발기금법」을 제정하였다. 기금 재원은 정부출연금, 카지노 사업자 및 국외 여행자의 납부금, 보세판매장 특허 수수료, 기금 운용으로 생기는 수익금 및 기타의 재원으로 충당한다. 관광진흥개발기금은 1973년 설치와 동시에 2억원의 국고 출연을 시작으로 2008년 말 기준으로 조성 규모가 1조 3,874억 원으로 확대되어 관광산업의 육성재원으로서 중추적인 역할을 수행해 오고 있다. 관광진흥개발기금은 관광기반시설과 관광숙박업, 휴양업 등 관광객 이용시설의 확충, 관광사업체 운영 등에 융자지원하고 있으며 국민관광진흥 지원, 해외문화센터 건립 등 국내관광 활성화 및 외국인 관광객 유치사업에 지원되고 있다. 또한 외국인 관광객의 전략적 유치를 위한 차별화된 마케팅 수행과 국제회의 유치 등 고부가가치 관광산업의 재원으로서 중추적인 역할을 하고 있다(문화체육관광부, 2009).

관광진흥개발기금은 「관광진흥법」상의 관광숙박시설, 관광객 편의시설 등의 건설 및 개·보수, 관광사업체 운영에 지원되는 융자사업과 국민 여행수요의 충족을 위한 국민관광 활성화 기반 조성 및 외국인 관광객 유치확대를 위한 관광 수용태세 개선, 주력시장을 대상으로 한 전략적 마케팅 수립 등 관광수지 적자해소를 위한 다양한 보조 사업에 지원하고 있다.

16. 제15조 삭제〈2000. 1. 12.〉

관광진흥계획의 수립, 외국관광객의 유치촉진 및 관광자원의 보호 · 개발 등 관광진흥에 관한 정부의 시책을 심의하기 위하여 국무총리소속하에 관광정책심의위원회를 두었으나, 그간의 운영실적이 저조하여 존치의 필요성이 적은 동 위원회를 2000년도에 폐지하였다.

17. 제16조(국가관광전략회의)

제16조(국가관광전략회의)

① 관광진흥의 방향 및 주요 시책에 대한 수립 · 조정, 관광진흥계획의 수립 등에 관한 사항을 심의 · 조정하기 위하여 국무총리 소속으로 국가관광전략회의를 둔다.
② 국가관광전략회의의 구성 및 운영 등에 필요한 사항은 대통령령으로 정한다.

관광진흥계획을 체계적으로 수립하도록 하고, 계획의 실효성을 높이기 위하여 관광진흥에 관한 기본계획의 수립 주기 및 기본계획에 포함되어야 하는 세부 사항을 규정하며, 기본계획에 따라 매년 시행계획을 수립 · 시행하고 그 추진실적을 평가하여 기본계획에 반영하도록 하는 한편, 관광진흥의 방향 및 주요 시책에 대한 수립 · 조정, 관광진흥계획의 수립 등에 관한 사항을 심의 · 조정하기 위하여 국무총리 소속으로 국가관광전략회의를 설치 · 운영하도록 하려는 것이다(2017년 11월 28일 본조신설).

국가관광전략회의의 구성 및 운영에 관한 규정

[대통령령 제28480호, 2017. 12. 19, 제정]

제1조(목적) 이 영은 「관광기본법」 제16조에 따른 국가관광전략회의의 구성 및 운영에 필요한 사항을 규정함을 목적으로 한다.

제2조(기능) 「관광기본법」 제16조에 따른 국가관광전략회의(이하 "전략회의"라 한다)는 다음 각 호의 사항을 심의 · 조정한다.

1. 관광진흥의 방향 및 주요 시책의 수립 · 조정
2. 「관광기본법」 제3조제1항에 따른 관광진흥에 관한 기본계획의 수립
3. 관광 분야에 관한 관련 부처 간의 쟁점 사항
4. 그 밖에 전략회의의 의장이 필요하다고 인정하여 회의에 부치는 사항

제3조(의장)

① 전략회의의 의장(이하 "의장"이라 한다)은 국무총리가 된다.

② 의장은 전략회의에 상정할 안건을 선정하여 회의를 소집하고, 이를 주재한다.

③ 의장이 전략회의에 출석할 수 없을 때에는 전략회의의 구성원 중에서 의장이 미리 지정한 사람이 그 직무를 대행한다.

제4조(구성원)

① 전략회의는 의장 이외에 기획재정부장관, 교육부장관, 외교부장관, 법무부장관, 행정안전부장관, 문화체육관광부장관, 농림축산식품부장관, 보건복지부장관, 환경부장관, 국토교통부장관, 해양수산부장관 및 국무조정실장으로 구성한다.

② 의장은 전략회의에 상정되는 안건과 관련하여 필요하다고 인정할 때에는 전략회의의 구성원이 아닌 관련 부처의 장을 회의에 출석시켜 발언하게 할 수 있다.

③ 의장은 필요하다고 인정할 때에는 안건과 관련된 부처의 장과 협의하여 전략회의의 구성원이 아닌 사람을 회의에 출석시켜 발언하게 할 수 있다.

제5조(의사정족수 및 의결정족수) 전략회의는 구성원 과반수의 출석으로 개의(開議)하고, 출석 구성원 과반수의 찬성으로 의결한다.

제6조(회의의 개최) 전략회의는 연 2회, 반기에 1회씩 개최하는 것을 원칙으로 하되, 의장은 필요에 따라 그 개최 시기를 조정할 수 있다.

제7조(간사)

① 전략회의의 사무를 처리하기 위하여 간사 1명을 두며, 간사는 문화체육관광부 제1차관이 된다.

② 간사는 회의록을 작성한다.

제8조(의안 제출) 전략회의에 안건을 상정하려는 부처의 장은 회의 개최 3일 전까지 문화체육관광부장관에게 해당 안건을 제출하여야 한다. 다만, 긴급한 경우에는 그러하지 아니하다.

제9조(차관조정회의)

① 의장은 전략회의의 효율적 운영을 위하여 전략회의 전에 차관조정회의를 거치도록 할 수 있다.

② 차관조정회의는 다음 각 호의 사항을 협의 · 조정한다.

1. 전략회의의 상정 안건과 관련하여 전략회의가 위임한 사항
2. 그 밖에 의장이 관련 부처 간에 사전 협의가 필요하다고 인정하는 사항

③ 차관조정회의의 의장은 문화체육관광부 제1차관이 되며, 구성원은 해당 안건과 관련되는 부처의 차관급 공무원이 된다.

제10조(운영세칙) 이 영에 규정된 사항 외에 전략회의의 운영에 필요한 사항은 전략회의의 의결을 거쳐 의장이 정한다.

Part 3

관광진흥법 개관

1. 관광진흥법의 개관

관광진흥법은 법령, 시행령, 시행규칙으로 구성되어 있다. 법령은 국회의 의결을 거쳐 대통령이 서명하고 공포함으로써 성립되는 것이다. 시행령은 어떤 법령을 시행하는 데 필요한 규정을 주요 내용으로 하는 명령으로서 일반적으로 대통령령으로 제정된다. 시행규칙은 법령의 시행에 관한 사항을 상세히 규정한 규칙으로, 일반적으로 대통령령의 시행에 관하여 필요한 사항을 규정한 문화체육관광부령으로 제정된다. 관광진흥법은 86개의 조문과 부칙으로 구성되어 있다.

2. 관광진흥법의 3단 비교

관광진흥법	시행령	시행규칙
제1조 목적	제1조 목적	제1조 목적
제2조 정의		제61조 관광단지개발자
제3조 관광사업의 종류	제2조 관광사업의 종류	
제4조 등록	제3조 등록절차 제5조 등록기준 제6조 변경등록	제3조 관광사업의 변경등록
제5조 허가와 신고	제7조 허가대상 테마파크업 제27조 카지노업의 허가요건 등 제31조 조건부 영업허가의 기간 등	제6조 카지노업의 허가 등 제7조 테마파크업의 시설 및 설비 기준과 허가신청 절차 등 제8조 변경허가 및 변경신고 사항 등 제9조 카지노업의 변경허가 및 변경신고 제10조 테마파크업의 변경허가 및 변경신고 제11조 테마파크업의 신고 등 제12조 중요사항의 변경신고 제13조 신고사항 변경신고

제6조 지정		제14조 관광 편의시설업의 지정신청 제15조 관광 편의시설업의 지정기준
제7조 결격사유		제53조 관광종사원의 등록 및 자격증 발급
제8조 관광사업의 양수 등		제16조 관광사업의 지위승계 제17조 휴업 또는 폐업의 통보
제9조 보험 가입 등	제66조의2 고유식별정보의 처리	제18조 보험의 가입 등
제10조 관광표지의 부착 등	제8조 상호의 사용제한	제19조 관광사업장의 표지
제11조 관광시설의 타인 및 경영 처분과 위탁 경영		제20조 타인경영 금지 관광시설
제12조 기획여행의 실시		제18조 보험의 가입 등 제21조 기획여행의 광고
제12조의2 의료관광 활성화	제8조의2 외국인 의료관광 유치 · 지원 관련 기관 제8조의3 외국인 의료관광 지원	
제13조 국외여행 인솔자		제22조 국외여행 인솔자의 자격요건 제22조의 2 국외여행인솔자의 등록 및 자격증 발급
제14조 여행계약 등		제21조의2 여행지 안전정보 등
제15조 사업계획의 승인	제9조 사업계획 변경승인 제12조 사업계획승인 대상 관광객 이용시설업, 국제회의업 제13조 사업계획 승인기준	
제16조 사업계획 승인 시의 인 · 허가 의제 등	제10조 사업계획의 승인신청 등 제14조 관광숙박시설 건축지역 제14조의2 학교환경위생 정화구 내 관광숙박시설의 설치 제21조의2 관광숙박업자의 준수사항	
제17조 관광숙박업 등의 등록심의위원회	제3조 등록절차 제15조 위원장의 직무 등 제20조 등록심의대상 관광사업	
제18조 등록 시의 신고 · 허가 의제 등	제4조 등록증의 발급 제21조 인 · 허가 등을 받은 것으로 보는 영업	
제18조의2 관광숙박업자의 준수사항	제21조의2 관광숙박업자의 준수사항	
제19조 관광숙박업의 등급	제22조 호텔업의 등급 결정 제66조 등급결정 권한의 위탁	제25조 호텔업의 등급결정 제25조의3 등급결정의 유효기간 등 제73조 규제의 재검토
제19조의 2 우수숙박시설의 지정	제22조의 2 우수숙박시설의 지정	
제20조 분양 및 회원 모집	제23조 분양 및 회원모집 관광사업 제24조 분양 및 회원모집의 기준 및 시기 제26조 공유자 또는 회원의 보호 제66조의2 고유식별정보의 처리	

제20종의2 야영업자의 준수사항		제28조의2 야영장의 안전 · 위생기준
제21조 허가 요건 등	제27조 카지노업의 허가요건 등	
제21조의2 허가의 공고 등		
제22조 결격사유		
제23조 카지노업의 시설기준 등		제29조 카지노업의 시설기준 등 제30조 카지노 전산시설의 검사
제24조 조건부 영업허가	제28조 조건부 영업허가의 기간	제32조 조건이행의 신고
제25조 카지노기구의 규격 및 기준 등		제33조 카지노기구의 규격 · 기준 및 검사
제26조 카지노업의 영업 종류와 영업 방법 등		제35조 카지노업의 영업 종류 등
제27조 지도와 명령		
제28조 카지노사업자 등의 준수 사항	제29조 카지노업의 종사원의 범위 제66조의2 고유식별정보의 처리	제36조 카지노업의 영업준칙
제29조 카지노영업소 이용자의 준수 사항		
제30조 기금 납부	제30조 관광진흥개발기금으로의 납부금 등	
제31조 조건부 영업허가	제31조 테마파크업의 조건부 영업허가의 기간 등	제37조 테마파크업의 조건부 영업허가 신청 제38조 조건이행의 신고 등 제39조 조건부 영업허가의 기간 연장 신청
제32조 물놀이형 테마파크업자의 준수사항		제39조의2 물놀이형 테마파크업자의 안전 · 위생기준
제33조 안전성검사 등		제40조 테마파크시설의 안전성검사 등 제41조 안전관리자의 자격 · 배치기준 및 임무
제33조의2 사고보고의무 및 사고조사	제31조 테마파크시설 등에 의한 중대한 사고	제41조의2 테마파크시설로 인한 중대한 사고의 통보
제34조 영업질서 유지 등		제42조 테마파크업자의 준수사항
제35조 등록취소 등	제32조 사업계획승인시설의 착공 및 준공기간 제33조 행정처분의 기준 등	제43조 행정처분기록대장의 기록 · 유지
제36조 폐쇄조치 등		
제37조 과징금의 부과	제34조 과징금을 부과할 위반행위의 종류와 과징금의 금액 제35조 과징금의 부과 및 납부	

제38조 관광종사원의 자격 등	제36조 자격을 필요로 하는 관광업무 자격기준 제66조의2 고유식별정보의 처리	제44조 관광종사원의 자격시험 제51조 시험의 면제 제53조 관광종사원의 등록 및 자격증 발급 제54조 관광종사원 자격증의 재발급
제39조 교육		
제40조 자격취소 등	제37조 시·도지사 관할 관광종사원	제57조 종사원의 자격취소 등
제41조 한국관광협회 중앙회 설립 제42조 정관 제43조 업무 제44조 민법의 준용 제45조 지역별·업종별 관광협회 제46조 협회에 관한 규정의 준용	제38조 한국관광협회중앙회의 설립요건 제39조 공제사업의 허가 등 제40조 공제사업의 내용 제41조 지역별 또는 업종별 관광협회의 설립	제18조 보험의 가입 등
제47조 관광정보 활용 등 제47조의2 관광통계 제47조의3 장애인 관광 활동의 지원 제47조의4 관광취약계층의 관광복지 증진 시책 강구 제47조의5 여행이용권의 지급 및 관리	제41조의2 관광통계 작성 범위 제41조의3 관광취약계층의 범위 제41조의4 여행이용권의 지급에 필요한 자료 제41조의5 여행이용권 업무의 전담기관 제66조의2 고유식별정보의 처리	제56조의2 여행이용권의 통합운영
제48조 관광 홍보 및 관광자원 개발		
제48조의2 지역축제 등	제41조의7 문화관광축제의 지정 기준 제41조의8 문화관광축제의 지원 방법	
제48조의3 지속가능한 관광 활성화		
제48조의4 문화관광해설사의 양성 및 활용 계획 등 제48조의5 관광체험교육 프로그램 개발 제48조의6 문화관광해설사 양성교육과정 등의 인증 제48조의7 인증의 취소 제48조의8 문화관광해설사의 선발 및 활용		제57조의2 문화관광해설사 양성교육과정 등의 인증 신청절차 등 제57조의3 문화관광해설사 양성교육과정 등의 인증기준 제57조의4 문화관광해설사 양성교육과정 등의 인증표시 제57조의5 문화관광해설사 선발 및 활용
제48조의9 지역관광협회 설립		제18조 보험의 가입 등
제48조의10 한국관광 품질인증 제48조의11 한국관광 품질인증의 취소	제41조9 한국관광 품질인증의 대상 제41조의10 한국관광 품질인증 기준	
제49조 관광개발기본 계획 등 제50조 기본계획	제42조 관광개발계획의 수립시기 제43조 경미한 권역계획의 변경	

제51조 권역계획		
제52조 관광지의 지정 등	제44조 경미한 면적 변경 제45조 관광지등의 지정 · 고시 등	제58조 관광지등의 지정신청 등 제59조 관광지등의 지정신청 및 조성계획의 승인신청
제53조 조사 · 측량 실시		
제54조 조성계획의 수립 등 제55조 조성계획의 시행	제46조 조성계획의 승인신청 제47조 경미한 조성계획의 변경 제50조 준공검사 제48조 조성사업의 시행허가 등 제49조 용지매수 및 보상업무의 위탁	제59조 관광지등의 지정신청 및 조성계획의 승인신청 제61조 관광단지개발자 제62조 조성사업의 허가신청 등
제56조 관광지 지정 등의 실효 및 취소 등		
제57조 공공시설의 우선 설치		
제57조의2 관광단지의 전기시설 설치	제49조의2 전기간선시설 등의 설치범위	
제58조 인 · 허가 등의 의제	제50조 인 · 허가 등의 의제	
제58조의2 준공검사	제50조의2 준공검사	
제58조의3 공공시설 등의 귀속		
제59조 관광지 등의 처분		
제60조 「국토의 계획 및 이용에 관한 법률」의 준용		
제61조 수용 및 사용		
제63조 선수금	제52조 선수금	
제64조 이용자 분담금 및 원인자 부담금 제65조 강제징수	제53조 이용자 분담금 제54조 원인자 부담금 제55조 유지 · 관리 및 보수비용의 분담 제56조 이용자 분담금 및 원인자 부담금의 징수위탁	
제66조 이주대책	제57조 이주대책의 내용	
제67조 입장료 등의 징수와 사용		
제69조 관광지등의 관리		
제70조 관광특구의 지정	제58조 관광특구의 지정요건	제64조 관광특구의 지정신청 등
제71조 관광특구의 진흥계획	제59조 관광특구진흥계획의 수립 · 시행	
제72조 관광특구에 대한 지원		
제73조 관광특구에 대한 평가	제60조 관광특구의 평가 및 조치	
제74조 다른 법률의 적용배제	제60조의2 『건축법』에 대한 특례를 적용받는 관광사업자의 범위	
제76조 재정지원	제61조 국고보조금의 지급신청 제64조의2 공유 재산의 임대료 감면	
제77조 청문		

제78조 보고 · 검사		제67조 보고 제68조 검사공무원의 증표
제79조 수수료		제69조 수수료
제80조 권한의 위임 · 위탁 등	제65조 권한의 위탁 제66조 등급결정 권한의 위탁 제66조의2 고유식별정보의 처리	제70조 안전성검사기관 지정 요건 제71조 안전성검사기관 지정 신청 절차 등 제71조의2 한국관광 품질인증 및 그 취소에 관한 업무 규정 제72조 평가요원의 자격 제73조 규제의 재검토
제81-84조 벌칙 제85조 양벌규정 제86조 과태료	제67조 과태료의 부과	

Part 4

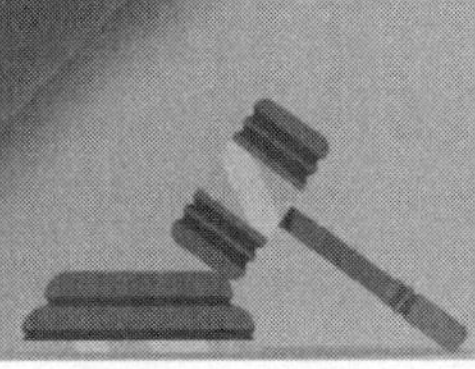

관광진흥법 해설

제1장 총칙

> **제1조(목적)**
> 이 법은 관광 여건을 조성하고 관광자원을 개발하며 관광사업을 육성하여 관광 진흥에 이바지하는 것을 목적으로 한다.

■ 관광진흥법 시행령, 관광진흥법 시행규칙의 목적 시행령 제1조, 시행규칙 제1조

관광진흥법 시행령은 「관광진흥법」에서 위임된 사항과 그 시행에 필요한 사항을 규정함을 목적으로 한다.

관광진흥법 시행규칙은 「관광진흥법」 및 같은 법 시행령에서 위임된 사항과 그 시행에 필요한 사항을 규정함을 목적으로 한다.

세계여행관광협의회(WTTC)는 2019년까지 관광산업이 세계 GDP의 9.5%로 성장하고, 세계 총 고용의 8.4%가 관광관련 산업에 종사할 것으로 전망하였으며, 관광산업이 고부가가치를 창출할 수 있는 국가 전략산업으로 인식되면서 관광시장을 선점하기 위한 세계 각국의 유치 경쟁이 치열해지고 있다. 치열한 경쟁 하에서 관광선진국으로 발전하기 위한 부단한 노력이 필요할 것이다.

또한 세계관광기구(UNWTO)는 2018년까지 동아시아·태평양 지역이 세계 6대 관광권역 중에서 유럽지역에 이어 두 번째로 높은 수준의 관광객을 유치할 것으로 전망함에 따라 동아시아·태평양 국가의 전략적 관광산업 육성 노력과 함께 관광객 유치경쟁은 더욱 심화될 것으로 전망된다. 이러한 세계의 관광동향에 발맞추어 정부에서도 한국의 특성에 맞는 관광여건을 조성하고, 한국 고유의 특성을 간직하며 한국의 이미지를 알릴 수 있는 한국적 관광자원을 개발하려고 하고 있다. 또한 이러한 관광여건과 관광자원

개발을 통하여 서비스 산업의 육성을 근간으로 하는 관광사업을 육성하기 위한 노력과 시책들이 지속적으로 강구되며, 시행되고 있다.

관광여건이란 한국인, 외국인 관광객의 관광활동에 편의를 도모하고, 관광만족을 높이기 위한 제반 상황을 의미할 수 있다. 따라서 관광여건의 조성이란 관광활동과 관련된 서비스 체계, 안내 체계, 그리고 관광자원 및 관광상품 등의 홍보 등을 포괄적으로 포함하는 의미이다. 즉 국내·외국인의 관광객들이 관광활동에 필요한 여행서비스, 숙박서비스, 외식서비스 등의 서비스 개선을 도모하고, 관광안내 체계의 개선과 안내 시스템의 개발, 그리고 관광홍보 활동을 포함하는 의미이다.

■ 관광사업의 선순환 구조

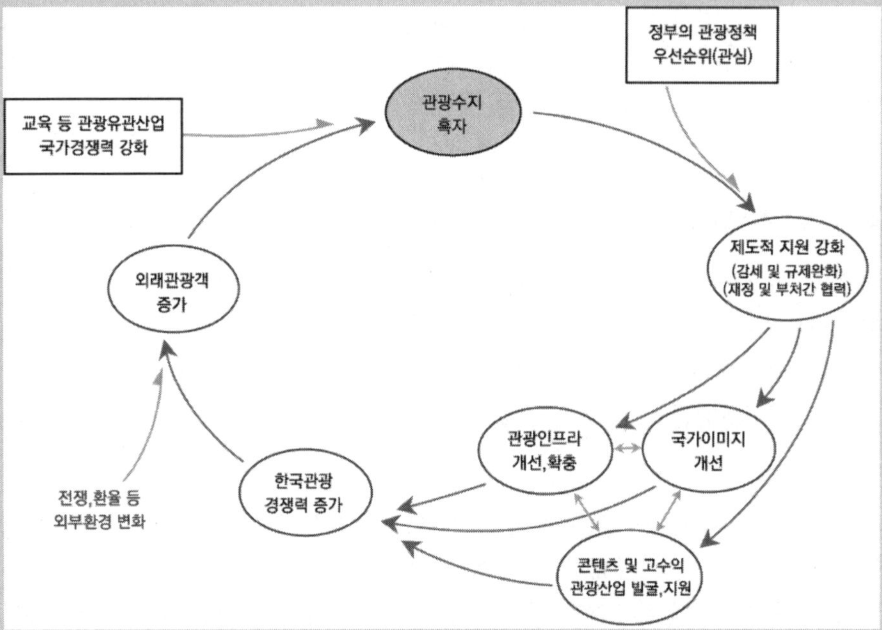

자료 : 국제경쟁력강화위원회, 2008 : 24.

관광자원은 생태계 내에 존재하는 유·무형의 관광대상으로서 자연관광자원과 인문관광자원 등으로 구분할 수 있다. 관광자원의 개발을 통하여 국내·외 관광객의 관광욕구를 자극함으로써 관광활동을 유발하도록 하는 것을 의미한다. 최근 세계적인 관광자원 개발의 방향은 녹색관광, 지속가능한 관광, 그리고 문화관광 등의 형태로 개발되고 있다. 한국의 정부도 이러한 세계적인 추세에 맞추어 녹색관광의 일환으로써 문화생태 탐

방로 선정, 평화생명지대(PLZ: Peace Life Zone, 기존의 DMZ 지역) 관광자원화 방안 등이 강구되고 있으며, 한국 고유의 역사 · 문화적 유산을 조화로운 보존과 이용의 원칙 아래 차별화된 관광자원화 등이 강구되고 있다.

관광사업의 육성 방안으로는 관광과 연계한 복합관광 상품으로 집중 개발하려는 구상을 하고 있으며, 이러한 예로 의료관광(의료기술에 관광을 접목한 형태의 관광), 전시 · 컨벤션 산업(국제회의와 관광의 효과를 동시에 유발하는 관광형태) 등의 육성, 다양한 관광숙박시설의 확충, 그리고 관광사업에 대한 규제 및 부담금 완화 등의 시책을 들 수 있다.

제2조(정의)

이 법에서 사용하는 용어의 뜻은 다음과 같다.

1. "관광사업"이란 관광객을 위하여 운송 · 숙박 · 음식 · 운동 · 오락 · 휴양 또는 용역을 제공하거나 그 밖에 관광에 딸린 시설을 갖추어 이를 이용하게 하는 업(業)을 말한다.
2. "관광사업자"란 관광사업을 경영하기 위하여 등록 · 허가 또는 지정(이하 "등록등"이라 한다)을 받거나 신고를 한 자를 말한다.
3. "기획여행"이란 여행업을 경영하는 자가 국외여행을 하려는 여행자를 위하여 여행의 목적지 · 일정, 여행자가 제공받을 운송 또는 숙박 등의 서비스 내용과 그 요금 등에 관한 사항을 미리 정하고 이에 참가하는 여행자를 모집하여 실시하는 여행을 말한다.
4. "회원"이란 관광사업의 시설을 일반 이용자보다 우선적으로 이용하거나 유리한 조건으로 이용하기로 해당 관광사업자(제15조제1항 및 제2항에 따른 사업계획의 승인을 받은 자를 포함한다)와 약정한 자를 말한다.
5. "소유자등"이란 단독 소유나 공유(共有)의 형식으로 관광사업의 일부 시설을 관광사업자(제15조제1항 및 제2항에 따른 사업계획의 승인을 받은 자를 포함한다)로부터 분양받은 자를 말한다.
6. "관광지"란 자연적 또는 문화적 관광자원을 갖추고 관광객을 위한 기본적인 편의시설을 설치하는 지역으로서 이 법에 따라 지정된 곳을 말한다.
7. "관광단지"란 관광객의 다양한 관광 및 휴양을 위하여 각종 관광시설을 종합적으로 개발하는 관광 거점 지역으로서 이 법에 따라 지정된 곳을 말한다.

8. “민간개발자”란 관광단지를 개발하려는 개인이나 「상법」 또는 「민법」에 따라 설립된 법인을 말한다.
9. “조성계획”이란 관광지나 관광단지의 보호 및 이용을 증진하기 위하여 필요한 관광시설의 조성과 관리에 관한 계획을 말한다.
10. “지원시설”이란 관광지나 관광단지의 관리·운영 및 기능 활성화에 필요한 관광지 및 관광단지 안팎의 시설을 말한다.
11. “관광특구”란 외국인 관광객의 유치 촉진 등을 위하여 관광 활동과 관련된 관계 법령의 적용이 배제되거나 완화되고, 관광 활동과 관련된 서비스·안내 체계 및 홍보 등 관광 여건을 집중적으로 조성할 필요가 있는 지역으로 이 법에 따라 지정된 곳을 말한다.
11의2. “여행이용권”이란 관광취약계층이 관광 활동을 영위할 수 있도록 금액이나 수량이 기재(전자적 또는 자기적 방법에 의한 기록을 포함한다. 이하 같다)된 증표를 말한다.
12. “문화관광해설사”란 관광객의 이해와 감상, 체험 기회를 제고하기 위하여 역사·문화·예술·자연 등 관광자원 전반에 대한 전문적인 해설을 제공하는 자를 말한다.

제2장 관광사업

제1절 통칙

제3조(관광사업의 종류)

① 관광사업의 종류는 다음 각 호와 같다.

1. 여행업 : 여행자 또는 운송시설 · 숙박시설, 그 밖에 여행에 딸리는 시설의 경영자 등을 위하여 그 시설 이용 알선이나 계약 체결의 대리, 여행에 관한 안내, 그 밖의 여행 편의를 제공하는 업
2. 관광숙박업 : 다음 각 목에서 규정하는 업
   가. 호텔업 : 관광객의 숙박에 적합한 시설을 갖추어 이를 관광객에게 제공하거나 숙박에 딸리는 음식 · 운동 · 오락 · 휴양 · 공연 또는 연수에 적합한 시설 등을 함께 갖추어 이를 이용하게 하는 업
   나. 휴양 콘도미니엄업 : 관광객의 숙박과 취사에 적합한 시설을 갖추어 이를 그 시설의 회원이나 소유자등, 그 밖의 관광객에게 제공하거나 숙박에 딸리는 음식 · 운동 · 오락 · 휴양 · 공연 또는 연수에 적합한 시설 등을 함께 갖추어 이를 이용하게 하는 업
3. 관광객 이용시설업 : 다음 각 목에서 규정하는 업
   가. 관광객을 위하여 음식 · 운동 · 오락 · 휴양 · 문화 · 예술 또는 레저 등에 적합한 시설을 갖추어 이를 관광객에게 이용하게 하는 업
   나. 대통령령으로 정하는 2종 이상의 시설과 관광숙박업의 시설(이하 "관광숙박시설"이라 한다) 등을 함께 갖추어 이를 회원이나 그 밖의 관광객에게 이용하게 하는 업
   다. 야영장업: 야영에 적합한 시설 및 설비 등을 갖추고 야영편의를 제공하는 시설(「청소년활동 진흥법」 제10조제1호마목에 따른 청소년야영장은 제외한다)을 관광객에게 이용하게 하는 업
4. 국제회의업 : 대규모 관광 수요를 유발하여 관광산업 진흥에 기여하는 국제회의(세미나 · 토론회 · 전시회 · 기업회의 등을 포함한다. 이하 같다)를 개최할 수 있는 시설을 설치 · 운영하거나 국제회의의 계획 · 준비 · 진행 등의 업무를 위탁받아 대행하는 업
5. 카지노업 : 전문 영업장을 갖추고 주사위 · 트럼프 · 슬롯머신 등 특정한 기구 등을 이용하여 우연의 결과에 따라 특정인에게 재산상의 이익을 주고 다른 참가자에게 손실을 주는 행위 등을 하는 업
6. 테마파크업 : 테마파크시설을 갖추어 이를 관광객에게 이용하게 하는 업(다른 영업을 경영하면서 관광객의 유치 또는 광고 등을 목적으로 테마파크시설을 설치하여 이를 이용하게 하는 경우를 포함한다)
7. 관광 편의시설업 : 제1호부터 제6호까지의 규정에 따른 관광사업 외에 관광 진흥에 이바지할 수 있다고 인정되는 사업이나 시설 등을 운영하는 업

② 제1항 제1호부터 제4호까지, 제6호 및 제7호에 따른 관광사업은 대통령령으로 정하는 바에 따라 세분할 수 있다.

관광사업은 관광객의 욕구를 만족시켜 주는 일과 관련된 각종 사업을 의미하며, 관광사업은 관광의 유발·촉진하는 각종 요소에 의해 조화롭게 발전하고, 관광사업의 이용을 통해 경제와 사회·문화 분야에 긍정적 효과를 일으키게 하는 활동을 의미한다.

■ 관광사업의 종류 법 제3조, 시행령 제2조

관광진흥법에서는 제2조에서, 관광사업이란 "관광객을 위하여 운송·숙박·음식·운동·오락·휴양 또는 용역을 제공하거나 그 밖에 관광에 딸린 시설을 갖추어 이를 이용하게 하는 업(業)"으로 규정하고 있다. 관광객의 관광편의를 제공을 위한 용역[2])이나 시설을 이용하게 함으로써 경제적 이익을 취하는 사업으로서, 관광진흥법에서는 크게 7가지로 관광사업을 분류하고 있다.

■ 관광진흥법에서의 관광사업의 종류

대 분 류	중 분 류
1. 여행업	종합여행업, 국내외여행업, 국내여행업
2. 관광숙박업	호텔업, 휴양콘도미니엄업
3. 관광객 이용시설업	전문휴양업, 종합휴양업, 야영장업, 관광유람선업, 관광공연장업, 외국인관광 도시민박업, 한옥체험업
4. 국제회의업	국제회의시설업, 국제회의기획업
5. 카지노업	카지노업
6. 테마파크설업	종합테마파크업, 일반테마파크업, 기타테마파크
7. 관광 편의시설업	관광유흥음식점업, 관광극장유흥업, 외국인전용 유흥음식점업, 관광식당업, 관광순환버스업, 관광사진업, 여객자동차터미널시설업, 관광펜션업, 관광궤도업, 관광면세업, 관광지원서비스업

관광사업은 직접적인 이윤획득만을 목적으로 하는 것이 아니고, 그 성과를 널리 국민에게 분배함과 동시에 관광사업 번영을 통해 국가나 지역사회의 발전에 공헌함을 목적으로 한다. 법규상의 분류가 아닌 일반적인 분류에서 관광사업은 사적 관광사업과 공적 관광사업으로 양분할 수 있다. 사적 관광사업은 영리를 목적으로 하는 기업활동을 말하며, 공적 관광사업은 공익(public benefit)을 목적으로 하는 활동을 의미한다.

---

2) 용역(用役) : 물질적 재화의 생산 이외의 생산이나 소비에 필요한 노무(勞務) 또는 물질적 재화 이외의 생산이나 소비에 관련한 모든 경제활동을 일컫는다. 일반적으로 타인을 위하여 하는 봉사활동을 뜻하며, 경제학에서도 토지·자본·노동이라는 각 생산요소나 정부 등이 재(財)를 생산하거나 또는 직접 인간의 욕망을 충족시키고자 하는 봉사활동을 가리킨다. 즉, service의 개념과 유사한 의미를 갖는다(대검찰청, 법률용어사전, 이하 법률용어는 대검찰청 홈페이지에서 인용됨).

■ **학문상의 관광사업의 분류**

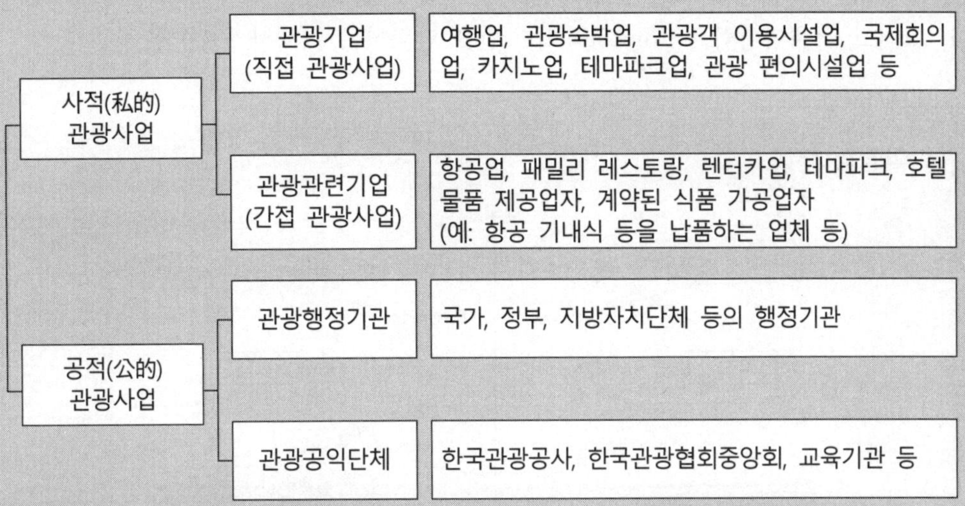

자료 : 윤대순, 2001 : 218.

■ 여행업 법 제3조, 시행령 제2조

여행업이란 "여행자 또는 운송시설 · 숙박시설, 그 밖에 여행에 딸리는 시설의 경영자 등을 위하여 그 시설 이용 알선이나 계약 체결의 대리, 여행에 관한 안내, 그 밖의 여행 편의를 제공하는 업"을 의미한다(관광진흥법 제3조). 여행업은 다음과 같이 3가지로 세분한다(관광진흥법 시행령 제3조).

■ 여행업의 유형

구분	개념
종합여행업	국내외를 여행하는 내국인 및 외국인을 대상으로 하는 여행업[사증(査證)을 받는 절차를 대행하는 행위를 포함한다]
국내외여행업	국내외를 여행하는 내국인을 대상으로 하는 여행업(사증을 받는 절차를 대행하는 행위를 포함한다)
국내여행업	국내를 여행하는 내국인을 대상으로 하는 여행업

여행을 국적과 국경을 바탕으로 분류하면 그림에서와 같이 내국인이 국외여행(Out-bound tour), 외국인의 국내여행(In-bound tour), 그리고 내국인의 국내여행(Domestic tour)로 구분할 수 있다. 진흥법 상의 분류에 따른 여행업이 업무 유형을 구분하며 종합

여행업은 “Out-bound tour+In-bound tour+Domestic tour”를 포함하는 업무를 수행하는 것이며, 국내외여행업은 Out-bound tour만을 담당하는 업무를 수행하게 되는 것이다. 그리고 국내여행업은 Domestic tour만을 담당하는 여행사가 된다.

■ **여행의 분류**

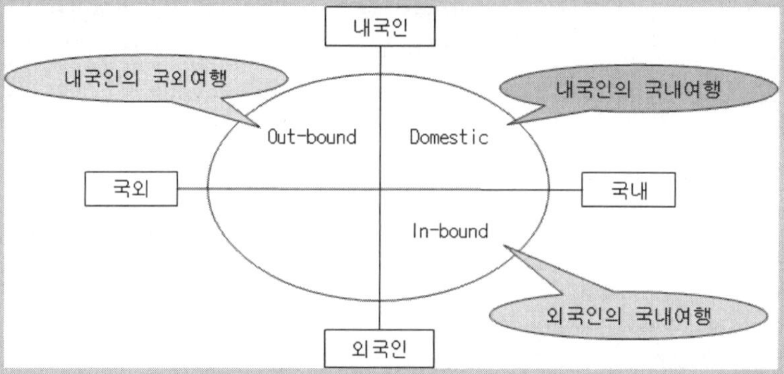

■ **한국 여행업 발전사**

• 시대적 변천사

1912년 - 일본교통공사의 조선지부 활동(철도승차권 대매와 여행안내 실시)
1942년 - 동아교통공사로 변경
1944년 - 재단법인 동아여행사로 변경
1945년 - 조선여행사로 회사명 변경
1949년 - 대한여행사로 개편 (1963년 국제관광공사에 흡수, 1973년 민영화)
1947년 - 주식회사 천우사 항공여행부 발족
1948년 - 서울·온양 간 전세버스의 면허가 발급되어 국내여행업 영업 실시
1960년 - 세방여행사 (민간업체로서의 본격적인 여행업의 서막)

• 법률적 변천사

1961년 - 관광사업진흥법 : 등록제 (일반여행알선업, 국내여행알선업)
1975년 - 관광사업법 : 허가제 (국제여행알선업, 국내여행알선업)
1982년 - 관광사업법 : 등록제 (국제여행알선업, 여행대리점, 국내여행알선업)
1987년 - 관광진흥법 : 등록제 (일반여행업, 국외여행업, 국내여행업)
1993년 - 관광진흥법 : 등록제 (일반여행업, 국외여행업, 국내여행업)
2021년 - 관광진흥법 : 등록제 (종합여행업, 국내외여행업, 국내여행업)

자료 : 이선희, 2001: 115-117을 참조하여 재구성

■ 관광숙박업 법 제3조, 시행령 제2조

관광숙박업은 "관광객의 숙박에 적합한 시설을 갖추어 이를 관광객에게 제공하거나 숙박에 딸리는 음식 · 운동 · 오락 · 휴양 · 공연 또는 연수에 적합한 시설 등을 함께 갖추어 이를 이용하게 하는 업"이다(관광진흥법 제3조). 관광숙박업은 호텔업과 휴양콘도미니엄업으로 양분하고 있으며, 호텔업은 7가지 업종으로 구분하고 있다.

▪ 관광숙박업의 유형

구 분	개 념
호텔업	관광객의 숙박에 적합한 시설을 갖추어 이를 관광객에게 제공하거나 숙박에 딸리는 음식 · 운동 · 오락 · 휴양 · 공연 또는 연수에 적합한 시설 등을 함께 갖추어 이를 이용하게 하는 업
휴양콘도미니엄업	관광객의 숙박과 취사에 적합한 시설을 갖추어 이를 그 시설의 회원이나 공유자, 그 밖의 관광객에게 제공하거나 숙박에 딸리는 음식 · 운동 · 오락 · 휴양 · 공연 또는 연수에 적합한 시설 등을 함께 갖추어 이를 이용하게 하는 업

호텔은 과거처럼 단순히 숙박과 음식을 제공하는 시설의 개념이 아니라 현대적인 문화시설의 공간, 휴식처로서의 공간, 사교를 위한 공간으로 관광사업의 중요한 일부로서 자리를 잡고 있다. 호텔은 지역문화와 지역경제에 기여하는 바가 크다고 할 수 있는데, 그 이유는 호텔의 정비와 수용태세의 완비는 관광자원의 매력성과 함께 관광객을 유인하는데 영향력을 미치기 때문이다. 일반적인 호텔의 정의는 '일정한 지불능력이 있는 사람에게 객실과 식사를 제공할 수 있는 시설을 갖추고 잘 훈련되고 예절이 바른 종사원이 조직적으로 봉사하여 그 대가를 받는 기업'이다(박규영, 2000).

▪ 호텔업의 유형

구 분	개 념
관광호텔업	관광객의 숙박에 적합한 시설을 갖추어 관광객에게 이용하게 하고 숙박에 딸린 음식 · 운동 · 오락 · 휴양 · 공연 또는 연수에 적합한 시설 등(이하 "부대시설"이라 한다)을 함께 갖추어 관광객에게 이용하게 하는 업
수상관광호텔업	수상에 구조물 또는 선박을 고정하거나 매어 놓고 관광객의 숙박에 적합한 시설을 갖추거나 부대시설을 함께 갖추어 관광객에게 이용하게 하는 업
한국전통호텔업	한국전통의 건축물에 관광객의 숙박에 적합한 시설을 갖추거나 부대시설을 함께 갖추어 관광객에게 이용하게 하는 업

구 분	개 념
가족호텔업	가족단위 관광객의 숙박에 적합한 시설 및 취사도구를 갖추어 관광객에게 이용하게 하거나 숙박에 딸린 음식·운동·휴양 또는 연수에 적합한 시설을 함께 갖추어 관광객에게 이용하게 하는 업
호스텔업	배낭여행객 등 개별 관광객의 숙박에 적합한 시설로서 샤워장, 취사장 등의 편의시설과 외국인 및 내국인 관광객을 위한 문화·정보 교류시설 등을 함께 갖추어 이용하게 하는 업
소형호텔업	관광객의 숙박에 적합한 시설을 소규모로 갖추고 숙박에 딸린 음식·운동·휴양 또는 연수에 적합한 시설을 함께 갖추어 관광객에게 이용하게 하는 업
의료관광호텔업	의료관광객의 숙박에 적합한 시설 및 취사도구를 갖추거나 숙박에 딸린 음식·운동 또는 휴양에 적합한 시설을 함께 갖추어 주로 외국인 관광객에게 이용하게 하는 업

호텔업의 역사를 거슬러 올라가보면 숙박시설의 역사는 매우 오래되었다는 것을 알 수 있다. 고대 그리스 시대와 로마 시대에도 존재했던 기록이 있지만 호텔이라는 용어가 최초로 등장한 것은 1600년경 영국에서 등장하였으며, 본격적으로 사용되기 시작한 것은 1850년대 프랑스에서 Hotel이라는 말이 정착되면서부터라고 할 수 있다. 숙박시설의 변천과정을 시대적으로 구분하면 ① 간이숙소(Inn) 시대, ② 그랜드호텔(Grand hotel) 시대, ③ 커머셜호텔(Commercial hotel) 시대, ④ 현대호텔산업(Modern hotel industry) 시대로 구분할 수 있다(박영규, 2000).

■ 한국 호텔업 발전사

1889년 - 대불호텔, 한국최초의 호텔
1902년 - 손탁호텔, 서울에 세워진 근대식 최초의 호텔로서 프랑스 요리 제공함.
1902년 - 하남호텔
1912년 - 부산철도호텔(최초의 철도호텔)
1912년 - 신의주철도호텔
1914년 - 조선호텔, 한국식+서구식 숙박시설의 개념을 가진 지하1층, 지상4층 규모
1936년 - 반도호텔, 상용호텔의 효시
1963년 - 워커힐호텔, 리조트호텔로 개관, 254개 객실보유, 당시 동양최대규모
1962년 - 한국 최초의 민영호텔로서 메트로호텔, 아스토리아호텔, 뉴코리아호텔, 사보이호텔, 그랜드호텔 등이 정부에 등록

자료 : 박영규, 2000 : 208.

■ 관광객 이용시설업 법 제3조, 시행령 제2조

관광객 이용시설업은 ① "관광객을 위하여 음식 · 운동 · 오락 · 휴양 · 문화 · 예술 또는 레저 등에 적합한 시설을 갖추어 이를 관광객에게 이용하게 하는 업"을 의미하며, ② "대통령령으로 정하는 2종 이상의 시설과 관광숙박업의 시설(이하 "관광숙박시설"이라 한다) 등을 함께 갖추어 이를 회원이나 그 밖의 관광객에게 이용하게 하는 업"을 의미하고, ③ "야영장업은 야영에 적합한 시설 및 설비 등을 갖추고 야영편의를 제공하는 시설(「청소년활동 진흥법」 제10조제1호마목에 따른 청소년야영장은 제외한다)을 관광객에게 이용하게 하는 업"을 의미한다(관광진흥법 제3조).

■ 관광객 이용시설업의 유형

<table>
<tr><th colspan="2">구 분</th><th>개 념</th></tr>
<tr><td colspan="2">전문휴양업</td><td>관광객의 휴양이나 여가 선용을 위하여 숙박업 시설(「공중위생관리법 시행령」 제2조제1항제1호 및 제2호의 시설을 포함하며, 이하 "숙박시설"이라 한다)이나 「식품위생법 시행령」 제21조제8호가목 · 나목 또는 바목에 따른 휴게음식점영업, 일반음식점영업 또는 제과점영업의 신고에 필요한 시설(이하 "음식점시설"이라 한다)을 갖추고 별표 1 제4호가목(2)(가)부터 (거)까지의 규정에 따른 시설(이하 "전문휴양시설"이라 한다) 중 한 종류의 시설을 갖추어 관광객에게 이용하게 하는 업</td></tr>
<tr><td rowspan="2">종합
휴양업</td><td>제1종
종합휴양업</td><td>관광객의 휴양이나 여가 선용을 위하여 숙박시설 또는 음식점시설을 갖추고 전문휴양시설 중 두 종류 이상의 시설을 갖추어 관광객에게 이용하게 하는 업이나, 숙박시설 또는 음식점시설을 갖추고 전문휴양시설 중 한 종류 이상의 시설과 종합유원시설업의 시설을 갖추어 관광객에게 이용하게 하는 업</td></tr>
<tr><td>제2종
종합휴양업</td><td>관광객의 휴양이나 여가 선용을 위하여 관광숙박업의 등록에 필요한 시설과 제1종 종합휴양업의 등록에 필요한 전문휴양시설 중 두 종류 이상의 시설 또는 전문휴양시설 중 한 종류 이상의 시설 및 종합유원시설업의 시설을 함께 갖추어 관광객에게 이용하게 하는 업</td></tr>
<tr><td rowspan="2">야영장업</td><td>일반
야영장업</td><td>야영장비 등을 설치할 수 있는 공간을 갖추고 야영에 적합한 시설을 함께 갖추어 관광객에게 이용하게 하는 업</td></tr>
<tr><td>자동차
야영장업</td><td>자동차를 주차하고 그 옆에 야영장비 등을 설치할 수 있는 공간을 갖추고 취사 등에 적합한 시설을 함께 갖추어 자동차를 이용하는 관광객에게 이용하게 하는 업</td></tr>
<tr><td rowspan="2">관광
유람선업</td><td>일반관광
유람선업</td><td>「해운법」에 따른 해상여객운송사업의 면허를 받은 자나 「유선 및 도선사업법」에 따른 유선사업의 면허를 받거나 신고한 자가 선박을 이용하여 관광객에게 관광을 할 수 있도록 하는 업</td></tr>
<tr><td>크루즈업</td><td>「해운법」에 따른 순항(順航) 여객운송사업이나 복합 해상여객운송사업의 면허를 받은 자가 해당 선박 안에 숙박시설, 위락시설 등 편의시설을 갖춘 선박을 이용하여 관광객에게 관광을 할 수 있도록 하는 업</td></tr>
<tr><td colspan="2">관광공연장업</td><td>관광객을 위하여 적합한 공연시설을 갖추고 공연물을 공연하면서 관광객에게 식사와 주류를 판매하는 업</td></tr>
</table>

구 분	개 념
외국인관광 도시민박업	「국토의 계획 및 이용에 관한 법률」 제6조제1호에 따른 획 및 이용에 관한 법률」 제6조제1호에 따른 도시지역(「농어촌정비법」에 따른 농어촌지역 및 준농어촌지역은 제외한다. 이하 이 조에서 같다)의 주민이 자신이 거주하고 있는 다음의 어느 하나에 해당하는 주택을 이용하여 외국인 관광객에게 한국의 가정문화를 체험할 수 있도록 적합한 시설을 갖추고 숙식 등을 제공(도시지역에서 「도시재생 활성화 및 지원에 관한 특별법」 제2조제6호에 따른 도시재생활성화계획에 따라 같은 조 제9호에 따른 마을기업이 외국인 관광객에게 우선하여 숙식 등을 제공하면서, 외국인 관광객의 이용에 지장을 주지 아니하는 범위에서 해당 지역을 방문하는 내국인 관광객에게 그 지역의 특성화된 문화를 체험할 수 있도록 숙식 등을 제공하는 것을 포함한다)하는 업
한옥체험업	한옥(「한옥 등 건축자산의 진흥에 관한 법률」 제2조제2호에 따른 한옥을 말한다)에 관광객의 숙박체험에 적합한 시설을 갖추고 관광객에게 이용하게 하거나, 전통 놀이 및 공예 등 전통문화 체험에 적합한 시설을 갖추어 관광객에게 이용하게 하는 업

관광유람선은 'Cruise' 또는 'Cruise ship tour'로 표현되기도 하며, Cruise란 "관광객에게 다수의 매력적인 항구를 방문하게 하는 해안항해"로 정의된다. 일반적으로 관광유람선이란 '선내에 객실, 식당, 스포츠, 및 레크리에이션 시설 등 관광객의 편의를 위한 각종 서비스 시설과 부대시설을 갖추고 순수한 관광활동을 목적으로 관광자원이 수려한 지역을 순회하며 안전하게 운항하는 선박'을 의미한다. 따라서 이러한 관광유람선을 이용한 관광유람선여행이란 '유람선을 이용한 독특한 관광여행으로 정기노선의 여객선이 아닌 여행업자 또는 선박업자가 포괄요금으로 여행객을 모집하여 운영하는 것으로서, 다수의 매력적인 항구를 여행하는 형태'를 의미한다(김창수, 1998).

■ 국제회의업 법 제3조, 시행령 제2조

국제회의업이란 "대규모 관광 수요를 유발하여 관광산업 진흥에 기여하는 국제회의(세미나 · 토론회 · 전시회 등을 포함한다. 이하 같다)를 개최할 수 있는 시설을 설치 · 운영하거나 국제회의의 계획 · 준비 · 진행 등의 업무를 위탁받아 대행하는 업"을 의미한다(관광진흥법 제3조).

국제회의란 "상당수의 외국인이 참가하는 회의(세미나 · 토론회 · 전시회 등을 포함한다)로서 대통령령으로 정하는 종류와 규모에 해당하는 것"을 말한다. 국제회의의 기준은 ① 국제기구 또는 국제기구에 가입한 기관 또는 법인 · 단체가 개최하는 회의로서 가. 당해 회의에 5개국 이상의 외국인이 참가할 것, 나. 회의참가자가 300인 이상이고 그 중 외국인이 100인 이상일 것, 다. 3일 이상 진행되는 회의일 것으로 규정하며, ② 국제기구에 가입하지 아니한 기관 또는 법인 · 단체가 개최하는 회의로서는 가. 회의참가자 중 외국인이 150인 이상일 것, 나. 2일 이상 진행되는 회의일 것으로 규정되고 있다.

국제회의업은 국제회의 용역업이라는 명칭으로 1986년에 「관광진흥법」상의 관광사업으로 신설되었는데 이를 관광사업으로 포함시킨 배경은 첫째, 국제사회 발달에 따른 활발한 인적교류로 점차 국제회의의 규모가 확대되는 추세에 있어 국제회의를 관광과 연계하여 발전시키기 위함이다. 둘째, 1986 아시안게임, 1988 서울올림픽을 계기로 준비된 관광수용시설을 최대한 활용하고 보다 많은 대규모 관광객을 유치하여 관광수입을 증대하고자 국제회의를 적극 유치하기 위함이다. 셋째, 국제회의 업무를 효율적으로 수행하기 위해서는 회의의 계획, 준비, 진행 등 제반 관련 업무에 관한 전문적 지식을 가진 전문 용역업체의 육성이 절실하다는 점 등을 들 수 있다(문화체육관광부, 2009). 1996년에 「국제회의산업 육성에 관한 법률」이 제정되면서 우리나라의 국제회의산업이 비약적으로 발전하고 있는데 그에 따라 국제회의업의 역할도 크게 늘어날 것으로 예상된다. 1998년에 「관광진흥법」을 개정하여 종전의 국제회의 용역업을 국제회의 기획업으로 명칭을 변경하고 국제회의 시설업을 추가하여 국제회의업으로 확대 재편되었다. 2005년에는 「관광진흥법」 개정을 통하여 국제회의업에 대한 문화체육관광부 장관 또는 시 · 도지사의 등록 권한을 각각 시 · 도지사 또는 시장 · 군수 · 구청장에게 이양하였다.

■ 국제회의업의 유형

구 분	개 념
국제회의시설업	대규모 관광 수요를 유발하는 국제회의를 개최할 수 있는 시설을 설치하여 운영하는 업
국제회의기획업	대규모 관광 수요를 유발하는 국제회의의 계획 · 준비 · 진행 등의 업무를 위탁받아 대행하는 업

국제회의업은 실무적인 차원에서 볼 때 MICE 산업의 한 부분으로 볼 수 있다. MICE 산업이란 다음의 산업의 첫 머리글을 바탕으로 구성된 문자로서 Meeting(회의산업), Incentive tour(인센티브투어), Convention(컨벤션), Exhibition(전시)을 복합한 선진 관광 서비스산업을 말하며, 관광 선진국들이 '굴뚝 없는 황금산업'으로 주목하고 있는 분야를 의미한다. 국제회의 기획가로서는 PCO(Professional Congress Organizer)의 용어를 사용하는데, PCO는 국제회의와 관련된 다양한 업무를 행사 주최 측으로부터 위임받아 부분적 또는 전체적으로 대행하는 전문 기업 혹은 개인을 의미한다. 즉, 국제회의의 준비과정에서부터 마무리 과정까지 모든 부분을 총괄적으로 지휘 감독하는 역할을 수행한다. 관광진흥법상으로는 국제회의 기획업이나 국제회의 기획가로서 국제회의 전문 인력 중의 한 유형이다.

■ 카지노업 법 제3조, 시행령 제2조

우리나라 카지노는 카지노업 허용을 통해 외국 관광객을 유치하고, 외화수입을 확대하는 등 관광산업 발전을 위한 일환으로 도입되었다. 카지노의 설립 근거가 된 최초의 법은 1961년 11월에 제정된 「복표발행현상기타사행행위단속법」이며, 1962년 9월 동법의 개정 사항에 외국인을 상대로 하는 오락시설로서 외화획득에 기여할 수 있다고 인정될 때 이를 허가할 수 있게 규정하였다(문화체육관광부, 2009).

▪ 카지노업의 개념

구 분	개 념
카지노업	전문 영업장을 갖추고 주사위·트럼프·슬롯머신 등 특정한 기구 등을 이용하여 우연의 결과에 따라 특정인에게 재산상의 이익을 주고 다른 참가자에게 손실을 주는 행위 등을 하는 업

카지노 사업은 1960년대에는 사행사업으로 규정하여 경찰청에서 관리하였으나, 1994년 8월 3일 「관광진흥법」이 개정되면서 관광산업으로 전환되어 이때부터 문화체육관광부에서 허가권과 지도·감독권을 갖게 되었다. 다만 제주도는 「제주특별자치도특별법」에 따라 2006년 7월부터 제주지역카지노에 대하여는 제주특별자치도가 허가 및 지도감독 기능을 갖고 있다.

또한 「관광진흥법」에 따라 카지노업은 내국인 출입을 허용하지 않는 것을 기본으로 하고 있으며 예외적으로 「폐광지역개발지원에관한특별법」에 의거 폐광지역의 경제 활성화를 위해 강원랜드 카지노는 내국인들도 출입이 가능한 카지노로 허가되어 2000년 10월 개장되었으며 2015년까지 한시적으로 운영되고 있다. 현재 카지노업을 규율하고 있는 규정은 관광진흥법령, 카지노업 영업 준칙(문화체육관광부 고시 제 2008-23호), 카지노 전산시설기준(문화체육관광부 고시 제 2008-30호), 카지노 검사업무규정(문화체육관광부 승인), 카지노 전산시설 검사업무규정 등이 있다(문화체육관광부, 2009).
카지노업의 세계적인 추세는 ① 카지노의 리조트화로서 호텔, 테마파크, 컨벤션, 휴양리조트 등이 복합화된 리조트 형태로의 카지노 사업의 확산이 이어지고 있다. 아시아 지역의 마카오 등을 비롯한 카지노 리조트로의 변화를 들 수 있다. ② 규제완화로서 정부규제 완화 및 카지노의 합법화 추세가 이어지고 있다. 그리고 ③ 고객의 대중화가 이루어지고 있다는 것이다.

■ 테마파크업 법 제3조, 시행령 제2조

관광진흥법 제3조에 의하면 테마파크업이란 "테마파크시설을 갖추어 이를 관광객에게 이용하게 하는 업(다른 영업을 경영하면서 관광객의 유치 또는 광고 등을 목적으로 테마파크시설을 설치하여 이를 이용하게 하는 경우를 포함한다)"으로 규정하고 있다.

테마파크업은 흔히 사용하는 놀이동산, 놀이공원 등의 용어로 실생활에서 사용되고 있다. 이는 특정주제(theme)를 정하여 그 주제에 맞는 오락시설, 유기시설, 놀이시설 등과 건축, 조경 등의 연출이 이루어지는 공원을 말한다. 최초로 만들어진 테마파크는 1955년 7월에 월트 디즈니가 만든 미국의 디즈니랜드이며, 대한민국에서 처음으로 만들어진 테마파크는 1976년 만들어진 용인자연농원이다. 현재의 이름은 에버랜드로 놀이기구와 동물원과 식물원, 수영시설까지 갖추었다. 이 밖에도 롯데월드, 서울랜드, 어린이대공원 등 많은 테마파크들이 있다.

▪ 유원시설업의 유형

구 분	개 념
종합테마파크업	테마파크시설을 갖추어 관광객에게 이용하게 하는 업으로서 대규모의 대지 또는 실내에서 안전성검사 대상 테마파크시설 여섯 종류 이상을 설치하여 운영하는 업
일반테마파크업	테마파크시설을 갖추어 관광객에게 이용하게 하는 업으로서 안전성검사 대상 테마파크시설 한 종류 이상을 설치하여 운영하는 업
기타테마파크업	테마파크시설을 갖추어 관광객에게 이용하게 하는 업으로서 안전성검사 대상이 아닌 테마파크시설을 설치하여 운영하는 업

■ 관광 편의시설업 법 제3조, 시행령 제2조

관광 편의시설업이란 "관광진흥법 제3조의, 제1호부터 제6호까지의 규정에 따른 관광사업 외에 관광 진흥에 이바지할 수 있다고 인정되는 사업이나 시설 등을 운영하는 업"을 의미한다. 즉, 관광진흥법 상의 관광사업의 종류 중에서 여행업을 비롯한 6가지 관광사업을 제외하고 관광과 직접적으로 관련된 사업으로서 관광진흥에 이바지할 것으로 인정되는 사업이나 시설 등을 운영하는 업으로 규정한다.

■ **관광 편의시설업의 유형**

구 분	개 념
관광유흥음식점업	식품위생 법령에 따른 유흥주점 영업의 허가를 받은 자가 관광객이 이용하기 적합한 한국 전통 분위기의 시설을 갖추어 그 시설을 이용하는 자에게 음식을 제공하고 노래와 춤을 감상하게 하거나 춤을 추게 하는 업
관광극장유흥업	식품위생 법령에 따른 유흥주점 영업의 허가를 받은 자가 관광객이 이용하기 적합한 무도(舞蹈)시설을 갖추어 그 시설을 이용하는 자에게 음식을 제공하고 노래와 춤을 감상하게 하거나 춤을 추게 하는 업
외국인전용 유흥음식점업	식품위생 법령에 따른 유흥주점영업의 허가를 받은 자가 외국인이 이용하기 적합한 시설을 갖추어 외국인만을 대상으로 주류나 그 밖의 음식을 제공하고 노래와 춤을 감상하게 하거나 춤을 추게 하는 업
관광식당업	식품위생 법령에 따른 일반음식점영업의 허가를 받은 자가 관광객이 이용하기 적합한 음식 제공시설을 갖추고 관광객에게 특정 국가의 음식을 전문적으로 제공하는 업
관광순환버스업	「여객자동차 운수사업법」에 따른 여객자동차운송사업의 면허를 받거나 등록을 한 자가 버스를 이용하여 관광객에게 시내와 그 주변 관광지를 정기적으로 순회하면서 관광할 수 있도록 하는 업
관광사진업	외국인 관광객과 동행하며 기념사진을 촬영하여 판매하는 업
여객자동차 터미널시설업	「여객자동차 운수사업법」에 따른 여객자동차터미널사업의 면허를 받은 자가 관광객이 이용하기 적합한 여객자동차터미널시설을 갖추고 이들에게 휴게시설·안내시설 등 편의시설을 제공하는 업
관광펜션업	숙박시설을 운영하고 있는 자가 자연·문화 체험관광에 적합한 시설을 갖추어 관광객에게 이용하게 하는 업
관광궤도업	「궤도운송법」에 따른 궤도사업의 허가를 받은 자가 주변 관람과 운송에 적합한 시설을 갖추어 관광객에게 이용하게 하는 업
관광면세업	다음의 어느 하나에 해당하는 자가 판매시설을 갖추고 관광객에게 면세물품을 판매하는 업 : 1) 「관세법」 제196조에 따른 보세판매장의 특허를 받은 자, 2) 「외국인관광객 등에 대한 부가가치세 및 개별소비세 특례규정」 제5조에 따라 면세판매장의 지정을 받은 자
관광지원서비스업	주로 관광객 또는 관광사업자 등을 위하여 사업이나 시설 등을 운영하는 업으로서 문화체육관광부장관이 「통계법」 제22조제2항 단서에 따라 관광 관련사업으로 분류한 쇼핑업, 운수업, 숙박업, 음식점업, 문화·오락·레저스포츠업, 건설업, 자동차임대업 및 교육서비스업 등. 다만, 법에 따라 등록·허가 또는 지정(이 영 제2조제6호가목부터 카목까지의 규정에 따른 업으로 한정한다.)을 받거나 신고를 해야 하는 관광사업은 제외한다.)

제4조(등록)

① 제3조제1항제1호부터 제4호까지의 규정에 따른 여행업, 관광숙박업, 관광객 이용시설업 및 국제회의업을 경영하려는 자는 특별자치시장 · 특별자치도지사 · 시장 · 군수 · 구청장(자치구의 구청장을 말한다. 이하 같다)에게 등록하여야 한다.
② 삭제
③ 제1항에 따른 등록을 하려는 자는 대통령령으로 정하는 자본금(법인인 경우에는 납입자본금을 말하고, 개인인 경우에는 등록하려는 사업에 제공되는 자산의 평가액을 말한다) · 시설 및 설비 등을 갖추어야 한다.
④ 제1항에 따라 등록한 사항 중 대통령령으로 정하는 중요 사항을 변경하려면 변경등록을 하여야 한다.
⑤ 제1항 및 제4항에 따른 등록 또는 변경등록의 절차 등에 필요한 사항은 문화체육관광부령으로 정한다.

■ 등록절차 시행령 제3조

① 등록[3])을 하려는 자는 문화체육관광부령으로 정하는 바에 따라 관광사업 등록신청서를 특별자치시장 · 특별자치도지사 · 시장 · 군수 · 구청장(자치구의 구청장을 의미)에게 제출하여야 한다.
② 특별자치시장 · 특별자치도지사 · 시장 · 군수 · 구청장은 관광숙박업 및 관광객 이용시설업 등록심의위원회의 심의를 거쳐야 할 관광사업의 경우에는 그 심의를 거쳐 등록 여부를 결정한다.

■ 등록신청 시행규칙 제2조

① 「관광진흥법 시행령」(이하 "영"이라 한다) 제3조제1항에 따라 관광사업의 등록을 하려는 자는 별지 제1호서식의 관광사업 등록신청서에 다음 각 호의 서류를 첨부하여 특별자치시장 · 특별자치도지사 · 시장 · 군수 · 구청장(자치구의 구청장을 말한다. 이하 같다)에게 제출하여야 한다.
1. 사업계획서
2. 신청인(법인의 경우에는 대표자 및 임원)이 내국인인 경우에는 성명 및 주민등록번호를 기재한 서류

3) 등기(登記) : 일정한 사항을 널리 공시하기 위하여 등기소에 비치하는 공부(등기부)에 기재하는 것을 의미.
등록(登錄) : 일정한 사실 또는 법률관계를 행정청 등에 비치되어 있는 특정장부에 기재하는 것을 의미.
• 등록의 주된 효과가 이들의 사실 또는 법률관계의 존부를 공중에 표시하고 또 증명한다고 하는 점에서 '등기'와 성질을 같이 한다고 말할 수 있다. 현행법에서는 등록' 을 규제의 정도가 허가와 신고의 중간에 속하는 규제의 의미로 많이 사용하고 있다. 즉 등록제를 약화된 허가제의 규정방식으로 보는 것이다

2의2. 신청인(법인의 경우에는 대표자 및 임원)이 외국인인 경우에는 「관광진흥법」(이하 "법"이라 한다) 제7조제1항 각 호(여행업의 경우에는 법 제11조의2제1항을 포함한다)에 해당하지 아니함을 증명하는 다음 각 목의 어느 하나에 해당하는 서류. 다만, 법 또는 다른 법령에 따라 인·허가 등을 받아 사업자등록을 하고 해당 영업 또는 사업을 영위하고 있는 자(법인의 경우에는 최근 1년 이내에 법인세를 납부한 시점부터 등록 신청 시점까지의 기간 동안 대표자 및 임원의 변경이 없는 경우로 한정한다)는 해당 영업 또는 사업의 인·허가증 등 인·허가 등을 받았음을 증명하는 서류와 최근 1년 이내에 소득세(법인의 경우에는 법인세를 말한다)를 납부한 사실을 증명하는 서류를 제출하는 경우에는 그 영위하고 있는 영업 또는 사업의 관련 법령에서 정하는 결격사유와 중복되는 법 제7조제1항(여행업의 경우에는 법 제11조의2제1항을 포함한다)의 결격사유에 한하여 다음 각 목의 서류를 제출하지 아니할 수 있다.

가. 해당 국가의 정부나 그 밖의 권한 있는 기관이 발행한 서류 또는 공증인이 공증한 신청인의 진술서로서 「재외공관 공증법」에 따라 해당 국가에 주재하는 대한민국공관의 영사관이 확인한 서류

나. 「외국공문서에 대한 인증의 요구를 폐지하는 협약」을 체결한 국가의 경우에는 해당 국가의 정부나 그 밖의 권한 있는 기관이 발행한 서류 또는 공증인이 공증한 신청인의 진술서로서 해당 국가의 아포스티유(Apostille) 확인서 발급 권한이 있는 기관이 그 확인서를 발급한 서류

3. 부동산의 소유권 또는 사용권을 증명하는 서류(부동산의 등기사항증명서를 통하여 부동산의 소유권 또는 사용권을 확인할 수 없는 경우만 해당한다)

4. 회원을 모집할 계획인 호텔업, 휴양콘도미니엄업의 경우로서 각 부동산에 저당권이 설정되어 있는 경우에는 영 제24조제1항제2호 단서에 따른 보증보험가입 증명서류

5. 「외국인투자 촉진법」에 따른 외국인투자를 증명하는 서류(외국인투자기업만 해당한다)

② 제1항에 따른 신청서를 제출받은 특별자치도지사·시장·군수·구청장은 「전자정부법」 제36조제1항에 따른 행정정보의 공동이용을 통하여 다음 각 호의 서류를 확인하여야 한다. 다만, 제3호 및 제4호의 경우 신청인이 확인에 동의하지 않는 경우에는 그 서류를 첨부하도록 하여야 한다.

1. 법인 등기사항증명서(법인만 해당한다)
2. 부동산의 등기사항증명서

3. 전기안전점검확인서(호텔업 또는 국제회의시설업의 등록만 해당한다)
4. 액화석유가스 사용시설 완성검사증명서(야영장업의 등록만 해당한다.)

③ 여행업 및 국제회의기획업의 등록을 하려는 자는 제1항에 따른 서류 외에 공인회계사 또는 세무사가 확인한 등록신청 당시의 대차대조표(개인의 경우에는 영업용 자산명세서 및 그 증명서류)를 첨부하여야 한다.

④ 관광숙박업, 관광객이용시설업 및 국제회의시설업의 등록을 하려는 자는 제1항에 따른 서류외에 다음 각 호의 서류를 첨부하여야 하며, 사업계획승인된 내용에 변경이 없는 사항의 경우에는 제1항 각 호의 서류 중 그와 관련된 서류를 제출하지 아니한다.

1. 법 제15조에 따라 승인을 받은 사업계획(이하 "사업계획"이라 한다)에 포함된 부대영업을 하기 위하여 다른 법령에 따라 소관관청에 신고를 하였거나 인 · 허가 등을 받은 경우에는 각각 이를 증명하는 서류(제2호 또는 제3호의 서류에 따라 증명되는 경우에는 제외한다)
2. 법 제18조제1항에 따라 신고를 하였거나 인 · 허가 등을 받은 것으로 의제되는 경우에는 각각 그 신고서 또는 신청서와 그 첨부서류
3. 법 제18조제1항 각 호에서 규정된 신고를 하였거나 인 · 허가 등을 받은 경우에는 각각 이를 증명하는 서류

3의2. 야영장업을 경영하기 위하여 다른 법령에 따른 인 · 허가 등을 받은 경우 이를 증명하는 서류(야영장업의 등록만 해당한다)

3의3. 「전기사업법 시행규칙」 제35조제3항에 따른 사용전점검확인증(야영장업의 등록만 해당한다)

3의4. 「먹는물관리법」에 따른 먹는물 수질검사기관이 「먹는물 수질기준 및 검사 등에 관한 규칙」
제3조제2항에 따라 발행한 수질검사성적서(야영장에서 수돗물이 아닌 지하수 등을 먹는물로 사용하는 경우로서 야영장업의 등록만 해당한다.)

4. 시설의 평면도 및 배치도
5. 다음 각 목의 구분에 따른 시설별 일람표
   가. 관광숙박업 : 별지 제2호서식의 시설별 일람표
   나. 전문휴양업 및 종합휴양업 : 별지 제3호서식의 시설별 일람표
   다. 야영장업 : 별지 제3호의2서식의 시설별 일람표
   라. 국제회의시설업 : 별지 제4호서식의 시설별 일람표

⑤ 제1항부터 제3항까지의 규정에도 불구하고「체육시설의 설치·이용에 관한 법률 시행령」제20조에 따라 등록한 등록체육시설업의 경우에는 등록증 사본으로 첨부 서류를 갈음할 수 있다.

⑥ 특별자치도지사·시장·군수·구청장은 제2항에 따른 확인 결과「전기사업법」제66조의2제1항에 따른 전기안전점검을 받지 아니한 경우에는 관계기관 및 신청인에게 그 내용을 통지하여야 한다.

⑦ 특별자치도지사·시장·군수·구청장은 제1항에 따른 관광사업등록 신청을 받은 경우 그 신청내용이 등록기준에 적합하다고 인정되는 경우에는 별지 제5호서식의 관광사업 등록증을 신청인에게 발급하여야 한다.

관광사업 등록신청서

※ 뒤쪽의 제출서류를 참고하시기 바라며, 색상이 어두운 란은 신청인이 적지 않습니다.

(앞쪽)

접수번호	접수일	발급일	처리기간	o 여행업, 관광숙박업 및 야영장업 : 7일 o 종합휴양업 : 12일 o 외국인관광 도시민박업 및 한옥체험업 : 14일 o 그 밖의 기타 : 5일

신청인	성 명(대표자)	주민등록번호 (외국인등록번호)
	주 소	전화번호

상호(명칭)	업종
주사업장 소재지	전화번호
자본금	
영업개시 연월일	

「관광진흥법」 제4조제1항 및 같은 법 시행규칙 제2조에 따라 위와 같이 관광사업의 등록을 신청합니다.

년 월 일

신청인 성명 (서명 또는 인)

특별자치도지사
시장 · 군수 · 구청장 귀하

제출서류	뒤쪽 참조	수수료 o 외국인관광 도시민박업의 경우: 20,000원 o 그 밖의 관광사업의 경우: 30,000원(숙박시설이 있는 경우 매 실당 700원을 가산한 금액으로 합니다)

행정정보 공동이용 동의서
(호텔업 또는 국제회의시설업 신청인만 해당합니다)

본인은 이 건 업무처리와 관련하여 담당 공무원이 「전자정부법」 제36조제1항에 따른 행정정보의 공동이용을 통하여 뒤쪽의 담당 공무원 확인사항 중 제3호를 확인하는 것에 동의합니다. * 동의하지 아니하는 경우에는 신청인이 직접 관련 서류를 제출하여야 합니다.

신청인 (서명 또는 인)

처리절차

신청서 작성	➔	접 수	➔	심 의	➔	등 록	➔	등록증 발급
신청인		처 리 기 관 (특별자치도·시·군·구)		처 리 기 관 (특별자치도·시·군·구)		처 리 기 관 (특별자치도·시·군·구)		

210mm×297mm[백상지 80g/㎡]

■ 등록증의 발급 시행령 제4조

① 등록신청을 받은 특별자치도지사 · 시장 · 군수 · 구청장은 신청한 사항이 등록기준에 맞으면 문화체육관광부령으로 정하는 등록증을 신청인에게 발급하여야 한다.

② 특별자치도지사 · 시장 · 군수 · 구청장은 등록증을 발급하려면 등록 시의 인허가 의제에 따라 의제되는 인 · 허가증을 한꺼번에 발급할 수 있도록 해당 인 · 허가기관의 장에게 인 · 허가증의 송부를 요청할 수 있다.

제 호	No.
관광사업 등록증	TOURISM BUSINESS CERTIFICATE OF REGISTRATION
상호(명칭)	COMPANY:
성명(법인인 경우에는 그 대표자 성명)	REPRESENTATIVE:
주소	ADDRESS:
업종	TYPE OF BUSINESS:
위의 업체는 「관광진흥법」 제4조제1항에 따라 위와 같이 등록하였음을 증명합니다.	This is to certify that the above company is registered as a tourism business in accordance with Paragraph 1, Article 4 of the Tourism Promotion Law.
년 월 일	Date
	Signature
특별자치도지사 시장 · 군수 · 구청장 [인]	Governor of (province name) Mayor of (city · county · district name)

210mm×297mm[보존용지(1종) 120g/㎡]

■ 등록기준 법 제4조, 시행령 제5조

■ 관광사업의 등록기준

1. 여행업
   가. 종합여행업
      (1) 자본금(개인의 경우에는 자산평가액) : 5천만 원 이상일 것
      (2) 사무실 : 소유권이나 사용권이 있을 것
   나. 국내외여행업
      (1) 자본금(개인의 경우에는 자산평가액) : 3천만 원 이상일 것
      (2) 사무실 : 소유권이나 사용권이 있을 것
   다. 국내여행업
      (1) 자본금(개인의 경우에는 자산평가액) : 1천500만 원 이상일 것
      (2) 사무실 : 소유권이나 사용권이 있을 것
2. 호텔업
   가. 관광호텔업
      (1) 욕실이나 샤워시설을 갖춘 객실을 30실 이상 갖추고 있을 것
      (2) 외국인에게 서비스를 제공할 수 있는 체제를 갖추고 있을 것
      (3) 대지 및 건물의 소유권 또는 사용권을 확보하고 있을 것. 다만, 회원을 모집하는 경우에는 소유권을 확보하여야 한다.
   나. 수상관광호텔업
      (1) 수상관광호텔이 위치하는 수면은 「공유수면 관리 및 매립에 관한 법률」 또는 「하천법」에 따라 관리청으로부터 점용허가를 받을 것
      (2) 욕실이나 샤워시설을 갖춘 객실이 30실 이상일 것
      (3) 외국인에게 서비스를 제공할 수 있는 체제를 갖추고 있을 것
      (4) 수상오염을 방지하기 위한 오수 저장 · 처리시설과 폐기물처리시설을 갖추고 있을 것
      (5) 구조물 및 선박의 소유권 또는 사용권을 확보하고 있을 것. 다만, 회원을 모집하는 경우에는 소유권을 확보하여야 한다.
   다. 한국전통호텔업
      (1) 건축물의 외관은 전통가옥의 형태를 갖추고 있을 것
      (2) 이용자의 불편이 없도록 욕실이나 샤워시설을 갖추고 있을 것
      (3) 외국인에게 서비스를 제공할 수 있는 체제를 갖추고 있을 것

(4) 대지 및 건물의 소유권 또는 사용권을 확보하고 있을 것. 다만, 회원을 모집하는 경우에는 소유권을 확보하여야 한다.

라. 가족호텔업

(1) 가족단위 관광객이 이용할 수 있는 취사시설이 객실별로 설치되어 있거나 층별로 공동취사장이 설치되어 있을 것

(2) 욕실이나 샤워시설을 갖춘 객실이 30실 이상일 것

(3) 객실별 면적이 19제곱미터 이상일 것

(4) 외국인에게 서비스를 제공할 수 있는 체제를 갖추고 있을 것

(5) 대지 및 건물의 소유권 또는 사용권을 확보하고 있을 것. 다만, 회원을 모집하는 경우에는 소유권을 확보하여야 한다.

마. 호스텔업

(1) 배낭여행객 등 개별 관광객의 숙박에 적합한 객실을 갖추고 있을 것

(2) 이용자의 불편이 없도록 화장실, 샤워장, 취사장 등의 편의시설을 갖추고 있을 것. 다만, 이러한 편의시설은 공동으로 이용하게 할 수 있다.

(3) 외국인 및 내국인 관광객에게 서비스를 제공할 수 있는 문화·정보 교류시설을 갖추고 있을 것

(4) 대지 및 건물의 소유권 또는 사용권을 확보하고 있을 것

바. 소형호텔업

(1) 욕실이나 샤워시설을 갖춘 객실을 20실 이상 30실 미만으로 갖추고 있을 것

(2) 부대시설의 면적 합계가 건축 연면적의 50퍼센트 이하일 것

(3) 두 종류 이상의 부대시설을 갖출 것. 다만, 「식품위생법 시행령」 제21조제8호다목에 따른 단란주점영업, 같은 호 라목에 따른 유흥주점영업 및 「사행행위 등 규제 및 처벌 특례법」 제2조제1호에 따른 사행행위를 위한 시설은 둘 수 없다.

(4) 조식 제공, 외국어 구사인력 고용 등 외국인에게 서비스를 제공할 수 있는 체제를 갖추고 있을 것

(5) 대지 및 건물의 소유권 또는 사용권을 확보하고 있을 것. 다만, 회원을 모집하는 경우에는 소유권을 확보하여야 한다.

사. 의료관광호텔업

(1) 의료관광객이 이용할 수 있는 취사시설이 객실별로 설치되어 있거나 층별로 공동취사장이 설치되어 있을 것

(2) 욕실이나 샤워시설을 갖춘 객실이 20실 이상일 것

(3) 객실별 면적이 19제곱미터 이상일 것
(4) 「학교보건법」 제6조제1항제12호, 제15호, 제19호 및 같은 법 시행령 제6조제1호에 따른 영업이 이루어지는 시설을 부대시설로 두지 아니할 것
(5) 의료관광객의 출입이 편리한 체계를 갖추고 있을 것
(6) 외국어 구사인력 고용 등 외국인에게 서비스를 제공할 수 있는 체제를 갖추고 있을 것
(7) 의료관광호텔 시설(의료관광호텔의 부대시설로 「의료법」 제3조제1항에 따른 의료기관을 설치할 경우에는 그 의료기관을 제외한 시설을 말한다)은 의료기관 시설과 분리될 것. 이 경우 분리에 관하여 필요한 사항은 문화체육관광부장관이 정하여 고시한다.
(8) 대지 및 건물의 소유권 또는 사용권을 확보하고 있을 것
(9) 의료관광호텔업을 등록하려는 자가 다음의 구분에 따른 요건을 충족하는 외국인환자 유치 의료기관의 개설자 또는 유치업자일 것
(가) 외국인환자 유치 의료기관의 개설자
1) 「의료법」 제27조의2제3항에 따라 보건복지부장관에게 보고한 사업실적에 근거하여 산정할 경우 전년도(등록신청일이 속한 연도의 전년도를 말한다. 이하 같다)의 연환자수(외국인환자 유치 의료기관이 2개 이상인 경우에는 각 외국인환자 유치 의료기관의 연환자수를 합산한 결과를 말한다. 이하 같다) 또는 등록신청일 기준으로 직전 1년간의 연환자수가 500명을 초과할 것. 다만 외국인환자 유치 의료기관 중 1개 이상이 서울특별시에 있는 경우에는 연환자수가 3,000명을 초과하여야 한다.
2) 「의료법」 제33조제2항제3호에 따른 의료법인인 경우에는 1)의 요건을 충족하면서 다른 외국인환자 유치 의료기관의 개설자 또는 유치업자와 공동으로 등록하지 아니할 것
3) 외국인환자 유치 의료기관의 개설자가 설립을 위한 출연재산의 100분의 30 이상을 출연한 경우로서 최다출연자가 되는 비영리법인(외국인환자 유치 의료기관의 개설자인 경우로 한정한다)이 1)의 기준을 충족하지 아니하는 경우에는 그 최다출연자인 외국인환자 유치 의료기관의 개설자가 1)의 기준을 충족할 것

(나) 유치업자

1) 「의료법」 제27조의2제3항에 따라 보건복지부장관에게 보고한 사업실적에 근거하여 산정할 경우 전년도의 실환자수(둘 이상의 유치업자가 공동으로 등록하는 경우에는 실환자수를 합산한 결과를 말한다. 이하 같다) 또는 등록신청일 기준으로 직전 1년간의 실환자수가 500명을 초과할 것

2) 외국인환자 유치 의료기관의 개설자가 100분의 30 이상의 지분 또는 주식을 보유하면서 최대출자자가 되는 법인(유치업자인 경우로 한정한다)이 1)의 기준을 충족하지 아니하는 경우에는 그 최대출자자인 외국인환자 유치 의료기관의 개설자가 (가)1)의 기준을 충족할 것

3. 휴양콘도미니엄업

가. 객실

(1) 같은 단지 안에 객실이 30실 이상일 것.

(2) 관광객의 취사 · 체류 및 숙박에 필요한 설비를 갖추고 있을 것. 다만, 객실 밖에 관광객이 이용할 수 있는 공동취사장 등 취사시설을 갖춘 경우에는 총 객실의 30퍼센트(「국토의 계획 및 이용에 관한 법률」 제6조제1호에 따른 도시지역의 경우에는 총 객실의 30퍼센트 이하의 범위에서 조례로 정하는 비율이 있으면 그 비율을 말한다) 이하의 범위에서 객실에 취사시설을 갖추지 아니할 수 있다.

나. 매점 등

매점이나 간이매장이 있을 것. 다만, 여러 개의 동으로 단지를 구성할 경우에는 공동으로 설치할 수 있다.

다. 문화체육공간

공연장 · 전시관 · 미술관 · 박물관 · 수영장 · 테니스장 · 축구장 · 농구장, 그 밖에 관광객이 이용하기 적합한 문화체육공간을 1개소 이상 갖출 것. 다만, 수개의 동으로 단지를 구성할 경우에는 공동으로 설치할 수 있으며, 관광지 · 관광단지 또는 종합휴양업의 시설 안에 있는 휴양콘도미니엄의 경우에는 이를 설치하지 아니할 수 있다.

라. 대지 및 건물의 소유권 또는 사용권을 확보하고 있을 것. 다만, 분양 또는 회원을 모집하는 경우에는 소유권을 확보하여야 한다.

4. 관광객이용시설업

가. 전문휴양업

(1) 공통기준

(가) 숙박시설이나 음식점시설이 있을 것

(나) 주차시설 · 급수시설 · 공중화장실 등의 편의시설과 휴게시설이 있을 것

(2) 개별기준

(가) 민속촌

한국고유의 건축물(초가집 및 기와집)이 20동 이상으로서 각 건물에는 전래되어 온 생활도구가 갖추어져 있거나 한국 또는 외국의 고유문화를 소개할 수 있는 축소된 건축물 모형 50점 이상이 적정한 장소에 배치되어 있을 것

(나) 해수욕장

1) 수영을 하기에 적합한 조건을 갖춘 해변이 있을 것
2) 수용인원에 적합한 간이목욕시설 · 탈의장이 있을 것
3) 인명구조용 구명보트 · 감시탑 및 응급처리 시 설비 등의 시설이 있을 것
4) 담수욕장을 갖추고 있을 것
5) 인명구조원을 배치하고 있을 것

(다) 수렵장

「야생동 · 식물보호법」에 따른 시설을 갖추고 있을 것

(라) 동물원

1) 「박물관 및 미술관 진흥법 시행령」 별표 2에 따른 시설을 갖추고 있을 것
2) 사파리공원이 있을 것

(마) 식물원

1) 「박물관 및 미술관 진흥법 시행령」 별표 2에 따른 시설을 갖추고 있을 것
2) 온실면적은 2,000제곱미터 이상일 것
3) 식물종류는 1,000종 이상일 것

(바) 수족관

1) 「박물관 및 미술관 진흥법 시행령」 별표 2에 따른 시설을 갖추고 있을 것

2) 건축연면적은 2,000제곱미터 이상일 것
3) 어종(어류가 아닌 것은 제외한다)은 100종 이상일 것
4) 삭제

(사) 온천장
1) 온천수를 이용한 대중목욕시설이 있을 것
2) 삭제
3) 정구장 · 탁구장 · 볼링장 · 활터 · 미니골프장 · 배드민턴장 · 롤러스케이트장 · 보트장 등의 레크리에이션 시설 중 두 종류 이상의 시설을 갖추거나 제2조 제5호에 따른 유원시설업 시설이 있을 것

(아) 동굴자원
관광객이 관람할 수 있는 천연동굴이 있고 편리하게 관람할 수 있는 시설이 있을 것

(자) 수영장
「체육시설의 설치 · 이용에 관한 법률」에 따른 신고 체육시설업 중 수영장시설을 갖추고 있을 것

(차) 농어촌휴양시설
1) 「농어촌정비법」에 따른 농어촌 관광휴양단지 또는 관광농원의 시설을 갖추고 있을 것
2) 관광객의 관람이나 휴식에 이용될 수 있는 특용작물 · 나무 등을 재배하거나 어류 · 희귀동물 등을 기르고 있을 것
3) 재배지 또는 양육장의 면적은 2천제곱미터 이상일 것

(카) 활공장
1) 활공을 할 수 있는 장소(이륙장 및 착륙장)가 있을 것
2) 인명구조원을 배치하고 응급처리를 할 수 있는 설비를 갖추고 있을 것
3) 행글라이더 · 패러글라이더 · 열기구 또는 초경량 비행기 등 두 종류 이상의 관광비행사업용 활공장비를 갖추고 있을 것

(타) 등록 및 신고 체육시설업 시설
「체육시설의 설치 · 이용에 관한 법률」에 따른 스키장 · 요트장 · 골프장 · 조정장 · 카누장 · 빙상장 · 자동차경주장 · 승마장 또는 종합체육시설 등 9종의 등록 및 신고 체육시설업에 해당되는 체육시설을 갖추고 있을 것

(파) 산림휴양시설

「산림문화 · 휴양에 관한 법률」에 따른 자연휴양림, 치유의 숲 또는「수목원 · 정원의 조성 및 진흥에 관한 법률」에 따른 수목원의 시설을 갖추고 있을 것

(하) 박물관

「박물관 및 미술관 진흥법 시행령」 별표 2 제1호에 따른 종합박물관 또는 전문박물관의 시설을 갖추고 있을 것

(거) 미술관

「박물관 및 미술관 진흥법 시행령」 별표 2 제1호에 따른 미술관의 시설을 갖추고 있을 것

나. 종합휴양업의 등록기준

(1) 제1종 종합휴양업

숙박시설 또는 음식점시설을 갖추고 전문휴양시설 중 2종류 이상의 시설을 갖추고 있거나, 숙박시설 또는 음식점시설을 갖추고 전문휴양시설 중 한 종류 이상의 시설과 종합유원시설업의 시설을 갖추고 있을 것

(2) 제2종 종합휴양업

(가) 면적

단일부지로서 50만 제곱미터 이상일 것

(나) 시설

관광숙박업 등록에 필요한 시설과 제1종 종합휴양업 등록에 필요한 전문휴양시설 중 2종류 이상의 시설 또는 전문휴양시설 중 1종류 이상의 시설과 종합유원시설업의 시설을 함께 갖추고 있을 것

다. 야영장업

(1) 공통기준

(가) 침수, 유실, 고립, 산사태, 낙석의 우려가 없는 안전한 곳에 위치할 것

(나) 시설 배치도, 이용방법, 비상 시 행동 요령 등을 이용객이 잘 볼 수 있는 곳에 게시할 것

(다) 비상시 긴급상황을 이용객에게 알릴 수 있는 시설 또는 장비를 갖출 것

(라) 야영장 규모를 고려하여 소화기를 적정하게 확보하고 눈에 띄기 쉬운 곳에 배치할 것

(마) 긴급 상황에 대비하여 야영장 내부 또는 외부에 대피소와 대피로를 확보할 것

(바) 비상시의 대응요령을 숙지하고 야영장이 개장되어 있는 시간에 상주하는 관리요원을 확보할 것

(사) 야영장 시설은 자연생태계 등의 원형이 최대한 보존될 수 있도록 토지의 형질변경을 최소화하여 설치할 것. 이 경우 야영장에 설치할 수 있는 야영장 시설의 종류에 관하여는 문화체육관광부령으로 정한다.

(아) 야영장에 설치되는 건축물(「건축법」 제2조제1항제2호에 따른 건축물을 말한다. 이하 이 목에서 같다)의 바닥면적 합계가 야영장 전체면적의 100분의 10 미만일 것

(자) (아)에도 불구하고 「국토의 계획 및 이용에 관한 법률」 제36조제1항제2호가목에 따른 보전관리지역 또는 같은 법 시행령 제30조제4호가목에 따른 보전녹지지역에 야영장을 설치하는 경우에는 다음의 요건을 모두 갖출 것

1) 야영장 전체면적이 1만제곱미터 미만일 것
2) 야영장에 설치되는 건축물의 바닥면적 합계가 300제곱미터 미만이고, 야영장 전체면적의 100분의 10 미만일 것
3) 「하수도법」 제15조제1항에 따른 배수구역 안에 위치한 야영장은 같은 법 제27조에 따라 공공하수도의 사용이 개시된 때에는 그 배수구역의 하수를 공공하수도에 유입시킬 것. 다만, 「하수도법」 제28조에 해당하는 경우에는 그렇지 않다.
4) 야영장 경계에 조경녹지를 조성하는 등의 방법으로 자연환경 및 경관에 대한 영향을 최소화할 것
5) 야영장으로 인한 비탈면 붕괴, 토사 유출 등의 피해가 발생하지 않도록 할 것

(2) 개별기준

(가) 일반야영장업

1) 야영용 천막을 칠 수 있는 공간은 천막 1개당 15제곱미터 이상을 확보할 것
2) 야영에 불편이 없도록 하수도 시설 및 화장실을 갖출 것
3) 긴급상황 발생 시 이용객을 이송할 수 있는 차로를 확보할 것

(나) 자동차야영장업

1) 차량 1대당 50제곱미터 이상의 야영공간(차량을 주차하고 그 옆에 야영장비 등을 설치할 수 있는 공간을 말한다)을 확보할 것

2) 야영에 불편이 없도록 수용인원에 적합한 상 · 하수도 시설, 전기 시설, 화장실 및 취사시설을 갖출 것

3) 야영장 입구까지 1차선 이상의 차로를 확보하고, 1차선 차로를 확보한 공우에는 적정한 곳에 차량의 교행(交行)이 가능한 공간을 확보할 것

(3) (1) 및 (2)의 기준에 관한 특례

(가) (1) 및 (2)에도 불구하고 다음 1) 및 2)의 요건을 모두 충족하는 야영장업을 하려는 경우에는 (나) 및 (다)의 기준을 적용한다.

1) 「해수욕장의 이용 및 관리에 관한 법률」 제2조제1호에 따른 해수욕장이나 「국토의 계획 및 이용에 관한 법률 시행령」 제2조제1항 제2호에 따른 유원지에서 연간 4개월 이내의 기간 동안만 야영장업을 하려는 경우

2) 야영장업의 등록을 위하여 토지의 형질을 변경하지 아니하는 경우

(나) 공통기준

1) 침수, 유실, 고립, 산사태, 낙석의 우려가 없는 안전한 곳에 위치할 것

2) 시설 배치도, 이용방법, 비상 시 행동 요령 등을 이용객이 잘 볼 수 있는 곳에 게시할 것

3) 비상 시 긴급상황을 이용객에게 알릴 수 있는 시설 또는 장비를 갖출 것

4) 야영장 규모를 고려하여 소화기를 적정하게 확보하고 눈에 띄기 쉬운 곳에 배치할 것

5) 긴급 상황에 대피할 수 있도록 대피로를 확보할 것

6) 비상 시 대응요령을 숙지하고 야영장이 개장되어 있는 시간에 상주하는 관리요원을 확보할 것

(다) 개별기준

1) 일반야영장업

가) 야영용 천막을 칠 수 있는 공간은 천막 1개당 15제곱미터 이상을 확보할 것

나) 야영에 불편이 없도록 하수도 시설 및 화장실의 이용이 가능할 것

다) 긴급상황 발생 시 이용객을 이송할 수 있는 차로를 확보할 것

2) 자동차야영장업
가) 차량 1대당 50제곱미터 이상의 야영공간(차량을 주차하고 그 옆에 야영장비 등을 설치할 수 있는 공간)을 확보할 것
나) 야영에 불편이 없도록 상·하수도 시설, 전기시설, 화장실 및 취사 시설의 이용이 가능할 것
다) 야영장 입구까지 1차선 이상의 차로를 확보하고, 1차선 차로를 확보한 경우에는 적정한 곳에 차량의 교행이 가능한 공간을 확보할 것

라. 관광유람선업
(1) 일반관광유람선업
(가) 구조
「선박안전법」에 따른 구조 및 설비를 갖춘 선박일 것
(나) 선상시설
이용객의 숙박 또는 휴식에 적합한 시설을 갖추고 있을 것
(다) 위생시설
수세식화장실과 냉·난방 설비를 갖추고 있을 것
(라) 편의시설
식당·매점·휴게실을 갖추고 있을 것
(마) 수질오염방지시설
수질요염을 방지하기 위한 오수 저장·처리시설과 폐기물처리시설을 갖추고 있을 것
(2) 크루즈업
(가) 일반관광유람선업에서 규정하고 있는 관광사업의 등록기준을 충족할 것
(나) 욕실이나 샤워시설을 갖춘 객실을 20실 이상 갖추고 있을 것
(다) 체육시설, 미용시설, 오락시설, 쇼핑시설 중 두 종류 이상의 시설을 갖추고 있을 것

마. 관광공연장업
(1) 설치장소
관광지·관광단지, 관광특구 또는 「지역문화진흥법」 제18조제1항에 따라 지정된 문화지구(같은 법 제18조제3항제3호에 따라 해당 영업 또는 시설의 설치를 금지하거나 제한하는 경우는 제외한다) 안에 있거나 이 법에 따른 관광사업 시설 안에 있을 것 다만, 실외관광공연장의 경우 법에 따

른 관광숙박업, 관광객이용시설업 중 전문휴양업과 종합휴양업, 국제회의업, 유원시설업에 한한다.

(2) 시설기준

(가) 실내관광공연장

1) 100제곱미터 이상의 무대를 갖추고 있을 것

2) 출연자가 연습하거나 대기 또는 분장할 수 있는 공간을 갖추고 있을 것

3) 출입구는 「다중이용업소의 안전관리에 관한 특별법」에 따른 다중이용업소의 영업장에 설치하는 안전시설 등의 설치기준에 적합할 것

4) 삭제

5) 공연으로 인한 소음이 밖으로 전달되지 아니하도록 방음시설을 갖추고 있을 것

(나) 실외관광공연장

1) 70제곱미터 이상의 무대를 갖추고 있을 것

2) 남녀용으로 구분된 수세식 화장실을 갖추고 있을 것

(3) 일반음식점 영업허가

「식품위생법 시행령」 제21조에 따른 식품접객업 중 일반음식점 영업허가를 받을 것

바. 외국인관광 도시민박업

(1) 주택의 연면적이 230제곱미터 미만일 것

(2) 외국어 안내 서비스가 가능한 체제를 갖출 것

(3) 소화기를 1개 이상 구비하고, 객실마다 단독경보형 감지기를 설치할 것

사. 한옥체험업

(1) 「한옥 등 건축자산의 진흥에 관한 법률」 제27조에 따라 국토교통부장관이 정하여 고시한 기준에 적합한 한옥일 것. 다만, 「문화재보호법」에 따라 문화재로 지정·등록된 한옥 및 「한옥 등 건축자산의 진흥에 관한 법률」 제10조에 따라 우수건축자산으로 등록된 한옥의 경우에는 그렇지 않다.

(2) 객실 및 편의시설 등 숙박 체험에 이용되는 공간의 연면적이 230제곱미터 미만일 것. 다만, 다음의 어느 하나에 해당하는 한옥의 경우에는 그렇지 않다.

(가) 「문화재보호법」에 따라 문화재로 지정·등록된 한옥

(나) 「한옥 등 건축자산의 진흥에 관한 법률」 제10조에 따라 우수건축자산으로 등록된 한옥

(다) 한옥마을의 한옥, 고택 등 특별자치시 · 특별자치도 · 시 · 군 · 구의 조례로 정하는 한옥

(3) 숙박 체험을 제공하는 경우에는 이용자의 불편이 없도록 욕실이나 샤워시설 등 편의시설을 갖출 것

(4) 객실 내부 또는 주변에 소화기를 1개 이상 비치하고, 숙박 체험을 제공하는 경우에는 객실마다 단독경보형 감지기 및 일산화탄소 경보기(난방설비를 개별난방 방식으로 설치한 경우만 해당한다)를 설치할 것

(5) 취사시설을 설치하는 경우에는 「도시가스사업법」, 「액화석유가스의 안전관리 및 사업법」, 「화재예방, 소방시설 설치 · 유지 및 안전관리에 관한 법률」 및 그 밖의 관계 법령에서 정하는 기준에 적합하게 설치 · 관리할 것

(6) 수돗물(「수도법」 제3조제5호에 따른 수도 및 같은 조 제14호에 따른 소규모급수시설에서 공급되는 물을 말한다) 또는 「먹는물관리법」 제5조제3항에 따른 먹는물의 수질 기준에 적합한 먹는물 등을 공급할 수 있는 시설을 갖출 것

(7) 월 1회 이상 객실 · 접수대 · 로비시설 · 복도 · 계단 · 욕실 · 샤워시설 · 세면시설 및 화장실 등을 소독할 수 있는 체제를 갖출 것

(8) 객실 및 욕실 등을 수시로 청소하고, 침구류를 정기적으로 세탁할 수 있는 여건을 갖출 것

(9) 환기를 위한 시설을 갖출 것. 다만, 창문이 있어 자연적으로 환기가 가능한 경우에는 그렇지 않다.

(10) 욕실의 원수(原水)는 「공중위생관리법」 제4조제2항에 따른 목욕물의 수질기준에 적합할 것

(11) 한옥을 관리할 수 있는 관리자를 영업시간 동안 배치할 것

(12) 숙박 체험을 제공하는 경우에는 접수대 또는 홈페이지 등에 요금표를 게시하고, 게시된 요금을 준수할 것

5. 국제회의업

가. 국제회의시설업

(1) 「국제회의산업 육성에 관한 법률 시행령」 제3조에 따른 회의시설 및 전시시설의 요건을 갖추고 있을 것

(2) 국제회의개최 및 전시의 편의를 위하여 부대시설로 주차시설과 쇼핑 · 휴식시설을 갖추고 있을 것

나. 국제회의기획업
(1) 자본금 : 5천만 원 이상일 것
(2) 사무실 : 소유권이나 사용권이 있을 것

■ **변경등록** 법 제4조, 시행령 제6조

① 법 제4조제4항에 따른 변경등록사항은 다음 각 호와 같다.
1. 사업계획의 변경승인을 받은 사항(사업계획의 승인을 받은 관광사업만 해당한다)
2. 상호 또는 대표자의 변경
3. 객실 수 및 형태의 변경(휴양 콘도미니엄업을 제외한 관광숙박업만 해당한다)
4. 부대시설의 위치 · 면적 및 종류의 변경(관광숙박업만 해당한다)
5. 여행업의 경우에는 사무실 소재지의 변경 및 영업소의 신설, 국제회의기획업의 경우에는 사무실 소재지의 변경
6. 부지 면적의 변경, 시설의 설치 또는 폐지(야영장업만 해당한다)
7. 객실 수 및 면적의 변경, 편의시설 면적의 변경, 체험시설 종류의 변경(한옥체험업에만 해당한다.)

② 제1항에 따른 변경등록을 하려는 자는 그 변경사유가 발생한 날부터 30일 이내에 문화체육관광부령으로 정하는 바에 따라 변경등록신청서를 특별자치도지사 · 시장 · 군수 · 구청장에게 제출하여야 한다. 다만, 제1항제5호의 변경등록사항 중 사무실 소재지를 변경한 경우에는 변경등록신청서를 새로운 소재지의 관할 특별자치도지사 · 시장 · 군수 · 구청장에게 제출할 수 있다.

■ **관광사업의 변경등록** 시행규칙 제3조

① 제2조에 따라 관광사업을 등록한 자가 법 제4조제4항에 따라 등록사항을 변경하려는 경우에는 그 변경사유가 발생한 날부터 30일 이내에 별지 제6호서식의 관광사업 변경등록신청서에 변경사실을 증명하는 서류를 첨부하여 특별자치도지사 · 시장 · 군수 · 구청장에게 제출하여야 한다.

② 제1항에 따라 변경등록신청서를 제출받은 특별자치도지사 · 시장 · 군수 · 구청장은 「전자정부법」 제36조제1항에 따른 행정정보의 공동이용을 통하여 전기안전점검확인서(영업소의 소재지 또는 면적의 변경 등으로 「전기사업법」 제66조의2제1항에 따른 전기안전점검을 받아야 하는 경우로서 호텔업 또는 국제회의시설업 변경등록을 신청한 경우만 해당한다)를 확인하여야 한다. 다만, 신청인이 전기안전점검확인서의 확인에 동의하지 아니하는 경우에는 그 서류를 첨부하도록 하여야 한다.

1. 「전기사업법 시행규칙」 제38조제3항에 따른 전기안전점검확인서(영업소의 소재지 또는 면적의 변경 등으로 「전기사업법」 제66조의2제1항에 따른 전기안전점검을 받아야 하는 경우로서 호텔업 또는 국제회의시설업 변경등록을 신청한 경우만 해당한다)
2. 「액화석유가스의 안전관리 및 사업법 시행규칙」 제71조제10항제1호에 따른 액화석유가스 사용시설완성검사증명서(야영장 시설의 설치 또는 폐지 등으로 「액화석유가스의 안전관리 및 사업법」 제44조에 따른 액화석유가스 사용시설완성검사를 받아야 하는 경우로서 야영장업의 변경등록을 신청한 경우만 해당한다.)

③ 특별자치도지사 · 시장 · 군수 · 구청장은 제2항에 따른 확인 결과 「전기사업법」 제66조의2제1항에 따른 전기안전점검을 받지 아니한 경우에는 관계기관 및 신청인에게 그 내용을 통지하여야 한다.

④ 제1항에 따른 변경등록증 발급에 관하여는 제2조제7항을 준용한다.

■ 관광사업자 등록대장 시행규칙 제4조

특별자치도지사 · 시장 · 군수 · 구청장은 등록증을 발급하면 문화체육관광부령으로 정하는 바에 따라 관광사업자등록대장을 작성하고 관리 · 보존하여야 한다. 그리고 비치하여 관리하는 관광사업자 등록대장에는 관광사업자의 상호 또는 명칭, 대표자의 성명 · 주소 및 사업장의 소재지와 사업별로 다음의 사항이 기재되어야 한다.

■ 등록대장의 기재사항

구　분	기 재 사 항
1. 여행업 및 국제회의기획업	자본금
2. 관광숙박업	가. 객실 수 나. 대지면적 및 건축연면적(폐선박을 이용하는 수상관광호텔업의 경우에는 폐선박의 총톤수 · 전장 및 전폭) 다. 신고를 하였거나 인 · 허가 등을 받은 것으로 의제되는 사항 라. 사업계획에 포함된 부대영업을 하기 위하여 다른 법령에 따라 인 · 허가 등을 받았거나 신고 등을 한 사항 마. 등급(호텔업만 해당) 바. 운영의 형태(분양 또는 회원모집을 하는 휴양콘도미니엄업 및 호텔업만 해당)
3. 전문휴양업 및 종합휴양업	가. 부지면적 및 건축연면적 나. 시설의 종류 다. 제2호 다목 및 라목의 사항 라. 운영의 형태(제2종 종합휴양업만 해당)
4. 야영장업	가. 부지면적 및 건축연면적　나. 시설의 종류　다. 1일 최대 수용인원
5. 관광유람선업	가. 선박의 척수　나. 선박의 제원
6. 관광공연장업	가. 관광공연장업이 설치된 관광사업시설의 종류 나. 무대면적 및 좌석 수 다. 공연장의 총면적 라. 일반음식점 영업허가번호, 허가연월일, 허가기관
7. 외국인관광 도시민박업	가. 객실 수 나. 주택의 연면적
8. 한옥체험업	가. 객실 수 나. 한옥의 연면적, 객실 및 편의시설의 연면적 다. 체험시설의 종류 라. 「문화재보호법」에 따라 문화재로 지정 · 등록된 한옥 또는 「한옥 등 건축자산의 진흥에 관한 법률」 제10조에 따라 우수건축자산으로 등록된 한옥인지 여부
9. 국제회의시설업	가. 대지면적 및 건축연면적 나. 회의실별 동시수용인원 다. 제2호 다목 및 라목의 사항

■ 등록증의 재발급 시행령 제4조, 시행규칙 제5조

특별자치도지사 · 시장 · 군수 · 구청장은 등록한 관광사업자가 발급받은 등록증을 잃어버리거나 그 등록증이 헐어 못쓰게 되어버린 경우에는 문화체육관광부령으로 정하는 바에 따라 다시 발급하여야 한다. 그리고 등록증의 재발급을 받으려는 자는 별지 등록증 등 재발급신청서(등록증이 헐어 못 쓰게 된 경우에는 등록증을 첨부하여야 한다)를 특별자치도지사 · 시장 · 군수 · 구청장에게 제출하여야 한다.

제5조(허가와 신고)

① 제3조제1항제5호에 따른 카지노업을 경영하려는 자는 전용영업장 등 문화체육관광부령으로 정하는 시설과 기구를 갖추어 문화체육관광부장관의 허가를 받아야 한다.
② 제3조제1항제6호에 따른 테마파크업 중 대통령령으로 정하는 테마파크업을 경영하려는 자는 문화체육관광부령으로 정하는 시설과 설비를 갖추어 특별자치시장 · 특별자치도지사 · 시장 · 군수 · 구청장의 허가를 받아야 한다.
③ 제1항과 제2항에 따라 허가받은 사항 중 문화체육관광부령으로 정하는 중요 사항을 변경하려면 변경허가를 받아야 한다. 다만, 경미한 사항을 변경하려면 변경신고를 하여야 한다.
④ 제2항에 따라 대통령령으로 정하는 테마파크업 외의 테마파크업을 경영하려는 자는 문화체육관광부령으로 정하는 시설과 설비를 갖추어 특별자치시장 · 특별자치도지사 · 시장 · 군수 · 구청장에게 신고하여야 한다. 신고한 사항 중 문화체육관광부령으로 정하는 중요 사항을 변경하려는 경우에도 또한 같다.
⑤ 문화체육관광부장관 또는 특별자치시장 · 특별자치도지사 · 시장 · 군수 · 구청장은 제3항 단서에 따른 변경신고나 제4항에 따른 신고 또는 변경신고를 받은 경우 그 내용을 검토하여 이 법에 적합하면 신고를 수리하여야 한다.
⑥ 제1항부터 제5항까지의 규정에 따른 허가 및 신고의 절차 등에 필요한 사항은 문화체육관광부령으로 정한다.

■ 카지노업의 허가 시행규칙 제6조

① 법 제5조 제1항에 따라 카지노업의 허가를 받으려는 자는 별지 제8호서식의 카지노업 허가신청서에 다음 각 호의 서류를 첨부하여 문화체육관광부장관에게 제출하여야 한다.

1\. 신청인(법인의 경우에는 대표자 및 임원)이 내국인인 경우에는 성명 및 주민등록번호를 기재한 서류

1의2. 신청인(법인의 경우에는 대표자 및 임원)이 외국인인 경우에는 법 제7조제1항 각 호 및 법 제22조제1항 각 호에 해당하지 아니함을 증명하는 다음 각 목의 어느 하나에 해당하는 서류. 다만, 법 또는 다른 법령에 따라 인 · 허가 등을 받아 사업자등록을 하고 해당 영업 또는 사업을 영위하고 있는 자(법인의 경우에는 최근 1년 이내에 법인세를 납부한 시점부터 허가 신청 시점까지의 기간 동안 대표자 및 임원의 변경이 없는 경우로 한정한다)는 해당 영업 또는 사업의 인 · 허가증 등 인 · 허가 등을 받았음을 증명하는 서류와 최근 1년 이내에

소득세(법인의 경우에는 법인세를 말한다)를 납부한 사실을 증명하는 서류를 제출하는 경우에는 그 영위하고 있는 영업 또는 사업의 결격사유 규정과 중복되는 법 제7조제1항 및 제22조제1항의 결격사유에 한하여 다음 각 목의 서류를 제출하지 아니할 수 있다.

가. 해당 국가의 정부나 그 밖의 권한 있는 기관이 발행한 서류 또는 공증인이 공증한 신청인의 진술서로서 「재외공관 공증법」에 따라 해당 국가에 주재하는 대한민국공관의 영사관이 확인한 서류

나. 「외국공문서에 대한 인증의 요구를 폐지하는 협약」을 체결한 국가의 경우에는 해당 국가의 정부나 그 밖의 권한 있는 기관이 발행한 서류 또는 공증인이 공증한 신청인의 진술서로서 해당 국가의 아포스티유(Apostille) 확인서 발급 권한이 있는 기관이 그 확인서를 발급한 서류

2. 정관(법인만 해당한다)
3. 사업계획서
4. 타인 소유의 부동산을 사용하는 경우에는 그 사용권을 증명하는 서류
5. 법 제21조 제1항 및 영 제27조 제2항에 따른 허가요건에 적합함을 증명하는 서류

② 제1항에 따른 신청서를 제출받은 문화체육관광부장관은 「전자정부법」 제36조 제1항에 따른 행정정보의 공동이용을 통하여 다음 각 호의 서류를 확인하여야 한다. 다만, 제3호의 경우 신청인이 확인에 동의하지 아니하는 경우에는 그 서류를 첨부하도록 하여야 한다.

1. 법인 등기사항증명서(법인만 해당한다)
2. 건축물대장
3. 전기안전점검확인서

③ 제1항 제3호에 따른 사업계획서에는 다음 각 호의 사항이 포함되어야 한다.

1. 카지노영업소 이용객 유치계획
2. 장기수지 전망
3. 인력수급 및 관리계획
4. 영업시설의 개요(제29조에 따른 시설 및 영업종류별 카지노기구에 관한 사항이 포함되어야 한다)

④ 문화체육관광부장관은 제2항에 따른 확인 결과 「전기사업법」 제66조의2 제1항에 따른 전기안전점검을 받지 아니한 경우에는 관계기관 및 신청인에게 그 내용을 통지하여야 한다.

⑤ 문화체육관광부장관은 카지노업의 허가(제8조 제1항에 따른 변경허가를 포함한다)를 하는 경우에는 별지 제9호서식의 카지노업 허가증을 발급하고 별지 제10호서식의 카지노업 허가대장을 작성하여 관리하여야 한다.

⑥ 카지노업 허가증의 재발급에 관하여는 제5조를 준용한다.

카지노업 허가신청서

※ 뒤쪽의 신청 안내를 참고하시기 바라며, 색상이 어두운 란은 신청인이 적지 않습니다. (앞쪽)

접수번호		접수일자	처리기간 60일
신청인	성 명(대표자)		주민등록번호 (외국인등록번호)
	주 소		전화번호
상호(명칭)			면적
소재지			전화번호
시설 및 기구규모	시 설 명		
	영업종류		
	카지노 기구 명		
	시설 및 기구설치 완료(예정)일		

「관광진흥법」 제5조제1항 및 같은 법 시행규칙 제6조에 따라 카지노업의 허가를 신청합니다.

년 월 일

신청인 성명 (서명 또는 인)

문화체육관광부장관 귀하

제출서류	뒤쪽 참조	수수료 100,000원 (온라인으로 신청하는 경우 90,000원)

처리절차

신청서 작성	➔	접 수	➔	검 토	➔	결 정	➔	허가증 발급
신청인		처 리 기 관 (문화체육관광부)		처 리 기 관 (문화체육관광부)		처 리 기 관 (문화체육관광부)		

■ 카지노업의 변경허가 및 변경신고 시행규칙 제7조

① 법 제5조제3항에 따라 카지노업의 변경허가를 받거나 변경신고를 하려는 자는 별지 제15호서식의 카지노업 변경허가신청서 또는 변경신고서에 변경계획서를 첨부하여 문화체육관광부장관에게 제출하여야 한다. 다만, 변경허가를 받거나 변경신고를 한 후 문화체육관광부장관이 요구하는 경우에는 변경내역을 증명할 수 있는 서류를 추가로 제출하여야 한다.

② 제1항에 따른 변경허가신청서 또는 변경신고서를 제출받은 문화체육관광부장관은 「전자정부법」 제36조제1항에 따른 행정정보의 공동이용을 통하여 전기안전점검확인서(영업소의 소재지 또는 면적의 변경 등으로 「전기사업법」 제66조의2제1항에 따른 전기안전점검을 받아야 하는 경우로서 카지노업 변경허가 또는 변경신고를 신청한 경우만 해당한다)를 확인하여야 한다. 다만, 신청인이 전기안전점검확인서의 확인에 동의하지 아니하는 경우에는 그 서류를 첨부하도록 하여야 한다.

③ 문화체육관광부장관은 제2항에 따른 확인 결과 「전기사업법」 제66조의2제1항에 따른 전기안전점검을 받지 아니한 경우에는 관계기관 및 신청인에게 그 내용을 통지하여야 한다.

■ 허가대상 테마파크업원 시행령 제7조

법 제5조제2항에서 "대통령령으로 정하는 테마파크업"이란 종합테마파크업 및 일반테마파크업을 말한다.

■ 테마파크업의 시설 및 설비기준과 허가신청 절차 등 시행령 제7조, 시행규칙 제7조

① 법 제5조제2항에 따라 테마파크업을 경영하려는 자가 갖추어야 하는 시설 및 설비의 기준은 별표 1의2와 같다.

■ 테마파크업의 시설 및 설비기준(별표 1의2)

1) 공통기준

구분	시설 및 설비기준
가. 실내에 설치한 테마파크업	독립된 건축물이거나 다른 용도의 시설과 구획되어야 한다.
나. 종합테마파크업 및 일반테마파크업	(1) 방송시설 및 휴식시설(의자 또는 차양시설 등을 갖춘 것을 말한다)을 설치하여야 한다. (2) 화장실(테마파크업의 허가구역으로부터 100미터 이내에 공동화장실을 갖춘 경우는 제외한다)을 갖추어야 한다. (3) 이용객을 지면으로 안전하게 이동시키는 비상조치가 필요한 유기기구·유기시설에 대하여는 비상시에 이용객을 안전하게 대피시킬 수 있는 시설(발전시설, 예비전원시설, 사다리, 계단시설, 윈치, 로프 등 해당 시설에 적합한 시설)을 갖추어야 한다. (4) 물놀이형 테마파크시설을 설치한 경우 다음 각 호의 시설을 갖추어야 한다. ① 수소이온화농도, 유리잔류염소농도를 측정할 수 있는 수질검사장비를 비치하여야 한다. ② 익수사고를 대비한 수상인명구조장비(구명구, 구명조끼, 구명로프 등)를 갖추어야 한다. ③ 물놀이 후 씻을 수 있는 시설(테마파크업의 허가구역으로부터 100미터 이내에 공동으로 씻을 수 있는 시설을 갖춘 경우는 제외한다)을 갖추어야 한다.

2) 개별기준

구분	시설 및 설비기준
가. 종합테마파크업	(1) 대지 면적(실내에 설치한 테마파크업의 경우에는 건축물 연면적)은 1만제곱미터 이상이어야 한다. (2) 법 제33조제1항에 따른 안전성검사 대상 테마파크시설 6종 이상을 설치하여야 한다. (3) 정전 등 비상시 테마파크시설 이외 사업장 전체의 안전에 필요한 설비를 작동하기 위한 예비전원시설과 의무 시설(구급약품, 침상 등이 비치된 별도의 공간) 및 안내소를 설치하여야 한다. (4) 음식점 시설 또는 매점을 설치하여야 한다.
나. 일반테마파크업	(1) 법 제33조제1항에 따른 안전성검사 대상 테마파크시설 1종 이상을 설치하여야 한다. (2) 안내소를 설치하고, 구급약품을 비치하여야 한다.
다. 기타테마파크업	(1) 대지 면적(실내에 설치한 테마파크업의 경우에는 건축물 연면적)은 40제곱미터 이상이어야 한다. (2) 법 제33조제1항에 따른 안전성검사 대상이 아닌 테마파크시설 1종 이상을 설치하여야 한다. (3) 구급약품을 비치하여야 한다.

② 테마파크업의 허가를 받으려는 자는 테마파크업허가 신청서에 다음의 서류를 첨부하여 특별자치도지사 · 시장 · 군수 · 구청장(자치구의 구청장을 말한다.)에게 제출하여야 한다. 이 경우 1년 미만의 단기로 테마파크업의 허가를 받으려는 자는 허가신청서에 해당 기간을 표시하여 제출하여야 한다.

1. 영업시설 및 설비개요서
2. 신청인(법인의 경우에는 대표자 및 임원)이 내국인인 경우에는 성명 및 주민등록번호를 기재한 서류

2의2. 신청인(법인의 경우에는 대표자 및 임원)이 외국인인 경우에는 법 제7조제1항 각 호에 해당하지 아니함을 증명하는 다음 각 목의 어느 하나에 해당하는 서류. 다만, 법 또는 다른 법령에 따라 인 · 허가 등을 받아 사업자등록을 하고 해당 영업 또는 사업을 영위하고 있는 자(법인의 경우에는 최근 1년 이내에 법인세를 납부한 시점부터 허가 신청 시점까지의 기간 동안 대표자 및 임원의 변경이 없는 경우로 한정한다)는 해당 영업 또는 사업의 인 · 허가증 등 인 · 허가 등을 받았음을 증명하는 서류와 최근 1년 이내에 소득세(법인의 경우에는 법인세를 말한다)를 납부한 사실을 증명하는 서류를 제출하는 경우에는 그 영위하고 있는 영업 또는 사업의 결격사유 규정과 중복되는 법 제7조제1항의 결격사유에 한하여 다음 각 목의 서류를 제출하지 아니할 수 있다.

가. 해당 국가의 정부나 그 밖의 권한 있는 기관이 발행한 서류 또는 공증인이 공증한 신청인의 진술서로서 「재외공관 공증법」에 따라 해당 국가에 주재하는 대한민국공관의 영사관이 확인한 서류

나. 「외국공문서에 대한 인증의 요구를 폐지하는 협약」을 체결한 국가의 경우에는 해당 국가의 정부나 그 밖의 권한 있는 기관이 발행한 서류 또는 공증인이 공증한 신청인의 진술서로서 해당 국가의 아포스티유(Apostille) 확인서 발급권한이 있는 기관이 그 확인서를 발급한 서류

3. 정관(법인만 해당한다)
4. 테마파크시설의 영업허가 전 검사를 받은 사실을 증명하는 서류(안전성검사의 대상이 아닌 경우에는 이를 증명하는 서류)
5. 법 제9조에 따른 보험가입 등을 증명하는 서류
6. 법 제33조제2항에 따른 안전관리자(이하 “안전관리자”라 한다)에 관한 별지 제12호서식에 따른 인적사항
7. 임대차계약서 사본(대지 또는 건물을 임차한 경우만 해당)
8. 다음 각 목의 사항이 포함된 안전관리계획서

가. 안전점검 계획
나. 비상연락체계다. 비상 시 조치계획
라. 안전요원 배치계획(물놀이형 테마파크시설을 설치하는 경우만 해당한다)

③ 제2항에 따른 신청서를 제출받은 특별자치도지사 · 시장 · 군수 · 구청장은 「전자정부법」 제36조 제1항에 따른 행정정보의 공동이용을 통하여 법인 등기사항증명서(법인만 해당한다)를 확인하여야 한다.

④ 특별자치도지사 · 시장 · 군수 · 구청장은 테마파크업을 허가하는 경우에는 별지 제13호서식의 테마파크업 허가증을 발급하고 별지 제14호서식의 테마파크업 허가 · 신고관리대장을 작성하여 관리하여야 한다.

⑤ 테마파크업 허가증의 재발급에 관하여는 제5조를 준용한다.

테마파크업 [ ] 허가신청서 [ ] 조건부 영업허가 신청서

※[ ]에는 v 표시를 하며, 색상이 어두운 란은 신청인이 적지 않습니다. (앞쪽)

접수번호	접수일	발급일	처리기간 3일

신청인	성 명(대표자)	생년월일(외국인등록번호)
	주 소	전화번호
영업소	대표자	생년월일(외국인등록번호)
	소재지	전화번호
	명칭(상호)	영업의 종류
테마파크시설종수	안전검사 대상 테마파크시설	종
	안전검사 대상이 아닌 테마파크시설	종
	시설 및 설비 설치 완료(예정)일	년 월 일
	영업기간(6개월 미만의 경우에만 표시)	

「관광진흥법」 제5조제2항·제31조 및 같은 법 시행규칙 제7조·제37조에 따라 위와 같이 신청합니다.

년 월 일

신청인 (서명 또는 인)

특별자치도지사 · 시장 · 군수 · 구청장 귀하

대장 및 공부확인	일 자	결 과	서 명
건축물대장등본/ 토지이용계획확인원			

제출서류	뒤쪽 참조	수 수 료 지방자치단체의 조례

유의사항
1. 건축물의 용도 등 관계 법령에 적합하지 아니하거나 시설 및 설비기준에 적합하지 아니한 경우에는 영업허가가 제한됩니다. 2. 허가를 받지 아니하고 영업을 하는 경우에는 다음과 같은 불이익처분을 받습니다. 가.「관광진흥법」제36조에 따른 폐쇄조치 나.「관광진흥법」제82조에 따른 3년 이하의 징역 또는 3천만원 이하의 벌금

처리절차

신청서 작성	➔	접 수	➔	검 토	➔	결 정	➔	허가증 발급
신청인		처 리 기 관 (특별자치도지사·시장·군수·구청장)		처 리 기 관 (특별자치도지사·시장·군수·구청장)		처 리 기 관 (특별자치도지사·시장·군수·구청장)		

■ **테마파크업의 신고 등** 시행규칙 제11조

① 법 제5조제4항에 따른 테마파크업의 신고를 하려는 자가 갖추어야 하는 시설 및 설비기준은 별표 1의2와 같다.

② 법 제5조제4항에 따른 테마파크업의 신고를 하려는 자는 별지 제17호서식의 기타테마파크업 신고서에 다음 각 호의 서류를 첨부하여 특별자치도지사 · 시장 · 군수 · 구청장에게 제출하여야 한다. 이 경우 6개월 미만의 단기로 기타테마파크업의 신고를 하려는 자는 신고서에 해당 기간을 표시하여 제출하여야 한다.

1. 영업시설 및 설비개요서
2. 테마파크시설이 안전성검사 대상이 아님을 증명하는 서류
3. 법 제9조에 따른 보험가입 등을 증명하는 서류
4. 임대차계약서 사본(대지 또는 건물을 임차한 경우만 해당한다)
5. 다음 각 목의 사항이 포함된 안전관리계획서
   가. 안전점검 계획
   나. 비상연락체계
   다. 비상 시 조치계획
   라. 안전요원 배치계획(물놀이형 테마파크시설을 설치하는 경우만 해당한다)

③ 제2항에 따른 신고서를 제출받은 특별자치도지사 · 시장 · 군수 · 구청장은「전자정부법」제36조제1항에 따른 행정정보의 공동이용을 통하여 법인 등기사항증명서(법인만 해당한다)를 확인하여야 한다.

④ 특별자치도지사 · 시장 · 군수 · 구청장은 제2항에 따른 신고를 받은 경우에는 별지 제18호서식의 테마파크업 신고증을 발급하고, 별지 제14호서식에 따른 테마파크업 허가 · 신고 관리대장을 작성하여 관리하여야 한다.

⑤ 테마파크업 신고증의 재발급에 관하여는 제5조를 준용한다.

기타테마파크업 신고서

※ 색상이 어두운 란은 신청인이 적지 않습니다.

접수번호	접수일	발급일	처리기간 3일

신 고 인	성 명	생년월일(외국인등록번호)
	주 소	전화번호
영 업 소	대표자	생년월일(외국인등록번호)
	소재지	전화번호
	명칭(상호)	영업의 종류
테마파크 시설 종수	안전성검사 비대상 테마파크시설	종
	시설 및 설비 설치 완료(예정)일	년 월 일
단기영업	영업기간(6개월 미만의 경우에만 표시)	

「관광진흥법」 제5조제4항 및 같은 법 시행규칙 제11조에 따라 위와 같이 신고합니다.

년 월 일

신고인 (서명 또는 인)

특별자치도지사 · 시장 · 군수 · 구청장 귀하

대장 및 공부확인	일 자	결 과	서 명
건축물대장등본/ 토지이용계획확인원			

신고인 제출서류	1. 영업시설 및 설비개요서 1부 2. 테마파크시설이 안전성검사 대상이 아님을 증명하는 서류 1부 3. 「관광진흥법」 제9조에 따른 보험가입 등을 증명하는 서류 1부 4. 임대차계약서 사본 1부(대지 또는 건물을 임차한 경우만 해당합니다) 5. 다음 각 목의 사항이 포함된 안전관리계획서 1부 가. 안전점검 계획 나. 비상연락체계 다. 비상 시 조치계획 라. 안전요원 배치계획(물놀이형 테마파크시설을 설치하는 경우만 해당합니다)	수수료 지방자치단체의 조례
담당공무원 확인사항	법인등기사항증명서(법인만 해당합니다)	

유의사항

1. 건축물의 용도 등 관계 법령에 적합하지 아니하거나 시설 및 설비기준에 적합하지 아니한 경우에는 신고 수리가 제한됩니다.
2. 신고를 하지 아니하고 영업을 하는 경우에는 다음과 같은 불이익처분을 받습니다.
   가. 「관광진흥법」 제36조에 따른 폐쇄조치
   나. 「관광진흥법」 제84조에 따른 1년 이하의 징역 또는 1천만 원 이하의 벌금

처리절차

신고서 작성	➔	접 수	➔	검 토	➔	결 정	➔	신고증 발급
신고인		처 리 기 관 (특별자치도지사 · 시장 · 군수 · 구청장)		처 리 기 관 (특별자치도지사 · 시장 · 군수 · 구청장)		처 리 기 관 (특별자치도지사 · 시장 · 군수 · 구청장)		

■ 변경허가 및 변경신고 사항 등 시행규칙 제8조

① 카지노업 또는 테마파크업의 허가를 받은 자가 법 제5조제3항 본문에 따라 다음 각 호의 어느 하나에 해당하는 사항을 변경하려는 경우에는 변경허가를 받아야 한다.

1. 카지노업의 경우
   가. 대표자의 변경
   나. 영업소 소재지의 변경
   다. 동일구내(같은 건물 안 또는 같은 울 안의 건물을 말한다)로의 영업장소 위치 변경 또는 영업장소의 면적 변경
   라. 별표 1의3 제1호에서 정한 경우에 해당하는 게임기구의 변경 또는 교체
   마. 법 제23조제1항 및 이 규칙 제29조제1항제4호에 따른 카지노 전산시설 중 주 전산기의 변경 또는 교체
   바. 법 제26조에 따른 영업종류의 변경
2. 테마파크업의 경우
   가. 영업소의 소재지 변경(테마파크시설의 이전을 수반하는 영업소의 소재지 변경은 제외한다)
   나. 안전성검사 대상 테마파크시설의 영업장 내에서의 신설 · 이전 · 폐기
   다. 영업장 면적의 변경

② 카지노업 또는 테마파크업의 허가를 받은 자가 법 제5조제3항 단서에 따라 다음 각 호의 어느 하나에 해당하는 사항을 변경하려는 경우에는 변경신고를 하여야 한다.

1. 대표자 또는 상호의 변경(테마파크업만 해당한다)
2. 별표 1의3 제2호에서 정한 경우에 해당하는 게임기구의 변경 또는 교체(카지노업만 해당한다)

2의2. 법 제23조제1항 및 이 규칙 제29조제1항제4호에 따른 카지노 전산시설 중 주 전산기를 제외한 시설의 변경 또는 교체(카지노업만 해당한다)

3. 안전성검사 대상이 아닌 테마파크시설의 신설 · 폐기(테마파크업만 해당한다)
4. 안전관리자의 변경(유원시설업만 해당한다)
5. 상호 또는 영업소의 명칭 변경(카지노업만 해당한다)
6. 안전성검사 대상 테마파크시설의 3개월 이상의 운행 정지 또는 그 운행의 재개(테마파크업만 해당한다)

7. 안전성검사 대상이 아닌 테마파크시설로서 제40조제4항 단서에 따라 정기 확인검사가 필요한 테마파크시설의 3개월 이상의 운행 정지 또는 그 운행의 재개(테마파크업만 해당한다)

■ **유원시설업의 변경허가 및 변경신고** 시행규칙 제8조

① 법 제5조제3항 본문에 따라 테마파크업의 변경허가를 받으려는 자는 그 사유가 발생한 날부터 30일 이내에 별지 제16호서식의 테마파크업 허가사항 변경허가신청서에 다음 각 호의 서류를 첨부하여 특별자치도지사·시장·군수·구청장에게 제출하여야 한다.

1. 허가증
2. 영업소의 소재지 또는 영업장의 면적을 변경하는 경우에는 그 변경내용을 증명하는 서류
3. 안전성검사 대상 테마파크시설을 신설·이전하는 경우에는 제40조제5항에 따른 검사결과서
4. 안전성검사 대상 테마파크시설을 폐기하는 경우에는 폐기내용을 증명하는 서류

② 법 제5조제3항 단서에 따라 테마파크업의 변경신고를 하려는 자는 그 변경사유가 발생한 날부터 30일 이내에 별지 제16호서식의 테마파크업 허가사항 변경신고서에 다음 각 호의 서류를 첨부하여 특별자치도지사·시장·군수·구청장에게 제출하여야 한다.

1. 대표자 또는 상호를 변경하는 경우에는 그 변경내용을 증명하는 서류(대표자가 변경된 경우에는 그 대표자의 성명·주민등록번호를 기재한 서류를 포함한다)
2. 안전성검사 대상이 아닌 테마파크시설을 신설·폐기하는 경우에는 제40조제5항에 따른 검사결과서와 그 폐기 내용을 증명하는 서류
3. 안전관리자를 변경하는 경우 그 안전관리자에 관한 별지 제12호서식에 따른 인적사항
4. 제8조제2항제6호 또는 제7호에 해당하는 경우에는 그 내용을 증명하는 서류

③ 제2항에 따른 신고서를 제출받은 특별자치도지사·시장·군수·구청장은 「전자정부법」 제36조제1항에 따른 행정정보의 공동이용을 통하여 법인 등기사항증명서(법인의 상호가 변경된 경우만 해당한다)를 확인하여야 한다.

■ 중요사항의 변경신고 시행규칙 제12조

법 제5조제4항 후단에서 "문화체육관광부령으로 정하는 중요사항"이란 다음 각 호의 사항을 말한다.

1. 영업소의 소재지 변경(테마파크시설의 이전을 수반하는 영업소의 소재지 변경은 제외한다)
2. 안전성검사 대상이 아닌 테마파크시설의 신설 · 폐기 또는 영업장 면적의 변경
3. 대표자 또는 상호의 변경
4. 안전성검사 대상이 아닌 테마파크시설로서 제40조제4항 단서에 따라 정기 확인검사가 필요한 테마파크시설의 3개월 이상의 운행 정지 또는 그 운행의 재개

■ 신고사항의 변경신고 시행규칙 제13조

법 제5조제4항 후단에 따라 신고사항의 변경신고를 하려는 자는 그 변경사유가 발생한 날부터 30일 이내에 별지 제19호서식의 기타테마파크업 신고사항 변경신고서에 다음 각 호의 서류를 첨부하여 특별자치도지사 · 시장 · 군수 · 구청장에게 제출하여야 한다.

1. 신고증
2. 영업소의 소재지 또는 영업장의 면적을 변경하는 경우에는 그 변경내용을 증명하는 서류
3. 안전성검사 대상이 아닌 테마파크시설을 신설하는 경우에는 제40조제 5항에 따른 검사결과서
4. 안전성검사 대상이 아닌 테마파크시설을 폐기하는 경우에는 그 폐기내용을 증명하는 서류
5. 대표자 또는 상호를 변경하는 경우에는 그 변경내용을 증명하는 서류
6. 제12조제4호에 해당하는 경우에는 그 내용을 증명하는 서류

제6조(지정)

① 제3조제1항제7호에 따른 관광 편의시설업을 경영하려는 자는 문화체육관광부령으로 정하는 바에 따라 특별시장 · 광역시장 · 특별자치시장 · 도지사 · 특별자치도지사(이하 "시 · 도지사"라 한다) 또는 시장 · 군수 · 구청장의 지정을 받아야 한다.
② 제1항에 따른 관광 편의시설업으로 지정을 받으려는 자는 관광객이 이용하기 적합한 시설이나 외국 안내서비스 등 문화체육관광부령으로 정하는 기준을 갖추어야 한다.

■ 관광편의시설업의 지정신청 시행규칙 제14조

① 법 제6조제1항 및 영 제65조제1항제1호에 따라 관광 편의시설업의 지정을 받으려는 자는 다음 각 호의 구분에 따라 신청을 하여야 한다.
1. 관광유흥음식점업, 관광극장유흥업, 외국인전용 유흥음식점업, 관광순환버스업, 관광펜션업, 관광궤도업, 관광면세업 및 관광지원서비스업 : 특별자치도지사 · 시장 · 군수 · 구청장
2. 관광식당업, 관광사진업 및 여객자동차터미널시설업 : 지역별 관광협회

② 법 제6조제1항에 따라 관광 편의시설업의 지정을 받으려는 자는 별지 제21호서식의 관광 편의시설업 지정신청서에 다음 각 호의 서류를 첨부하여 제1항에 따라 특별자치도지사 · 시장 · 군수 · 구청장 또는 지역별 관광협회에 제출하여야 한다.
1. 신청인(법인의 경우에는 대표자 및 임원)이 내국인인 경우에는 성명 및 주민등록번호를 기재한 서류

1의2. 신청인(법인의 경우에는 대표자 및 임원)이 외국인인 경우에는 법 제7조제1항 각 호에 해당하지 아니함을 증명하는 다음 각 목의 어느 하나에 해당하는 서류. 다만, 법 또는 다른 법령에 따라 인 · 허가 등을 받아 사업자등록을 하고 해당 영업 또는 사업을 영위하고 있는 자(법인의 경우에는 최근 1년 이내에 법인세를 납부한 시점부터 지정 신청 시점까지의 기간 동안 대표자 및 임원의 변경이 없는 경우로 한정한다)는 해당 영업 또는 사업의 인 · 허가증 등 인 · 허가 등을 받았음을 증명하는 서류와 최근 1년 이내에 소득세(법인의 경우에는 법인세를 말한다)를 납부한 사실을 증명하는 서류를 제출하는 경우에는 그 영위하고 있는 영업 또는 사업의 결격사유 규정과 중복되는 법 제7조제1항의 결격사유에 한하여 다음 각 목의 서류를 제출하지 아니할 수 있다.

가. 해당 국가의 정부나 그 밖의 권한 있는 기관이 발행한 서류 또는 공증인이 공증한 신청인의 진술서로서 「재외공관 공증법」에 따라 해당 국가에 주재하는 대한민국공관의 영사관이 확인한 서류

나. 「외국공문서에 대한 인증의 요구를 폐지하는 협약」을 체결한 국가의 경우에는 해당 국가의 정부나 그 밖의 권한 있는 기관이 발행한 서류 또는 공증인이 공증한 신청인의 진술서로서 해당 국가의 아포스티유(Apostille) 확인서 발급 권한이 있는 기관이 그 확인서를 발급한 서류

2. 업종별 면허증 · 허가증 · 특허장 · 지정증 · 신고증명서 사본(관광사진업 및 한옥체험업의 경우는 제외한다)
3. 시설의 배치도 또는 사진 및 평면도
4. 다음 각 목의 어느 하나에 해당하는 서류

가. 평균매출액(「중소기업기본법 시행령」 제7조에 따른 방법으로 산출한 것을 말한다. 이하 같다) 검토의견서(공인회계사, 세무사 또는 「중소기업진흥에 관한 법률」 제46조에 따른 경영지도사가 작성한 것으로 한정한다.)

나. 사업장이 법 제52조에 따라 관광지 또는 관광단지로 지정된 지역에 소재하고 있음을 증명하는 서류

다. 법 제48조의 10제1항에 따라 한국관광 품질인증을 받았음을 증명하는 서류

라. 중앙행정기관의 장 또는 지방자치단체의 장이 공모 등의 방법을 통해 우수관광사업으로 선정한 사업임을 증명하는 서류

③ 제2항에 따른 신청서를 받은 특별자치도지사 · 시장 · 군수 · 구청장은 「전자정부법」 제36조제1항에 따른 행정정보의 공동이용을 통하여 다음 각 호의 서류를 확인하여야 한다. 다만, 신청인이 확인에 동의하지 아니하는 경우(제2호만 해당한다)와 영 제65조에 따라 관광협회에 위탁된 업종의 경우에는 신청인으로 하여금 해당 서류를 첨부하도록 하여야 한다.

1. 법인 등기사항증명서(법인만 해당한다)
2. 사업자등록증 사본

④ 특별자치도지사 · 시장 · 군수 · 구청장 또는 지역별 관광협회는 제2항에 따른 신청을 받은 경우 그 신청내용이 별표 2의 지정기준에 적합하다고 인정되는 경우에는 별지 제22호서식의 관광 편의시설업 지정증을 신청인에게 발급하고, 관광 편의시설업자 지정대장에 다음 각 호의 사항을 기재하여야 한다.

1. 상호 또는 명칭
2. 대표자 및 임원의 성명 · 주소
3. 사업장의 소재지

⑤ 관광편의시설업 지정사항의 변경 및 관광 편의시설업 지정증의 재발급에 관하여는 제3조와 제5조를 각각 준용한다.

관광 편의시설업 [ ] 지정 신청서 / [ ] 지정사항 변경 신청서

※[ ]에는 v 표시를 하며,색상이 어두운 란은 신청인이 적지 않습니다.

(앞쪽)

접수번호	접수일	발급일	처리기간 14일

신청인	성 명(대표자)	생년월일(외국인등록번호)
	주소	전화번호

상호(명칭)	
업종	
영업소 소재지	
자본금	
영업개시 예정 연월일	
사업자등록번호	

변경사항	변 경 전	변 경 후

「관광진흥법」 제6조 및 같은 법 시행규칙 제14조에 따라 관광 편의시설업의 [ ]지정, [ ]지정사항 변경을 신청합니다.

년 월 일

신청인 성명 (서명 또는 인)

특별자치도지사
시장 · 군수 · 구청장
지역별 관광협회장 귀하

처 리 절 차								
신청서 작성	➔	접 수	➔	심 의	➔	지 정 (지정변경)	➔	지정증 발급
신청인		처 리 기 관 (특별자치도 · 시 · 도, 시 · 군 · 구 또는 시 · 도별 관광 협회)		처 리 기 관 (특별자치도 · 시 · 도, 시 · 군 · 구 또는 시 · 도별 관광 협회)		처 리 기 관 (특별자치도 · 시 · 도, 시 · 군 · 구 또는 시 · 도별 관광협회)		

■ 관광 편의시설의 지정기준 시행규칙 제15조

업종	지정기준
1. 관광유흥음식점업	가. 건물은 연면적이 특별시의 경우에는 330제곱미터 이상, 그 밖의 지역은 200제곱미터 이상으로 한국적 분위기를 풍기는 아담하고 우아한 건물일 것 나. 관광객의 수용에 적합한 다양한 규모의 방을 두고 실내는 고유의 한국적 분위기를 풍길 수 있도록 서화 · 문갑 · 병풍 및 나전칠기 등으로 장식할 것 다. 영업장 내부의 노랫소리 등이 외부에 들리지 아니하도록 할 것
2. 관광극장유흥업	가. 건물 연면적은 1,000제곱미터 이상으로 하고, 홀면적(무대면적을 포함한다)은 500제곱미터 이상으로 할 것 나. 관광객에게 민속과 가무를 감상하게 할 수 있도록 특수조명장치 및 배경을 설치한 50제곱미터 이상의 무대가 있을 것 다. 영업장 내부의 노랫소리 등이 외부에 들리지 아니하도록 할 것
3. 외국인전용 유흥음식점업	가. 홀면적(무대면적을 포함한다)은 100제곱미터 이상으로 할 것 나. 홀에는 노래와 춤 공연을 할 수 있도록 20제곱미터 이상의 무대를 설치하고, 특수조명 시설을 갖출 것 다. 영업장 내부의 노랫소리 등이 외부에 들리지 아니하도록 할 것 라. 외국인을 대상으로 영업할 것
4. 관광식당업	가. 인적요건 1) 한국 전통음식을 제공하는 경우에는 「국가기술자격법」에 따른 해당 조리사 자격증 소지자를 둘 것 2) 특정 외국의 전문음식을 제공하는 경우에는 다음의 요건 중 1개 이상의 요건을 갖춘 자를 둘 것 가) 해당 외국에서 전문조리사 자격을 취득한 자 나) 「국가기술자격법」에 따른 해당 조리사 자격증 소지자로서 해당 분야에서의 조리경력이 2년 이상인 자 다) 해당 외국에서 6개월 이상의 조리교육을 이수한 자 나. 삭제 〈2014.9.16.〉 다. 최소 한 개 이상의 외국어로 음식의 이름과 관련 정보가 병기된 메뉴판을 갖추고 있을 것 라. 출입구가 각각 구분된 남 · 녀 화장실을 갖출 것

업종	지정기준
5. 관광순환버스업	안내방송 등 외국어 안내서비스가 가능한 체제를 갖출 것
6. 관광사진업	사진촬영기술이 풍부한 자 및 외국어 안내서비스가 가능한 체제를 갖출 것
7. 여객자동차터미널업	인근 관광지역 등의 안내서 등을 비치하고, 인근 관광자원 및 명소 등을 소개하는 관광안내판을 설치할 것
8. 관광펜션업	가. 자연 및 주변환경과 조화를 이루는 4층 이하의 건축물일 것 나. 객실이 30실 이하일 것 다. 취사 및 숙박에 필요한 설비를 갖출 것 라. 바비큐장, 캠프파이어장 등 주인의 환대가 가능한 1종류 이상의 이용시설을 갖추고 있을 것(다만, 관광펜션이 수개의 건물 동으로 이루어진 경우에는 그 시설을 공동으로 설치할 수 있다) 마. 숙박시설 및 이용시설에 대하여 외국어 안내 표기를 할 것
9. 관광궤도업	가. 자연 또는 주변 경관을 관람할 수 있도록 개방되어 있거나 밖이 보이는 창을 가진 구조일 것 나. 안내방송 등 외국어 안내서비스가 가능한 체제를 갖출 것
10. 관광면세업	가. 외국어 안내 서비스가 가능한 체제를 갖출 것 나. 한 개 이상의 외국어로 상품명 및 가격 등 관련 정보가 명시된 전체 또는 개별 안내판을 갖출 것 다. 주변 교통의 원활한 소통에 지장을 초래하지 않을 것
11. 관광지원서비스업	가. 다음의 어느 하나에 해당할 것 1) 해당 사업의 평균매출액 중 관광객 또는 관광사업자와의 거래로 인한 매출액의 비율이 100분의 50 이상일 것 2) 법 제52조에 따라 관광지 또는 관광단지로 지정된 지역에서 사업장을 운영할 것 3) 법 제48조의10제1항에 따라 한국관광 품질인증을 받았을 것 4) 중앙행정기관의 장 또는 지방자치단체의 장이 공모 등의 방법을 통해 우수 관광사업으로 선정한 사업일 것 나. 시설 등을 이용하는 관광객의 안전을 확보할 것

■ **관광사업 업종에 따른 등록 · 허가 · 신고 · 지정 관련사항**

구분	업종	세부업종	행정관청
등 록	1. 여행업	종합여행업 국내외여행업 국내여행업	특별자치도지사 · 특별자치시장 · 시장 · 군수 · 구청장 (✓ 표시 업종은 등록을 하기 전에 행정관청의 사업계획 승인을 받아야 하며, 등록심의위원회의 심의를 거쳐야 한다(법 제15조 참고)
등 록	2. 관광숙박업	호텔업✓ (관광호텔업, 수상관광호텔업, 한국전통호텔업, 가족호텔업, 호스텔업, 소형호텔업, 의료관광호텔업) 휴양 콘도미니엄업✓	
등 록	3. 관광객이용시설업	전문휴양업✓ 종합휴양업✓ 야영장업 관광유람선업✓ 관광공연장업 외국인관광 도시민박업 한옥체험업	
등 록	4. 국제회의업	국제회의시설업✓ 국제회의기획업	
허 가	5. 카지노업	–	문화체육관광부장관
허 가	6. 테마파크업	종합테마파크업 일반테마파크업	특별자치도지사 · 특별자치시장 · 시장 · 군수 · 구청장
신 고	6. 테마파크업	기타테마파크업	특별자치도지사 · 특별자치시장 · 시장 · 군수 · 구청장
지 정	7. 관광 편의시설업	관광유흥음식점업 관광극장유흥업 외국인전용 유흥음식점업 관광식당업 관광순환버스업 관광사진업 여객자동차터미널시설업 관광펜션업 관광궤도업 관광면세업 관광지원서비스업	특별자치도지사 · 특별자치시장 · 시장 · 군수 · 구청장 지역별관광협회

2. 관광사업의 등록 · 허가 · 신고 · 지정을 하거나 받고자 하는 자는 업종별로 등록 · 허가 · 신고 · 지정 신청서를 작성하여 업종별 첨부서류와 함께 각 행정관청에 제출
3. 행정관청은 등록증 · 허가증 · 신고증 · 지정증을 신청인에게 교부 · 재교부하며, 등록 · 허가 · 신고 · 지정 대장을 작성

제7조(결격사유)

① 다음 각 호의 어느 하나에 해당하는 자는 관광사업의 등록등을 받거나 신고를 할 수 없고, 제15조제1항 및 제2항에 따른 사업계획의 승인을 받을 수 없다. 법인의 경우 그 임원 중에 다음 각 호의 어느 하나에 해당하는 자가 있는 경우에도 또한 같다.

1. 피성년후견인 · 피한정후견인
2. 파산선고를 받고 복권되지 아니한 자
3. 이 법에 따라 등록 등 또는 사업계획의 승인이 취소되거나 제36조제1항에 따라 영업소가 폐쇄된 후 2년이 지나지 아니한 자(다만, 제1호 또는 제2호에 해당하여 제2항에 따라 등록등 또는 사업계획의 승인이 취소되거나 영업소가 폐쇄된 경우는 제외한다)
4. 이 법을 위반하여 징역 이상의 실형을 선고받고 그 집행이 끝나거나 집행을 받지 아니하기로 확정된 후 2년이 지나지 아니한 자 또는 형의 집행유예 기간 중에 있는 자

② 관광사업의 등록등을 받거나 신고를 한 자 또는 사업계획의 승인을 받은 자가 제1항 각 호의 어느 하나에 해당하면 문화체육관광부장관, 시 · 도지사 또는 시장 · 군수 · 구청장(이하 "등록기관등의 장"이라 한다)은 3개월 이내에 그 등록등 또는 사업계획의 승인을 취소하거나 영업소를 폐쇄하여야 한다. 다만, 법인의 임원 중 그 사유에 해당하는 자가 있는 경우 3개월 이내에 그 임원을 바꾸어 임명한 때에는 그러하지 아니하다.

■ 결격사유 법 제7조

1. 피성년후견인[4] · 피한정후견인[5]
2. 파산선고[6]를 받고 복권되지 아니한 자
3. 이 법에 따라 등록 등 또는 사업계획의 승인이 취소되거나 제36조제1항에 따라 영업소가 폐쇄된 후 2년이 지나지 아니한 자. 다만, 제1호 또는 제2호에 해당하여 제2항에 따라 등록등 또는 사업계획의 승인이 취소되거나 영업소가 폐쇄된 경우는 제외한다.
4. 이 법을 위반하여 징역[7] 이상의 실형을 선고받고 그 집행이 끝나거나 집행을

4) 피성년후견인 : 사무를 처리할 능력이 지속적으로 결여된 사람으로서 가정법원으로부터 성년후견개시의 심판을 받은 사람이다(민법 9조). 청구권자는 본인, 배우자, 4촌 이내의 친족, 미성년후견인, 미성년후견감독인, 한정후견인, 한정후견감독인, 특정후견인, 특정후견감독인, 검사 또는 지방자치단체의 장이다. 피성년후견인에게는 성년후견인이 있게 되며, 성년후견인은 피성년후견인의 재산관리와 신상보호를 할 때 여러 사정을 고려하여 그의 복리에 부합하는 방법으로 사무를 처리하여야 한다.

5) 피한정후견인 : 질병 · 장애 · 노령 · 그 밖의 사유로 인한 정신적 제약으로 사무를 처리할 능력이 부족한 사람으로서 일정한 자의 청구에 의하여 가정법원으로부터 한정후견개시의 심판을 받은 자이다(민법 제12조). 피한정후견인은 원칙적으로 종국적 · 확정적으로 유효하게 법률행위를 할 수 있다. 다만, 가정법원이 피한정후견인으로 하여금 한정후견인의 동의를 받아야 할 행위의 범위를 정한 경우에는 예외이다.

6) 파산선고(破産宣告) : 채권자 또는 채무자의 신청이나 법원의 직권으로 파산의 개시를 명하는 절차. 파산은 파산선고를 한 때로부터 효력이 발생하고, 파산자는 파산선고 후 파산재단 소유의 재산에 대한 관리 및 처분의 권리를 상실한다.

7) 징역 : 일정기간 교도소 내에 구치(拘置)하여 정역(定役)에 종사하게 하는 형벌이다(형법 67조). 사람의 자유를 박탈하는 형벌(자유형)의 일종이다. 징역형은 정역(작업)을 강제로 과하는 점에서 본인의 의사에 반하여 과할 수 없는 금고형과 구별된다. 금고는 교도소에 구치하지만 정역에 의무적으로 복무하지 않는 점에서 징역과 구별된다.

받지 아니하기로 확정된 후 2년이 지나지 아니한 자 또는 형의 집행유예[8] 기간 중에 있는 자

제8조(관광사업의 양수 등)

① 관광사업을 양수(讓受)한 자 또는 관광사업을 경영하는 법인이 합병한 때에는 합병 후 존속하거나 설립되는 법인은 그 관광사업의 등록등 또는 신고에 따른 관광사업자의 권리·의무(제20조제1항에 따라 분양이나 회원 모집을 한 경우에는 그 관광사업자와 소유자등 또는 회원 간에 약정한 사항을 포함한다)를 승계한다.

② 다음 각 호의 어느 하나에 해당하는 절차에 따라 문화체육관광부령으로 정하는 주요한 관광사업 시설의 전부(제20조제1항에 따라 분양한 경우에는 분양한 부분을 제외한 나머지 시설을 말한다)를 인수한 자는 그 관광사업자의 지위(제20조제1항에 따라 분양이나 회원 모집을 한 경우에는 그 관광사업자와 소유자등 또는 회원 간에 약정한 권리 및 의무 사항을 포함한다)를 승계한다.

1. 「민사집행법」에 따른 경매
2. 「채무자 회생 및 파산에 관한 법률」에 따른 환가(換價)
3. 「국세징수법」, 「관세법」 또는 「지방세징수법」에 따른 압류 재산의 매각
4. 그 밖에 제1호부터 제3호까지의 규정에 준하는 절차

③ 관광사업자가 제35조제1항 및 제2항에 따른 취소·정지처분 또는 개선명령을 받은 경우 그 처분 또는 명령의 효과는 제1항에 따라 관광사업자의 지위를 승계한 자에게 승계되며, 그 절차가 진행 중인 때에는 새로운 관광사업자에게 그 절차를 계속 진행할 수 있다. 다만, 그 승계한 관광사업자가 양수나 합병 당시 그 처분·명령이나 위반 사실을 알지 못하였음을 증명하면 그러하지 아니하다.

④ 제1항과 제2항에 따라 관광사업자의 지위를 승계한 자는 승계한 날부터 1개월 이내에 관할 등록기관등의 장에게 신고하여야 한다.

⑤ 관할 등록기관등의 장은 제4항에 따른 신고를 받은 경우 그 내용을 검토하여 이 법에 적합하면 신고를 수리하여야 한다.

⑥ 제15조제1항 및 제2항에 따른 사업계획의 승인을 받은 자의 지위승계에 관하여는 제1항부터 제5항까지의 규정을 준용한다.

⑦ 제1항과 제2항에 따른 관광사업자의 지위를 승계하는 자에 관하여는 제7조를 준용하되, 카지노사업자의 경우에는 제7조 및 제22조를 준용한다.

⑧ 관광사업자가 그 사업의 전부 또는 일부를 1개월 이상 휴업하거나 폐업한 때에는 관할 등록기관등의 장에게 알려야 한다. 다만, 카지노사업자가 카지노업을 휴업(휴업기간이 1개월 미만인 경우를 포함한다) 또는 폐업하고자 하는 때에는 문화체육관광부령으로 정하는 바에 따라 미리 신고하여야 한다.

⑨ 관할 등록기관등의 장은 관광사업자가 「부가가치세법」 제8조에 따라 관할 세무서장에게 폐업신고를 하거나 관할 세무서장이 사업자등록을 말소한 경우에는 등록등 또는 신고 사항을 직권으로 말소하거나 취소할 수 있다. 다만, 카지노업에 대해서는 그러하지 아니하다.

---

8) 집행유예(執行猶豫) : 유죄의 형을 선고하면서 이를 즉시 집행하지 않고 유예하여 주는 제도로서 유예기간 중 특정한 사고가 없이 그 기간을 경과한 때에는 형의 선고는 효력을 상실하게 하고 형의 선고가 없었던 것과 동일한 효과를 발생한다. 집행유예를 선고받은 자가 유예기간 중 고의로 범한 죄로 금고 이상의 실형을 선고 받아 확정되면 유예는 효력을 잃게 되고, 유예한 형을 집행하여야 한다.

> ⑩ 관할 등록기관등의 장은 제9항에 따른 직권말소 또는 직권취소를 위하여 필요한 경우 관할 세무서장에게 관광사업자의 폐업 여부에 대한 정보를 제공하도록 요청할 수 있다. 이 경우 요청을 받은 관할 세무서장은 「전자정부법」 제36조제1항에 따라 관광사업자의 폐업 여부에 대한 정보를 제공하여야 한다.

■ **관광사업의 지위승계** 시행규칙 제16조

① 법 제8조제2항에서 "문화체육관광부령으로 정하는 주요한 관광사업시설"이란 다음 각 호의 시설을 말한다.

1. 관광사업에 사용되는 토지와 건물
2. 영 제5조에 따른 관광사업의 등록기준에서 정한 시설(등록대상 관광사업만 해당한다)
3. 제15조에 따른 관광 편의시설업의 지정기준에서 정한 시설(지정대상 관광사업만 해당한다)
4. 제29조제1항제1호의 카지노업 전용 영업장(카지노업만 해당한다)
5. 제7조제1항에 따른 유원시설업의 시설 및 설비기준에서 정한 시설(유원시설업만 해당한다)

② 법 제8조제4항에 따라 관광사업자의 지위를 승계한 자는 그 사유가 발생한 날부터 1개월 이내에 별지 제23호서식의 관광사업 양수(지위승계)신고서에 다음 각 호의 서류를 첨부하여 문화체육관광부장관, 특별자치도지사 · 시장 · 군수 · 구청장 또는 지역별 관광협회장(이하 "등록기관등의 장"이라 한다)에게 제출하여야 한다.

1. 지위를 승계한 자(법인의 경우에는 대표자)가 내국인인 경우에는 성명 및 주민등록번호를 기재한 서류

1의2. 지위를 승계한 자(법인의 경우에는 대표자 및 임원)가 외국인인 경우에는 법 제7조제1항 각 호(카지노업의 경우에는 법 제22조제1항 각 호를 포함한다)에 해당하지 아니함을 증명하는 다음 각 목의 어느 하나에 해당하는 서류. 다만, 법 또는 다른 법령에 따라 인 · 허가 등을 받아 사업자등록을 하고 해당 영업 또는 사업을 영위하고 있는 자(법인의 경우에는 최근 1년 이내에 법인세를 납부한 시점부터 신고 시점까지의 기간 동안 대표자 및 임원의 변경이 없는 경우로 한정한다)는 해당 영업 또는 사업의 인 · 허가증 등 인 · 허가 등을 받았음을 증명하는 서류와 최근 1년 이내에 소득세(법인의 경우에는 법인세를 말한다)를 납부한 사실을 증명하는 서류를 제출하는 경우에는 그 영위하고 있는 영업 또는 사업의 결격사유 규정과 중복되는 법 제7조제1항(카지노업의 경

우에는 법 제22조제1항을 포함한다)의 결격사유에 한하여 다음 각 목의 서류를 제출하지 아니할 수 있다.

가. 해당 국가의 정부나 그 밖의 권한 있는 기관이 발행한 서류 또는 공증인이 공증한 신청인의 진술서로서 「재외공관 공증법」에 따라 해당 국가에 주재하는 대한민국공관의 영사관이 확인한 서류

나. 「외국공문서에 대한 인증의 요구를 폐지하는 협약」을 체결한 국가의 경우에는 해당 국가의 정부나 그 밖의 권한 있는 기관이 발행한 서류 또는 공증인이 공증한 신청인의 진술서로서 해당 국가의 아포스티유(Apostille) 확인서 발급 권한이 있는 기관이 그 확인서를 발급한 서류

2. 양도 · 양수 등 지위승계를 증명하는 서류(시설인수 명세를 포함한다)

③ 제2항에 따른 신고서를 제출받은 담당공무원은 「전자정부법」 제36조제1항에 따른 행정정보의 공동이용을 통하여 지위를 승계한 자의 법인 등기사항증명서(법인만 해당한다)를 확인하여야 한다. 다만, 영 제65조에 따라 관광협회에 위탁된 업종의 경우에는 신고인으로 하여금 해당 서류를 첨부하도록 하여야 한다.

■ 휴업 또는 폐업의 통보 시행규칙 제17조

① 법 제8조제8항본문에 따라 관광사업의 전부 또는 일부를 휴업하거나 폐업한 자는 휴업 또는 폐업을 한 날부터 30일 이내에 별지 제24호서식의 관광사업 휴업 또는 폐업통보서를 등록기관등의 장에게 제출하여야 한다. 다만, 6개월 미만의 유원시설업 허가 또는 신고일 경우에는 폐업통보서를 제출하지 아니하여도 해당 기간이 끝나는 때에 폐업한 것으로 본다.

② 법 제8조제8항 단서에 따라 카지노업을 휴업 또는 폐업하려는 자는 휴업 또는 폐업 예정일 10일 전까지 별지 제24호서식의 관광사업 휴업 또는 폐업 통보(신고)서에 카지노기구의 관리계획에 관한 서류를 첨부하여 문화체육관광부장관에게 제출해야 한다. 다만, 천재지변이나 그 밖의 부득이한 사유가 있는 경우에는 휴업 또는 폐업 예정일까지 제출할 수 있다.

③ 제1항에 따라 폐업신고(카지노업의 폐업신고는 제외한다. 이하 이 조에서 같다)를 하려는 자가 「부가가치세법」 제8조제7항에 따른 폐업신고를 같이 하려는 때에는 제1항에 따른 폐업신고서와 「부가가치세법 시행규칙」 별지 제9호서식의 폐업신고서를 함께 등록기관등의 장에게 제출하거나, 「민원 처리에 관한 법률 시행령」 제12조제10항에 따른 통합 폐업신고서(이하 "통합 폐업신고서"라 한다)를 등록기관등의 장에게 제출해야 한다. 이 경우 등록기관등의 장은 함께 제출받은 「부가가치

세법 시행규칙」에 따른 폐업신고서 또는 통합 폐업신고서를 지체 없이 세무서장에게 송부(정보통신망을 이용한 송부를 포함한다)해야 한다.

④ 관할 세무서장이 「부가가치세법 시행령」 제13조제5항에 따라 제1항에 따른 폐업신고를 받아 이를 해당 등록기관등의 장에게 송부한 경우에는 제1항에 따른 폐업신고서가 제출된 것으로 본다.

제9조(보험가입 등)

관광사업자는 해당 사업과 관련하여 사고가 발생하거나 관광객에게 손해가 발생하면 문화체육관광부령으로 정하는 바에 따라 피해자에게 보험금을 지급할 것을 내용으로 하는 보험 또는 공제에 가입하거나 영업보증금을 예치(이하 "보험 가입 등"이라 한다)하여야 한다.

■ 보험의 가입 등 시행규칙 제18조

① 여행업의 등록을 한 자(이하 "여행업자"라 한다)는 법 제9조에 따라 그 사업을 시작하기 전에 여행계약의 이행 관련한 사고로 인하여 관광객에게 피해를 준 경우 그 손해를 배상할 것을 내용으로 하는 보증보험 또는 영 제39조에 따른 공제(이하 "보증보험등"이라 한다)에 가입하거나 법 제45조에 따른 업종별 관광협회(업종별 관광협회가 구성되지 아니한 경우에는 법 제45조에 따른 지역별 관광협회, 지역별 관광협회가 구성되지 아니한 경우에는 법 제48조의9에 따른 광역 단위의 지역관광협의회)에 영업보증금을 예치하고 그 사업을 하는 동안(휴업기간을 포함한다) 계속하여 이를 유지하여야 한다. 다만, 여행업자가 2024년 7월 1일부터 2026년 6월 30일까지의 기간 중 제 17조제1항에 따라 휴업을 통보한 경우에는 해당 휴업을 한 날부터 6개월이 경과한 날의 다음 날부터 휴업기간이 끝나는 날까지의 기간은 제외한다.

② 여행업자 중에서 법 제12조에 따라 기획여행을 실시하려는 자는 그 기획여행 사업을 시작하기 전에 제1항에 따라 보증보험등에 가입하거나 영업보증금을 예치하고 유지하는 것 외에 추가로 기획여행과 관련한 사고로 인하여 관광객에게 피해를 준 경우 그 손해를 배상할 것을 내용으로 하는 보증보험등에 가입하거나 법 제45조에 따른 업종별 관광협회(업종별 관광협회가 구성되지 아니한 경우에는 법 제45조에 따른 지역별 관광협회, 지역별 관광협회가 구성되지 아니한 경우에는 법 제48조의9에 따른 광역 단위의 지역관광협의회)에 영업보증금을 예치하고 그 기획여행 사업을 하는 동안(기획여행 휴업기간을 포함한다) 계속하여 이를 유지하여야 한다. 다만, 기획여행 사업을 하려는 자가 2024년 7월 1일부터 2026년 6월 30일까지의 기간 중

제 17조제1항에 따라 휴업을 통보한 경우에는 해당 휴업을 한 날부터 6개월이 경과한 날의 다음 날부터 기획여행 휴업기간이 끝나는 날까지의 기간은 제외한다.

③ 제1항 및 제2항에 따라 여행업자가 가입하거나 예치하고 유지하여야 할 보증보험 등의 가입금액 또는 영업보증금의 예치금액은 직전 사업연도의 매출액(손익계산서에 표시된 매출액을 말한다) 규모에 따라 별표 3과 같이 한다.

④ 제1항부터 제3항까지의 규정에 따라 보증보험 등에 가입하거나 영업보증금을 예치한 자는 그 사실을 증명하는 서류를 지체 없이 특별자치도지사 · 시장 · 군수 · 구청장에게 제출하여야 한다.

⑤ 제1항부터 제3항까지의 규정에 따른 보증보험 등의 가입, 영업보증금의 예치 및 그 배상금의 지급에 관한 절차 등은 문화체육관광부장관이 정하여 고시한다.

■ 보증보험 등의 가입금액 시행규칙 제18조

보증보험 등의 가입금액(영업보증금 예치금액) 기준

(단위 : 천 원)

<table>
<tr><th>여행업의 종류 (기획여행 포함)
직전 사업연도 매출액</th><th>국내여행업</th><th>국내외여행업</th><th>종합여행업</th><th>국내외 여행업의 기획여행</th><th>종합 여행업의 기획여행</th></tr>
<tr><td>1억 원 미만</td><td>20,000</td><td>30,000</td><td>50,000</td><td rowspan="4">200,000</td><td rowspan="4">200,000</td></tr>
<tr><td>1억 원 이상 5억 원 미만</td><td>30,000</td><td>40,000</td><td>65,000</td></tr>
<tr><td>5억 원 이상 10억 원 미만</td><td>45,000</td><td>55,000</td><td>85,000</td></tr>
<tr><td>10억 원 이상 50억 원 미만</td><td>85,000</td><td>100,000</td><td>150,000</td></tr>
<tr><td>50억 원 이상 100억 원 미만</td><td>140,000</td><td>180,000</td><td>250,000</td><td>300,000</td><td>300,000</td></tr>
<tr><td>100억 원 이상 1,000억 원 미만</td><td>450,000</td><td>750,000</td><td>1,000,000</td><td>500,000</td><td>500,000</td></tr>
<tr><td>1000억 원 이상</td><td>750,000</td><td>1,250,000</td><td>1,510,000</td><td>700,000</td><td>700,000</td></tr>
</table>

(비고) 1. 국내외여행업 또는 종합여행업을 하는 여행업자 중에서 기획여행을 실시하려는 자는 국외여행업 또는 일반여행업에 따른 보증보험 등에 가입하거나 영업보증금을 예치하고 유지하는 것 외에 추가로 기획여행에 따른 보증보험 등에 가입하거나 영업보증금을 예치하고 유지하여야 한다.

2. 「소득세법」 제160조제3항 및 같은 법 시행령 제208조제5항에 따른 간편장부대상자(손익계산서를 작성하지 아니한 자만 해당한다)의 경우에는 보증보험 등 가입금액 또는 영업보증금 예치금액을 직전 사업연도 매출액이 1억 원 미만인 경우에 해당하는 금액으로 한다.

3. 직전 사업연도의 매출액이 없는 사업개시 연도의 경우에는 보증보험 등 가입금액 또는 영업보증금 예치금액을 직전 사업연도 매출액이 1억 원 미만인 경우에 해당하는 금액으로 한다. 직전 사업연도의 매출액이 없는 기획여행의 사업개시 연도의 경우에도 또한 같다.

4. 여행업과 함께 다른 사업을 병행하는 여행업자인 경우에는 직전 사업연도 매출액을 산정할 때에 여행업에서 발생한 매출액만으로 산정하여야 한다.

5. 종합여행업의 경우 직전 사업연도 매출액을 산정할 때에, 「부가가치세법 시행령」 제26조제1항제5호에 따라 외국인관광객에게 공급하는 관광알선용역으로서 그 대가를 받은 금액은 매출액에서 제외한다.

⑥ 야영장업의 등록을 한 자는 법 제9조에 따라 그 사업을 시작하기 전에 야영장 시설에서 발생하는 재난 또는 안전사고로 인하여 야영장 이용자에게 피해를 준 경우 그 손해를 배상할 것을 내용으로 하는 책임보험 또는 영 제39조에 따른 공제에 가입해야 한다.

⑦ 야영장업의 등록을 한 자가 제6항에 따라 가입해야 하는 책임보험 또는 공제는 다음 각 호의 기준을 충족하는 것이어야 한다.

1. 사망의 경우 : 피해자 1명당 1억 원의 범위에서 피해자에게 발생한 손해액을 지급할 것. 다만, 그 손해액이 2천만 원 미만인 경우에는 2천만 원으로 한다.
2. 부상의 경우 : 피해자 1명당 별표 3의2에서 정하는 금액의 범위에서 피해자에게 발생한 손해액을 지급할 것
3. 부상에 대한 치료를 마친 후 더 이상의 치료효과를 기대할 수 없고 그 증상이 고정된 상태에서 그 부상이 원인이 되어 신체에 장애(이하 "후유장애"라 한다)가 생긴 경우 : 피해자 1명당 별표 3의 3에서 정하는 금액의 범위에서 피해자에게 발생한 손해액을 지급할 것
4. 재산상 손해의 경우 : 사고 1건당 1억 원의 범위에서 피해자에게 발생한 손해액을 지급할 것

⑧ 제7항에 따른 책임보험 또는 공제는 하나의 사고로 제7항제1호부터 제3호까지 중 둘 이상에 해당하게 된 경우 다음 각 호의 기준을 충족하는 것이어야 한다.

1. 부상당한 사람이 치료 중 그 부상이 원인이 되어 사망한 경우 : 피해자 1명당 제7항제1호에 따른 금액과 제7항제2호에 따른 금액을 더한 금액을 지급할 것
2. 부상당한 사람에게 후유장애가 생긴 경우 : 피해자 1명당 제7항제2호에 따른 금액과 제7항제3호에 따른 금액을 더한 금액을 지급할 것
3. 제7항제3호에 따른 금액을 지급한 후 그 부상이 원인이 되어 사망한 경우 : 피해자 1명당 제7항제1호에 따른 금액에서 제7항제3호에 따른 금액 중 사망한 날 이후에 해당하는 손해액을 뺀 금액을 지급할 것

⑨ 특별자치시장 · 특별자치도지사 · 시장 · 군수 · 구청장은 여행업자가 가입한 보증보험등의 기간 만료 전에 여행업자에게 별지 제47호서식의 여행업 보증보험 · 공제 갱신 안내서를 발송할 수 있다.

제10조(관광표지의 부착)

① 관광사업자는 사업장에 문화체육관광부령으로 정하는 관광표지를 붙일 수 있다.
② 관광사업자는 사실과 다르게 제1항에 따른 관광표지(이하 "관광표지"라 한다)를 붙이거나 관광표지에 기재되는 내용을 사실과 다르게 표시 또는 광고하는 행위를 하여서는 아니 된다.
③ 관광사업자가 아닌 자는 제1항에 따른 관광표지를 사업장에 붙이지 못하며, 관광사업자로 잘못 알아볼 우려가 있는 경우에는 제3조에 따른 관광사업의 명칭 중 전부 또는 일부가 포함되는 상호를 사용할 수 없다.
④ 제3항에 따라 관광사업자가 아닌 자가 사용할 수 없는 상호에 포함되는 관광사업의 명칭 중 전부 또는 일부의 구체적인 범위에 관하여는 대통령령으로 정한다.

■ **관광사업장의 표지** 시행규칙 제19조

법 제10조제1항에서 "문화체육관광부령으로 정하는 관광표지"란 다음 각 호의 표지를 말한다.

1. 별표 4의 관광사업장 표지
2. 별지 제5호서식의 관광사업 등록증 또는 별지 제22호서식의 관광편의시설업 지정증
3. 등급에 따라 별 모양의 개수를 달리하는 방식으로 문화체육관광부장관이 정하여 고시하는 호텔 등급 표지(호텔업의 경우에만 해당한다)
4. 별표 6의 관광식당 표지(관광식당업만 해당한다)

■ 관광사업장의 표지 시행규칙 제19조

1. 관광사업장 표지

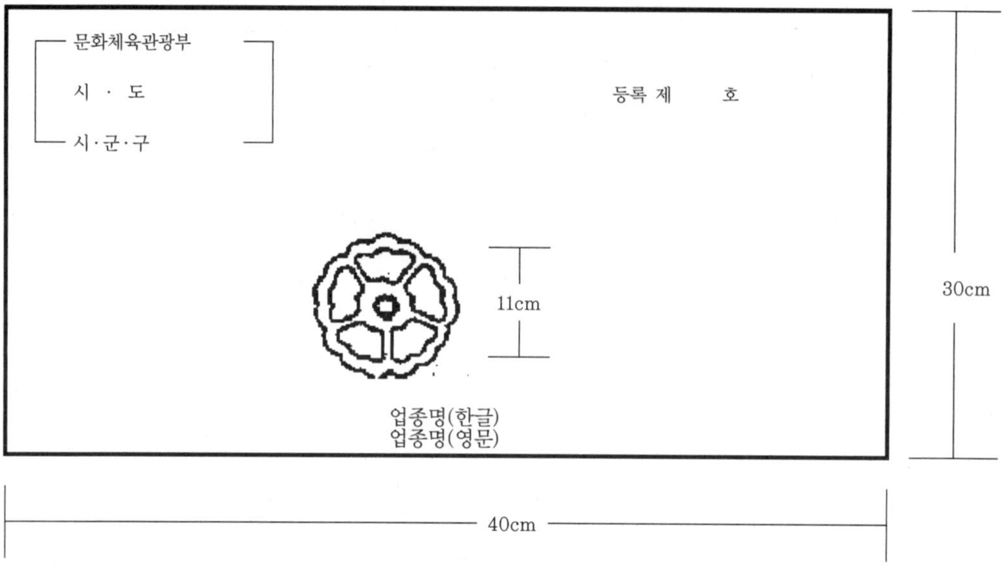

(제작상 유의사항)
1. 소재는 놋쇠로 한다.
2. 그림을 제외한 바탕색은 녹색으로 한다.
3. 표지의 두께는 5mm로 한다.

2. 관광식당 표지

(제작상 유의사항)
1. 기본모형은 위와 같이 하고 흰색 바탕에 원은 오렌지색, 글씨는 검은색으로 한다.
2. 크기와 제작방법은 문화체육관광부장관이 별도로 정한다.
3. 지정권자의 표기는 한글·영문 또는 한문 중 하나를 선택하여 사용한다.

■ 상호의 사용제한 시행령 제8조

관광사업자가 아닌 자는 다음 각 호의 업종 구분에 따른 명칭을 포함하는 상호를 사용할 수 없다.

1. 관광숙박업과 유사한 영업의 경우 관광호텔과 휴양 콘도미니엄
2. 관광유람선업과 유사한 영업의 경우 관광유람
3. 관광공연장업과 유사한 영업의 경우 관광공연
4. 삭제 〈2014. 7. 16.〉
5. 관광유흥음식점업, 외국인전용 유흥음식점업 또는 관광식당업과 유사한 영업의 경우 관광식당

5의2. 관광극장유흥업과 유사한 영업의 경우 관광극장

6. 관광펜션업과 유사한 영업의 경우 관광펜션
7. 관광면세업과 유사한 영업의 경우 관광면세

제11조(관광시설의 타인 경영 및 처분과 위탁 경영)

① 관광사업자는 관광사업의 시설 중 다음 각 호의 시설 및 기구 외의 부대시설을 타인에게 경영하도록 하거나, 그 용도로 계속하여 사용하는 것을 조건으로 타인에게 처분할 수 있다.

1. 제4조제3항에 따른 관광숙박업의 등록에 필요한 객실
2. 제4조제3항에 따른 관광객 이용시설업의 등록에 필요한 시설 중 문화체육관광부령으로 정하는 시설
3. 제23조에 따른 카지노업의 허가를 받는 데 필요한 시설과 기구
4. 제33조제1항에 따라 안전성검사를 받아야 하는 테마파크시설

② 관광사업자는 관광사업의 효율적 경영을 위하여 제1항에도 불구하고 제1항제1호에 따른 관광숙박업의 객실을 타인에게 위탁하여 경영하게 할 수 있다. 이 경우 해당 시설의 경영은 관광사업자의 명의로 하여야 하고, 이용자 또는 제3자와의 거래행위에 따른 대외적 책임은 관광사업자가 부담하여야 한다.

■ 타인경영 금지 관광시설 시행규칙 제20조

타인경영 금지 관광시설을 설정한 이유는 관광사업 중에서 핵심 서비스에 해당하는 시설은 반드시 등록 등의 절차를 거친 사업자가 운영하도록 함으로써 소비자의 피해를 최소화하고, 사업자의 사업의 의무를 부여하고자 한다는 의미이다.

문화체육관광부령으로 정하는 타인경영 금지 관광시설은 전문휴양업의 개별기준에 포함된 시설(수영장 및 등록 체육시설업 시설의 경우에는 「체육시설의 설치·이용에 관한 법률 시행규칙」 제8조 및 같은 법 시행규칙 별표 4의 체육시설업 시설기준 중 필수시설만 해당한다)을 말한다.

제2절 여행업

여행업의 시초에 대해서는 학자의 견해에 따라 다르나 중세기 마르세이유 기업가들의 성지순례에 대한 여행알선을 시초로 보는 경우도 있다. 1822년에 로버트 스마트사가 기선예약업무를 개시하였으므로 이를 여행업의 시작이라고 보는 견해도 있으나, 여행업은 1941년 영국인 토마스 쿡(Thomas Cook)에 의하여 시작되었다는 것이 일반적이다. 토마스 쿡은 여행 자체를 알선하고 기획여행을 실시하여 근대 여행업의 아버지로 칭해진다(이선희, 2001).

제11조의2(결격사유)

① 관광사업의 영위와 관련하여 「형법」 제347조, 제347조의2, 제348조, 제355조 또는 제356조에 따라 금고 이상의 실형을 선고받고 그 집행이 끝나거나 집행을 받지 아니하기로 확정된 후 2년이 지나지 아니한 자 또는 형의 집행유예 기간 중에 있는 자는 여행업의 등록을 할 수 없다.
② 특별자치시장·특별자치도지사·시장·군수·구청장은 여행업자가 제1항에 해당하면 3개월 이내에 그 등록을 취소하여야 한다. 다만, 법인의 임원 중 그 사유에 해당하는 자가 있는 경우 3개월 이내에 그 임원을 바꾸어 임명한 때에는 그러하지 아니하다.

제12조(기획여행의 실시)

제4조제1항에 따라 여행업의 등록을 한 자(이하 "여행업자"라 한다)는 문화체육관광부령으로 정하는 요건을 갖추어 문화체육관광부령으로 정하는 바에 따라 기획여행을 실시할 수 있다.

■ 기획여행의 광고 시행규칙 제21조

기획여행이란 여행업을 경영하는 자가 국외여행을 하려는 여행자를 위하여 여행의 목적지·일정, 여행자가 제공받을 운송 또는 숙박 등의 서비스 내용과 그 요금 등에 관한 사항을 미리 정하고 이에 참가하는 여행자를 모집하여 실시하는 여행을 말한다. 즉, 여행업자가 광고 등을 통하여 고객을 모집하여 여행을 시행하는 것을 의미한다.

기획여행을 실시하는 자가 광고를 하려는 경우에는 다음의 사항을 표시하여야 한다. 다만, 2가지 이상의 기획여행을 동시에 광고하는 경우에는 다음 사항 중 내용이 동일한 것은 공통으로 표시할 수 있다.

1. 여행업의 등록번호, 상호, 소재지 및 등록관청
2. 기획 여행명 · 여행일정 및 주요 여행지
3. 여행경비
4. 교통 · 숙박 및 식사 등 여행자가 제공받을 서비스의 내용
5. 최저 여행인원
6. 보증보험 등의 가입 또는 영업보증금의 예치 내용
7. 여행일정 변경 시 여행자의 사전 동의 규정
8. 여행목적지(국가 및 지역)의 여행경보단계

제12조의 2(의료관광 활성화)

① 문화체육관광부장관은 외국인 의료관광(의료관광이란 국내 의료기관의 진료, 치료, 수술 등 의료서비스를 받는 환자와 그 동반자가 의료서비스와 병행하여 관광하는 것을 말한다. 이하 같다)의 활성화를 위하여 대통령령으로 정하는 기준을 충족하는 외국인 의료관광 유치 · 지원 관련 기관에 「관광진흥개발기금법」에 따른 관광진흥개발기금을 대여하거나 보조할 수 있다.
② 제1항에 규정된 사항 외에 외국인 의료관광 지원에 필요한 사항에 대하여 대통령령으로 정할 수 있다.

외국인 의료관광의 활성화를 위하여 외국인 의료관광 유치 · 지원기관에 대한 관광진흥개발기금의 지원 근거를 마련하고자 2009년 진흥법의 일부 개정에서 본조가 신설되었다. 의료관광(medical tourism)은 특수한 치료와 수술을 필요로 하는 환자들을 위해 의료사업과 관광산업이 조합된 형태로 보건관광(health tourism)과 같은 맥락의 관광형태이다(서병료 등, 2009). 즉, 의료관광이란 의료 서비스와 휴양, 레저, 문화활동 등 관광 활동이 결합된 새로운 관광형태를 의미한다. 의료관광 산업의 유형으로는 ① 교육 · 연구개발형 : 신치료, 신약, 신의학소재분야 육성, 물리적 환경 개발, 다국적기업 연구기관 유치, 의료 · 생명공학 벤처 육성, ② 중증치료형 : 난치병, 프리미엄치료, 선진국에서 이행, 최고 의료수준, 해외에서 진료의뢰, 해외의사 연수, 해외네트워크, 의료세미나 개최, ③ 선택치료형 : 성형 · 미용, 기본적 수술, 가격경쟁력, 관광 및 휴양연계, 해외마케팅 에이전시, 국내관광업계, ④ 복합형 : 바이오허브, 지역 Referral Center, 상하이 국제의료지구, 두바이 헬스케어시티 등을 들 수 있다.

의료관광은 새로운 고부가가치 관광산업으로 부상하고 있으며, 의료목적 관광객은 1인당 지출액이 일반관광객의 10배가량 높아 이미 홍콩, 싱가포르 등 주변국에서는 정부가 적극적으로 나서서 육성하고 있다. 이에 따라 의료관광의 활성화를 위해 정부는 의

료기술과 관광을 융합한 의료관광 분야에서는 방한 관광객들에게 의료관광에 대한 전반적인 정보 제공 및 예약 지원을 위한 '의료관광 원스톱서비스센터'를 2009년 7월 개소하여 8월말부터 본격적인 서비스를 제공토록 하였다. '의료관광 원스톱서비스센터'는 인천공항공사 입국장에 2개소, 한국관광공사에 1개소를 운영하며 매년 단계적으로 지방공항 등으로 확대해 나갈 예정이다. 또한 의료관광객 편의성 제고를 위하여 치료 경험 재입국자를 위한 의료관광비자(G-1) 활성화 및 국내 전환 간소화를 추진하였다(문화체육관광부, 2009). 또한 해외 환자의 국내병원(의사) 진찰을 지원하는 '의료관광 코디네이터'고용제 도입 및 지원하고 있다.

■ **외국인 의료관광 유치 · 지원 관련 기관** 시행령 제8조의2

① "대통령령으로 정하는 기준을 충족하는 외국인 의료관광 유치 · 지원 관련 기관"이란 다음 각 호의 어느 하나에 해당하는 것을 말한다.

1. 「의료 해외진출 및 외국인환자 유치 · 지원에 관한 법률」 제6조제1항에 따라 등록한 외국인환자 유치 의료기관(이하 "외국인환자 유치 의료기관"이라 한다) 또는 같은 조 제2항에 따라 등록한 외국인환자 유치업자(이하 "유치업자"라 한다)
2. 「한국관광공사법」에 따른 한국관광공사
3. 그 밖에 법 제12조의2제1항에 따른 의료관광(이하 "의료관광"이라 한다)의 활성화를 위한 사업의 추진실적이 있는 보건 · 의료 · 관광 관련 기관 중 문화체육관광부장관이 고시하는 기관

② 법 제12조의2제1항에 따른 외국인 의료관광 유치 · 지원 관련 기관에 대한 관광진흥개발기금의 대여나 보조의 기준 및 절차는 「관광진흥개발기금법」에서 정하는 바에 따른다.

■ **외국인 의료관광 지원** 시행령 제8조의3

① 문화체육관광부장관은 외국인 의료관광을 지원하기 위하여 외국인 의료관광 전문인력을 양성하는 전문교육기관 중에서 우수 전문교육기관이나 우수 교육과정을 선정하여 지원할 수 있다.

② 문화체육관광부장관은 외국인 의료관광 안내에 대한 편의를 제공하기 위하여 국내외에 외국인 의료관광 유치 안내센터를 설치 · 운영할 수 있다.

③ 문화체육관광부장관은 의료관광의 활성화를 위하여 지방자치단체의 장이나 의료기관 또는 유치업자와 공동으로 해외마케팅사업을 추진할 수 있다.

제13조(국외여행인솔자)

① 여행업자가 내국인의 국외여행을 실시할 경우 여행자의 안전 및 편의 제공을 위하여 그 여행을 인솔하는 자를 둘 때에는 문화체육관광부령으로 정하는 자격요건에 맞는 자를 두어야 한다.
② 제1항에 따른 국외여행 인솔자의 자격요건을 갖춘 자가 내국인의 국외여행을 인솔하려면 문화체육관광부장관에게 등록하여야 한다.
③ 문화체육관광부장관은 제2항에 따라 등록한 자에게 국외여행 인솔자 자격증을 발급하여야 한다.
④ 제3항에 따라 발급받은 자격증을 다른 사람에게 빌려주거나 빌려서는 아니되며, 이를 알선해서도 아니된다.
⑤ 제2항 및 제3항에 따른 등록의 절차 및 방법, 자격증의 발급 등에 필요한 사항은 문화체육관광부령으로 정한다.

국외여행인솔자란 국외 단체여행 인솔자로서 단체 출발에서 귀국까지의 모든 여행 일정이 원만히 진행될 수 있도록 관리, 리드하는 여행의 간사역할을 수행하는 자를 말하며, 출발에서 귀국까지 항상 여행객과 동행하며 여행일정동안 행사일정 및 계약 내용에 관하여 회사의 대표자로서의 권한과 실무 담당자로서서의 책임을 갖고 모든 여정의 관리뿐만 아니라 고객의 안전과 욕구 충족에 관한 서비스 제공을 위하여 여행 일정이 원만히 진행될 수 있도록 여행단체의 인솔, 지휘, 감독하는 관광연출자라고 할 수 있다. 국외여행인솔자는 tour escort, tour conductor, tour leader, tour manager 등의 다양한 용어로 사용되고 있다(미래서비스아카데미, 2007).

■ 국외여행 인솔자의 자격요건 시행규칙 제22조

① 국외여행을 인솔하는 자는 다음의 어느 하나에 해당하는 자격요건을 갖추어야 한다.
1. 관광통역안내사 자격을 취득할 것
2. 여행업체에서 6개월 이상 근무하고 국외여행 경험이 있는 자로서 문화체육관광부장관이 정하는 소양교육을 이수할 것
3. 문화체육관광부장관이 지정하는 교육기관에서 국외여행 인솔에 필요한 양성교육을 이수할 것

② 문화체육관광부장관은 교육내용 · 교육기관의 지정기준 및 절차, 그 밖에 지정에 필요한 사항을 정하여 고시하여야 한다.

■ 국외여행 인솔자의 등록 및 자격증 발급 시행규칙 제22조의 2

① 법 제13조 제2항에 따라 국외여행 인솔자로 등록하려는 사람은 별지 제24호의2 서식의 국외여행 인솔자 등록 신청서에 다음 각 호의 어느 하나에 해당하는 서류 및 사진(최근 6개월 이내에 모자를 쓰지 않고 촬영한 상반신 반명함판) 2매를 첨부하여 관련 업종별 관광협회에 제출하여야 한다.

1. 관광통역안내사 자격증
2. 제22조 제1항 제2호 또는 제3호에 따른 자격요건을 갖추었음을 증명하는 서류

② 관련 업종별 관광협회는 제1항에 따른 등록 신청을 받으면 제22조 제1항에 따른 자격요건에 적합하다고 인정되는 경우에는 별지 제24호의3서식의 국외여행 인솔자 자격증을 발급하여야 한다.

(앞쪽)

제 호

국외여행 인솔자 자격증
TOUR CONDUCTOR LICENSE

사 진
3㎝×4㎝
(모자 벗은 상반신으로 뒤 그림 없이 6개월 이내 촬영한 것)

홍 길 동
Hong, Gil Dong

ㅇㅇ협회장

55mm× 85[PVC(폴리염화비닐)]

■ 국외여행 인솔자 자격증의 재발급 시행규칙 제22조의 3

제22조의 2에 따라 발급받은 국외여행 인솔자 자격증을 잃어버리거나 헐어 못 쓰게 되어 자격증을 재발급 받으려는 사람은 별지 제24호의2 서식의 국외여행 인솔자 자격증 재발급 신청서에 자격증(자격증이 헐어 못 쓰게 된 경우만 해당한다) 및 사진(최근 6개월 이내에 모자를 쓰지 않고 촬영한 상반신 반명함판) 2매를 첨부하여 관련 업종별 관광협회에 제출하여야 한다.

제13조2(자격취소)

문화체육관광부장관은 제13조 제4항을 위반하여 다른 사람에게 국외여행인솔자 자격증을 빌려준 사람에 대하여 그 자격을 취소하여야 한다.

제14조(여행계약 등)

① 여행업자는 여행자와 계약을 체결할 때에는 여행자를 보호하기 위하여 문화체육관광부령으로 정하는 바에 따라 해당 여행지에 대한 안전정보를 서면으로 제공하여야 한다. 해당 여행지에 대한 안전정보가 변경된 경우에도 또한 같다.
② 여행업자는 여행자와 여행계약을 체결하였을 때에는 그 서비스에 관한 내용을 적은 여행계약서(여행일정표 및 약관을 포함한다. 이하 같다) 및 보험 가입 등을 증명할 수 있는 서류를 여행자에게 내주어야 한다.
③ 여행업자는 여행일정(선택관광 일정을 포함한다)을 변경하려면 문화체육관광부령으로 정하는 바에 따라 여행자의 사전 동의를 받아야 한다.

여행자의 안전을 도모하고, 여행과 관련된 각종 분쟁을 방지하기 위하여 여행계약 관련 사항을 정비할 필요가 있음을 인식하여 여행업자가 여행자와 계약을 체결할 때에는 해당 여행지에 대한 안전정보를 제공하도록 하고, 서비스 내용을 적은 여행계약서를 여행자에게 내주도록 하며, 여행일정을 변경하려는 경우에는 여행자의 사전 동의를 받도록 하는 조치를 취하도록 법의 일부를 개정하였다.

■ **여행지 안전정보 등** 시행규칙 제22조의 4

① 법 제14조 제1항에 따라 여행업자는 여행자와 국외여행 계약을 체결할 때에는 다음 각 호의 사항을 포함한 해당 여행지에 대한 안전정보를 제공하여야 한다.

1. 「여권법」 제17조에 따라 여권의 사용을 제한하거나 방문 · 체류를 금지하는 국가 목록 및 같은 법 제26조 제3호에 따른 벌칙
2. 외교부 해외안전여행 인터넷홈페이지에 게재된 여행목적지(국가 및 지역)의 여행경보단계 및 국가별 안전정보(긴급연락처를 포함한다)
3. 해외여행자 인터넷 등록 제도에 관한 안내

② 법 제14조제3항에 따라 여행업자는 여행계약서(여행일정표 및 약관을 포함한다)에 명시된 숙식, 항공 등 여행일정(선택관광 일정을 포함한다)을 변경하는 경우 해당 날짜의 일정을 시작하기 전에 여행자로부터 서면으로 동의를 받아야 한다.

③ 제2항에 따른 서면동의서에는 변경일시, 변경내용, 변경으로 발생하는 비용 및 여행자 또는 단체의 대표자가 일정변경에 동의한다는 의사를 표시하는 자필서명이 포함되어야 한다.

④ 여행업자는 천재지변, 사고, 납치 등 긴급한 사유가 발생하여 여행자로부터 사전에 일정변경 동의를 받기 어렵다고 인정되는 경우에는 사전에 일정변경 동의서를 받지 아니할 수 있다. 다만, 여행업자는 사후에 서면으로 그 변경내용 등을 설명하여야 한다.

국외여행 계약서(여행자용)

○○ 여행사와 여행자는 아래와 같이 (□기획, □희망)여행 계약을 체결하고 계약서와 여행약관(계약서 이면 첨부)·여행일정표(또는 여행설명서)를 교부한다. ※해당란에 기록하거나 ☑로 표기, ( )는 선택입니다.

<table>
<tr><td>여행상품명</td><td colspan="4"></td><td>여행
기간</td><td colspan="2">. . . ~ . . . (박 일)
(기내 숙박 0일 포함)</td></tr>
<tr><td>보험가입 등</td><td colspan="7">□영업보증 □공제 □예치금, 계약금액: 만원, 보험기간 : ~ , 피보험자 :</td></tr>
<tr><td>여행자 보험</td><td colspan="7">보험 가입(□여 □부), 보험회사 : 계약금액 : 만원, 보험기간 : ~ , 피보험자 :</td></tr>
<tr><td>여행인원</td><td>명</td><td>행 사 인 원</td><td colspan="2">최저 : 명, 최대 : 명</td><td>여행지역</td><td colspan="2">* 여행 일정표 참조</td></tr>
<tr><td rowspan="2">여행요금</td><td colspan="3">1인당: 원
총 액: 원</td><td colspan="2">계약금 : 원
*계약과 동시 납부</td><td colspan="2">잔액 완납일: . . .
잔액 : 원</td></tr>
<tr><td colspan="7">계좌번호 : , ○○ 여행사
※영수증, 지로용지, 은행계좌 등의 가입자는 여행사명이나 대표자일때만 유효함</td></tr>
<tr><td>출발(도착)일시 및 장소</td><td colspan="4">출발 : , . 시 분, 에서
도착 : . . 시 분. 에서</td><td>교통수단</td><td colspan="2">항공기(등석), 기차(등석)
선박(등실), 기타 :</td></tr>
<tr><td>숙박시설</td><td colspan="7">□관광호텔 : 등급 □일반호텔 □여관 □여인숙 □기타 , 1실 투숙인원 : 명</td></tr>
<tr><td>식사회수</td><td colspan="7">□일정표에 표시 / 조식( )회, 중식( )회, 석식( )회 *기내식포함</td></tr>
<tr><td>여행인솔자</td><td colspan="4">□유 □무</td><td>현지 안내원</td><td colspan="2">□유 □무*일정표참조</td></tr>
<tr><td>현지교통</td><td colspan="4">□버스( )인승 □승용차 □기타</td><td>현지 여행사</td><td colspan="2">□유 □무 *일정표참조</td></tr>
<tr><td rowspan="2">여행요금
포함사항</td><td colspan="4">필 수 항 목</td><td colspan="3">기 타 선 택 항 목</td></tr>
<tr><td colspan="4">□ 항공기 · 선박 · 철도 등 운임
□ 국내외 공항 · 항만세 □ 숙박 · 식사료
□ 관광진흥개발기금 □ 안내자 경비
□ 일정표내 관광지입장료 □ 제세금
※ 희망여행인 경우 해당란에 ☑로 표기</td><td colspan="3">□ 여권발급비 □ 비자발급비
□ 봉사료 □ 포터비 □ 쇼핑
□ 여행보험료(최고한도액: 원)
□ 선택관광 (※선택관광은 강요될 수 없으며 전적으로 여행자의 의사에 따름) □기타( )</td></tr>
<tr><td>기타사항</td><td colspan="4"></td><td>비자발급비</td><td colspan="2">원</td></tr>
</table>

○○ 여행사와 여행자는 위 계약내용과 약관을 상호 성실히 이행 및 준수할 것을 확인하며 아래와 같이 서명·날인한다.

※ 본 계약과 관련한 다툼이 있을 경우, 문화체육관광부고시에 의거 운영되는 여행불편처리센터(전화 1588-8692) 또는 여행사 본사 소재 시 · 도청(시 · 군 · 구 포함) 문화관광과로 중재를 요청할 수 있음

작성일: . . .

여행업자 상 호 :
주 소 :
대 표 자 : (인) 전 화:
등록번호 : 담당자: (인)

대리판매 여행사 상 호 :
주 소 :
대 표 자 : (인) 전 화:
등록번호 : 담당자: (인)

여행자 이 름 : (서명) 전 화:
주 소 :

제3절 관광숙박업 및 관광객 이용시설업 등

제15조(사업계획의 승인)

① 관광숙박업을 경영하려는 자는 제4조제1항에 따른 등록을 하기 전에 그 사업에 대한 사업계획을 작성하여 특별자치시장 · 특별자치도지사 · 시장 · 군수 · 구청장의 승인을 받아야 한다. 승인을 받은 사업계획 중 부지, 대지 면적, 건축 연면적의 일정 규모 이상의 변경 등 대통령령으로 정하는 사항을 변경하려는 경우에도 또한 같다.

② 대통령령으로 정하는 관광객 이용시설업이나 국제회의업을 경영하려는 자는 제4조제1항에 따른 등록을 하기 전에 그 사업에 대한 사업계획을 작성하여 특별자치시장 · 특별자치도지사 · 시장 · 군수 · 구청장의 승인을 받을 수 있다. 승인을 받은 사업계획 중 부지, 대지 면적, 건축 연면적의 일정 규모 이상의 변경 등 대통령령으로 정하는 사항을 변경하려는 경우에도 또한 같다.

③ 제1항과 제2항에 따른 사업계획의 승인 또는 변경승인의 기준 · 절차 등에 필요한 사항은 대통령령으로 정한다.

■ **사업계획 승인신청 등** 시행령 제10조

① 법 제15조제1항 및 제2항에 따라 관광호텔업 · 수상관광호텔업 · 한국전통호텔업 · 가족호텔업 · 호스텔업 · 소형호텔업 · 의료관광호텔업과 휴양 콘도미니엄업 및 제12조 각 호의 어느 하나에 해당하는 관광사업의 사업계획(이하 "사업계획"이라 한다) 승인을 받으려는 자는 문화체육관광부령으로 정하는 바에 따라 사업계획 승인신청서를 특별자치시장 · 특별자치도지사 · 시장 · 군수 · 구청장에게 제출하여야 한다.

② 제9조에 따라 사업계획의 변경승인을 받으려는 자는 문화체육관광부령으로 정하는 바에 따라 사업계획 변경승인신청서를 특별자치시장 · 특별자치도지사 · 시장 · 군수 · 구청장에게 제출하여야 한다.

③ 제1항과 제2항에 따라 사업계획의 승인 또는 변경승인신청서를 접수한 특별자치시장 · 특별자치도지사 · 시장 · 군수 · 구청장은 해당 관광사업이 법 제16조제1항에 따라 인 · 허가 등이 의제되는 사업인 경우에는 같은 조 제2항에 따라 소관 행정기관의 장과 협의하여야 한다.

④ 제3항에 따라 협의 요청을 받은 소관 행정기관의 장은 협의 요청을 받은 날부터 30일 이내에 그 의견을 제출하여야 한다. 이 경우 그 기간 이내에 의견 제출이 없는 때에는 협의가 이루어진 것으로 본다.

■ 사업계획 승인 대상 관광객 이용시설업, 국제회의업 시행령 제12조

사업계획 승인 대상 중에서 대통령령으로 정하는 관광객 이용시설업이나 국제회의업은 다음의 사업종류를 의미한다.

1. 전문휴양업
2. 종합휴양업
3. 관광유람선업
4. 국제회의시설업

■ 사업계획 승인신청 등 시행규칙 제23조

① 영 제10조제1항에 따라 사업계획승인을 받으려는 자는 별지 제25호서식의 사업계획 승인신청서에 다음 각 호의 서류를 첨부하여 특별자치도지사 · 시장 · 군수 · 구청장에게 제출하여야 한다. 다만, 등록체육시설의 경우에는 「체육시설의 설치 · 이용에 관한 법률 시행령」 제10조에 따른 사업계획승인서 사본으로 각 호의 서류를 갈음한다.

1. 다음 각 목의 사항이 포함된 건설계획서
   가. 건설장소, 총부지면적 및 토지이용계획
   나. 공사계획
   다. 공사자금 및 그 조달방법
   라. 시설별 · 층별 면적 및 시설내용
   마. 조감도
   바. 전문휴양업 및 종합휴양업의 경우에는 사업예정지역의 위치도(축척 2만 5천분의 1 이상이어야 한다), 사업예정지역의 현황도(축척 3천분의 1 이상으로서 등고선이 표시되어야 한다), 시설배치계획도(지적도면상에 표시하여야 한다), 토지명세서, 하수처리계획서, 녹지 및 환경조성계획서(「환경영향평가법」에 따른 환경영향평가를 받은 경우 하수처리계획서, 녹지 및 환경조성계획서를 생략한다)
2. 신청인(법인의 경우에는 대표자 및 임원)이 내국인인 경우에는 성명 및 주민등록번호를 기재한 서류

2의2. 신청인(법인의 경우에는 대표자 및 임원)이 외국인인 경우에는 법 제7조제1항 각 호에 해당하지 아니함을 증명하는 다음 각 목의 어느 하나에 해당하는 서류. 다만, 법 또는 다른 법령에 따라 인 · 허가 등을 받아 사업자등록을 하고

해당 영업 또는 사업을 영위하고 있는 자(법인의 경우에는 최근 1년 이내에 법인세를 납부한 시점부터 승인 신청 시점까지의 기간 동안 대표자 및 임원의 변경이 없는 경우로 한정한다)는 해당 영업 또는 사업의 인·허가증 등 인·허가 등을 받았음을 증명하는 서류와 최근 1년 이내에 소득세(법인의 경우에는 법인세를 말한다)를 납부한 사실을 증명하는 서류를 제출하는 경우에는 그 영위하고 있는 영업 또는 사업의 결격사유 규정과 중복되는 법 제7조제1항의 결격사유에 한하여 다음 각 목의 서류를 제출하지 아니할 수 있다.

가. 해당 국가의 정부나 그 밖의 권한 있는 기관이 발행한 서류 또는 공증인이 공증한 신청인의 진술서로서 「재외공관 공증법」에 따라 해당 국가에 주재하는 대한민국공관의 영사관이 확인한 서류

나. 「외국공문서에 대한 인증의 요구를 폐지하는 협약」을 체결한 국가의 경우에는 해당 국가의 정부나 그 밖의 권한 있는 기관이 발행한 서류 또는 공증인이 공증한 신청인의 진술서로서 해당 국가의 아포스티유(Apostille) 확인서 발급 권한이 있는 기관이 그 확인서를 발급한 서류

3. 부동산의 소유권 또는 사용권을 증명하는 서류
4. 분양 및 회원모집계획 개요서(분양 및 회원을 모집하는 경우만 해당한다)
5. 법 제16조제1항 각 호에 따른 인·허가 등의 의제를 받거나 신고를 하려는 경우에는 해당 법령에서 제출하도록 한 서류
6. 법 제16조제1항 각 호에서 규정한 신고를 이미 하였거나 인·허가 등을 받은 경우에는 이를 증명하는 서류

② 제1항에 따른 신청서를 받은 특별자치도지사·시장·군수·구청장은 「전자정부법」 제36조제1항에 따른 행정정보의 공동이용을 통하여 법인 등기사항증명서(법인만 해당한다)를 확인하여야 한다.

사업계획 승인신청서

※ 색상이 어두운 란은 신청인이 적지 않습니다. (앞쪽)

접수번호	접수일	승인일	처리기간	o 관광숙박업: 12일 o 관광객 이용시설업: 15일 o 국제회의시설업:15일

신청인	성 명(대표자)	생년월일(외국인등록번호)
	주 소	전화번호

업종	
건설장소	
시설규모	
소요자금	
준공예정 연월일	년 월 일

「관광진흥법」 제15조 및 같은 법 시행규칙 제23조에 따라 관광사업에 대한 사업계획 승인을 받고자 신청합니다.

년 월 일

신청인 성명 (서명 또는 인)

특별자치도지사 · 시장 · 군수 · 구청장 귀하

제출서류	뒤쪽 참조	수수료 50,000원(숙박시설이 있는 경우 매 실당 500원을 가산한 금액)

처 리 절 차								
신청서 작성	➔	접 수	➔	검 토	➔	수 리 (지정변경)	➔	승인통보
신청인		처 리 기 관 (특별자치도, 시 · 군 · 구)		처 리 기 관 (특별자치도, 시 · 군 · 구)		처 리 기 관 (특별자치도, 시 · 군 · 구)		

■ **사업계획 승인 기준** 시행령 제13조

① 법 제15조에 따른 사업계획의 승인 및 변경승인의 기준은 다음 각 호와 같다.

1. 사업계획의 내용이 관계 법령의 규정에 적합할 것
2. 사업계획의 시행에 필요한 자금을 조달할 능력 및 방안이 있을 것
3. 일반 주거지역의 관광숙박시설 및 그 시설의 위락시설은 주거환경을 보호하기 위하여 다음 각 목의 기준에 맞아야 하고, 준주거지역의 경우에는 다목의 기준에 맞을 것. 다만, 일반 주거지역에서의 사업계획의 변경승인(신축 또는 기존 건축물 전부를 철거하고 다시 축조하는 개축을 하는 경우는 포함하지 아니한다)의 경우에는 가목의 기준을 적용하지 아니한다.

가. 다음의 구분에 따라 대지가 도로에 연접할 것. 다만, 특별자치도 · 시 · 군 · 구(자치구를 말한다. 이하 같다)는 주거환경을 보호하기 위하여 필요하면 지역 특성을 고려하여 조례로 이 기준을 강화할 수 있다.

1) 관광호텔업, 수상관광호텔업, 한국전통호텔업, 가족호텔업, 의료관광호텔업 및 휴양 콘도미니엄업 : 대지가 폭 12미터 이상의 도로에 4미터 이상 연접할 것

2) 호스텔업 및 소형호텔업 : 대지가 폭 8미터 이상의 도로에 4미터 이상 연접할 것

나. 건축물 각 부분의 높이는 그 부분으로부터 그 건물의 채광을 위하여 설치하는 창이나 문이 향하는 방향으로 인접된 대지의 경계선[대지와 대지 사이가 공원 · 광장 · 도로 · 하천이나 그 밖의 건축이 허용되지 아니하는 공지(空地)인 경우에는 그 인접된 대지의 반대편 경계선을 말한다]까지의 수평거리의 두 배를 초과하지 아니할 것

다. 소음 공해를 유발하는 시설은 지하층에 설치하거나 그 밖의 방법으로 주변의 주거환경을 해치지 아니하도록 할 것

라. 대지 안의 조경은 대지면적의 20퍼센트 이상으로 하되, 대지 경계선 주위에는 다 자란 나무를 심어 인접 대지와 차단하는 수림대(樹林帶)를 조성할 것

4. 연간 내국인 투숙객 수가 객실의 연간 수용가능 총인원의 40퍼센트를 초과하지 아니할 것(의료관광호텔업만 해당한다)

② 특별자치도지사 · 시장 · 군수 · 구청장은 휴양 콘도미니엄업의 규모를 축소하는 사업계획에 대한 변경승인신청을 받은 경우에는 다음 각 호의 어느 하나의 감소 비율이 당초 승인한 분양 및 회원 모집 계획상의 피분양자 및 회원(이하 이 항에서

"회원 등"이라 한다) 총 수에 대한 사업계획 변경승인 예정일 현재 실제로 미분양 및 모집 미달이 되고 있는 잔여 회원 등 총 수의 비율(이하 이 항에서 "미분양률"이라 한다)을 초과하지 아니하는 한도에서 그 변경승인을 하여야 한다. 다만, 사업자가 이미 분양받거나 회원권을 취득한 회원 등에 대하여 그 대지면적 및 객실면적(전용 및 공유면적을 말하며, 이하 이 항에서 같다)의 감소분에 비례하여 분양가격 또는 회원 모집가격을 인하하여 해당 회원 등에게 통보한 경우에는 미분양률을 초과하여 변경승인을 할 수 있다.

1. 당초계획(승인한 사업계획을 말한다. 이하 이 항에서 같다)상의 대지면적에 대한 변경계획상의 대지면적 감소비율
2. 당초계획상의 객실 수에 대한 변경계획상의 객실 수 감소비율
3. 당초계획상의 전체 객실면적에 대한 변경계획상의 전체 객실면적 감소비율

■ 사업계획 승인의 통보 시행령 제11조

특별자치도지사 · 시장 · 군수 · 구청장은 제10조에 따라 신청한 사업계획 또는 사업계획의 변경을 승인하는 경우에는 사업계획승인 또는 변경승인을 신청한 자에게 지체 없이 통보하여야 한다.

■ 사업계획의 변경승인 신청 시행규칙 제24조

영 제10조제2항에 따라 사업계획의 변경승인을 받으려는 자는 별지 제26호서식의 사업계획 변경승인 신청서에 다음 각 호의 서류를 첨부하여 특별자치도지사 · 시장 · 군수 · 구청장에게 제출하여야 한다.

1. 변경사유서
2. 변경하고자 하는 층의 변경 전후의 평면도(건축물의 용도변경이 필요한 경우만 해당한다)
3. 용도변경에 따라 변경되는 사항 중 내화 · 내장 · 방화 · 피난건축설비에 관한 사항을 표시한 도서(건축물의 용도변경이 필요한 경우만 해당한다)
4. 전문휴양업 및 종합휴양업의 경우 제23조제1항제1호바목에서 정한 승인신청 사항이 변경되는 경우에는 각각 그 변경에 관계되는 서류

■ 사업계획 변경승인 시행령 제9조

① 관광숙박업의 사업계획 변경에 관한 승인을 받아야 하는 경우는 다음과 같다.

1. 부지 및 대지 면적을 변경할 때에 그 변경하려는 연면적이 당초 승인받은 계획면적의 100분의 10 이상이 되는 경우
2. 건축 연면적을 변경할 때에 그 변경하려는 연면적이 당초 승인받은 계획면적의 100분의 10 이상이 되는 경우
3. 객실 수 또는 객실면적을 변경하려는 경우(휴양 콘도미니엄업만 해당)
4. 변경하려는 업종의 등록기준에 맞는 경우로서, 호텔업과 휴양 콘도미니엄업 간의 업종변경 또는 호텔업 종류 간의 업종 변경

② 관광객 이용시설업이나 국제회의업의 사업계획의 변경승인을 받을 수 있는 경우는 다음과 같다.

1. 전문휴양업이나 종합휴양업의 경우 부지, 대지 면적 또는 건축 연면적을 변경할 때에 그 변경하려는 면적이 당초 승인받은 계획면적의 100분의 10 이상이 되는 경우
2. 국제회의업의 경우 국제회의시설 중 다음 각 목의 어느 하나에 해당하는 변경을 하려는 경우
   가. 전문회의시설의 회의실 수 또는 옥내전시면적을 변경할 때에 그 변경하려는 회의실 수 또는 옥내전시면적이 당초 승인받은 계획의 100분의 10 이상이 되는 경우
   나. 전시시설의 회의실 수 또는 옥내전시면적을 변경할 때에 그 변경하려는 회의실 수 또는 옥내전시면적이 당초 승인받은 계획의 100분의 10 이상이 되는 경우

제16조(사업계획의 승인 시의 인 · 허가 의제 등)

① 제15조제1항 및 제2항에 따라 사업계획의 승인을 받은 때에는 다음 각 호의 허가, 해제 또는 신고에 관하여 특별자치시장 · 특별자치도지사 · 시장 · 군수 · 구청장이 소관 행정기관의 장과 미리 협의한 사항에 대해서는 해당 허가 또는 해제를 받거나 신고를 한 것으로 본다.

1. 「농지법」 제34조제1항에 따른 농지전용의 허가
2. 「산지관리법」 제14조 · 제15조에 따른 산지전용허가 및 산지전용신고, 같은 법 제15조의2에 따른 산지일시사용허가 · 신고, 「산림자원의 조성 및 관리에 관한 법률」 제36조제1항 · 제4항 및 제45조제1항 · 제2항에 따른 입목벌채 등의 허가 · 신고
3. 「사방사업법」 제20조에 따른 사방지(砂防地) 지정의 해제
4. 「초지법」 제23조에 따른 초지전용(草地轉用)의 허가

5. 「하천법」 제30조에 따른 하천공사 등의 허가 및 실시계획의 인가, 같은 법 제33조에 따른 점용허가(占用許可) 및 실시계획의 인가
6. 「공유수면 관리 및 매립에 관한 법률」 제8조에 따른 공유수면의 점용 · 사용허가 및 같은 법 제17조에 따른 점용 · 사용 실시계획의 승인 또는 신고
7. 「사도법」 제4조에 따른 사도개설(私道開設)의 허가
8. 「국토의 계획 및 이용에 관한 법률」 제56조에 따른 개발행위의 허가
9. 「장사 등에 관한 법률」 제8조제3항에 따른 분묘의 개장신고(改葬申告) 및 같은 법 제27조에 따른 분묘의 개장허가(改葬許可)

② 특별자치시장 · 특별자치도지사 · 시장 · 군수 · 구청장은 제1항 각 호의 어느 하나에 해당하는 사항이 포함되어 있는 사업계획을 승인하려면 미리 소관 행정기관의 장과 협의하여야 한다.

③ 특별자치시장 · 특별자치도지사 · 시장 · 군수 · 구청장은 제15조제1항 및 제2항에 따른 사업계획의 변경승인을 하려는 경우 건축물의 용도변경이 포함되어 있으면 미리 소관 행정기관의 장과 협의하여야 한다.

④ 관광사업자(관광숙박업만 해당한다)가 제15조제1항 후단에 따라 사업계획의 변경승인을 받은 경우에는 「건축법」에 따른 용도변경의 허가를 받거나 신고를 한 것으로 본다.

⑤ 제15조제1항에 따른 사업계획의 승인 또는 변경승인을 받은 경우 그 사업계획에 따른 관광숙박시설 및 그 시설 안의 위락시설로서 「국토의 계획 및 이용에 관한 법률」에 따라 지정된 다음 각 호의 용도지역의 시설에 대하여는 같은 법 제76조제1항을 적용하지 아니한다. 다만, 주거지역에서는 주거환경의 보호를 위하여 대통령령으로 정하는 사업계획승인기준에 맞는 경우에 한한다.
1. 상업지역
2. 주거지역 · 공업지역 및 녹지지역 중 대통령령으로 정하는 지역

⑥ 제15조제1항에 따른 사업계획의 승인을 받은 경우 그 사업계획에 따른 관광숙박시설로서 대통령령으로 정하는 지역 내 위치하면서 「학교보건법」 제2조에 따른 학교 출입문 또는 학교설립예정지 출입문으로부터 직선거리로 75미터 이내에 위치한 관광숙박시설의 설치와 관련하여서는 「학교보건법」 제6조제1항 각 호 외의 부분 단서를 적용하지 아니한다.

⑦ 제15조제1항에 따른 사업계획의 승인 또는 변경승인을 받은 경우 그 사업계획에 따른 관광숙박시설로서 다음 각 호에 적합한 시설에 대해서는 「학교보건법」 제6조제1항제13호를 적용하지 아니한다.
1. 관광숙박시설에서 「학교보건법」 제6조제1항제12호, 제14호부터 제16호까지 또는 제18호부터 제20호까지의 규정에 따른 행위 및 시설 중 어느 하나에 해당하는 행위 및 시설이 없을 것
2. 관광숙박시설의 객실이 100실 이상일 것
3. 대통령령으로 정하는 지역 내 위치할 것
4. 대통령령으로 정하는 바에 따라 관광숙박시설 내 공용공간을 개방형 구조로 할 것
5. 「학교보건법」 제2조에 따른 학교 출입문 또는 학교설립예정지 출입문으로부터 직선거리로 75미터 이상에 위치할 것

⑧ 제7항 각 호의 요건을 충족하여 「학교보건법」 제6조제1항제13호를 적용받지 아니하고 관광숙박시설을 설치하려는 자는 「건축법」 제4조에 따른 건축위원회의 교육환경 저해여부에 관한 심의를 받아야 한다.

⑨ 특별자치시장 · 특별자치도지사 · 시장 · 군수 · 구청장은 제15조제1항에 따른 사업계획(제7항 각 호의 요건을 충족하여 「학교보건법」 제6조제1항제13호를 적용받지 아니하고 관광숙박시설을 설치하려는 자의 사업계획에 한정한다)의 승인 또는 변경승인을 하려는 경우에는 교육환경 보호 [법률 제13594호(2015. 12. 22.) 부칙 제2조의 규정에 의하여 이 조제6항부터 제9항까지는 2021년 3월 24일까지 유효함]

⑩ 제1항부터 제4항까지에서 규정한 사항 외에 이 조에 따른 의제의 기준 및 효과 등에 관하여는 「행정기본법」 제24조부터 제26조까지를 준용한다.

■ 관광숙박시설 건축지역 시행령 제14조

"대통령령으로 정하는 지역"이란 1. 일반주거지역, 2. 준주거지역, 3. 준공업지역, 그리고 4. 자연녹지지역을 의미한다.

■ 학교환경위생 정화구역 내 관광숙박시설의 설치 시행령 제14조의2

① 법 제16조제6항 및 같은 조 제7항제3호에서 "대통령령으로 정하는 지역"이란 각각 다음 각 호의 지역을 말한다.

1. 서울특별시
2. 경기도

② 법 제16조제7항에 따라 「학교보건법」 제6조제1항제13호를 적용하지 아니하는 관광숙박시설은 법 제16조제7항제4호에 따라 그 투숙객이 차량 또는 도보 등을 통하여 해당 관광숙박시설에 드나들 수 있는 출입구, 주차장, 로비 등의 공용공간을 외부에서 조망할 수 있는 개방적인 구조로 하여야 한다.

제17조(관광숙박업 등의 등록심의위원회)

① 제4조제1항에 따른 관광숙박업 및 대통령령으로 정하는 관광객 이용시설업이나 국제회의업의 등록(등록 사항의 변경을 포함한다. 이하 이 조에서 같다)에 관한 사항을 심의하기 위하여 특별자치시장 · 특별자치도지사 · 시장 · 군수 · 구청장(권한이 위임된 경우에는 그 위임을 받은 기관을 말한다. 이하 이 조 및 제18조에서 같다) 소속으로 관광숙박업 및 관광객 이용시설업 등록심의위원회(이하 "위원회"라 한다)를 둔다.

② 위원회는 위원장과 부위원장 각 1명을 포함한 위원 10명 이내로 구성하되, 위원장은 특별자치시 · 특별자치도 · 시 · 군 · 구(자치구만 해당한다. 이하 같다)의 부지사 · 부시장 · 부군수 · 부구청장이 되고, 부위원장은 위원 중에서 위원장이 지정하는 자가 되며, 위원은 제18조제1항 각 호에 따른 신고 또는 인 · 허가 등의 소관 기관의 직원이 된다.

> ③ 위원회는 다음 각 호의 사항을 심의한다.
> 1. 관광숙박업 및 대통령령으로 정하는 관광객 이용시설업이나 국제회의업의 등록기준 등에 관한 사항
> 2. 제18조제1항 각 호에서 정한 사업이 관계 법령상 신고 또는 인·허가 등의 요건에 해당하는지에 관한 사항
> 3. 제15조제1항에 따라 사업계획 승인 또는 변경승인을 받고 관광사업 등록(제16조제7항에 따라 「학교보건법」 제6조제1항제13호를 적용받지 아니하고 관광숙박시설을 설치하려는 경우에 한정한다)을 신청한 경우 제16조제7항 각 호의 요건을 충족하는지에 관한 사항
>
> ④ 특별자치시장·특별자치도지사·시장·군수·구청장은 제1항에 따른 관광숙박업, 관광객 이용시설업, 국제회의업의 등록을 하려면 미리 위원회의 심의를 거쳐야 한다. 다만, 대통령령으로 정하는 경미한 사항의 변경에 관하여는 위원회의 심의를 거치지 아니할 수 있다.
>
> ⑤ 위원회의 회의는 재적위원 3분의 2 이상의 출석과 출석위원 3분의 2 이상의 찬성으로 의결한다.
>
> ⑥ 위원회의 구성·운영이나 그 밖에 위원회에 필요한 사항은 대통령령으로 정한다.
> [법률 제13594호(2015. 12. 22.) 부칙 제2조의 규정에 의하여 이 조제3항제3호는 2021년 3월 24일까지 유효함]

■ 등록심의대상 관광사업 시행령 제20조

① 대통령령으로 정하는 관광객 이용시설업이나 국제회의업이란 전문휴양업, 종합휴양업, 관광유람선업, 국제회의시설업을 말한다.

② "대통령령으로 정하는 경미한 사항의 변경"이란 심의사항의 변경 중 관계되는 기관이 둘 이하인 경우의 심의사항 변경을 말한다.

■ 등록심의위원회 위원장의 직무 시행령 제15조

① 관광숙박업 및 관광객 이용시설업 등록심의위원회 위원장은 위원회를 대표하고, 위원회의 직무를 총괄한다.

② 부위원장은 위원장을 보좌하고, 위원장이 부득이한 사유로 직무를 수행할 수 없을 때에는 그 직무를 대행한다.

■ 회의 및 의견청취 등 시행령 제16, 17, 19조

위원장은 위원회의 회의를 소집하고 그 의장이 되며, 회의는 재적위원 3분의 2 이상의 출석과 출석위원 3분의 2 이상의 찬성으로 의결한다. 위원장은 위원회의 심의사항과 관련하여 필요하다고 인정하면 관계인 또는 안전·소방 등에 대한 전문가를 출석시켜

그 의견을 들을 수 있다. 또한 시행령에 규정된 사항 외에 위원회의 운영에 필요한 사항은 위원회의 의결을 거쳐 위원장이 정한다.

제18조(등록 시의 신고 · 허가 의제 등)

① 특별자치시장 · 특별자치도지사 · 시장 · 군수 · 구청장이 위원회의 심의를 거쳐 등록을 하면 그 관광사업자는 위원회의 심의를 거친 사항에 대해서는 다음 각 호의 신고를 하였거나 인 · 허가 등을 받은 것으로 본다.

1. 「공중위생관리법」 제3조에 따른 숙박업 · 목욕장업 · 이용업 · 미용업 또는 세탁업의 신고
2. 「식품위생법」 제36조에 따른 식품접객업으로서 대통령령으로 정하는 영업의 허가 또는 신고
3. 「주류 면허 등에 관한 법률」 제5조에 따른 주류판매업의 면허 또는 신고
4. 「외국환거래법」 제8조제3항제1호에 따른 외국환업무의 등록
5. 「담배사업법」 제16조에 따른 담배소매인의 지정
6. 삭제
7. 「체육시설의 설치 · 이용에 관한 법률」 제10조에 따른 신고 체육시설업으로서 같은 법 제20조에 따른 체육시설업의 신고
8. 「해상안전법」 제34조제3항에 따른 해상 레저 활동의 허가
9. 「의료법」 제35조에 따른 부속의료기관의 개설신고 또는 개설허가

② 제1항에 따른 의제의 기준 및 효과 등에 관하여는 「행정기본법」 제24조부터 제26조까지(제24조 제4항은 제외한다)를 준용한다.

■ 인 · 허가 등을 받은 것으로 보는 영업 시행령 제21조

"대통령령으로 정하는 영업"이란 「식품위생법 시행령」 제21조 제8호 가목부터 라목까지 및 바목에 따른 휴게음식점영업 · 일반음식점영업 · 단란주점영업 · 유흥주점영업 및 제과점영업을 말한다.

제18조의2(관광숙박업자의 준수사항)

제4조제1항에 따라 등록한 관광숙박업자 중 제16조제7항에 따라 「학교보건법」 제6조제1항제13호를 적용받지 아니하고 관광숙박시설을 설치한 자는 다음 각 호의 사항을 준수하여야 한다.

1. 관광숙박시설에서 「학교보건법」 제6조제1항제12호, 제14호부터 제16호까지 또는 제18호부터 제20호까지의 규정에 따른 행위 및 시설 중 어느 하나에 해당하는 행위 및 시설이 없을 것
2. 관광숙박시설의 객실이 100실 이상일 것
3. 대통령령으로 정하는 지역 내 위치할 것
4. 대통령령으로 정하는 바에 따라 관광숙박시설 내 공용공간을 개방형 구조로 할 것
5. 「학교보건법」 제2조에 따른 학교 출입문 또는 학교설립예정지 출입문으로부터 직선거리로 75미터 이상에 위치할 것

제19조(관광숙박업의 등급)

① 문화체육관광부장관은 관광숙박시설 및 야영장 이용자의 편의를 돕고, 관광숙박시설 · 야영장 및 서비스의 수준을 효율적으로 유지 · 관리하기 위하여 관광숙박업자 및 야영장업자의 신청을 받아 관광숙박업 및 야영장업에 대한 등급을 정할 수 있다. 다만, 제4조제1항에 따라 호텔업 등록을 한 자 중 대통령령으로 정하는 자는 등급결정을 신청하여야 한다.
② 문화체육관광부장관은 제1항에 따라 관광숙박업 및 야영장업에 대한 등급결정을 하는 경우 유효기간을 정하여 등급을 정할 수 있다.
③ 문화체육관광부장관은 제1항에 따른 등급결정을 위하여 필요한 경우에는 관계 전문가에게 관광숙박업 및 야영장업의 시설 및 운영 실태에 관한 조사를 의뢰할 수 있다.
④ 문화체육관광부장관은 제1항에 따른 등급결정 결과에 관한 사항을 공표할 수 있다.
⑤ 문화체육관광부장관은 감염병 확산으로 「재난 및 안전관리 기본법」 제38조제2항에 따른 경계 이상의 위기경보가 발령된 경우 제1항에 따른 등급결정을 연기하거나 제2항에 따른 기존의 등급결정의 유효기간을 연장할 수 있다.
⑥ 관광숙박업 및 야영장업 등급의 구분에 관한 사항은 대통령령으로 정하고, 등급결정의 유효기간 · 신청 시기 · 절차, 등급결정 결과 공표, 등급결정의 연기 및 유효기간 연장 등에 관한 사항은 문화체육관광부령으로 정한다.

■ 호텔업의 등급 결정 시행령 제22조

① 법 제19조제1항 단서에서 "대통령령으로 정하는 자"란 관광호텔업, 수상관광호텔업, 한국전통호텔업, 가족호텔업, 소형호텔업 또는 의료관광호텔업의 등록을 한 자를 말한다.
② 법 제19조제5항에 따라 관광숙박업 중 호텔업의 등급은 5성급 · 4성급 · 3성급 · 2성급 및 1성급으로 구분한다.

■ 호텔업의 등급 결정 시행규칙 제25조

① 법 제19조제1항 및 영 제22조제1항에 따라 관광호텔업, 수상관광호텔업, 한국전통호텔업, 가족호텔업, 소형호텔업 또는 의료관광호텔업의 등록을 한 자는 다음 각 호의 구분에 따른 기간 이내에 영 제66조제1항에 따라 문화체육관광부장관으로부터 등급결정권을 위탁받은 법인(이하 "등급결정 수탁기관"이라 한다)에 영 제22조제2항에 따른 호텔업의 등급 중 희망하는 등급을 정하여 등급결정을 신청하여야 한다. 다만, 2024년 7월1일부터 2026년 6월 30일까지의 기간 중 호텔업 등록을 한 경우에는 해당 호텔업 등록을 한 날부터 120일로 한다.

1. 호텔을 신규 등록한 경우 : 호텔업 등록을 한 날부터 60일

2. 제25조의3에 따른 호텔업 등급결정의 유효기간이 만료되는 경우 : 유효기간 만료 전 150일부터 90일까지
3. 시설의 증·개축 또는 서비스 및 운영실태 등의 변경에 따른 등급 조정사유가 발생한 경우 : 등급 조정사유가 발생한 날부터 60일
4. 제25조의3제3항에 따라 호텔업 등급결정의 유효기간이 연장된 경우 : 연장된 유효기간 만료일까지

② 등급결정 수탁기관은 제1항에 따른 등급결정 신청을 받은 경우에는 문화체육관광부장관이 정하여 고시하는 호텔업 등급결정의 기준에 따라 신청일부터 90일 이내에 해당 호텔의 등급을 결정하여 신청인에게 통지하여야 한다. 다만, 부득이한 사유가 있는 경우에는 60일의 범위에서 등급결정 기간을 연장할 수 있다.

③ 제2항에 따라 등급결정을 하는 경우에는 다음 각 호의 요소를 평가하여야 하며, 그 세부적인 기준 및 절차는 문화체육관광부장관이 정하여 고시한다.

1. 서비스 상태
2. 객실 및 부대시설의 상태
3. 안전 관리 등에 관한 법령 준수 여부

④ 등급결정 수탁기관은 제3항에 따른 평가의 공정성을 위하여 필요하다고 인정하는 경우에는 평가를 마칠 때까지 평가의 일정 등을 신청인에게 알리지 아니할 수 있다.

⑤ 등급결정 수탁기관은 제3항에 따라 평가한 결과 등급결정 기준에 미달하는 경우에는 해당 호텔의 등급결정을 보류하여야 한다. 이 경우 그 보류 사실을 신청인에게 통지하여야 한다.

■ 호텔업의 등급결정 기준

구분		5성	4성	3성	2성	1성
등급 평가 기준	현장평가	700점	585점	500점	400점	400점
	암행평가/불시평가	300점	265점	200점	200점	200점
	총 배점	1,000점	850점	700점	600점	600점
결정 기준	공통 기준	1. 별표 2에 따른 등급별 등급평가기준 상의 필수항목을 충족할 것 2. 제11조 제1항에 따른 점검 또는 검사가 유효할 것				
	등급별 기준	평가점수가 총 배점의 90% 이상	평가점수가 총 배점의 80% 이상	평가점수가 총 배점의 70% 이상	평가점수가 총 배점의 60% 이상	평가점수가 총 배점의 50% 이상

1. 1·2성급은 통합 신청 및 접수방식으로 진행하며 1·2성급 평가표를 공통 적용한다.
2. 1·2성급은 총 배점의 60% 이상 득점 시 2성급 등급을 부여하고, 50% 이상 60% 미만 득점 시 1성급 등급을 부여한다.
3. 한국전통호텔업 및 소형호텔업의 등급평가기준은 등급에 상관없이 현장평가 400점 및 불시평가 200점을 합산하여 총 배점을 600점으로 하되, 상기 표의 결정기준에 따라 등급을 부여한다.

■ **등급결정의 재신청** 시행규칙 제25조2

① 제25조제5항 후단에 따라 등급결정 보류의 통지를 받은 신청인은 그 보류의 통지를 받은 날부터 60일 이내에 같은 조 제1항에 따라 신청한 등급과 동일한 등급 또는 낮은 등급으로 호텔업 등급결정의 재신청을 하여야 한다.

② 제1항에 따라 재신청을 받은 등급결정 수탁기관은 제25조제2항부터 제4항까지에 따라 해당 호텔의 등급을 결정하거나 해당 호텔의 등급결정을 보류한 후 그 사실을 신청인에게 통지하여야 한다.

③ 제1항에 따라 동일한 등급으로 호텔업 등급결정을 재신청하였으나 제2항에 따라 다시 등급결정이 보류된 경우에는 등급결정 보류의 통지를 받은 날부터 60일 이내에 신청한 등급보다 낮은 등급으로 등급결정을 신청하거나 등급결정 수탁기관에 등급결정의 보류에 대한 이의를 신청하여야 한다.

④ 제3항에 따라 이의 신청을 받은 등급결정 수탁기관은 문화체육관광부장관이 정하여 고시하는 절차에 따라 신청일부터 90일 이내에 이의 신청에 이유가 있는지 여부를 판단하여 처리하여야 한다. 다만, 부득이한 사유가 있는 경우에는 60일의 범위에서 그 기간을 연장할 수 있다.

⑤ 제4항에 따라 이의 신청을 거친 자가 다시 등급결정을 신청하는 경우에는 당초 신청한 등급보다 낮은 등급으로만 할 수 있다.

⑥ 등급결정 보류의 통지를 받은 신청인이 직전에 신청한 등급보다 낮은 등급으로 호텔업 등급결정을 재신청하였으나 다시 등급결정이 보류된 경우의 등급결정 신청 및 등급결정에 관하여는 제1항부터 제5항까지를 준용한다.

■ **등급결정의 유효기간 등** 시행규칙 제25조의3

① 문화체육관광부장관은 법 제19조제1항에 따른 등급결정 결과를 분기별로 문화체육관광부의 인터넷 홈페이지에 공표하여야 하고, 필요한 경우에는 그 밖의 효과적인 방법으로 공표할 수 있다.

② 법 제19조제2항에 따른 호텔업 등급결정의 유효기간은 등급결정을 받은 날부터 3년으로 한다. 다만, 제25조제2항에 따른 통지 전에 호텔업 등급결정의 유효기간이 만료된 경우에는 새로운 등급결정을 받기 전까지 종전의 등급결정이 유효한 것으로 본다.

③ 문화체육관광부장관은 법 제19조제5항에 따라 기존의 등급결정의 유효기간을 「재난 및 안전관리 기본법」 제38조제2항에 따른 경계 이상의 위기경보가 발령된 날

부터 2년의 범위에서 문화체육관광부장관이 정하여 고시하는 기한까지 연장할 수 있다.

④ 이 규칙에서 규정한 사항 외에 호텔업의 등급결정에 필요한 사항은 문화체육관광부장관이 정하여 고시한다.

제20조(분양 및 회원 모집)

① 관광숙박업이나 관광객 이용시설업으로서 대통령령으로 정하는 종류의 관광사업을 등록한 자 또는 그 사업계획의 승인을 받은 자가 아니면 그 관광사업의 시설에 대하여 분양(휴양 콘도미니엄만 해당한다. 이하 같다) 또는 회원 모집을 하여서는 아니 된다.

② 누구든지 다음 각 호의 어느 하나에 해당하는 행위를 하여서는 아니 된다.

1. 제1항에 따른 분양 또는 회원모집을 할 수 없는 자가 관광숙박업이나 관광객 이용시설업으로서 대통령령으로 정하는 종류의 관광사업 또는 이와 유사한 명칭을 사용하여 분양 또는 회원모집을 하는 행위
2. 관광숙박시설과 관광숙박시설이 아닌 시설을 혼합 또는 연계하여 이를 분양하거나 회원을 모집하는 행위. 다만, 대통령령으로 정하는 종류의 관광숙박업의 등록을 받은 자 또는 그 사업계획의 승인을 얻은 자가 「체육시설의 설치 · 이용에 관한 법률」 제12조에 따라 골프장의 사업계획을 승인받은 경우에는 관광숙박시설과 해당 골프장을 연계하여 분양하거나 회원을 모집할 수 있다.
3. 소유자등 또는 회원으로부터 제1항에 따른 관광사업의 시설에 관한 이용권리를 양도받아 이를 이용할 수 있는 회원을 모집하는 행위

③ 제1항에 따라 분양 또는 회원모집을 하려는 자가 사용하는 약관에는 제5항 각 호의 사항이 포함되어야 한다.

④ 제1항에 따라 분양 또는 회원 모집을 하려는 자는 대통령령으로 정하는 분양 또는 회원 모집의 기준 및 절차에 따라 분양 또는 회원 모집을 하여야 한다.

⑤ 분양 또는 회원 모집을 한 자는 소유자등 · 회원의 권익을 보호하기 위하여 다음 각 호의 사항에 관하여 대통령령으로 정하는 사항을 지켜야 한다.

1. 공유지분(共有持分) 또는 회원자격의 양도 · 양수
2. 시설의 이용
3. 시설의 유지 · 관리에 필요한 비용의 징수
4. 회원 입회금의 반환
5. 회원증의 발급과 확인
6. 소유자등 · 회원의 대표기구 구성
7. 그 밖에 소유자등 · 회원의 권익 보호를 위하여 대통령령으로 정하는 사항

■ 분양 및 회원모집 관광사업 시행령 제23조

① 법 제20조제1항 및 제2항제1호에서 "대통령령으로 정하는 종류의 관광사업"이란 다음 각 호의 사업을 말한다.

1. 휴양 콘도미니엄업 및 호텔업
2. 관광객 이용시설업 중 제2종 종합휴양업

② 법 제20조제2항제2호 단서에서 "대통령령으로 정하는 종류의 관광숙박업"이란 다음 각 호의 숙박업을 말한다.

1. 휴양 콘도미니엄업
2. 호텔업

■ 분양 및 회원모집의 기준 및 시기 시행령 제24조

① 법 제20조제4항에 따른 휴양 콘도미니엄업 시설의 분양 및 회원모집 기준과 호텔업 및 제2종 종합휴양업 시설의 회원모집 기준은 다음 각 호와 같다. 다만, 제2종 종합휴양업 시설 중 등록 체육시설업 시설에 대한 회원모집에 관하여는 「체육시설의 설치·이용에 관한 법률」에서 정하는 바에 따른다.

1. 다음 각 목의 구분에 따른 소유권 등을 확보할 것. 이 경우 분양(휴양 콘도미니엄업만 해당한다. 이하 같다) 또는 회원모집 당시 해당 휴양 콘도미니엄업, 호텔업 및 제2종 종합휴양업의 건물이 사용승인된 경우에는 해당 건물의 소유권도 확보하여야 한다.
   가. 휴양 콘도미니엄업 및 호텔업(수상관광호텔은 제외한다)의 경우 : 해당 관광숙박시설이 건설되는 대지의 소유권
   나. 수상관광호텔의 경우 : 구조물 또는 선박의 소유권
   다. 제2종 종합휴양업의 경우 : 회원모집 대상인 해당 제2종 종합휴양업 시설이 건설되는 부지의 소유권 또는 사용권
2. 제1호에 따른 대지·부지 및 건물이 저당권의 목적물로 되어 있는 경우에는 그 저당권을 말소할 것. 다만, 공유제(共有制)일 경우에는 분양받은 자의 명의로 소유권 이전등기를 마칠 때까지, 회원제일 경우에는 저당권이 말소될 때까지 분양 또는 회원모집과 관련한 사고로 인하여 분양을 받은 자나 회원에게 피해를 주는 경우 그 손해를 배상할 것을 내용으로 저당권 설정금액에 해당하는 보증보험에 가입한 경우에는 그러하지 아니하다.

3. 분양을 하는 경우 한 개의 객실당 분양인원은 5명 이상으로 하되, 가족(부부 및 직계존비속을 말한다)만을 수분양자로 하지 아니할 것. 다만, 다음 각 목의 어느 하나에 해당하는 경우에는 그러하지 아니하다.
   가. 소유자등이 법인인 경우
   나. 「출입국관리법 시행령」 별표 1의2 제24호차목에 따라 법무부장관이 정하여 고시한 투자지역에 건설되는 휴양 콘도미니엄으로서 소유자등이 외국인인 경우
4. 삭제
5. 소유자 등 또는 회원의 연간 이용일수는 365일을 객실당 분양 또는 회원모집 계획인원수로 나눈 범위 이내일 것
6. 주거용으로 분양 또는 회원모집을 하지 아니할 것

② 제1항에 따라 휴양 콘도미니엄업, 호텔업 및 제2종 종합휴양업의 분양 또는 회원을 모집하는 경우 그 시기 등은 다음 각 호와 같다.

1. 휴양 콘도미니엄업 및 제2종 종합휴양업의 경우
   가. 해당 시설공사의 총 공사 공정이 문화체육관광부령으로 정하는 공정률 이상 진행된 때부터 분양 또는 회원모집을 하되, 분양 또는 회원을 모집하려는 총객실 중 공정률에 해당하는 객실을 대상으로 분양 또는 회원을 모집할 것
   나. 공정률에 해당하는 객실 수를 초과하여 분양 또는 회원을 모집하려는 경우에는 분양 또는 회원모집과 관련한 사고로 인하여 분양을 받은 자나 회원에게 피해를 주는 경우 그 손해를 배상할 것을 내용으로 공정률을 초과하여 분양 또는 회원을 모집하려는 금액에 해당하는 보증보험에 관광사업의 등록 시까지 가입할 것
2. 호텔업의 경우
   관광사업의 등록 후부터 회원을 모집할 것. 다만, 제2종 종합휴양업에 포함된 호텔업의 경우에는 제1호가목 및 나목을 적용한다.

■ 총공사 공정률 시행규칙 제26조

영 제24조제2항제1호가목에서 "문화체육관광부령으로 정하는 공정률"이란 20퍼센트를 말한다.

■ 분양 및 회원모집 계획서의 제출 시행령 제25조

① 분양 또는 회원을 모집하려는 자는 문화체육관광부령으로 정하는 바에 따라 분양 또는 회원모집계획서를 특별자치도지사 · 시장 · 군수 · 구청장에게 제출하여야 한다.

② 제출한 분양 또는 회원모집계획서의 내용이 사업계획승인 내용과 다른 경우에는 사업계획 변경승인신청서를 함께 제출하여야 한다.

③ 분양 또는 회원모집계획서를 제출받은 특별자치도지사 · 시장 · 군수 · 구청장은 이를 검토한 후 지체 없이 그 결과를 상대방에게 알려야 한다.

④ 제1항부터 제3항까지의 규정은 분양 또는 회원모집계획을 변경하는 경우에 이를 준용한다.

■ 분양 및 회원모집계획서의 첨부서류 시행규칙 제27조

① 분양 또는 회원모집계획서에 첨부할 서류는 다음과 같다.

1. 「건축법」에 따른 공사 감리자가 작성하는 건설공정에 대한 보고서 또는 확인서(공사 중인 시설의 경우만 해당)
2. 보증보험가입증서(필요한 경우만 해당)
3. 객실 종류별, 객실당 분양인원 및 분양가격(회원제의 경우에는 회원수 및 입회금)
4. 분양 또는 회원모집계약서와 이용약관
5. 분양 또는 회원모집 공고안
6. 관광사업자가 직접 운영하는 휴양콘도미니엄 또는 호텔의 현황 및 증빙서류(관광사업자가 직접 운영하지는 아니하나 계약에 따라 회원 등이 이용할 수 있는 시설이 있는 경우에는 그 현황 및 증빙서류를 포함)

② 제1항에 따른 분양 또는 회원모집계획서를 제출받은 특별자치도지사 · 시장 · 군수 · 구청장은 「전자정부법」 제36조제1항에 따른 행정정보의 공동이용을 통하여 대지 · 건물의 등기사항증명서를 확인하여야 한다.

③ 제1항제5호에 따른 분양 또는 회원모집 공고안에 포함되어야 할 사항은 다음 각 호와 같다.

1. 대지면적 및 객실당 전용면적 · 공유면적
2. 분양가격 또는 입회금 중 계약금 · 중도금 · 잔금 및 그 납부시기
3. 분양 또는 회원모집의 총 인원과 객실별 인원
4. 연간 이용일수 및 회원의 경우 입회기간
5. 사업계획승인과 건축허가의 번호 · 연월일 및 승인 · 허가기관

6. 착공일, 공사완료예정일 및 이용예정일
7. 제1항제6호 중 관광사업자가 직접 운영하는 휴양콘도미니엄 또는 호텔의 현황

■ 소유자등 또는 회원의 보호 시행령 제26조

분양 또는 회원모집을 한 자는 법 제20조제5항에 따라 소유자등 또는 회원의 권익 보호를 위하여 다음 각 호의 사항을 지켜야 한다.

1. 공유지분 또는 회원자격의 양도 · 양수 : 공유지분 또는 회원자격의 양도 · 양수를 제한하지 아니할 것. 다만, 제24조제1항제3호에 따라 휴양 콘도미니엄의 객실을 분양받은 자가 해당 객실을 법인이 아닌 내국인(「출입국관리법 시행령」 별표 1의2 제24호차목에 따라 법무부장관이 정하여 고시한 투자지역에 위치하지 아니한 휴양 콘도미니엄의 경우 법인이 아닌 외국인을 포함한다)에게 양도하려는 경우에는 양수인이 같은 호 각 목 외의 부분 본문에 따른 분양기준에 적합하도록 하여야 한다.
2. 시설의 이용 : 소유자등 또는 회원이 이용하지 아니하는 객실만을 공유자 또는 회원이 아닌 자에게 이용하게 할 것. 이 경우 객실이용계획을 수립하여 제6호에 따른 소유자등 · 회원의 대표기구와 미리 협의하여야 하며, 객실이용명세서를 작성하여 소유자등 · 회원의 대표기구에 알려야 한다.
3. 시설의 유지 · 관리에 필요한 비용의 징수
   가. 해당 시설을 선량한 관리자로서의 주의의무를 다하여 관리하되, 시설의 유지 · 관리에 드는 비용 외의 비용을 징수하지 아니할 것
   나. 시설의 유지 · 관리에 드는 비용의 징수에 관한 사항을 변경하려는 경우에는 공유자 · 회원의 대표기구와 협의하고, 그 협의 결과를 공유자 및 회원에게 공개할 것
   다. 시설의 유지 · 관리에 드는 비용 징수금의 사용명세를 매년 공유자 · 회원의 대표기구에 공개할 것
4. 회원의 입회금(회원자격을 부여받은 대가로 회원을 모집하는 자에게 지급하는 비용을 말한다)의 반환 : 회원의 입회기간 및 입회금의 반환은 관광사업자 또는 사업계획승인을 받은 자와 회원 간에 체결한 계약에 따르되, 회원의 입회기간이 끝나 입회금을 반환하여야 하는 경우에는 입회금 반환을 요구받은 날부터 10일 이내에 반환할 것
5. 회원증의 발급 및 확인 : 문화체육관광부령으로 정하는 바에 따라 소유자등이나 회원에게 해당 시설의 공유자나 회원임을 증명하는 회원증을 문화체육관광부령으로 정하는 기관으로부터 확인받아 발급할 것

6. 소유자등 · 회원의 대표기구의 구성 및 운영
   가. 20명 이상의 소유자등 · 회원으로 대표기구를 구성할 것. 이 경우 그 분양 또는 회원모집을 한 자와 그 대표자 및 임직원은 대표기구에 참여할 수 없다.
   나. 가목에 따라 대표기구를 구성하는 경우(결원을 충원하는 경우를 포함한다)에는 그 소유자등 · 회원 모두를 대상으로 전자우편 또는 휴대전화 문자메시지로 통지하거나 해당 사업자의 인터넷 홈페이지에 게시하는 등의 방법으로 그 사실을 알리고 대표기구의 구성원을 추천받거나 신청받도록 할 것
   다. 소유자등 · 회원의 권익에 관한 사항(제3호나목에 관한 사항은 제외한다)은 대표기구와 협의할 것
   라. 휴양 콘도미니엄업에 대한 특례
      1) 가목에도 불구하고 한 개의 법인이 복수의 휴양 콘도미니엄업을 등록한 경우에는 그 법인이 등록한 휴양 콘도미니엄업의 전부 또는 일부를 대상으로 대표기구를 통합하여 구성할 수 있도록 하되, 통합하여 구성된 대표기구(이하 "통합 대표기구"라 한다)에는 각각의 등록된 휴양 콘도미니엄업 시설의 소유자등 및 회원이 다음의 기준에 따라 포함되도록 할 것
         가) 소유자등과 회원이 모두 있는 등록된 휴양 콘도미니엄업의 경우 : 소유자등 및 회원 각각 1명 이상
         나) 소유자등 또는 회원만 있는 등록된 휴양 콘도미니엄업의 경우 : 소유자등 또는 회원 1명 이상
      2) 1)에 따라 통합 대표기구를 구성한 경우에도 특정 휴양 콘도미니엄업 시설의 소유자등 · 회원의 권익에 관한 사항으로서 통합 대표기구의 구성원 10명 이상 또는 해당 휴양 콘도미니엄업 시설의 소유자등 · 회원 10명 이상이 요청하는 경우에는 해당 휴양 콘도미니엄업 시설의 소유자등 · 회원 20명 이상으로 그 휴양 콘도미니엄업의 해당 안건만을 협의하기 위한 대표기구를 구성하여 해당 안건에 관하여 통합 대표기구를 대신하여 협의하도록 할 것
7. 그 밖의 소유자등 · 회원의 권익 보호에 관한 사항 : 분양 또는 회원모집계약서에 사업계획의 승인번호 · 일자(관광사업으로 등록된 경우에는 등록번호 · 일자), 시설물의 현황 · 소재지, 연간 이용일수 및 회원의 입회기간을 명시할 것

■ **회원증의 발급** 시행규칙 제28조

① 분양 또는 회원모집을 하는 관광사업자가 회원증을 발급하는 경우 그 회원증에는 다음의 사항이 포함되어야 한다.

1. 소유자등 또는 회원의 번호
2. 소유자등 또는 회원의 성명과 주민등록번호
3. 사업장의 상호 · 명칭 및 소재지
4. 소유자등과 회원의 구분
5. 면적
6. 분양일 또는 입회일
7. 발행일자

② 분양 또는 회원모집을 하는 관광사업자가 회원증을 발급하려는 경우에는 미리 분양 또는 회원모집 계약 후 30일 이내에 문화체육관광부장관이 지정하여 고시하는 자(이하 "회원증 확인자"라 한다)로부터 그 회원증과 분양 또는 회원모집계획서가 일치하는지를 확인받아야 한다.

③ 회원증 확인자의 확인을 받아 회원증을 발급한 관광사업자는 소유자등 및 회원 명부에 회원증 발급 사실을 기록 · 유지하여야 한다.

④ 회원증 확인자는 6개월마다 특별자치도지사 · 시장 · 군수 · 구청장에게 회원증 발급에 관한 사항을 통보하여야 한다.

제20조의2(야영업자의 준수사항)

제4조제1항에 따라 야영장업의 등록을 한 자는 문화체육관광부령으로 정하는 안전 · 위생기준을 지켜야 한다.

■ **야영장의 안전 · 위생기준** 시행규칙 제28조의2

법 제20조의2에 따른 "문화체육관광부령으로 정하는 안전 · 위생기준"은 다음(별표 7)에 따른 기준을 말한다.

■ **야영장의 안전·위생 기준(제28조의 2관련)**

1. 화재 예방기준
   가. 소방시설은 소방 관계 법령과 「소방시설의 설치 · 유지 및 안전관리에 관한 법률」 제9조제1항에 따른 화재안전기준에 적합하게 설치하여야 하고, 같은 법 제36조제3항 또는 제39조제2항에 따른 제품검사를 받은 소방용품을 사용하여야 한다.
   나. 사방이 밀폐된 이동식 야영용 천막 안에서 전기용품[야영장 내에 누전차단기가 설치된 경우로서 전기용품(「전기용품안전 관리법」 제2조제2호에 따른 안전

인증을 받은 용품으로 한정한다)의 총 사용량이 600와트 이하인 경우는 제외한다] 및 화기(火氣)용품 사용을 하지 않도록 안내하여야 한다.

다. 야영용 천막 2개소 또는 100제곱미터마다 1개 이상의 소화기를 눈에 띄기 쉬운 곳에 비치하여야 한다.

라. 사업자가 설치하여 이용객에게 제공하는 다음의 야영용 시설에는 시설별로 소화기와 단독경보형 연기감지기, 전용 누전차단기를 설치하고, 내부에 비상 손전등을 비치하여야 한다.

1) 바닥의 기초와 기둥을 갖추고 지면에 고정된 야영시설

2) 야영용 트레일러

3) 1) 또는 2)와 유사한 시설

마. 사업자가 설치하여 이용객에게 제공하는 야영용 시설(바닥의 기초와 기둥을 갖추고 지면에 고정된 야영시설 또는 이와 유사한 시설로 한정한다)의 천막은 방염처리된 제품을 사용하여야 한다. 다만, 천막의 출입구가 비상 시 외부탈출이 용이하도록 구조를 갖춘 경우에는 그러하지 아니하다.

바. 야영장 내 숯 및 잔불 처리 시설을 별도의 공간에 마련하고, 1개 이상의 소화기와 방화사 또는 방화수를 비치하여야 한다.

사. 야영장 내에서 폭죽, 풍등(風燈)의 사용과 판매를 금지하고, 흡연구역을 설치하여야 한다. 다만, 야영장 설치지역이 다른 법령에 따라 금연구역으로 지정된 경우에는 흡연구역을 설치하지 아니한다.

2. 전기 사용 기준

가. 전기설비는 전기 관련 법령에 적합하게 설치하고, 전기용품은 「전기용품안전관리법」 제2조제2호에 따른 안전인증을 받은 용품을 사용하여야 한다.

나. 야외에 설치되는 누전차단기는 침수 위험이 없도록 적정 높이에 위치한 방수형 단자함에 설치하여야 한다.

다. 옥외용 전선은 야영장비에 손상되지 않도록 굽힐 수 있는 전선관[가요(可撓)전선관]을 이용하여 적정 깊이에 매설하거나, 적정 높이에 설치하여야 하며, 전선관 또는 전선의 피복이 손상되지 않도록 하여야 한다.

3. 가스 사용 기준

가. 가스시설 및 가스용품은 가스 관련 법령에 적합하게 설치하고, 가스용품은 「액화석유가스의 안전관리 및 사업법」 제39조제1항에 따른 검사에 합격한 용품을, 가스용기는 「고압가스 안전관리법」 제17조에 따른 검사에 합격한 용기를 사용하여야 한다.

나. 가스시설은 환기가 잘 되는 구조로 설치되어야 하고, 가스배관은 부식방지 처리를 하며, 사용하지 않는 배관 말단은 막음 처리하여야 한다.

다. 액화석유가스 용기는 「액화석유가스의 안전관리 및 사업법 시행규칙」 별표 20 제1호가목2)다)의 기준에 따라 보관 등의 조치를 하여야 한다.

라. 이용객이 액화석유가스 용기를 야영장에 반입하는 것을 금지(캠핑용 자동차 또는 캠핑용 트레일러 안에 설치된 액화석유가스 사용시설이 관계 법령에 적합한 경우는 제외한다)하여야 한다. 다만, 액화석유가스 용기의 총 저장능력이 13킬로그램 이하인 경우로서 사업자가 안전 사용에 대한 안내를 한 경우에는 그러하지 아니하다.

4. 대피 관련 기준

가. 야영장 내에서 들을 수 있는 긴급방송시설을 갖추거나 앰프의 최대출력이 10와트 이상이면서 가청거리가 250미터 이상인 메가폰을 1대 이상 갖추어야 한다.

나. 야영장 진입로는 구급차, 소방차 등 긴급차량의 출입이 원활하도록 적치물이나 방해물이 없도록 하여야 한다.

다. 야영장 시설배치도, 대피소 · 대피로 및 소화기, 구급상자 위치도, 비상연락망, 야영장 이용방법, 이용객 안전수칙 등을 표기한 게시판을 이용객이 잘 볼 수 있는 곳에 설치하여야 하며, 게시판의 내용을 야간에도 확인할 수 있도록 조명시설을 갖추어야 한다.

라. 자연재난 등에 대비한 이용객 대피계획을 수립하고, 기상특보 상황 등으로 인해 이용객의 안전을 해칠 우려가 있다고 판단될 때에는 야영장의 이용을 제한하고, 대피계획에 따라 이용객을 안전한 지역으로 대피시켜야 하며, 대피 지시에 불응하는 경우 강제 퇴거 조치하여야 한다.

마. 안전사고 등에 대비한 구급약품, 구호설비를 갖추고, 환자 긴급 후송대책을 수립하여야 하며, 응급환자 발생 시 후송대책에 따라 신속히 조치하여야 한다.

바. 정전에 대비하여 비상용 발전기 또는 배터리를 비치하여야 하고, 긴급상황 시 이용객에게 제공할 수 있는 비상 손전등을 갖추어야 한다.

5. 질서 유지 및 안전사고 예방기준

가. 야영장 내에서 이용자가 이용질서를 유지하도록 노력하여야 한다.

나. 이용객의 야영활동에 제공되거나 이용객의 안전을 위한 각종 시설 · 장비 · 기구 등이 정상적으로 이용될 수 있도록 유지하여야 하며, 태풍, 홍수 등 자연재해나 화재, 폭발 등의 사고로 인한 피해가 발생하지 않도록 노력하여야 한다.

다. 야영장과 인접한 곳에 산사태, 홍수 등의 재해 위험이 있는 경우에는 위험구역 안내 표지를 설치하고, 해당 구역에 대한 접근 제한 및 안전 이격거리를 확보할 수 있도록 조치하여야 한다.

라. 야영장 지역에 낙석, 붕괴 등의 발생이 예상되는 경우 이를 방지할 시설을 설치하여야 한다.

마. 보행 중 야영용 천막 줄에 의한 안전사고 예방을 위하여 인접한 야영용 천막 간 보행에 불편이 없도록 이격거리를 확보하여야 한다.

바. 추락이나 낙상 우려가 있는 난간에는 추락 · 낙상 방지 시설과 위험 안내표지를 설치하고, 이용객이 안전거리를 확보하여 이용할 수 있도록 조치하여야 한다.

사. 집중호우 시에도 야영장이 침수되지 않도록 배수시설을 설치, 관리하고, 배수로 등에는 이용객이 빠지지 않도록 안전덮개를 설치하는 등 안전조치를 하여야 한다.

아. 야영장이 「도로법」 제10조 각 호의 도로와 인접할 때에는 안전펜스 등을 설치하여 야영장과 도로를 격리시켜야 한다.

자. 야영장 입구를 포함한 야영장 내 주요 지점에 조명시설 및 폐쇄회로텔레비전(CCTV)을 설치하여야 하며, 폐쇄회로텔레비전을 설치한 사실을 이용객이 알 수 있도록 게시하여야 한다. 다만, 조명시설 및 폐쇄회로텔레비전 설치가 불가능한 경우에는 관리요원이 야간순찰을 실시하여야 한다.

차. 매월 1회 이상 야영장 내 시설물에 대한 안전점검을 실시하고, 점검 결과를 문화체육관광부장관이 정하는 점검표에 기록하여 반기별로 특별자치도지사 · 시장 · 군수 · 구청장에게 제출하여야 하며, 점검 결과를 2년 이상 보관하여야 한다.

카. 야영장 내 시설물 등에 위험요인이 발견될 때에는 즉시 그 시설물의 이용을 중단시키고 보수 등 안전조치를 취하여야 한다.

타. 사업자는 문화체육관광부장관이 정하는 안전교육을 연 1회 이수하여야 한다.

파. 야영장이 개장되어 있는 동안에는 각종 비상상황에 대비하여 비상시 행동요령, 비상연락망 등을 숙지하고 있는 관리요원이 상주하여야 한다. 관리요원은 고지된 각종 주의 · 금지행위를 행한 이용자에 대하여 야영장 이용을 제한할 수 있고, 야영장 내 안전사고 발생 시에 즉시 필요한 조치를 취한 후 사업자에게 보고하여야 한다.

하. 사업자는 중대사고(사망 또는 사고 발생일부터 7일 이내에 실시된 의사의 최초 진단결과 1주 이상의 입원치료 또는 3주 이상의 통원치료가 필요한 상해를 입은 경우를 말한다)가 발생한 경우에는 특별자치도지사 · 시장 · 군수 · 구청장에게 즉시 보고하여야 한다.

거. 야영장 내에서 차량이 시간당 20킬로미터 이하의 속도로 서행하도록 안내판을 설치하여야 한다.

너. 야영장 내에서 수영장 등 체육시설, 놀이터 등의 부대시설을 운영하는 경우 관계 법령에 따른 안전기준을 준수하여야 한다.

더. 인화성 · 폭발성 · 유독성 물질은 이용객의 접근이 어려운 장소에 보관하여야 하고, 위험물의 종류 및 위험경고 표지를 부착하여야 한다.

6. 위생 기준

가. 야영장에 바닥재를 설치하는 때에는 배수가 잘 되고, 인체에 유해하지 않은 재료를 사용하여야 한다.

나. 지하수 등 급수시설을 설치하여 먹는 물로 사용하는 경우에는 「먹는물 수질기준 및 검사 등에 관한 규칙」에 따라야 한다.

다. 취사장, 화장실 등 공동사용 시설은 정기적으로 청소 · 소독하여 청결한 위생 상태를 유지하고, 이용객에게 유해한 환경적 요인이 발생하지 않도록 관리하여야 한다.

라. 야영장에 공중화장실을 설치하는 경우에는 「공중화장실 등에 관한 법률」 제7조에 적합하도록 하여야 하고, 간이화장실을 설치하는 경우에는 「공중화장실 등에 관한 법률」 제10조의2에 적합하도록 하여야 한다.

마. 야영장 내에서 수영장 등 체육시설, 놀이터 등의 부대시설을 운영하는 경우 관계 법령에 따른 위생기준을 준수하여야 한다.

■ 야영장 시설의 종류(제5조의2 관련)

구분	시설의 종류
1. 기본시설	야영데크를 포함한 일반야영장 및 자동차야영장 등
2. 편익시설	바닥의 기초와 기둥을 갖추고 지면에 고정된 야영시설 · 야영용 트레일러 · 관리실 · 방문자안내소 · 매점 · 바비큐장 · 문화예술체험장 · 야외쉼터 · 야외공연장 및 주차장 등
3. 위생시설	취사장 · 오물처리장 · 화장실 · 개수대 · 배수시설 · 오수정화시설 및 샤워장 등
4. 체육시설	실외에 설치되는 철봉 · 평행봉 · 그네 · 족구장 · 배드민턴장 · 어린이놀이터 · 놀이형시설 · 수영장 및 운동장 등
5. 안전 · 전기 · 가스시설	소방시설 · 전기시설 · 가스시설 · 잔불처리시설 · 재해방지시설 · 조명시설 · 폐쇄회로텔레비전시설 · 긴급방송시설 및 대피소 등

제4절 카지노업

제21조(허가요건 등)

① 문화체육관광부장관은 제5조제1항에 따른 카지노업(이하 "카지노업"이라 한다)의 허가신청을 받으면 다음 각 호의 어느 하나에 해당하는 경우에만 허가할 수 있다.

1. 국제공항이나 국제여객선터미널이 있는 특별시 · 광역시 · 특별자치시 · 도 · 특별자치도(이하 "시 · 도"라 한다)에 있거나 관광특구에 있는 관광숙박업 중 호텔업 시설(관광숙박업의 등급 중 최상 등급을 받은 시설만 해당하며, 시 · 도에 최상 등급의 시설이 없는 경우에는 그 다음 등급의 시설만 해당한다) 또는 대통령령으로 정하는 국제회의업 시설의 부대시설에서 카지노업을 하려는 경우로서 대통령령으로 정하는 요건에 맞는 경우
2. 우리나라와 외국을 왕래하는 여객선에서 카지노업을 하려는 경우로서 대통령령으로 정하는 요건에 맞는 경우

② 문화체육관광부장관이 공공의 안녕, 질서유지 또는 카지노업의 건전한 발전을 위하여 필요하다고 인정하면 대통령령으로 정하는 바에 따라 제1항에 따른 허가를 제한할 수 있다.

■ 카지노업의 허가 요건 등 시행령 제27조

① 법 제21조제1항제1호에서 “대통령령으로 정하는 국제회의업 시설”이란 제2조제1항제4호가목의 국제회의시설업의 시설을 말한다.

② 법 제21조제1항에 따른 카지노업의 허가요건은 다음 각 호와 같다.

1. 관광호텔업이나 국제회의시설업의 부대시설에서 카지노업을 하려는 경우
   가. 삭제
   나. 외래관광객 유치계획 및 장기수지전망 등을 포함한 사업계획서가 적정할 것
   다. 나목에 규정된 사업계획의 수행에 필요한 재정능력이 있을 것
   라. 현금 및 칩의 관리 등 영업거래에 관한 내부통제방안이 수립되어 있을 것
   마. 그 밖에 카지노업의 건전한 운영과 관광산업의 진흥을 위하여 문화체육관광부장관이 공고하는 기준에 맞을 것
2. 우리나라와 외국 간을 왕래하는 여객선에서 카지노업을 하려는 경우
   가. 여객선이 2만톤급 이상으로 문화체육관광부장관이 공고하는 총톤수 이상일 것
   나. 삭제
   다. 제1호나목부터 마목까지의 규정에 적합할 것

③ 문화체육관광부장관은 법 제21조제2항에 따라 최근 신규허가를 한 날 이후에 전국 단위의 외래관광객이 60만 명 이상 증가한 경우에만 신규허가를 할 수 있되,

다음 각 호의 사항을 고려하여 그 증가인원 60만 명당 2개 사업 이하의 범위에서 할 수 있다.

1. 전국 단위의 외래관광객 증가 추세 및 지역의 외래관광객 증가 추세
2. 카지노이용객의 증가 추세
3. 기존 카지노사업자의 총 수용능력
4. 기존 카지노사업자의 총 외화획득실적
5. 그 밖에 카지노업의 건전한 운영과 관광산업의 진흥을 위하여 필요한 사항

제21조의2(허가의 공고 등)

① 문화체육관광부장관은 카지노업의 신규허가를 하려면 미리 다음 각 호의 사항을 정하여 공고하여야 한다.

1. 허가 대상지역
2. 허가 가능업체 수
3. 허가절차 및 허가방법
4. 세부 허가기준
5. 카지노업의 건전한 운영과 관광산업의 진흥을 위하여 문화체육관광부장관이 정하는 사항

② 문화체육관광부장관은 제1항에 따른 공고를 실시한 결과 적합한 자가 없을 경우에는 카지노업의 신규허가를 하지 아니할 수 있다.

제22조(결격사유)

① 다음 각 호의 어느 하나에 해당하는 자는 카지노업의 허가를 받을 수 없다.

1. 19세 미만인 자
2. 「폭력행위 등 처벌에 관한 법률」 제4조에 따른 단체 또는 집단을 구성하거나 그 단체 또는 집단에 자금을 제공하여 금고 이상의 형을 선고받고 형이 확정된 자
3. 조세를 포탈하거나 「외국환거래법」을 위반하여 금고 이상의 형을 선고받고 형이 확정된 자
4. 금고 이상의 실형을 선고받고 그 집행이 끝나거나 집행을 받지 아니하기로 확정된 후 2년이 지나지 아니한 자
5. 금고 이상의 형의 집행유예를 선고받고 그 유예기간 중에 있는 자
6. 금고 이상의 형의 선고유예를 받고 그 유예기간 중에 있는 자
7. 임원 중에 제1호부터 제6호까지의 규정 중 어느 하나에 해당하는 자가 있는 법인

② 문화체육관광부장관은 카지노업의 허가를 받은 자(이하 "카지노사업자"라 한다)가 제1항 각 호의 어느 하나에 해당하면 그 허가를 취소하여야 한다. 다만, 법인의 임원 중 그 사유에 해당하는 자가 있는 경우 3개월 이내에 그 임원을 바꾸어 임명한 때에는 그러하지 아니하다.

■ 카지노업의 종사원의 범위 시행령 제29조

"대통령령으로 정하는 종사원"이란 그 직위와 명칭이 무엇이든 카지노사업자를 대리하거나 그 지시를 받아 상시 또는 일시적으로 카지노영업에 종사하는 자를 말한다.

제23조(카지노업의 시설기준 등)

① 카지노업의 허가를 받으려는 자는 문화체육관광부령으로 정하는 시설 및 기구를 갖추어야 한다.
② 카지노사업자에 대하여는 문화체육관광부령으로 정하는 바에 따라 제1항에 따른 시설 중 일정 시설에 대하여 문화체육관광부장관이 지정·고시하는 검사기관의 검사를 받게 할 수 있다.
③ 카지노사업자는 제1항에 따른 시설 및 기구를 유지·관리하여야 한다.

■ 카지노업의 시설기준 등 시행규칙 제29조

① 카지노업의 허가를 받으려는 자가 갖추어야 할 시설 및 기구의 기준은 다음과 같다.
1. 330제곱미터 이상의 전용 영업장
2. 1개 이상의 외국환 환전소
3. 카지노업의 영업종류 중 네 종류 이상의 영업을 할 수 있는 게임기구 및 시설
4. 문화체육관광부장관이 정하여 고시하는 기준에 적합한 카지노 전산시설

② 카지노 전산시설의 기준에는 다음의 사항이 포함되어야 한다.
1. 하드웨어의 성능 및 설치방법에 관한 사항
2. 네트워크의 구성에 관한 사항
3. 시스템의 가동 및 장애방지에 관한 사항
4. 시스템의 보안관리에 관한 사항
5. 환전관리 및 현금과 칩의 출납관리를 위한 소프트웨어에 관한 사항

제24조(조건부 영업허가)

① 문화체육관광부장관은 카지노업을 허가할 때 1년의 범위에서 대통령령으로 정하는 기간에 제23조제1항에 따른 시설 및 기구를 갖출 것을 조건으로 허가할 수 있다. 다만, 천재지변이나 그 밖의 부득이한 사유가 있다고 인정하는 경우에는 해당 사업자의 신청에 따라 한 차례에 한하여 6개월을 넘지 아니하는 범위에서 그 기간을 연장할 수 있다.
② 문화체육관광부장관은 제1항에 따른 허가를 받은 자가 정당한 사유 없이 제1항에 따른 기간에 허가 조건을 이행하지 아니하면 그 허가를 즉시 취소하여야 한다.
③ 제1항에 따른 허가를 받은 자는 제1항에 따른 기간 내에 허가 조건에 해당하는 필요한 시설 및 기구를 갖춘 경우 그 내용을 문화체육관광부장관에게 신고하여야 한다.
④ 문화체육관광부장관은 제3항에 따른 신고를 받은 경우 그 내용을 검토하여 이 법에 적합하면 신고를 수리하여야 한다.

■ 조건부 영업허가의 기간 등 시행령 제28조

법 제24조제1항 본문에서 "대통령령으로 정하는 기간"이란 조건부 영업허가를 받은 날부터 1년 이내를 말한다.

■ 조건이행의 신고 시행규칙 제32조

법 제24조제1항에 따라 카지노업의 조건부 영업허가를 받은 자는 영 제28조에 따른 기간 내에 그 조건을 이행한 경우에는 별지 제29호서식의 조건이행내역 신고서에 다음 각 호의 서류를 첨부하여 문화체육관광부장관에게 제출하여야 한다.

1. 설치한 시설에 관한 서류
2. 설치한 카지노기구에 관한 서류

제25조(카지노 기구의 규격 및 기준 등)

① 문화체육관광부장관은 카지노업에 이용되는 기구(이하 "카지노기구"라 한다)의 형상·구조·재질 및 성능 등에 관한 규격 및 기준(이하 "공인기준 등"이라 한다)을 정하여야 한다.
② 문화체육관광부장관은 문체부령으로 정하는 바에 따라 문화체육관광부장관이 지정하는 검사기관의 검정을 받은 카지노기구의 규격 및 기준을 공인기준 등으로 인정할 수 있다.
③ 카지노사업자가 카지노기구를 영업장소(그 부대시설 등을 포함한다)에 반입·사용하는 경우에는 문화체육관광부령으로 정하는 바에 따라 그 카지노기구가 공인기준 등에 맞는지에 관하여 문화체육관광부장관의 검사를 받아야 한다.
④ 제3항에 따른 검사에 합격된 카지노기구에는 문체부령으로 정하는 바에 따라 검사에 합격하였음을 증명하는 증명서(이하 "검사합격증명서"이라 한다)를 붙이거나 표시하여야 한다.

■ 카지노 전산시설의 검사 시행규칙 제30조

① 카지노업의 허가를 받은 자(이하 "카지노사업자"라 한다)는 카지노 전산시설(이하 "카지노전산시설"이라 한다)에 대하여 다음의 구분에 따라 각각 해당 기한 내에 문화체육관광부장관이 지정·고시하는 검사기관(이하 "카지노전산시설 검사기관"이라 한다)의 검사를 받아야 한다.
   1. 신규로 카지노업의 허가를 받은 경우 : 허가를 받은 날(조건부 영업허가를 받은 경우에는 조건 이행의 신고를 한 날)부터 15일
   2. 검사유효기간이 만료된 경우 : 유효기간 만료일부터 3개월

② 검사의 유효기간은 검사에 합격한 날부터 3년으로 한다. 다만, 검사 유효기간의 만료 전이라도 카지노전산시설을 교체한 경우에는 교체한 날부터 15일 이내에 검사를 받아야 하며, 이 경우 검사의 유효기간은 3년으로 한다.

③ 카지노전산시설의 검사를 받으려는 카지노사업자는 별지 제27호서식의 카지노전산시설 검사신청서에 제29조제2항 각 호에 규정된 사항에 대한 검사를 하기 위하여 필요한 자료를 첨부하여 카지노전산시설 검사기관에 제출하여야 한다.

■ 카지노기구의 규격 · 기준 및 검사 시행규칙 제33조

① 문화체육관광부장관은 법 제25조제1항에 따라 카지노기구의 규격 및 기준을 정한 경우에는 이를 고시하여야 한다. 이 경우 별표8의 전자테이블 및 머신게임 기구의 규격 및 기준에는 다음 각 호의 사항이 포함되어야 한다.

1. 최저배당률에 관한 사항
2. 최저배당률 이하로 변경하거나 제3항에 따른 카지노검사기관의 검사를 받지 아니한 이피롬(EPROM) 및 기타프로그램 저장장치를 사용하는 경우에는 카지노기구의 자동폐쇄에 관한 사항
3. 게임결과의 기록 및 그 보전에 관한 사항

② 법 제25조제3항에 따라 카지노사업자는 다음 각 호의 구분에 따라 각각 해당 기한 내에 카지노기구의 검사를 받아야 한다.

1. 신규로 카지노기구를 반입 · 사용하거나 카지노기구의 영업 방법을 변경하는 경우 : 그 기구를 카지노 영업에 사용하는 날
2. 검사유효기간이 만료된 경우 : 검사 유효기간 만료일부터 15일
3. 제4항제2호의2에 따른 봉인의 해제가 필요하거나 영업장소를 이전하는 경우: 봉인의 해제 또는 영업장소의 이전 후 그 기구를 카지노영업에 사용하는 날
4. 카지노기구를 영업장에서 철거하는 경우 : 그 기구를 영업장에서 철거하는 날
5. 그 밖에 카지노기구의 개조 · 변조 확인 및 카지노 이용자에 대한 위해(危害)방지 등을 위하여 문화체육관광부장관이 요청하는 경우 : 검사 요청일부터 5일 이내

③ 제2항에 따라 카지노기구의 검사를 받으려는 카지노사업자는 별지 제30호서식의 카지노기구 검사신청서에 다음 각 호의 서류를 첨부하여 법 제25조제2항에 따라 문화체육관광부장관이 지정하는 검사기관(이하 "카지노검사기관"이라 한다)에 제출하여야 한다.

1. 카지노기구 제조증명서(품명 · 제조업자 · 제조연월일 · 제조번호 · 규격 · 재질 및 형식이 기재된 것이어야 한다)
2. 카지노기구 수입증명서(수입한 경우만 해당한다)
3. 카지노기구 도면
4. 카지노기구 작동설명서
5. 카지노기구의 배당률표
6. 카지노기구의 검사합격증명서(외국에서 제작된 카지노기구 중 해당 국가에서 인정하는 검사기관의 검사에 합격한 카지노기구를 신규로 반입 · 사용하려는 경우에만 해당한다)

④ 제3항에 따른 검사신청을 받은 카지노검사기관은 해당 카지노기구가 제1항에 따른 규격 및 기준에 적합한지의 여부를 검사하고, 검사에 합격한 경우에는 다음 각 호의 조치를 하여야 한다.

1. 카지노기구 제조 · 수입증명서에 검사합격사항의 확인 및 날인
2. 카지노기구에 별지 제31호서식의 카지노기구검사합격필증의 부착 등 표시

2의2. 카지노기구의 개조 · 변조를 방지하기 위한 봉인(封印)

3. 제31조제3항에 따른 카지노시설 · 기구 검사기록부를 작성한 후 그 사본을 문화체육관광부장관에게 제출

⑤ 카지노검사기관은 제4항에 따른 검사를 할 때 카지노사업자가 외국에서 제작된 카지노기구 중 해당 국가에서 인정하는 검사기관의 검사에 합격한 카지노기구를 신규로 반입 · 사용하려는 경우에는 그 카지노기구의 검사합격증명서에 의하여 검사를 하여야 한다.

⑥ 제4항에 따른 검사의 유효기간은 검사에 합격한 날부터 3년으로 한다.

第26条(카지노업의 영업 종류와 영업 방법 등)

① 카지노업의 영업 종류는 문화체육관광부령으로 정한다.

② 카지노사업자는 문화체육관광부령으로 정하는 바에 따라 제1항에 따른 카지노업의 영업 종류별 영업 방법 및 배당금 등에 관하여 문화체육관광부장관에게 미리 신고하여야 한다. 신고한 사항을 변경하려는 경우에도 또한 같다.

③ 문화체육관광부장관은 제2항에 따른 신고 또는 변경신고를 받은 경우 그 내용을 검토하여 이 법에 적합하면 신고를 수리하여야 한다.

■ 카지노업의 영업종류 시행규칙 제35조

① 카지노업의 영업 종류는 다음(제35조 1항 관련)과 같다.

■ 카지노업의 영업 종류

영업 구분	영업 종류
1. 테이블게임 (Table Game)	가. 룰렛(Roulette) 나. 블랙잭(Blackjack) 다. 다이스(Dice, Craps) 라. 포커(Poker) 마. 바카라(Baccarat) 바. 다이 사이(Tai Sai) 사. 키노(Keno) 아. 빅 휠(Big Wheel) 자. 빠이 까우(Pai Cow) 차. 판 탄(Fan Tan) 카. 조커 세븐(Joker Seven) 타. 라운드 크랩스(Round Craps) 파. 트란타 콰란타(Trent Et Quarante) 하. 프렌치 볼(French Boule) 거. 차카락(Chuck-A-Luck) 너. 빙고(Bingo) 더. 마작(Mahjong) 러. 카지노 워(Casino War)
2. 전자 테이블게임 (Electronic Table Game)	가. 딜러운영 전자테이블게임 18종류 나. 무인운영 전자테이블게임 18종류 1) 룰렛(Roulette) 2) 블랙잭(Blackjack) 3) 다이스(Dice, Craps) 4) 포커(Poker) 5) 바카라(Baccarat) 6) 다이 사이(Tai Sai) 7) 키노(Keno) 8) 빅 휠(Big Wheel) 9) 빠이 까우(Pai Cow) 10) 판 탄(Fan Tan) 11) 조커 세븐(Joker Seven) 12) 라운드 크랩스(Round Craps) 13) 트란타 콰란타(Trent Et Quarante) 14) 프렌치 볼(French Boule) 15) 차카락(Chuck-A-Luck) 16) 빙고(Bingo) 17) 마작(Mahjong) 18) 카지노 워(Casino War)
3. 머신게임 (Machine Game)	가. 슬롯머신(Slot Machine) 나. 비디오게임(Video Game)

② 카지노업의 영업 종류별 영업 방법 및 배당금에 관하여 문화체육관광부장관에게 신고하거나 신고한 사항을 변경하려는 카지노사업자는 카지노 영업종류별 영업방법 등 신고서 또는 변경신고서에 다음의 서류를 첨부하여 문화체육관광부장관에게 신고하여야 한다.

1. 영업종류별 영업방법 설명서
2. 영업종류별 배당금에 관한 설명서

제26조의2(유사행위 등의 금지)

카지노사업자가 아닌 자는 영리 목적으로 제26조에 따른 카지노업의 영업 종류를 제공하여 이용자 중 특정인에게 재산상의 이익을 주고 다른 이용자에게 손실을 주는 행위를 하여서는 아니 된다.

제27조(지도와 명령)

문화체육관광부장관은 지나친 사행심 유발을 방지하는 등 그 밖에 공익을 위하여 필요하다고 인정하면 카지노사업자에게 필요한 지도와 명령을 할 수 있다.

제28조(카지노사업자 등의 준수사항)

① 카지노사업자(대통령령으로 정하는 종사원을 포함한다. 이하 이 조에서 같다)는 다음 각 호의 어느 하나에 해당하는 행위를 하여서는 아니 된다.

1. 법령에 위반되는 카지노기구를 설치하거나 사용하는 행위
2. 법령을 위반하여 카지노기구 또는 시설을 변조하거나 변조된 카지노기구 또는 시설을 사용하는 행위
3. 허가받은 전용영업장 외에서 영업을 하는 행위
4. 내국인(「해외이주법」 제2조에 따른 해외이주자는 제외)을 입장하게 하는 행위
5. 지나친 사행심을 유발하는 등 선량한 풍속을 해칠 우려가 있는 광고나 선전을 하는 행위
6. 제26조제1항에 따른 영업 종류에 해당하지 아니하는 영업을 하거나 영업 방법 및 배당금 등에 관한 신고를 하지 아니하고 영업하는 행위
7. 총매출액을 누락시켜 제30조제1항에 따른 관광진흥개발기금 납부금액을 감소시키는 행위
8. 19세 미만인 자를 입장시키는 행위
9. 정당한 사유 없이 그 연도 안에 60일 이상 휴업하는 행위

② 카지노사업자는 카지노업의 건전한 육성·발전을 위하여 필요하다고 인정하여 문화체육관광부령으로 정하는 영업준칙을 지켜야 한다.

1. 1일 최소 영업시간
2. 게임 테이블의 집전함 부착 및 내기금액 한도액의 표시 의무
3. 슬롯머신 및 비디오게임의 최소배당률
4. 전산시설·환전소·계산실·폐쇄회로의 관리기록 및 회계와 관련된 기록의 유지 의무
5. 카지노 종사원의 게임참여 불가 등 행위금지사항

■ **카지노업의 영업준칙** 시행규칙 제36조

① 법 제28조제2항에 따라 카지노사업자가 지켜야 할 영업준칙은 다음(별표9)과 같다. 다만, 「폐광지역개발 지원에 관한 특별법」 제11조제3항에 따라 법 제28조제1항제4호가 적용되지 아니하는 카지노사업자가 지켜야 할 영업준칙은 다음(별표10)과 같다.

② 문화체육관광부장관은 별표9의 영업준칙의 세부내용에 관하여 필요한 사항을 정하여 고시할 수 있다.

■ 카지노업의 영업준칙

1. 카지노사업자는 카지노업의 건전한 발전과 원활한 영업활동, 효율적인 내부 통제를 위하여 이사회 · 카지노총지배인 · 영업부서 · 안전관리부서 · 환전 · 전산전문요원 등 필요한 조직과 인력을 갖추어 1일 8시간 이상 영업하여야 한다.
2. 카지노사업자는 전산시설 · 출납창구 · 환전소 · 카운트룸 · 폐쇄회로 · 고객편의시설 · 통제구역 등 영업시설을 갖추어 영업을 하고, 관리기록을 유지하여야 한다.
3. 카지노영업장에는 게임기구와 칩스 · 카드 등의 기구를 갖추어 게임 진행의 원활을 기하고, 게임 테이블에는 드롭박스를 부착하여야 하며, 베팅금액 한도표를 설치하여야 한다.
4. 카지노사업자는 고객출입관리, 환전, 재환전, 드롭박스의 보관 · 관리와 계산요원의 복장 및 근무요령을 마련하여 영업의 투명성을 제고하여야 한다.
5. 머신게임을 운영하는 사업자는 투명성 및 내부통제를 위한 기구 · 시설 · 조직 및 인원을 갖추어 운영하여야 하며, 머신게임의 이론적 배당률을 75% 이상으로 하고 배당률과 실제 배당률이 5% 이상 차이가 있는 경우 카지노검사기관에 즉시 통보하여 카지노검사기관의 조치에 응하여야 한다.
6. 카지노사업자는 회계기록 · 콤프비용 · 크레딧제공 · 예치금 인출 · 알선수수료 · 계약게임 등의 기록을 유지하여야 한다.
7. 카지노사업자는 게임을 할 때 게임 종류별 일반규칙과 개별규칙에 따라 게임을 진행하여야 한다.
8. 카지노종사원은 게임에 참여할 수 없으며, 고객과 결탁한 부정행위 또는 국내외의 불법영업에 관여하거나 그 밖에 관광종사자로서의 품위에 어긋나는 행위를 하여서는 아니 된다.
9. 카지노사업자는 카지노 영업소 출입자의 신분을 확인하여야 하며, 다음 각 목에 해당하는 자는 출입을 제한하여야 한다.
   가. 당사자의 배우자 또는 직계혈족이 문서로써 카지노사업자에게 도박 중독 등을 이유로 출입금지를 요청한 경우의 그 당사자. 다만, 배우자 · 부모 또는 자녀 관계를 확인할 수 있는 증빙 서류를 첨부하여 요청한 경우만 해당한다.
   나. 그 밖에 카지노 영업소의 질서 유지 및 카지노 이용자의 안전을 위하여 카지노사업자가 정하는 출입금지 대상자

■ 폐광지역 카지노사업자의 영업준칙

1. 별표 9의 영업준칙을 지켜야 한다.
2. 카지노 영업소는 회원용 영업장과 일반 영업장으로 구분하여 운영하여야 하며, 일반 영업장에서는 주류를 판매하거나 제공하여서는 아니 된다.
3. 매일 오전 6시부터 오전 10시까지는 영업을 하여서는 아니 된다.
4. 테이블게임(별표 8의 카지노업의 영업 종류 중 슬롯머신 및 비디오게임을 제외한 영업을 말한다)에 거는 금액의 최고 한도액은 일반 영업장의 경우에는 테이블별로 정하되, 1인당 1회 10만원 이하로 하여야 한다. 다만, 일반 영업장 전체 테이블의 2분의 1의 범위에서는 1인당 1회 30만원 이하로 정할 수 있다.
5. 머신게임(별표 8 카지노업의 영업 종류 중 슬롯머신 및 비디오게임을 말한다)에 거는 금액의 최고 한도는 1회 2천원으로 한다. 다만, 비디오 포커게임기는 2천500원으로 한다.

6. 머신게임의 게임기 전체 수량 중 2분의 1 이상은 그 머신게임기에 거는 금액의 단위가 100원 이하인 기기를 설치하여 운영하여야 한다.
7. 카지노 이용자에게 자금을 대여하여서는 아니 된다.
8. 카지노가 있는 호텔이나 영업소의 내부 또는 출입구 등 주요 지점에 폐쇄회로 텔레비전을 설치하여 운영하여야 한다.
9. 카지노 이용자의 비밀을 보장하여야 하며, 카지노 이용자에 관한 자료를 공개하거나 누출하여서는 아니 된다. 다만, 배우자 또는 직계존비속이 요청하거나 공공기관에서 공익적 목적으로 요청한 경우에는 자료를 제공할 수 있다.
10. 사망 · 폭력행위 등 사고가 발생한 경우에는 즉시 문화체육관광부장관에게 보고하여야 한다.
11. 회원용 영업장에 대한 운영 · 영업방법 및 카지노 영업장 출입일수는 내규로 정하되, 미리 문화체육관광부장관의 승인을 받아야 한다.

제29조(카지노영업소 이용자의 준수사항)

카지노영업소에 입장하는 자는 카지노사업자가 외국인(「해외이주법」 제2조에 따른 해외 이주자를 포함)임을 확인하기 위하여 신분 확인에 필요한 사항을 묻는 때에는 이에 응하여야 한다.

제30조(기금납부)

① 카지노사업자는 총매출액의 100분의 10의 범위에서 일정 비율에 해당하는 금액을 「관광진흥개발기금법」에 따른 관광진흥개발기금에 내야 한다.
② 카지노사업자가 제1항에 따른 납부금을 납부기한까지 내지 아니하면 문화체육관광부장관은 10일 이상의 기간을 정하여 이를 독촉하여야 한다. 이 경우 체납된 납부금에 대하여는 100분의 3에 해당하는 가산금을 부과하여야 한다.
③ 제2항에 따른 독촉을 받은 자가 그 기간에 납부금을 내지 아니하면 국세 체납처분의 예에 따라 징수한다.
④ 제1항에 따른 총매출액, 징수비율 및 부과 · 징수절차 등에 필요한 사항은 대통령령으로 정한다.

제30조의2(납부금 부과 처분 등에 대한 이의신청 특례)

① 문화체육관광부장관은 제30조제1항에 따른 납부금 또는 같은 조 제2항 후단에 따른 가산금 부과 처분에 대한 이의신청을 받으면 그 신청을 받은 날부터 15일 이내에 이를 심의하여 그 결과를 신청인에게 서면으로 알려야 한다.
② 제1항에서 규정한 사항 외에 이의신청에 관한 사항은 「행정기본법」 제36조(제2항 단서는 제외한다)에 따른다.

■ 관광진흥개발기금으로의 납부금 등 시행령 제30조

① 총매출액은 카지노영업과 관련하여 고객으로부터 받은 총금액에서 고객에게 지급한 총금액을 공제한 금액을 말한다.

② 관광진흥개발기금 납부금(이하 "납부금"이라 한다)의 징수비율은 다음의 어느 하나와 같다.

1. 연간 총매출액이 10억 원 이하인 경우 : 총매출액의 100분의 1
2. 연간 총매출액이 10억 원 초과 100억 원 이하인 경우 : 1천만 원+총매출액 중 10억 원을 초과하는 금액의 100분의 5
3. 연간 총매출액이 100억 원을 초과하는 경우 : 4억6천만 원+총매출액 중 100억 원을 초과하는 금액의 100분의 10

③ 카지노사업자는 매년 3월 말까지 공인회계사의 감사보고서가 첨부된 전년도의 재무제표를 문화체육관광부장관에게 제출하여야 한다.

④ 문화체육관광부장관은 매년 4월 30일까지 제2항에 따라 전년도의 총매출액에 대하여 산출한 납부금을 서면으로 명시하여 2개월 이내의 기한을 정하여 한국은행에 개설된 관광진흥개발기금의 출납관리를 위한 계정에 납부할 것을 알려야 한다. 이 경우 그 납부금을 2회 나누어 내게 할 수 있되, 납부기한은 다음 각 호와 같다.

1. 제1회 : 해당 연도 6월 30일까지
2. 제2회 : 해당 연도 9월 30일까지

⑤ 카지노사업자는 천재지변이나 그 밖에 이에 준하는 사유로 납부금을 그 기한까지 납부할 수 없는 경우에는 그 사유가 없어진 날부터 7일 이내에 내야 한다.

⑥ 카지노사업자는 다음 각 호의 요건을 모두 갖춘 경우 문화체육관광부장관에게 제4항 각 호에 따른 납부기한의 45일 전까지 납부기한의 연기를 신청할 수 있다.

1. 「감염병의 예방 및 관리에 관한 법률」 제2조제2호에 따른 제1급감염병 확산으로 인한 매출액 감소가 문화체육관광부장관이 정하여 고시하는 기준에 해당할 것
2. 제1호에 따른 매출액 감소로 납부금을 납부하는 데 어려움이 있다고 인정될 것

⑦ 문화체육관광부장관은 제6항에 따른 신청을 받은 때에는 제4항에도 불구하고 「관광진흥개발기금법」 제6조에 따른 기금운용위원회의 심의를 거쳐 1년 이내의 범위에서 납부기한을 한 차례 연기할 수 있다.

제5절 테마파크업

제31조(조건부 영업허가)

① 특별자치시장 · 특별자치도지사 · 시장 · 군수 · 구청장은 테마파크업 허가를 할 때 5년의 범위에서 대통령령으로 정하는 기간에 제5조제2항에 따른 시설 및 설비를 갖출 것을 조건으로 허가할 수 있다. 다만, 천재지변이나 그 밖의 부득이한 사유가 있다고 인정하는 경우에는 해당 사업자의 신청에 따라 한 차례에 한하여 1년을 넘지 아니하는 범위에서 그 기간을 연장할 수 있다.
② 특별자치시장 · 특별자치도지사 · 시장 · 군수 · 구청장은 제1항에 따른 허가를 받은 자가 정당한 사유 없이 제1항에 따른 기간에 허가 조건을 이행하지 아니하면 그 허가를 즉시 취소하여야 한다.
③ 제1항에 따른 허가를 받은 자는 제1항에 따른 기간 내에 허가 조건에 해당하는 필요한 시설 및 기구를 갖춘 경우 그 내용을 특별자치시장 · 특별자치도지사 · 시장 · 군수 · 구청장에게 신고하여야 한다.
④ 특별자치시장 · 특별자치도지사 · 시장 · 군수 · 구청장은 제3항에 따른 신고를 받은 날부터 문화체육관광부령으로 정하는 기간 내에 신고수리 여부를 신고인에게 통지하여야 한다.
⑤ 특별자치시장 · 특별자치도지사 · 시장 · 군수 · 구청장이 제4항에서 정한 기간 내에 신고수리 여부 또는 민원 처리 관련 법령에 따른 처리기간의 연장을 신고인에게 통지하지 아니하면 그 기간(민원 처리 관련 법령에 따라 처리기간이 연장 또는 재연장된 경우에는 해당 처리기간을 말한다)이 끝난 날의 다음 날에 신고를 수리한 것으로 본다.

■ 테마파크업의 시설 및 설비기준(제7조제1항 관련)

1. 공통기준

구분	시설 및 설비기준
가. 실내에 설치한 테마파크업	독립된 건축물이거나 다른 용도의 시설과 분리, 구획 또는 구분되어야 한다.
나. 종합테마파크업 및 일반테마파크업	(1) 방송시설 및 휴식시설(의자 또는 차양시설 등을 갖춘 것을 말한다)을 설치하여야 한다. (2) 화장실(테마파크업의 허가구역으로부터 100미터 이내에 공동화장실을 갖춘 경우는 제외한다)을 갖추어야 한다. (3) 이용객을 지면으로 안전하게 이동시키는 비상조치가 필요한 테마파크시설에 대하여는 비상시에 이용객을 안전하게 대피시킬 수 있는 시설(축전지 또는 발전기 등의 예비전원설비, 사다리, 계단시설, 윈치, 로프 등 해당 시설에 적합한 시설)을 갖추어야 한다. (4) 물놀이형 테마파크시설을 설치한 경우 다음 각 호의 시설을 갖추어야 한다. ① 수소이온화농도, 유리잔류염소농도를 측정할 수 있는 수질검사장비를 비치하여야 한다. ② 익수사고를 대비한 수상인명구조장비(구명구, 구명조끼, 구명로프 등)를 갖추어야 한다. ③ 물놀이 후 씻을 수 있는 시설(테마파크업의 허가구역으로부터 100미터 이내에 공동으로 씻을 수 있는 시설을 갖춘 경우는 제외한다)을 갖추어야 한다.

2. 개별기준

구분	시설 및 설비기준
가. 종합테마파크업	(1) 대지 면적(실내에 설치한 테마파크업의 경우에는 건축물 연면적)은 1만제곱미터 이상이어야 한다. (2) 법 제33조제1항에 따른 안전성검사 대상 테마파크시설 6종 이상을 설치하여야 한다. (3) 정전 등 비상시 테마파크시설 이외 사업장 전체의 안전에 필요한 설비를 작동하기 위한 예비전원시설과 의무 시설(구급약품, 침상 등이 비치된 별도의 공간) 및 안내소를 설치하여야 한다. (4) 음식점 시설 또는 매점을 설치하여야 한다.
나. 일반테마파크업	(1) 법 제33조제1항에 따른 안전성검사 대상 테마파크시설 1종 이상을 설치하여야 한다. (2) 안내소를 설치하고, 구급약품을 비치하여야 한다.
다. 기타테마파크업	(1) 대지 면적(실내에 설치한 테마파크업의 경우에는 건축물 연면적)은 40제곱미터 이상이어야 한다.(시행규칙 제40조제1항 관련 별표 11 제2호나목2)에 해당되는 테마파크시설을 설치하는 경우는 제외한다) (2) 법 제33조제1항에 따른 안전성검사 대상이 아닌 테마파크시설 1종 이상을 설치하여야 한다. (3) 구급약품을 비치하여야 한다.

3. 제1호 및 제2호의 기준에 관한 특례

(1) 제1호 및 제2호에도 불구하고 제7조에 따라 6개월 미만의 단기로 일반테마파크업의 허가를 받으려 하거나 제11조에 따라 6개월 미만의 단기로 기타테마파크업의 신고를 하려는 경우에는 (2) 및 (3)의 기준을 적용한다.

(2) 공통기준

(가) 실내에 설치하는 경우에는 독립된 건축물이거나 다른 용도의 시설과 분리, 구획 또는 구분되어야 한다.

(나) 구급약품을 비치하여야 한다.

(3) 개별기준

(가) 일반테마파크업

1) 법 제33조제1항에 따른 안전성검사 대상 유기시설 또는 유기기구 1종 이상을 설치하여야 한다.

2) 휴식시설 및 화장실을 갖추어야 하나, 불가피한 경우에는 허가구역으로부터 100미터 이내에 그 이용이 가능한 휴식시설 및 화장실을 갖추어야 한다.

3) 비상시 테마파크시설로부터 이용객을 안전하게 대피시킬 수 있는 시설(사다리, 로프 등)을 갖추어야 한다.

4) 물놀이형 테마파크시설을 설치한 경우 수질검사장비와 수상인명구조장비를 비치하여야 한다.

(나) 기타테마파크업

1) 대지 면적(실내에 설치한 테마파크업의 경우에는 건축물 연면적)은 40제곱미터 이상이어야 한다.(제40조제1항 관련 별표 11 제2호나목2)에 해당되는 테마파크시설을 설치하는 경우는 제외한다)

2) 법 제33조제1항에 따른 안전성검사 대상이 아닌 테마파크시설 1종 이상을 설치하여야 한다.

■ 테마파크업의 조건부 영업허가의 기간 등 시행령 제31조

① 법 제31조제1항 본문에서 "대통령령으로 정하는 기간"이란 조건부 영업허가를 받은 날부터 다음 각 호의 구분에 따른 기간을 말한다.

1. 종합테마파크업을 하려는 경우 : 5년 이내
2. 일반테마파크업을 하려는 경우 : 3년 이내

② 법 제31조 제1항 단서에서 "그 밖의 부득이한 사유"란 다음 각 호의 어느 하나에 해당하는 사유를 말한다.

1. 천재지변에 준하는 불가항력적인 사유가 있는 경우
2. 조건부 영업허가를 받은 자의 귀책사유가 아닌 사정으로 부지의 조성, 시설 및 설비의 설치가 지연되는 경우
3. 그 밖의 기술적인 문제로 시설 및 설비의 설치가 지연되는 경우

■ 테마파크업의 조건부 영업허가의 신청 시행규칙 제37조

① 법 제31조에 따라 조건부 영업허가를 받고자 하는 자는 별지 제11호 서식의 테마파크업 조건부 영업허가 신청서에 제7조 제2항 제2호 및 제3호의 서류와 사업계획서를 첨부하여 특별자치도지사 · 시장 · 군수 · 구청장에게 제출하여야 한다.

② 제1항에 따른 신청서를 받은 특별자치도지사 · 시장 · 군수 · 구청장은 「전자정부법」 제36조 제1항에 따른 행정정보의 공동이용을 통하여 법인 등기사항증명서(법인만 해당한다)를 확인하여야 한다.

③ 제1항의 사업계획서에는 다음 각 호의 사항이 포함되어야 한다.

1. 법 제5조 제2항에 따른 시설 및 설비 계획
2. 공사 계획, 공사 자금 및 그 조달 방법
3. 시설별 · 층별 면적, 시설개요, 조감도, 사업 예정 지역의 위치도, 시설배치 계획도 및 토지명세서

④ 특별자치도지사 · 시장 · 군수 · 구청장은 유원시설업의 조건부 영업허가를 하는 경우에는 별지 제13호 서식의 테마파크업 조건부 영업허가증을 발급하여야 한다.

■ 조건이행의 신고 등 시행규칙 제38조

① 테마파크업의 조건부 영업허가를 받은 자는 대통령령으로 정한 기간 내에 그 조건을 이행한 경우에는 조건이행내역서에 시설 및 설비내역서를 첨부하여 특별자치도지사 · 시장 · 군수 · 구청장에게 제출하여야 한다.

② 제1항에 따른 조건이행내역서를 제출한 자가 영업을 시작하려는 경우에는 테마파크업 조건부 영업허가 신청서에 테마파크업의 시설 및 설비의 기준에 관한 서류를 첨부하여 특별자치도지사 · 시장 · 군수 · 구청장에게 제출하여야 한다.

③ 특별자치도지사 · 시장 · 군수 · 구청장은 제2항에 따라 받은 서류를 검토한 결과 테마파크업의 허가조건을 충족하는 경우에는 신청인에게 제37조제4항에 따른 조건부 영업허가증을 테마파크업 허가증으로 바꾸어 발급하고, 테마파크업 허가 · 신고 관리대장을 작성하여 관리하여야 한다.

제32조(물놀이형 테마파크업자의 준수사항)

법 제5조 제2항 또는 제4항에 따라 테마파크업의 허가를 받거나 신고를 한 자(이하 "테마파크업자"라 한다)중 물놀이형 테마파크시설을 설치한 자는 문화체육관광부령으로 정하는 안전 · 위생기준을 지켜야 한다.

■ 물놀이형 테마파크업자의 안전 · 위생기준 시행규칙 제39조의2

1. 사업자는 사업장 내에서 이용자가 항상 이용 질서를 유지하도록 하여야 하며, 이용자의 활동에 제공되거나 이용자의 안전을 위하여 설치된 각종 시설 · 설비 · 장비 · 기구 등이 안전하고 정상적으로 이용될 수 있는 상태를 유지하여야 한다.
2. 사업자는 물놀이형 테마파크시설의 특성을 고려하여 음주 등으로 정상적인 이용이 곤란하다고 판단될 때에는 음주자 등의 이용을 제한하고, 해당 테마파크시설별 신장 제한 등에 해당되는 어린이는 이용을 제한하거나 보호자와 동행하도록 하여야 한다.
3. 사업자는 물놀이형 테마파크시설의 정원, 주변 공간, 부속시설, 수상안전시설의 구비 정도 등을 고려하여 안전과 위생에 지장이 없다고 인정하는 범위에서 사업장의 동시수용 가능 인원을 산정하여 특별자치도지사 · 시장 · 군수 · 구청장에게 제출하여야 하고, 기구별 정원을 초과하여 이용하게 하거나 동시수용 가능인원을 초과하여 입장시켜서는 아니 된다.
4. 사업자는 물놀이형 테마파크시설의 설계도에 제시된 유량이 공급되거나 담수되도록 하여야 하고, 이용자가 쉽게 볼 수 있는 곳에 수심 표시를 하여야 한다(수심이 변경되는 구간에는 변경된 수심을 표시한다).
5. 사업자는 풀의 물이 1일 3회 이상 여과기를 통과하도록 하여야 하며, 부유물 및 침전물의 유무를 상시 점검하여야 한다.

6. 의무 시설을 설치한 사업자는 의무 시설에 「의료법」에 따른 간호사 또는 「응급의료에 관한 법률」에 따른 응급구조사 또는 「간호조무사 및 의료유사업자에 관한 규칙」에 따른 간호조무사를 1명 이상 배치하여야 한다.
7. 사업자는 다음의 수질기준을 유지하여야 하며, 사업장 내 풀의 수질검사는 「먹는 물 수질기준 및 검사 등에 관한 규칙」 제3조 및 제4조제2항에 따라 실시하여야 한다.(해수를 이용하는 경우 「환경정책기본법 시행령」 제2조 및 별표 1 제3호라목의 Ⅱ등급 기준을 적용한다).
   가. 유리잔류염소는 0.4mg/l에서 2.0mg/l까지 유지하도록 하여야 한다. 다만, 오존 소독 등으로 사전처리를 하는 경우의 유리잔류염소농도는 0.2mg/l 이상을 유지하여야 한다.
   나. 수소이온농도는 5.8부터 8.6까지 되도록 하여야 한다.
   다. 탁도는 2.8NTU 이하로 하여야 한다.
   라. 과망간산칼륨의 소비량은 15mg/l 이하로 하여야 한다.
   마. 각 풀의 대장균군은 10밀리리터들이 시험대상 5개 중 양성이 2개 이하이어 야 한다.
8. 사업자는 이용자가 쉽게 볼 수 있는 곳에 물놀이형 테마파크시설의 정원 또는 사업장 동시수용 인원, 물의 순환 횟수, 수질검사 일자 및 수질검사 결과 등을 게시하여야 한다. 이 경우 수질검사 결과 중 제7호가목부터 마목까지의 규정에 관한 내용은 게시하고, 같은 호 다목부터 마목까지의 규정에 관한 내용은 관리일지를 작성하여 비치 · 보관하여야 한다.
9. 사업자는 물놀이형 테마파크시설에 대한 관리요원을 배치하여 그 이용 상태를 항상 점검하여야 한다.
10. 사업자는 이용자의 안전을 위한 안전요원 배치와 관련하여 다음 사항을 준수하여야 한다.
    가. 안전요원이 할당 구역을 조망할 수 있는 적절한 배치 위치를 확보하여야 한다.
    나. 수심 100센티미터를 초과하는 풀에서는 면적 660제곱미터당 최소 1인이 배치되어야 하고, 수심 100센티미터 이하의 풀에서는 면적 1,000제곱미터당 최소 1인을 배치하여야 한다.
    다. 안전요원의 자격은 국민안전처장관이 지정하는 교육기관에서 발급하는 인명구조요원 자격증을 소지한 자, 대한적십자사나 「체육시설의 설치 · 이용에 관한 법률」 제34조에 따른 수영장 관련 체육시설업협회 등에서 실시하는 수상안전에 관한 교육을 받은 자 및 이와 동등한 자격요건을 갖춘 자만 해당한다. 다만, 수심 100센티미터 이하의 풀의 경우에는 문화체육관광부장관이 정하는 업종별 관광협회 또는 기관에서 실시하는 수상안전에 관한 교육을 받은 자도 배치할 수 있다.
11. 사업자는 안전요원이 할당한 구역 내에서 부상자를 신속하게 발견하여 응급처치를 이행할 수 있도록 이용자 안전관리계획, 안전요원 교육프로그램 및 안전 모니터링계획 등을 수립하여야 한다.
12. 사업자는 사업장 내에서 수영장 등 부대시설을 운영하는 경우 관계 법령에 따른 안전 · 위생기준을 준수하여야 한다.

제33조(안전성 검사 등)

① 테마파크업자 및 테마파크업의 허가 또는 변경허가를 받으려는 자(조건부 영업허가를 받은 자로서 그 조건을 이행한 후 영업을 시작하려는 경우를 포함한다)는 문화체육관광부령으로 정하는 안전성검사 대상 테마파크시설에 대하여 문화체육관광부령에서 정하는 바에 따라 특별자치시장 · 특별자치도지사 · 시장 · 군수 · 구청장이 실시하는 안전성검사를 받아야 하고, 안전성검사 대상이 아닌 테마파크시설에 대하여는 안전성검사 대상에 해당되지 아니함을 확인하는 검사를 받아야 한다. 이 경우 특별자치시장 · 특별자치도지사 · 시장 · 군수 · 구청장은 성수기 등을 고려하여 검사시기를 지정할 수 있다.
② 제1항에 따라 안전성검사를 받아야 하는 테마파크업자는 테마파크시설에 대한 안전관리를 위하여 사업장에 안전관리자를 항상 배치하여야 한다.
③ 제2항에 따른 안전관리자는 문화체육관광부장관이 실시하는 테마파크시설의 안전관리에 관한 교육(이하 "안전교육"이라 한다)을 정기적으로 받아야 한다.
④ 제2항에 따른 테마파크업자는 제2항에 따른 안전관리자가 안전교육을 받도록 하여야 한다.
⑤ 제2항에 따른 안전관리자의 자격 · 배치 기준 및 임무, 안전교육의 내용 · 기간 및 방법 등에 필요한 사항은 문화체육관광부령으로 정한다.

■ 테마파크시설의 안전성 검사 등 시행규칙 제40조

① 안전성 검사 등에 따른 안전성검사 대상 테마파크시설과 그 검사의 항목과 안전성 검사 대상이 아닌 테마파크시설은 다음과 같다.

▪ 안전성검사 대상 테마파크시설과 안정성검사 대상이 아닌 테마파크시설(제40조제1항 관련)

1. 안전성검사 대상 테마파크시설

가. 대상

안전성검사 대상 테마파크시설은 위험요소가 많아 안전성검사를 받아야 하는 테마파크시설로서 제2호의 안전성검사의 대상이 아닌 테마파크시설에 해당하는 것을 제외한 테마파크시설을 말한다.

나. 구 분

1) 안전성검사 대상 테마파크시설은 다음과 같이 구분한다.

가) 주행형

분류	내용	대표 테마파크시설	정의(테마파크시설의 유사기구명)
궤도 주행형	일정한 궤도(레일·로프 등)를 가지고 있으며 궤도를 이용하여 승용물이 운행되는 테마파크시설	스카이사이클	일정 높이의 레일 위를 이용객이 승용물 페달을 밟으며 주행하는 시설·기구(공중자전거, 사이클 모노레일 등)
		모노레일	일정 높이의 레일 위 또는 아래를 전기모터로 구동되는 연결된 승용물에 이용객이 탑승하여 주행하는 시설·기구(월드모노레일, 미니레일, 다크라이드, 관광열차 등)
		스카이제트	일정높이의 레일 위를 엔진 또는 전기 동력장치로 구동되는 개별 승용물에 이용객이 탑승하여 주행하는 시설·기구(하늘차 등)
		꼬마기차	견인차와 객차로 연결되어 일정 레일을 주행하는 시설·기구(판타지드림트레인, 개구쟁이열차, 순환열차, 축제열차, 동물열차 등)
		궤도자동차	여러 가지 자동차형 연결 승용물이 일정 궤도를 따라 운행하는 시설·기구(빅트럭, 서키트 2000, 클레식카, 해적소굴, 해피스카이, 스피드웨이, 자동차왕국, 로데오칸보이 등)
		정글마우스	개별 승용물이 일정 레일을 따라 급회전 및 방향전환을 하는 시설·기구(크레이지마우스, 워터점핑, 매직캐슬, 깜짝마우스, 탑코스터 등)
		미니코스터	전기 동력 장치로 구동되는 연결 승용물이 상하 굴곡이 있는 레일 위를 주행하는 기구(비룡열차, 슈퍼루프, 우주열차, 그랜드캐년, 드래곤코스터, 꿈돌이코스터, 와일드 윈드 등)
		제트코스터	승용물이 일정 높이까지 리프팅된 후 레일 위를 고속으로 자유낙하, 수평회전으로 주행하는 시설·기구(카멜백코스터, 스페이스 2000, 독수리요새, 혜성특급, 다크코스터, 환상특급, 폭풍열차, 마운틴코스터 등)
		루프코스터	승용물이 일정 높이까지 리프팅된 후 레일 위를 고속으로 자유낙하, 수평·수직, 스크류 회전으로 주행하는 시설·기구(공포특급, 루프스파이럴코스터, 판타지아스페셜, 부메랑코스터, 블랙홀 2000 등)
		공중궤도 라이드	천장 또는 상부에 설치된 일정 레일 아래를 따라 주행하는 승용물에 이용자가 탑승하여 관람하며 주행하는 시설·기구(바룬라이드 등)
		궤도자전거	지면에 설치된 레일 위를 자전거형 승용물에 이용자가 탑승하여 페달을 밟으며 주행하는 시설·기구(철로자전거 등)

주로 주행형	일정한 주로(도로 또는 이와 유사한 주로)를 가지고 있으며 그 주로를 이용하여 승용물이 운행되는 테마파크시설	스포츠카	자동차형 승용물이 엔진 또는 전기 동력장치로 구동하여 정해진 주로(완충장치가 있는 별도로 구분된 영구적인 주로)를 따라 단독 주행하여 30km/h 이하(ISO 17842-1)로 주행하는 기구(전동카, 고카트 등)
		무궤도열차	견인차량에 객차를 연결하여 많은 이용자가 탑승하여 정해진 주로(페인트 표시 등)를 따라 이동하는 기구(패밀리열차, 코끼리열차, 트램카 등)
		봅슬레이	이용자가 무동력 승용물에 탑승하여 경사진 일정한 홈형 주로를 따라 브레이크로 속도 조절하며 하강하는 시설 · 기구(슈퍼봅슬레이, 알파인슬라이드, 롤러루지 등)
수로 주행형	일정한 수로를 가지고 있으며 그 수로를 이용하여 승용물이 운행되는 테마파크시설	후룸라이드	배 모양의 승용물을 일정 높이까지 리프팅하여 낙하시키면서 유속에 의해 수로를 따라 이동하는 시설 · 기구(후룸라이드, 급류타기 등)
		신밧드의 모험	배 모양의 승용물에 여러 명이 탑승하여 수로를 따라가면서 애니메이션을 즐기는 시설 · 기구(지구마을 등)
		래피드라이드	이용객이 보트에 탑승하여 급류가 흐르는 일정한 수로를 따라 주행하는 기구(보트라이드, 아마존익스프레스 등)
자유 주행형	일정한 지역(공간 등)을 가지고 있으며 그 지역(지면, 수면)을 이용하여 승용물이 운행되는 테마파크시설	범퍼카	일정한 공간의 지면에서 전기 동력장치로 구동되는 승용물에 이용객이 탑승하여 핸들을 조작하여 좌우충돌을 하며 주행하는 기구(어린이범퍼카, 크레이지범퍼카, 박치기차 등)
		범퍼보트	일정한 공간의 수면에서 배터리방식 전기 동력장치로 구동되며 승용물에 이용객이 탑승하여 핸들 조작을 통해 좌우충돌을 하며 물놀이를 즐기는 기구(박치기보트 등)
		수륙양용 관람차	일정한 공간의 수면 또는 지면을 운행하는 승용물에 이용객이 탑승하여 주변을 관람하는 기구(로스트밸리 등)

나) 고정형

분류	내용	대표 테마파크시설	정의(테마파크시설의 유사기구명)
종회전 고정형	수평축을 중심으로 하여 승용물이 수직방향으로 수직원운동 또는 요동운동을 하는 테마파크시설	회전관람차	수평축을 중심으로 연결된 여러 개의 암 또는 스포크 구조물 등의 끝단에 승용물을 매달아 수직원운동으로 운행하는 기구(풍차놀이, 어린이관람차, 허니문카, 우주관람차, 나비휠, 대관람차 등)
		플라잉카펫	수평축을 중심으로 2개 또는 4개의 암 한쪽 끝단에 승용물이 수평하게 연결되고 반대쪽 끝단에 균형추가 각각 연결되어 수직원운동으로 운행하는 기구(나는소방차, 나는양탄자, 춤추는 비행기, 개구장이버스, 지위즈, 자마이카 등)

종회전 고정형	수평축을 중심으로 하여 승용물이 수직방향으로 수직원운동 또는 요동운동을 하는 테마파크시설	아폴로	수평축을 중심으로 암 한쪽 끝단에 승용물이 반대쪽 끝단에 균형추가 각각 연결되어 360° 수직원운동으로 운행하는 기구(샤크, 레인저, 우주유람선, 스카이마스터 등)
		레인보우	수평축을 중심으로 암 한쪽 끝단에는 승용물이 수평하게 연결되고 반대쪽 끝단에는 균형추가 각각 연결되어 수직원운동으로 운행하는 기구(무지개여행, 알라딘, 타임머신 등)
		바이킹	고정된 한 축을 중심으로 매달린 배모양의 승용물을 하부의 회전 동력장치가 마찰하는 방식으로 예각의 범위에서 진자 운동하는 기구(미니바이킹, 콜럼버스대탐험, 스윙보트 등)
		고공파도타기	2개의 수평 중심축에 각각의 균형추가 있는 암과 암의 끝단에 승용물을 서로 연결하거나 교차연결하여 암을 수직원운동 시키는 기구(터미네이트, 스페이스루프, 인디아나존스, 탑스핀 등)
		스카이코스터	2개의 지지부재 상부에 수평축을 연결하고 그 수평축에 그네형태로 와이어 로프로 승용물을 연결하여 인양 후 자유 낙하시켜 진자운동으로 운행하는 기구(스카이코스터 등)
횡회전 고정형	수직축을 중심으로 승용물이 수평방향으로 수평원운동을 하는 테마파크시설	회전그네	수직축 상부에 수직축을 중심으로 회전하는 우산형태 구조물 끝단에 승용물을 메달아 수평원운동을 하는 기구(파도그네, 체인타워, 비행의자 등)
		회전목마	수직축을 중심으로 회전하는 회전원판 위에 다양한 형태와 크기의 목마 등을 고정하거나 각각의 크랭크축으로 목마가 상하로 움직이며 운행하는 기구(메리고라운드, 이층목마, 환상의 궁전 등)
		티컵	수직축 중심으로 회전하는 회전원판(대회전)위에 커피잔 모양의 승용물이 개별 회전(소회전)하며 운행하는 기구(회전컵, 스피닝버렐, 어린이왕국, 꼬마비행기, 데이트컵 등)
		회전보트	수직축을 중심으로 여러 암 끝에 연결된 보트가 원형 수로 위를 일정하게 수평원운동 하는 기구(젯트보트, 회전오리, 거북선, 오리보트 등)
		점프라이드	수직축을 중심으로 여러개의 암 끝에 연결된 오토바이 모양의 승용물이 굴곡이 있는 레일을 따라 회전하는 기구(마린베이, 오토바이, 피에로, 딱정벌레, 도래미악단, 어린이광장, 어린이라이드 등)
		뮤직익스프레스	경사면의 수직축을 중심으로 연결된 여러 암 끝의 승용물이 경사진 레일을 따라 회전하는 기구(해피세일러, 서프라이드, 나는썰매, 피터팬, 사랑열차, 록카페, 번개놀이 등)

<table>
<tr><td rowspan="3">횡회전
고정형</td><td rowspan="3">수직축을 중심으로
승용물이
수평방향으로
수평원운동을 하는
테마파크시설</td><td>스윙댄스</td><td>원판형 승용물의 한쪽 끝을 실린더로 올리고 수직축 중심으로 회전하는 기구(크레이지크라운, 유에프오, 디스코라운드, 댄싱플라이 등)</td></tr>
<tr><td>타가다디스코</td><td>회전판이 회전하고 회전판 하부의 실린더 또는 캠 작동으로 회전판을 상하로 움직이는 기구(타가다, 디스코타가다 등)</td></tr>
<tr><td>닌자거북이</td><td>중심축이 기울어지면서 회전하고 그 끝에 승용물을 매달아 회전운동을 하는 기구(스페이스파이타, 라이온킹, 스페이스스테이션, 나는개구리, 터틀레이스 등)</td></tr>
<tr><td rowspan="10">복합
회전
고정형</td><td rowspan="10">수평 및
수직방향으로
동시에 승용물이
회전 · 반회전
또는
직선운동을 하는
테마파크시설</td><td>회전비행기</td><td>수직축을 중심으로 회전하는 각각의 암 끝단에 비행기형 승용물을 로프로 매달아 일정높이까지 끌어올려 회전하는 기구(탑비행기 등)</td></tr>
<tr><td>우주전투기</td><td>수직축을 중심으로 회전하고 연결된 암이 상하 작동하며 암 끝단에 승용물이 고정되어 이용자가 가상전투게임으로 앞쪽 승용물을 떨어뜨릴 수 있는 기구(미니플라이트, 독수리요새, 아스트로파이타, 텔레콤베트, 아파치, 나는코끼리, 아라비안나이트, 삼바 등)</td></tr>
<tr><td>점프보트</td><td>수직중심축 상부에 다수의 암을 연결하고 암의 끝단에 승용물을 연결하며 그 암을 상하로 움직여 수직중심축이 회전하는 기구(점핑보트, 점프앤스마일 등)</td></tr>
<tr><td>다람쥐통</td><td>수직축을 중심으로 여러 암 끝에 매달린 승용물이 수직회전운동을 하며 암전체가 횡회전을 하는 기구(록큰롤, 투이스타 등)</td></tr>
<tr><td>스페이스자이로</td><td>실린더에 의해서 기울어진 원판의 승용물이 타원회전 운동하는 기구(팽이놀이, 스카이댄싱, 도라반도, 회전의자 등)</td></tr>
<tr><td>엔터프라이즈</td><td>중심축에 연결된 암 끝에 매달린 승용물이 중심축이 들려서 전체 회전운동을 하고 승용물도 회전하는 기구(비행기, 파라트루프 등)</td></tr>
<tr><td>문어다리</td><td>방사형 아암 끝에 승용물이 연결되어 대형 암이 중심축을 회전하고 편심축의 회전에 의해서 승용물이 상하 운동 및 자전을 하는 기구(왕문어춤, 문어댄스, 하늘여행, 슈퍼아암 등)</td></tr>
<tr><td>슈퍼스윙</td><td>회전체에 내려뜨린 암 끝에 승용물이 매달려 탑회전 원심력과 실린더에 의해 외측방향으로 밀리면서 회전하는 기구(미니스윙거, 아폴로 2000 등)</td></tr>
<tr><td>베이스볼</td><td>회전판을 기울어지도록 한쪽을 상승시키고 그 회전판이 회전하면서 개별 승용물도 회전하는 기구(플리퍼, 회전바구니, 월드컵2002, 카오스 등)</td></tr>
</table>

복합 회전 고정형	수평 및 수직방향으로 동시에 승용물이 회전·반회전 또는 직선운동을 하는 테마파크시설	브레이크댄스	회전판이 돌면서 소형회전아암에 연결된 개별 승용물이 회전하는 기구(크레이지댄스, 스피디, 스타댄스, 매직댄스 등)
		풍선타기	풍선기구 모양의 승용물이 회전체에 매달려 회전, 상승하면서 이용객이 높은 하늘을 나는 기분을 느끼게 하는 기구(둥실비행선, 바룬레이스, 플라워레이스 등)
		허리케인	수직중심축에 매달린 회전하는 원형고리 모양의 승용물을 상부 또는 하부의 회전 동력장치에 의해 좌우로 예각, 둔각, 360도의 범위에서 수직회전 운동하는 기구(프리스윙, 자이로스윙, 토네이도, 블리자드 등)
		매직스윙	반원형 궤도내에서 회전 원형 승용물이 하부 동력장치에 의해서 좌우로 예각 범위 내에서 수직회전 운동하는 기구(자이로 스핀, UFO 등)
		슈퍼라이드	다양한 형태의 복합 회전운동을 하는 유기기구. (칸칸, 에볼루션, 삼각바퀴, 첼린저, 우주선 등)
		사이버인스페이스	원형의 승용물에 이용객이 탑승하여 수평, 수직축을 중심으로 회전하는 기구(자이로 캡슐 등)
승강 고정형	수평 및 수직방향으로 승용물이 상하운동 및 좌우운동으로 운행되는 테마파크시설	패러슈터타워	수직축에 개별 승용물 또는 나란히 연결된 의자형 승용물을 로프로 매달아 수직 상승·하강하는 기구(낙하산타기, 개구리점프 등)
		타워라이드	수직축을 중심으로 승용물을 일정 높이까지 상승시켜 하강시키는 기구(슈퍼반스토마, 자이로드롭, 콘돌, 스페이스샷, 스카이타워 등)
		프레쉬팡팡	유압실린더를 수직으로 위치시키고 피스톤의 상단에 좌석 승용물을 고정하여 피스톤의 왕복운동에 따라 좌석 승용물이 상하로 운동하는 기구(프레쉬팡팡 등)

다) 관람형

분류	내용	대표 테마파크시설	정의(테마파크시설의 유사기구명)
기계 관람형	음향·영상 또는 보조기구를 이용하여 일정한 기계구조물 내에서 시뮬레이션을 체험하는 테마파크시설	영상모험관	단일구동장치에 의해 승용물이 좌우·전후 요동하고 탑승자는 영상을 보면서 시뮬레이션을 체험하는 기구(아스트로제트, 사이버에어베이스, 시뮬레이션, 우주여행, 환상여행, 가상체험 등)

입체 관람형	음향·영상 또는 보조기구를 이용하여 일정한 시설(건축물·일정한 공간 등) 내에서 시뮬레이션을 체험하는 테마파크 시설	쇼킹하우스	승용물 또는 기구가 작동하면서 착각을 느끼는 시설·기구(환상의집, 요술집, 착각의집, 귀신동굴 등)
		다이나믹시트	일정한 시설 내에 복수구동장치에 의해 좌석 승용물이 영상의 움직임과 동일하게 움직이며 이용객이 체험을 즐기는 시설·기구(다이나믹 시어터, 시네마판타지아, 깜짝모험관 등)

라) 놀이형

분류	내용	대표 테마파크시설	정의(테마파크시설의 유사기구명)
일반 놀이형	이용객 스스로가 일정한 시설(건축물, 공간 등)에서 설치된 기계·기구를 이용하는 테마파크시설	펀하우스	일정한 시설(건축물, 공간 등)에 미끄럼, 줄타기, 다람쥐 놀이 등 다양한 기구가 설치되어 이용객 스스로 이용하는 시설·기구(미로탐험, 유령의집, 오즈의 성 등)
		모험놀이	일정한 시설(건축물, 공간 등)에 그물망타기, 미끄럼, 줄타기 등이 설치되어 이용객 스스로 다양한 놀이를 즐기는 시설·기구(어린이광장, 짝궁놀이터 등)
		에어바운스	바운싱 또는 슬라이딩 놀이를 즐기는 공기 주입 장치식 공기막 기구(에어바운스 등)
물놀이형	물을 매개체로 하여 일정한 규격(틀 등)을 갖추어 이용자 스스로 물놀이기계·기구 등을 이용하는 테마파크시설	파도풀	담수된 풀 내에서 담수된 풀 내에서 다량의 물을 한번에 흘리거나 송풍시켜 파도를 일으키는 시설·기구(케리비안웨이브, 웨이브풀 등)
		유수풀	담수된 수로 내에서 펌프로 물을 흘려 이용객이 수로를 따라 즐기는 시설·기구(리버웨이 등)
		토랜트리버	담수된 수로 내에서 펌프로 물을 흘리거나 탱크에 다량 담수하였다가 한 번에 유출시켜 이용객이 수로를 따라 즐기는 시설·기구(익스트림 리버 등)
		바디슬라이드	이용자가 보조기구 없이 일정량의 물이 흐르는 슬라이드를 이용자가 미끄러져 내려오는 시설·기구(바디슬라이더, 워터봅슬레이, 〈삭제〉, 스피드슬라이드, 아쿠아루프 등)
		보올슬라이드	이용자가 보조기구 없이 또는 튜브를 타고 일정량의 물이 흐르는 슬라이드를 미끄러져 내려오는 시설·기구(스페이스 보올, 와이퍼 아웃 등)
		직선슬라이드	이용자가 보조기구 없이 또는 매트를 이용하여 일정량의 물이 흐르는 수직평면상 직선형태로 구성된 단일구조의 한개 또는 여러 개의 슬라이드를 이용자가 미끄러져 내려오는 시설·기구(레이싱 슬라이드 등)

물놀이형	물을 매개체로 하여 일정한 규격(틀 등)을 갖추어 이용자 스스로 물놀이기계 · 기구 등을 이용하는 테마파크시설	튜브슬라이드	일정량의 물이 흐르는 원(반)통형 슬라이드를 이용자가 튜브(1인 또는 다인승)를 타고 미끄러져 내려오는 시설 · 기구(튜브라이더, 와일드블라스트, 패밀리슬라이드 등)
		토네이도 슬라이드	일정량의 물이 흐르는 원(반)통형 슬라이드 구간과 실린더형통 또는 깔대기형통(곡선형 법면)에서 스윙하는 구간을 이용자가 튜브를 타고 미끄러져 내려오는 시설 · 기구(토네이도엘리슬라이드, 월드엘리슬라이드, 슈퍼엑스슬라이드, 토네이도 엑스, 메일스트롬, 쓰나미슬라이드 등)
		부메랑고	일정량의 물이 흐르는 원(반)통형 슬라이드 구간과 곡선형 법면에서 스윙하는 구간을 이용자가 튜브를 타고 미끄러져 내려오는 시설 · 기구(부메랑슬라이드, 웨이브슬라이드, 사이드와인더 등)
		마스터 블라스트	일정량의 물이 흐르는 원(반)통형 슬라이드 구간에 물분사장치 또는 전기장치에 의해 이용자가 튜브를 가속되면서 미끄러져 내려오는 시설 · 기구(로켓슬라이드, 몬스터블라스트 등)
		서핑라이더	유속이 빠른 경사 구간을 보조기구를 이용하여 서핑을 즐기는 시설 · 기구(플로우라이더 등)
		수중모험놀이	물총, 슬라이드, 물바가지 등 다양한 체험을 하는 종합 시설 · 기구(모험놀이, 어린이풀, 자이언트 워터플렉스, 스플레쉬어드벤처 등)
		워터 에어바운스	물놀이형 바운싱 또는 슬라이딩 놀이를 즐기는 공기 주입장치식 공기막 기구(워터에어바운스, 에어슬라이드 등)

2) 최초로 허가 전 안전성검사를 받은 지 10년이 지나면 반기별 1회 이상 안전성검사를 받아야 하는 테마파크시설은 다음과 같이 구분한다.

대분류	중분류	대표 테마파크시설	반기별 안전성검사 대상
주행형	궤도 주행형	스카이싸이클	지면에서 이용객 높이 5미터 이상
		모노레일	전체 등급(종류)
		스카이제트	전체 등급(종류)
		궤도자동차	궤도가 지면과 수평하지 않은 경우
		정글마우스	전체 등급(종류)
		미니코스터	전체 등급(종류)
		제트코스터	전체 등급(종류)
		루프코스터	전체 등급(종류)
		공중궤도라이드	전체 등급(종류)

	수로 주행형	후룸라이드	수로길이 70미터 이상 또는 지면에서 이용객 높이 5미터 이상
		신밧드의 모험	전체 등급(종류)
		래피드라이드	전체 등급(종류)
	자유 주행형	수륙양용관람차	전체 등급(종류)
고정형	종회전 고정형	회전관람차	지면에서 이용객 높이 5미터 이상
		플라잉카펫	전체 등급(종류)
		아폴로	전체 등급(종류)
		레인보우	전체 등급(종류)
		바이킹	탑승인원 41인승 이상
		고공파도타기	전체 등급(종류)
		스카이코스터	전체 등급(종류)
	횡회전 고정형	회전그네	탑승인원 41인승 이상
		뮤직익스프레스	전체 등급(종류)
		스윙댄스	전체 등급(종류)
		타가다디스코	전체 등급(종류)
	복합회전 고정형	회전비행기	전체 등급(종류)
		우주전투기	탑승인원 21인승 이상
		점프보트	전체 등급(종류)
		다람쥐통	전체 등급(종류)
		스페이스자이로	전체 등급(종류)
		엔터프라이즈	전체 등급(종류)
		문어다리	전체 등급(종류)
		슈퍼스윙	탑승인원 21인승 이상
		베이스볼	전체 등급(종류)
		브레이크댄스	전체 등급(종류)
		풍선타기	전체 등급(종류)
		허리케인	전체 등급(종류)
		매직스윙	탑승인원 21인승 이상
		슈퍼라이드	전체 등급(종류)
	승강 고정형	패러슈터타워	지면에서 이용객 높이 5미터 이상
		타워라이드	전체 등급(종류)
		프레쉬팡팡	전체 등급(종류)
놀이형	일반놀이형	펀하우스	전체 등급(종류)

■ **최초 확인검사 이후 정기 확인검사를 받아야 하는 테마파크시설**

유 형	테마파크시설
가) 주행형	미니기차, 이티로보트 등
나) 고정형	로데오타기, 회전형라이더 등
다) 관람형	영상모험관, 미니시뮬레이션, 다이나믹시트 등
라) 놀이형	봉봉뜀틀, 미니모험놀이, 미니에어바운스, 미니슬라이드, 미니수중모험놀이, 미니워터에어바운스 등

■ **다른 법령에서 중복하여 관리하는 테마파크시설**

1) 「게임산업진흥에 관한 법률」 제2조제1호 본문에 따른 게임물이면서 안전성검사 대상이 아닌 테마파크시설에 해당하는 경우에는 「게임산업진흥에 관한 법률」 제21조에 따라 전체이용가 등급을 받은 것이어야 한다.
2) 「어린이놀이시설 안전관리법」에 따라 설치검사 및 정기시설검사를 실시한 어린이놀이기구이면서 위의 가 및 나의 테마파크시설에 해당하는 경우에는 제40조에 따른 안전성검사 대상이 아님을 확인하는 검사 또는 정기 확인검사를 받은 것으로 본다.

② 테마파크업의 허가 또는 변경허가를 받으려는 자(조건부 영업허가를 받은 자로서 조건이행내역서를 제출한 후 영업을 시작하려는 경우를 포함)는 제1항에 따른 안전성검사 대상 테마파크시설에 대하여 검사항목별로 안전성검사를 받아야 하며, 허가를 받은 다음 연도부터는 연 1회 이상 안전성검사를 받아야 한다. 다만, 최초로 안전성검사를 받은 지 10년이 지난 테마파크시설에 대하여는 반기별로 1회 이상 안전성 검사를 받아야 한다.

③ 안전성검사를 받은 테마파크시설 중 다음의 어느 하나에 해당하는 테마파크시설은 재검사를 받아야 한다.

1. 부적합 판정을 받은 테마파크시설
2. 사고가 발생한 테마파크시설(테마파크시설의 결함에 의하지 아니한 사고는 제외)
3. 3개월 이상 운행을 정지하거나 최근 6개월 간의 운행정지기간의 합산일이 3개월 이상인 테마파크시설

④ 기타테마파크업의 신고를 하려는 자와 종합테마파크업 또는 일반테마파크업을 하는 자가 안전성검사 대상이 아닌 테마파크시설을 설치하여 운영하려는 경우에는 안전성검사 대상이 아님을 확인하는 검사를 받아야 한다.

⑤ 안전성검사 및 안전성검사 대상이 아님을 확인하는 검사에 관한 권한을 위탁받은 업종별 관광협회 또는 전문 연구 · 검사기관은 제2항부터 제4항까지의 규정에 따른 안전성검사 또는 안전성검사 대상이 아님을 확인하는 검사를 한 경우에는 테마파크시설 검사조서를 작성하여 지체 없이 검사신청인과 해당 유원시설업의 소재지를 관할하는 특별자치도지사 · 시장 · 군수 · 구청장에게 각각 통지하여야 한다.

⑥ 제2항부터 제4항까지의 규정에 따른 테마파크시설에 대한 안전성검사 및 안전성검사 대상이 아님을 확인하는 검사의 세부기준 및 절차는 문화체육관광부장관이 정하여 고시한다.

⑦ 제5항에 따라 테마파크시설 검사조서를 통지받은 특별자치도지사 · 시장 · 군수 · 구

청장은 그 안전성검사 결과에 따라 해당 사업자에게 테마파크시설에 대한 개선을 권고할 수 있다.

■ 안전관리자의 자격 · 배치기준 및 임무 등 시행규칙 제41조

① 법 제33조제2항에 따라 테마파크업의 사업장에 배치하여야 하는 안전관리자의 자격 · 배치기준 및 임무는 다음(별표 12)과 같다.

■ 안전관리자의 자격·배치기준 및 임무(제41조 관련)

1. 안전관리자의 자격

구분	자격
종합테마파크업	가. 「국가기술자격법」에 따른 기계 · 전기 · 전자 또는 안전관리 분야의 산업기사 자격이상 보유한 자 나. 「고등교육법」에 따른 이공계 전문대학 또는 이와 동등 이상의 학교를 졸업한 자로서 종합테마파크업소 또는 일반테마파크업소에서 1년 이상 테마파크시설 안전점검 · 정비업무를 담당한 자 또는 기계 · 전기 · 산업안전 · 자동차정비 등 테마파크업의 유사경력 2년 이상인 자 다. 「국가기술자격법」에 따른 기계 · 전기 · 전자 또는 안전관리 분야의 기능사 자격이상 보유한 자로서 종합테마파크업소 또는 일반테마파크업소에서 2년 이상 테마파크시설 안전점검 · 정비업무를 담당한 자 또는 기계 · 전기 · 산업안전 · 자동차정비 등 테마파크업의 유사경력 3년 이상인 자
일반테마파크업	가. 「국가기술자격법」에 따른 기계 · 전기 · 전자 또는 안전관리 분야의 산업기사 또는 기능사 자격이상 보유한 자 나. 「고등교육법」에 따른 이공계 전문대학 또는 이와 동등 이상의 학교를 졸업한 자로서 종합테마파크업소 또는 일반테마파크업소에서 1년 이상 테마파크시설 안전점검 · 정비업무를 담당한 자 또는 기계 · 전기 · 산업안전 · 자동차정비 등 테마파크업의 유사경력 2년 이상인 자 다. 「초 · 중등교육법」에 따른 공업계 고등학교 또는 이와 동등 이상의 학교를 졸업한 자로서 종합테마파크업소 또는 일반테마파크업소에서 2년 이상 테마파크시설 안전점검 · 정비업무를 담당한 자 또는 기계 · 전기 · 산업안전 · 자동차정비 등 테마파크업의 유사경력 3년 이상인 자 라. 종합테마파크업 또는 일반테마파크업의 안전관리업무에 종사한 경력이 5년 이상인 자로서, 문화체육관광부장관이 지정하는 업종별 관광협회 또는 전문연구 · 검사기관에서 40시간 이상 안전교육을 이수한 자

2. 안전관리자의 배치기준
   가. 안전성검사 대상 테마파크시설 1종 이상 10종 이하를 운영하는 사업자 : 1명 이상
   나. 안전성검사 대상 테마파크시설 11종 이상 20종 이하를 운영하는 사업자 : 2명 이상
   다. 안전성검사 대상 테마파크시설 21종 이상을 운영하는 사업자 : 3명 이상

3. 안전관리자의 임무
   가. 안전관리자는 안전운행 표준지침을 작성하고 테마파크시설 안전관리계획을 수립하고 이에 따라 안전관리업무를 수행하여야 한다.
   나. 안전관리자는 매일 1회 이상 안전성검사 대상 테마파크시설에 대한 안전점검을 하고 그 결과를 안전점검기록부에 기록·비치하여야 하며, 이용객이 보기 쉬운 곳에 테마파크시설별로 안전점검표시판을 게시하여야 한다.
   다. 테마파크시설의 운행자 및 유원시설 종사자에 대한 안전교육계획을 수립하고, 이에 따라 교육을 하여야 한다.

---

② 법 제33조제3항에 따른 테마파크시설의 안전관리에 관한 교육(이하 "안전교육"이라 한다)의 내용은 다음 각 호와 같다.
  1. 테마파크 안전사고의 원인 및 대응요령
  2. 테마파크 안전관리에 관한 법령
  3. 테마파크 안전관리 실무
  4. 그 밖에 테마파크 안전관리를 위하여 필요한 사항

③ 법 제33조제2항에 따른 안전관리자는 법 제33조제3항에 따라 테마파크업의 사업장에 처음 배치된 날부터 3개월 이내에 안전교육을 받아야 한다. 다만, 다른 테마파크업 사업장에서 제2항에 따른 안전교육을 받고 2년이 경과하지 아니한 경우에는 그러하지 아니하다.

④ 제3항에 따라 안전교육을 받은 안전관리자는 제3항에 따른 교육일부터 매 2년마다 1회 이상의 안전교육을 받아야 한다. 이 경우 1회당 안전교육 시간은 8시간 이상으로 한다.

⑤ 영 제65조제1항제3호의2에 따라 안전관리자의 안전교육에 관한 권한을 위탁받은 업종별 관광협회 또는 안전관련 전문 연구·검사기관은 안전교육이 종료된 후 1개월 이내에 그 교육 결과를 해당 테마파크업의 소재지를 관할하는 특별자치도지사·시장·군수·구청장에게 통지하여야 한다.

제33조의2(사후보고의무 및 사고조사)

① 테마파크업자는 그가 관리하는 테마파크시설로 인하여 대통령령으로 정하는 중대한 사고가 발생한 때에는 즉시 사용중지 등 필요한 조치를 취하고 문화체육관광부령으로 정하는 바에 따라 특별자치시장 · 특별자치도지사 · 시장 · 군수 · 구청장에게 통보하여야 한다.
② 제1항에 따라 통보를 받은 특별자치시장 · 특별자치도지사 · 시장 · 군수 · 구청장은 필요하다고 판단하는 경우에는 대통령령으로 정하는 바에 따라 테마파크업자에게 자료의 제출을 명하거나 현장조사를 실시할 수 있다.
③ 특별자치시장 · 특별자치도지사 · 시장 · 군수 · 구청장은 제2항에 따른 자료 및 현장조사 결과에 따라 해당 테마파크시설이 안전에 중대한 침해를 줄 수 있다고 판단하는 경우에는 그 테마파크업자에게 대통령령으로 정하는 바에 따라 사용중지 · 개선 또는 철거를 명할 수 있다.

■ 테마파크시설로 인한 중대한 사고 시행령 제31조의2

① 법 제33조의2제1항에서 "대통령령으로 정하는 중대한 사고"란 다음 각 호의 어느 하나에 해당하는 경우가 발생한 사고를 말한다.
  1. 사망자가 발생한 경우
  2. 의식불명 또는 신체기능 일부가 심각하게 손상된 중상자가 발생한 경우
  3. 사고 발생일부터 3일 이내에 실시된 의사의 최초 진단결과 2주 이상의 입원 치료가 필요한 부상자가 동시에 3명 이상 발생한 경우
  4. 사고 발생일부터 3일 이내에 실시된 의사의 최초 진단결과 1주 이상의 입원 치료가 필요한 부상자가 동시에 5명 이상 발생한 경우
  5. 테마파크시설의 운행이 30분 이상 중단되어 인명 구조가 이루어진 경우
② 테마파크업자는 법 제33조의2제2항에 따라 자료의 제출 명령을 받은 날부터 7일 이내에 해당 자료를 제출하여야 한다. 다만, 특별자치도지사 · 시장 · 군수 · 구청장은 테마파크업자가 정해진 기간 내에 자료를 제출하는 것이 어렵다고 사유를 소명한 경우에는 10일의 범위에서 그 제출 기한을 연장할 수 있다.
③ 특별자치도지사 · 시장 · 군수 · 구청장은 법 제33조의2제2항에 따라 현장조사를 실시하려면 미리 현장조사의 일시, 장소 및 내용 등을 포함한 조사계획을 테마파크업자에게 문서로 알려야 한다. 다만, 긴급하게 조사를 실시하여야 하거나 부득이한 사유가 있는 경우에는 그러하지 아니하다.
④ 특별자치도지사 · 시장 · 군수 · 구청장은 제3항에 따른 현장조사를 실시하는 경우에는 재난관리에 관한 전문가를 포함한 3명 이내의 사고조사반을 구성하여야 한다.

⑤ 특별자치도지사 · 시장 · 군수 · 구청장은 법 제33조의2제2항에 따른 자료 및 현장 조사 결과에 따라 해당 테마파크시설이 안전에 중대한 침해를 줄 수 있다고 판단하는 경우에는 같은 조 제3항에 따라 다음 각 호의 구분에 따른 조치를 명할 수 있다.

1. 사용중지 명령 : 테마파크시설을 계속 사용할 경우 이용자 등의 안전에 지장을 줄 우려가 있는 경우
2. 개선 명령 : 테마파크시설의 구조 및 장치의 결함은 있으나 해당 시설 또는 기구의 개선 조치를 통하여 안전 운행이 가능한 경우
3. 철거 명령 : 테마파크시설의 구조 및 장치의 중대한 결함으로 정비 · 수리 등이 곤란하여 안전 운행이 불가능한 경우

⑥ 테마파크업자는 제5항에 따른 조치 명령에 대하여 이의가 있는 경우에는 조치 명령을 받은 날부터 2개월 이내에 이의 신청을 할 수 있다.

⑦ 특별자치도지사 · 시장 · 군수 · 구청장은 제6항에 따른 이의 신청이 있는 경우에는 최초 구성된 사고조사반의 반원 중 1명을 포함하여 3명 이내의 사고조사반을 새로 구성하여 현장조사를 하여야 한다.

⑧ 법 제33조의2제3항에 따라 개선 명령을 받은 테마파크업자는 유기시설 또는 유기기구의 개선을 완료한 후 제65조제1항제3호에 따라 테마파크시설의 안전성 검사 및 안전성검사 대상에 해당되지 아니함을 확인하는 검사에 관한 권한을 위탁받은 업종별 관광협회 또는 전문 연구 · 검사기관으로부터 해당 시설 또는 기구의 운행 적합 여부를 검사받아 그 결과를 관할 특별자치도지사 · 시장 · 군수 · 구청장에게 제출하여야 한다.

■ 테마파크시설로 인한 중대한 사고의 통보 시행규칙 제41조의2

① 테마파크업자는 그가 관리하는 테마파크시설로 인하여 영 제31조의2제1항 각 호의 어느 하나에 해당하는 사고가 발생한 경우에는 법 제33조의2제1항에 따라 사고 발생일부터 3일 이내에 다음 각 호의 사항을 관할 특별자치도지사 · 시장 · 군수 · 구청장에게 통보하여야 한다.

1. 사고가 발생한 영업소의 명칭, 소재지, 전화번호 및 대표자 성명
2. 사고 발생 경위(사고 일시 · 장소, 사고 발생 테마파크시설의 명칭을 포함하여야 한다)
3. 조치 내용
4. 사고 피해자의 이름, 성별, 생년월일 및 연락처

5. 사고 발생 테마파크시설의 안전성검사의 결과 또는 안전성검사 대상에 해당되지 아니함을 확인하는 검사의 결과

② 테마파크업자는 제1항에 따른 통보는 문서, 팩스 또는 전자우편으로 하여야 한다. 다만, 팩스나 전자우편으로 통보하는 경우에는 그 수신 여부를 전화 등으로 확인하여야 한다.

③ 특별자치도지사 · 시장 · 군수 · 구청장은 제1항에 따라 통보받은 내용을 종합하여 대장에 기록하여야 한다.

제34조(영업질서 유지 등)

① 테마파크업자는 영업질서 유지를 위하여 문화체육관광부령으로 정하는 사항을 지켜야 한다.

② 테마파크업자는 법령을 위반하여 제조한 테마파크시설 또는 테마파크시설의 부분품(部分品)을 설치하거나 사용하여서는 아니 된다.

■ 테마파크업자의 준수사항 시행규칙 제42조

1. 공통사항

(1) 사업자는 사업장 내에서 이용자가 항상 이용질서를 유지하게 하여야 하며, 이용자의 활동에 제공되거나 이용자의 안전을 위하여 설치된 각종 시설 · 설비 · 장비 · 기구 등이 안전하고 정상적으로 이용될 수 있는 상태를 유지하여야 한다.

(2) 사업자는 이용자를 태우는 테마파크시설의 경우 정원을 초과하여 이용자를 태우지 아니하도록 하고, 운행 개시 전에 안전상태를 확인하여야 하며, 특히 안전띠 또는 안전대의 안전성 여부와 착용상태를 확인하여야 한다.

(3) 사업자는 운행 전 이용자가 외관상 객관적으로 판단하여 정신적 · 신체적으로 이용에 부적합하다고 인정되거나 테마파크시설 내에서 본인 또는 타인의 안전을 저해할 우려가 있는 경우에는 게시 및 안내를 통하여 이용을 거부하거나 제한하여야 하고, 운행 중에는 이용자가 정위치에 있는지와 이상행동을 하는지를 주의하여 관찰하여야 하며, 테마파크시설 안에서 장난 또는 가무행위 등 안전에 저해되는 행위를 하지 못하게 하여야 한다.

(4) 사업자는 이용자가 보기 쉬운 곳에 이용요금표 · 준수사항 및 이용 시 주의하여야 할 사항을 게시하여야 한다.

(5) 사업자는 허가 또는 신고된 영업소의 명칭(상호)을 표시하여야 한다.

(6) 사업자는 조명이 60럭스 이상이 되도록 유지하여야 한다. 다만, 조명효과를 이용하는 유기시설은 제외한다.

(7) 사업자는 화재발생에 대비하여 소화기를 설치하고, 이용자가 쉽게 알아볼 수 있는 곳에 피난안내도를 부착하거나 피난방법에 대하여 고지하여야 한다.

(8) 사업자는 유관기관(허가관청 · 경찰서 · 소방서 · 의료기관 · 안전성검사등록기관 등)과 안전관리에 관한 연락체계를 구축하고, 사망 등 중대한 사고의 발생 즉시 등록관청에 보고하여야 하며, 안전사고의 원인 조사 및 재발 방지대책을 수립하여야 한다.

(9) 사업자는 제40조제8항에 따른 행정청의 조치사항을 준수하여야 한다.

(10) 사업자는 「게임산업진흥에 관한 법률」 제2조제1호 본문에 따른 게임물에 해당하는 테마파크시설에 대하여 「게임산업진흥에 관한 법률」 제28조제2호 · 제2호의2 · 제3호 및 제6호에 따라 사행성을 조장하지 아니하도록 하여야 하며, 「게임산업진흥에 관한 법률 시행령」 제16조에 따른 청소년게임제공업자의 영업시간 및 청소년의 출입시간을 준수하여야 한다.

2. 개별사항

가. 종합 · 일반테마파크업

(1) 사업자는 법 제33조제2항에 따라 안전관리자를 배치하고, 안전관리자가 그 업무를 적절하게 수행하도록 지도 · 감독하는 등 테마파크시설을 안전하게 관리하여야 하며, 안전관리자가 교육 등으로 업무수행이 일시적으로 불가한 경우에는 유원시설업의 안전관리 업무에 종사한 경력이 있는 자로 하여금 업무를 대행하게 하여야 한다.

(2) 사업자는 안전관리자가 매일 1회 이상 안전성검사 대상 및 대상이 아닌 테마파크시설에 대한 안전점검을 하고 그 결과를 안전점검기록부에 기록하여 1년 이상 보관하도록 하여야 하며, 이용자가 보기 쉬운 곳에 테마파크시설별로 안전점검표지판을 게시하여야 한다.

(3) 사업자는 안전관리자가 테마파크시설의 운행자 및 종사자에 대한 안전교육계획을 수립하여 주 1회 이상 안전교육을 실시하고, 그 교육일지를 기록 · 비치하여야 한다.

(4) 사업자는 운행자 및 종사자의 신규 채용 시에는 사전 안전교육을 4시간 이상 실시하고, 그 교육일지를 기록 · 비치하여야 한다.

(5) 6개월 미만으로 단기 영업허가를 받은 사업자는 영업이 종료된 후 1개월 이내에 안전점검기록부와 교육일지를 시장 · 군수 · 구청장에게 제출하여야 한다.

나. 기타테마파크업

(1) 사업자 또는 종사자는 비상시 안전행동요령 등을 숙지하고 근무하여야 한다.

(2) 사업자는 본인 스스로 또는 종사자로 하여금 별표 11의 제2호나목1)에 해당하는 테마파크시설은 매일 1회 이상 안전점검을 하고 그 결과를 안전점검기록부에 기록하여 1년 이상 보관하도록 하여야 하며, 이용자가 보기 쉬운 곳에 테마파크시설별로 안전점검표지판을 게시하여야 한다.

(3) 사업자는 본인 스스로 또는 종사자에 대한 안전교육을 월 1회 이상 하고, 그 교육일지를 기록 · 비치하여야 하며, 별표 11 제2호나목2)에 해당하는 테마파크시설을 설치하여 운영하는 사업자는 제41조제2항에 따른 안전교육을 2년마다 1회 이상 4시간 이상 받아야 한다.

(4) 사업자는 종사자의 신규 채용 시에는 사전 안전교육을 2시간 이상 실시하고, 그 교육일지를 기록 · 비치하여야 한다.

(5) 6개월 미만으로 단기 영업신고를 한 사업자는 영업이 종료된 후 1개월 이내에 안전점검 기록부와 교육일지를 시장 · 군수 · 구청장에게 제출하여야 한다.

第34조의2(테마파크시설안전정보시스템의 구축 · 운영 등)

① 문화체육관광부장관은 테마파크의 안전과 관련된 정보를 종합적으로 관리하고 해당 정보를 테마파크업자 및 관광객에게 제공하기 위하여 테마파크시설안전정보시스템을 구축 · 운영할 수 있다.
② 제1항에 따른 테마파크시설안전정보시스템에는 다음 각 호의 정보가 포함되어야 한다.
1. 제5조제2항에 따른 테마파크업의 허가(변경허가를 포함한다) 또는 같은 조 제4항에 따른 테마파크업의 신고(변경신고를 포함한다)에 관한 정보
2. 제9조에 따른 테마파크업자의 보험 가입 등에 관한 정보
3. 제32조에 따른 물놀이형 테마파크업자의 안전 · 위생에 관한 정보
4. 제33조제1항에 따른 안전성검사 또는 안전성검사 대상에 해당하지 아니함을 확인하는 검사에 관한 정보
5. 제33조제3항에 따른 안전관리자의 안전교육에 관한 정보
6. 제33조의2제1항에 따라 통보한 사고 및 그 조치에 관한 정보
7. 테마파크업자가 이 법을 위반하여 받은 행정처분에 관한 정보
8. 그 밖에 테마파크의 안전관리를 위하여 대통령령으로 정하는 정보

③ 문화체육관광부장관은 특별자치시장 · 특별자치도지사 · 시장 · 군수 · 구청장, 제80조제3항에 따라 업무를 위탁받은 기관의 장 및 테마파크업자에게 테마파크시설안전정보시스템의 구축 · 운영에 필요한 자료를 제출 또는 등록하도록 요청할 수 있다. 이 경우 요청을 받은 자는 정당한 사유가 없으면 이에 따라야 한다.
④ 문화체육관광부장관은 제2항제3호 및 제4호에 따른 정보 등을 테마파크시설안전정보시스템을 통하여 공개할 수 있다.
⑤ 제4항에 따른 공개의 대상, 범위, 방법 및 그 밖에 테마파크시설안전정보시스템의 구축 · 운영에 필요한 사항은 문화체육관광부령으로 정한다.

第34조의3(장애인의 테마파크 이용을 위한 편의 제공 등)

① 테마파크업을 경영하는 자는 장애인이 테마파크를 편리하고 안전하게 이용할 수 있도록 제작된 테마파크시설(이하 "장애인 이용가능 테마파크시설"이라 한다)의 설치를 위하여 노력하여야 한다. 이 경우 국가 및 지방자치단체는 해당 장애인 이용가능 테마파크시설의 설치에 필요한 비용을 지원할 수 있다.
② 제1항에 따라 장애인 이용가능 테마파크시설을 설치하는 자는 대통령령으로 정하는 편의시설을 갖추고 장애인이 해당 장애인 이용가능 테마파크시설을 편리하게 이용할 수 있도록 하여야 한다.

제6절 영업에 대한 지도와 감독

제35조(등록취소 등)

① 관할 등록기관등의 장은 관광사업의 등록등을 받거나 신고를 한 자 또는 사업계획의 승인을 받은 자가 다음 각 호의 어느 하나에 해당하면 그 등록등 또는 사업계획의 승인을 취소하거나 6개월 이내의 기간을 정하여 그 사업의 전부 또는 일부의 정지를 명하거나 시설·운영의 개선을 명할 수 있다.

② 관할 등록기관등의 장은 관광사업의 등록등을 받은 자가 다음 각 호의 어느 하나에 해당하면 6개월 이내의 기간을 정하여 그 사업의 전부 또는 일부의 정지를 명할 수 있다.

1. 제13조제2항에 따른 등록을 하지 아니한 자에게 국외여행을 인솔하게 한 경우
2. 제27조에 따른 문화체육관광부장관의 지도와 명령을 이행하지 아니한 경우

③ 제1항 및 제2항에 따른 취소·정지처분 및 시설·운영개선명령의 세부적인 기준은 그 사유와 위반 정도를 고려하여 대통령령으로 정한다.

④ 관할 등록기관등의 장은 관광사업에 사용할 것을 조건으로 「관세법」 등에 따라 관세의 감면을 받은 물품을 보유하고 있는 관광사업자로부터 그 물품의 수입면허를 받은 날부터 5년 이내에 그 사업의 양도·폐업의 신고 또는 통보를 받거나 그 관광사업자의 등록등의 취소를 한 경우에는 관할 세관장에게 그 사실을 즉시 통보하여야 한다.

⑤ 관할 등록기관등의 장은 관광사업자에 대하여 제1항 및 제2항에 따라 등록등을 취소하거나 사업의 전부 또는 일부의 정지를 명한 경우에는 제18조제2항에 따라 소관 행정기관의 장(외국인투자기업인 경우에는 기획재정부장관을 포함한다)에게 그 사실을 통보할 수 있다.

⑥ 관할 등록기관등의 장 외의 소관 행정기관의 장이 관광사업자에 대하여 그 사업의 정지나 취소 또는 시설의 이용을 금지하거나 제한하려면 미리 관할 등록기관등의 장과 협의하여야 한다.

⑦ 제1항 각 호의 어느 하나에 해당하는 관광숙박업자의 위반행위가 「공중위생관리법」 제11조제1항에 따른 위반행위에 해당하면 「공중위생관리법」의 규정에도 불구하고 이 법을 적용한다.

■ 등록취소 등의 해당 사항 법 제35조 제1항

1. 제4조에 따른 등록기준에 적합하지 아니하게 된 경우 또는 변경등록기간 내에 변경등록을 하지 아니하거나 등록한 영업범위를 벗어난 경우

1의2. 제5조제2항 및 제4항에 따라 문화체육관광부령으로 정하는 시설과 설비를 갖추지 아니하게 되는 경우

2. 제5조제3항 및 제4항 후단에 따른 변경허가를 받지 아니하거나 변경신고를 하지 아니한 경우

2의2. 제6조제2항에 따른 지정 기준에 적합하지 아니하게 된 경우

3. 제8조제4항(같은 조 제6항에 따라 준용하는 경우를 포함한다)에 따른 기한 내에 신고를 하지 아니한 경우
3의2. 제8조제8항을 위반하여 휴업 또는 폐업을 하고 알리지 아니하거나 미리 신고하지 아니한 경우
4. 제9조에 따른 보험 또는 공제에 가입하지 아니하거나 영업보증금을 예치하지 아니한 경우
4의2. 제10조제2항을 위반하여 사실과 다르게 관광표지를 붙이거나 관광표지에 기재되는 내용을 사실과 다르게 표시 또는 광고하는 행위를 한 경우
5. 제11조를 위반하여 관광사업의 시설을 타인에게 처분하거나 타인에게 경영하도록 한 경우
6. 제12조에 따른 기획여행의 실시요건 또는 실시방법을 위반하여 기획여행을 실시한 경우
7. 제14조를 위반하여 안전정보 또는 변경된 안전정보를 제공하지 아니하거나, 여행계약서 및 보험 가입 등을 증명할 수 있는 서류를 여행자에게 내주지 아니한 경우 또는 여행자의 사전 동의 없이 여행일정(선택관광 일정을 포함한다)을 변경하는 경우
8. 제15조에 따라 사업계획의 승인을 얻은 자가 정당한 사유 없이 대통령령으로 정하는 기간 내에 착공 또는 준공을 하지 아니하거나 같은 조를 위반하여 변경승인을 얻지 아니하고 사업계획을 임의로 변경한 경우
8의2. 제18조의2에 따른 준수사항을 위반한 경우
8의3. 제19조제1항 단서를 위반하여 등급결정을 신청하지 아니한 경우
9. 제20조제1항 및 제4항을 위반하여 분양 또는 회원모집을 하거나 같은 조 제5항에 따른 소유자등·회원의 권익을 보호하기 위한 사항을 준수하지 아니한 경우
9의2. 제20조의2에 따른 준수사항을 위반한 경우
10. 제21조에 따른 카지노업의 허가 요건에 적합하지 아니하게 된 경우
11. 제23조제3항을 위반하여 카지노 시설 및 기구에 관한 유지·관리를 소홀히 한 경우
12. 제28조제1항 및 제2항에 따른 준수사항을 위반한 경우
13. 제30조를 위반하여 관광진흥개발기금을 납부하지 아니한 경우
14. 제32조에 따른 물놀이형 테마파크시설 등의 안전·위생기준을 지키지 아니한 경우
15. 제33조제1항에 따른 테마파크시설에 대한 안전성검사 및 안전성검사 대상에 해당되지 아니함을 확인하는 검사를 받지 아니하거나 같은 조 제2항에 따른 안전관리자를 배치하지 아니한 경우

16. 제34조제1항에 따른 영업질서 유지를 위한 준수사항을 지키지 아니하거나 같은 조 제2항을 위반하여 불법으로 제조한 부분품을 설치하거나 사용한 경우
16의2. 제38조제1항 단서를 위반하여 해당 자격이 없는 자를 종사하게 한 경우
17. 삭제
18. 제78조에 따른 보고 또는 서류제출명령을 이행하지 아니하거나 관계 공무원의 검사를 방해한 경우
19. 관광사업의 경영 또는 사업계획을 추진함에 있어서 뇌물을 주고받은 경우
20. 고의로 여행계약을 위반한 경우(여행업자만 해당한다)

■ 사업계획승인시설의 착공 및 준공기간 시행령 제32조

관광진흥법 제35조 제1항 제8호에서 "대통령령으로 정하는 기간"이란 다음과 같다.

1. 2011년 6월 30일 이전에 법 제15조에 따른 사업계획의 승인을 받은 경우
   가. 착공기간 : 사업계획의 승인을 받은 날부터 4년
   나. 준공기간 : 착공한 날부터 7년
2. 2011년 7월 1일 이후에 법 제15조에 따른 사업계획의 승인을 받은 경우
   가. 착공기간 : 사업계획의 승인을 받은 날부터 2년
   나. 준공기간 : 착공한 날부터 5년

■ 행정처분의 기준 등 시행령 제33조

① 등록취소 등에 따라 문화체육관광부장관, 특별시장 · 광역시장 · 도지사 · 특별자치도지사(이하 "시 · 도지사"라 한다) 또는 시장 · 군수 · 구청장이 행정처분을 하기 위한 위반행위의 종류와 그 처분기준은 다음과 같다.

② 등록기관등의 장이 제1항에 따라 행정처분을 한 경우에는 문화체육관광부령으로 정하는 행정처분기록대장에 그 처분내용을 기록 · 유지하여야 한다.

▪ 행정처분의 기준(제33조제1항 관련)

1. 일반기준

가. 위반행위가 두 가지 이상일 때에는 그 중 중한 처분기준(중한 처분기준이 같을 때에는 그 중 하나의 처분기준을 말한다. 이하 이 목에서 같다)에 따르며, 두 가지 이상의 처분기준이 모두 사업정지일 경우에는 중한 처분기준의 2분의 1까지 가중 처분할 수 있되, 각 처분기준을 합산한 기간을 초과할 수 없다.

나. 위반행위의 횟수에 따른 행정처분의 기준은 최근 1년(카지노업에 대하여 행정처분을 하는 경우에는 최근 3년을 말한다)간 같은 위반행위로 행정처분을 받은 경우에 적용한다. 이 경우 기간의 계산은 위반행위에 대하여 행정처분을 받은 날과 그 처분 후 다시 같은 위반행위를 하여 적발된 날을 기준으로 한다.

다. 나목에 따라 가중된 행정처분을 하는 경우 행정처분의 적용 차수는 그 위반행위 전 행정처분 차수(나목에 따른 기간 내에 행정처분이 둘 이상 있었던 경우에는 높은 차수를 말한다)의 다음 차수로 한다.

라. 처분권자는 위반행위의 동기 · 내용 · 횟수 및 위반의 정도 등 1)부터 4)까지의 규정에 해당하는 사유를 고려하여 그 처분을 감경할 수 있다. 이 경우 그 처분이 사업정지인 경우에는 그 처분기준의 2분의 1의 범위에서 감경할 수 있다.

1) 위반행위가 고의나 중대한 과실이 아닌 사소한 부주의나 오류로 인한 것으로 인정되는 경우

2) 위반의 내용 · 정도가 경미하여 소비자에게 미치는 피해가 적다고 인정되는 경우

3) 위반 행위자가 처음 해당 위반행위를 한 경우로서, 5년 이상 관광사업을 모범적으로 해 온 사실이 인정되는 경우

4) 위반 행위자가 해당 위반행위로 인하여 검사로부터 기소유예 처분을 받거나 법원으로부터 선고유예의 판결을 받은 경우

2. 개별기준

위반사항	근거법령	행정처분기준			
		1차	2차	3차	4차
가. 법 제4조에 따른 등록기준에 적합하지 아니하게 된 경우 또는 변경등록기간 내에 변경등록을 하지 아니하거나 등록한 영업범위를 벗어난 경우	법 제35조 제1항 제1호				
1) 등록기준에 적합하지 아니하게 된 경우		시정명령	사업정지 15일	사업정지 1개월	취소
2) 변경등록기간 내에 변경등록을 하지 아니한 경우		시정명령	사업정지 15일	사업정지 1개월	취소
3) 등록한 영업범위를 벗어난 경우					
가) 법 제16조제7항에 따른 관광숙박업(문화체육관광부장관이 정하여 고시하는 학교환경위생을 저해하는 행위만 해당한다)		사업정지 1개월	사업정지 2개월	취소	

나) 가) 외의 관광사업		사업정지 1개월	사업정지 2개월	사업정지 3개월	취소
나. 법 제5조제2항 및 제4항에 따라 문화체육관광부령으로 정하는 시설과 설비를 갖추지 아니하게 되는 경우	법 제35조 제1항 제1호의2	시정명령	사업정지 10일	사업정지 1개월	취소 (신고업종의 경우에는 사업정지 3개월)
다. 법 제5조제3항 및 제4항 후단에 따른 변경허가를 받지 아니하거나 변경신고를 하지 아니한 경우 1) 카지노업 가) 문화체육관광부령으로 정하는 중요사항에 대하여 변경허가를 받지 아니하고 변경한 경우	법 제35조 제1항 제2호	사업정지 1개월	사업정지 3개월	취소	
나) 문화체육관광부령으로 정하는 경미한 사항에 대하여 변경신고를 하지 아니하고 변경한 경우		사업정지 10일	사업정지 1개월	사업정지 3개월	취소
2) 테마파크업 가) 허가 대상 테마파크업의 경우 문화체육관광부령으로 정하는 중요 사항에 대하여 변경허가를 받지 아니하고 변경한 경우		사업정지 5일	사업정지 10일	사업정지 20일	취소
나) 허가 대상 테마파크업의 경우 문화체육관광부령으로 정하는 경미한 사항에 대하여 변경신고를 하지 아니하고 변경한 경우		시정명령	사업정지 5일	사업정지 10일	취소
다) 신고 대상 테마파크업의 경우 문화체육관광부령으로 정하는 중요 사항에 대하여 변경신고를 하지 아니하고 변경한 경우		시정명령	사업정지 5일	사업정지 10일	영업소 폐쇄명령
라. 법 제6조제2항에 따른 지정기준에 적합하지 않게 된 경우	법 제35조 제1항 제2호의2	시정명령	사업정지 15일	취소	
마. 법 제7조에 따른 결격사유에 해당하게 된 경우	법 제7조 제2항	취소 (신고업종의 경우에는 영업소 폐쇄명령)			
바. 법 제8조제4항(같은 조 제5항에 따라 준용되는 경우를 포함한다)에 따른 기한 내에 신고를 하지 아니한 경우	법 제35조 제1항 제3호	시정명령	사업정지 1개월 또는 사업계획 승인취소	사업정지 2개월	취소 (신고업종의 경우에는 사업정지 3개월)
사. 법 제8조제8항을 위반하여 휴업 또는 폐업을 하고 알리지 아니하는 경우	법 제35조 제1항 제3호의2	시정명령	취소 (신고업종의 경우에는 시정명령)	신고업종의 경우에는 영업소 폐쇄명령	

아. 법 제9조에 따른 보험 또는 공제에 가입하지 아니하거나 영업보증금을 예치하지 아니한 경우	법 제35조 제1항 제4호	시정명령	사업정지 1개월	사업정지 2개월	취소 (신고업종의 경우에는 사업정지 3개월)
자. 법 제10조제2항을 위반하여 사실과 다르게 관광표지를 붙이거나 관광표지에 기재되는 내용을 사실과 다르게 표시 또는 광고하는 행위를 한 경우	법 제35조 제1항 제4호의2	시정명령	사업정지 1개월	사업정지 2개월	취소 (신고업종의 경우에는 사업정지 3개월)
차. 법 제11조를 위반하여 관광사업의 시설을 타인에게 처분하거나 타인에게 경영하도록 한 경우	법 제35조 제1항 제5호				
1) 카지노업		사업정지 3개월	취소		
2) 카지노업 외의 관광사업		사업정지 1개월	사업정지 3개월	사업정지 5개월	취소 (신고업종의 경우에는 사업정지 6개월)
카. 법 제12조에 따른 기획여행의 실시요건 또는 실시방법을 위반하여 기획여행을 실시한 경우	법 제35조 제1항 제6호	사업정지 15일	사업정지 1개월	사업정지 3개월	취소
타. 법 제13조제2항에 따른 등록을 하지 않은 자에게 국외여행을 인솔하게 한 경우	법 제35조 제2항 제1호	사업정지 10일	사업정지 20일	사업정지 1개월	사업정지 3개월
파. 법 제14조를 위반한 경우 1) 법 제14조제1항을 위반하여 안전정보 또는 변경된 안전정보를 제공하지 않은 경우	법 제35조 제1항 제7호	시정명령	사업정지 5일	사업정지 10일	취소
2) 법 제14조제2항을 위반하여 여행계획서(여행일정표 및 약관을 포함한다) 및 보험 가입 등을 증명할 수 있는 서류를 여행자에게 내주지 아니한 경우		시정명령	사업정지 10일	사업정지 20일	취소
3) 법 제14조제3항을 위반하여 여행자의 사전 동의 없이 여행일정(선택관광 일정을 포함한다)을 변경한 경우		시정명령	사업정지 10일	사업정지 20일	취소
하. 법 제15조에 따라 사업계획의 승인을 얻은 자가 정당한 사유 없이 제32조에 따른 기간 내에 착공 또는 준공을 하지 아니하거나 법 제15조제1항 후단을 위반하여 변경승인을 얻지 아니하고 사업계획을 임의로 변경한 경우	법 제35조 제1항 제8호	시정명령	사업계획 승인취소		
거. 법 제18조의2에 따른 준수사항을 위반한 경우	법 제35조 제1항				
1) 법 제18조의2제1호에 따른 준수사항을 위반한 경우	제8호의2	취소			

2) 법 제18조의2제2호부터 제5호까지의 규정에 따른 준수사항을 위반한 경우		사업정지 1개월	사업정지 2개월	사업정지 3개월	취소
너. 법 제19조제1항 단서를 위반하여 등급결정 신청을 하지 아니한 경우	법 제35조 제1항제8호의3	시정명령	사업정지 10일	사업정지 20일	취소
더. 법 제20조제1항, 제4항 및 제5항을 위반한 경우 1) 법 제20조제1항을 위반하여 분양 또는 회원모집을 할 수 없는 자가 분양 또는 회원모집을 한 경우	법 제35조 제1항 제9호	시정명령	사업정지 1개월 또는 사업계획 승인취소	사업정지 3개월	취소
2) 법 제20조제4항을 위반하여 분양 또는 회원모집 기준 및 절차를 위반하여 분양 또는 회원모집을 한 경우		시정명령	사업정지 1개월 또는 사업계획 승인취소	사업정지 3개월	취소
3) 법 제20조제5항에 따른 소유자등·회원의 권익을 보호하기 위한 사항을 준수하지 아니한 경우		시정명령	사업정지 1개월 또는 사업계획 승인취소	사업정지 2개월	사업정지 3개월
러. 법 제20조의2에 따른 준수사항을 위반한 경우	법 제35조 제1항 제9호의2	시정명령	사업정지 15일	사업정지 1개월	취소
머. 법 제21조에 따른 카지노업의 허가요건에 적합하지 아니하게 된 경우	법 제35조 제1항 제10호	시정명령	사업정지 1개월	사업정지 3개월	취소
버. 법 제22조에 따른 카지노업의 결격사유에 해당하게 된 경우	법 제22조 제2항	취소			
서. 법 제23조제3항을 위반하여 카지노 시설 및 기구에 관한 유지·관리를 소홀히 한 경우	법 제35조 제1항 제11호	사업정지 1개월	사업정지 3개월	취소	
어. 법 제27조에 따른 문화체육관광부장관의 지도와 명령을 이행하지 아니한 경우	법 제35조 제2항제2호	사업정지 10일	사업정지 1개월	사업정지 3개월	사업정지 6개월
저. 법 제28조제1항 및 제2항에 따른 준수사항을 위반한 경우 1) 법령에 위반되는 카지노기구를 설치하거나 사용하는 경우	법 제35조 제1항 제12호	사업정지 3개월	취소		
2) 법령을 위반하여 카지노기구 또는 시설을 변조하거나 변조된 카지노기구 또는 시설을 사용하는 경우		사업정지 3개월	취소		
3) 허가받은 전용영업장 외에서 영업을 하는 경우		사업정지 1개월	사업정지 3개월	취소	
4) 카지노영업소에 내국인(「해외이주법」 제2조에 따른 해외이주자는 제외한다)을 입장하게 하는 경우 가) 고의로 입장시킨 경우		사업정지 3개월	취소		
나) 과실로 입장시킨 경우		시정명령	사업정지 10일	사업정지 1개월	사업정지 3개월

5) 지나친 사행심을 유발하는 등 선량한 풍속을 해칠 우려가 있는 광고나 선전을 하는 경우		시정명령	사업정지 10일	사업정지 1개월	사업정지 3개월
6) 법 제26조제1항에 따른 영업 종류에 해당하지 아니하는 영업을 하거나 영업 방법 및 배당금 등에 관한 신고를 하지 아니하고 영업하는 경우		사업정지 1개월	사업정지 3개월	취소	
7) 총매출액을 누락시켜 법 제30조제1항에 따른 관광진흥개발기금 납부금액을 감소시키는 경우		사업정지 3개월	취소		
8) 카지노영업소에 19세 미만인 자를 입장시키는 경우		시정명령	사업정지 10일	사업정지 1개월	사업정지 3개월
9) 정당한 사유 없이 그 연도 안에 60일 이상 휴업하는 경우		사업정지 1개월	사업정지 3개월	취소	
10) 문화체육관광부령으로 정하는 영업준칙을 지키지 아니하는 경우		시정명령	사업정지 10일	사업정지 1개월	사업정지 3개월
처. 법 제30조를 위반하여 관광진흥개발기금을 납부하지 아니한 경우 1) 관광진흥개발기금의 납부를 1개월 미만 지연한 경우	법 제35조 제1항 제13호	시정명령	사업정지 10일	사업정지 1개월	
2) 관광진흥개발기금의 납부를 1개월 이상 지연한 경우		사업정지 10일	사업정지 1개월	사업정지 3개월	
3) 관광진흥개발기금의 납부를 3개월 이상 지연한 경우		사업정지 1개월	사업정지 3개월	취소	
4) 관광진흥개발기금의 납부를 6개월 이상 지연한 경우		사업정지 3개월	취소		
5) 관광진흥개발기금의 납부를 1년 이상 지연한 경우		취소			
커. 법 제32조에 따른 물놀이형 테마파크 시설 등의 안전·위생기준을 지키지 아니한 경우	법 제35조 제1항 제14호	시정명령	사업정지 10일	사업정지 1개월	취소 (신고업종의 경우에는 사업정지 3개월)
터. 법 제33조제1항에 따른 검사를 받지 아니하거나 같은 조 제2항에 따른 안전관리자를 배치하지 아니한 경우	법 제35조 제1항 제15호				
1) 법 제33조제1항에 따른 테마파크시설에 대한 안전성검사를 받지 아니한 경우		사업정지 20일	사업정지 1개월	취소	
2) 법 제33조제1항에 따른 안전성검사 대상에 해당되지 아니함을 확인하는 검사를 받지 아니한 경우		사업정지 10일	사업정지 20일	사업정지 1개월	사업정지 3개월
3) 법 제33조제2항에 따른 안전관리자를 배치하지 아니한 경우		사업정지 5일	사업정지 10일	사업정지 20일	취소
퍼. 법 제34조를 위반한 경우	법 제35조 제1항제16호				
1) 법 제34조제1항에 따른 영업질서 유지를 위한 준수사항을 지키지 아니한 경우		시정명령	사업정지 10일	사업정지 20일	사업정지 1개월

2) 법 제34조제2항을 위반하여 불법으로 제조한 테마파크시설 또는 유기기구의 부분품을 설치하거나 사용한 경우		사업정지 15일	사업정지 1개월	사업정지 2개월	취소 (신고업종의 경우에는 사업정지 3개월)
허. 법 제38조제1항 단서를 위반하여 해당 자격이 없는 자를 종사하게 한 경우	법 제35조 제1항 제16호의2	시정명령	사업정지 15일	취소	
고. 법 제78조에 따른 보고 또는 서류제출명령을 이행하지 아니하거나 관계 공무원의 검사를 방해한 경우	법 제35조 제1항 제18호	사업정지 10일	사업정지 1개월	사업정지 2개월	취소 (신고업종의 경우에는 사업정지 3개월)
노. 관광사업의 경영 또는 사업계획을 추진함에 있어서 뇌물을 주고받은 경우	법 제35조 제1항 제19호	시정명령	사업정지10일 또는 사업계획 승인취소	사업정지 20일	취소 (신고업종의 경우에는 사업정지 1개월)
도. 고의로 여행계약을 위반한 경우(여행업자만 해당한다)	법 제35조 제1항 제20호	시정명령	사업정지 10일	사업정지 20일	취소

제36조(폐쇄조치 등)

① 관할 등록기관등의 장은 제5조제1항 · 제2항 또는 제4항에 따른 허가 또는 신고 없이 영업을 하거나 제24조제2항 · 제31조제2항 또는 제35조에 따른 허가의 취소 또는 사업의 정지명령을 받고 계속하여 영업을 하는 자에 대하여는 그 영업소를 폐쇄하기 위하여 관계 공무원에게 다음 각 호의 조치를 하게 할 수 있다.

1. 해당 영업소의 간판이나 그 밖의 영업표지물의 제거 또는 삭제
2. 해당 영업소가 적법한 영업소가 아니라는 것을 알리는 게시물 등의 부착
3. 영업을 위하여 꼭 필요한 시설물 또는 기구 등을 사용할 수 없게 하는 봉인(封印)

② 관할 등록기관등의 장은 제35조제1항제4호의2에 따라 행정처분을 한 경우에는 관계 공무원으로 하여금 이를 인터넷 홈페이지 등에 공개하게 하거나 사실과 다른 관광표지를 제거 또는 삭제하는 조치를 하게 할 수 있다.

③ 관할 등록기관등의 장은 제1항제3호에 따른 봉인을 한 후 다음 각 호의 어느 하나에 해당하는 사유가 생기면 봉인을 해제할 수 있다. 제1항제2호에 따라 게시를 한 경우에도 또한 같다.

1. 봉인을 계속할 필요가 없다고 인정되는 경우
2. 해당 영업을 하는 자 또는 그 대리인이 정당한 사유를 들어 봉인의 해제를 요청하는 경우

④ 관할 등록기관등의 장은 제1항 및 제2항에 따른 조치를 하려는 경우에는 미리 그 사실을 그 사업자 또는 그 대리인에게 서면으로 알려주어야 한다. 다만, 급박한 사유가 있으면 그러하지 아니하다.

⑤ 제1항에 따른 조치는 영업을 할 수 없게 하는 데에 필요한 최소한의 범위에 그쳐야 한다.

⑥ 제1항 및 제2항에 따라 영업소를 폐쇄하거나 관광표지를 제거 · 삭제하는 관계 공무원은 그 권한을 표시하는 증표를 지니고 이를 관계인에게 내보여야 한다.

제37조(과징금의 부과)

① 관할 등록기관등의 장은 관광사업자가 제35조 제1항 각 호 또는 제2항 각 호의 어느 하나에 해당되어 사업 정지를 명하여야 하는 경우로서 그 사업의 정지가 그 이용자 등에게 심한 불편을 주거나 그 밖에 공익을 해칠 우려가 있으면 사업 정지 처분을 갈음하여 2천만 원 이하의 과징금(過徵金)을 부과할 수 있다.
② 제1항에 따라 과징금을 부과하는 위반 행위의 종류·정도 등에 따른 과징금의 금액과 그 밖에 필요한 사항은 대통령령으로 정한다.
③ 관할 등록기관등의 장은 제1항에 따른 과징금을 내야 하는 자가 납부기한까지 내지 아니하면 국세 체납처분의 예 또는 「지방세외수입금의 징수 등에 관한 법률」에 따라 징수한다.

■ 과징금을 부과할 위반행위의 종류 시행령 제34조

① 과징금[9]을 부과하는 위반행위의 종류와 위반 정도에 따른 과징금의 금액은 시해령 부록의 〈별표 3〉을 참조하기 바란다.

② 등록기관등의 장은 사업자의 사업규모, 사업지역의 특수성과 위반행위의 정도 및 위반횟수 등을 고려하여 제1항에 따른 과징금 금액의 2분의 1 범위에서 가중하거나 감경할 수 있다. 다만, 가중하는 경우에도 과징금의 총액은 2천만 원을 초과할 수 없다.

■ 과징금의 부과 및 납부 시행령 제34조

① 등록기관등의 장은 법에 따라 과징금을 부과하려면 그 위반행위의 종류와 과징금의 금액 등을 명시하여 납부할 것을 서면으로 알려야 한다.
② 제1항에 따라 통지를 받은 자는 20일 이내에 과징금을 등록기관등의 장이 정하는 수납기관에 내야 한다. 다만, 천재지변이나 그 밖의 부득이한 사유로 그 기간에 과징금을 낼 수 없는 경우에는 그 사유가 없어진 날부터 7일 이내에 내야 한다.
③ 제2항에 따라 과징금을 받은 수납기관은 영수증을 납부자에게 발급하여야 한다.
④ 과징금의 수납기관은 제2항에 따라 과징금을 받은 경우에는 지체 없이 그 사실을 등록기관등의 장에게 통보하여야 한다.
⑤ 과징금은 분할하여 낼 수 없다.

---

9) 과징금(課徵金) : 행정청이 일정한 행정상의 의무에 위반한데 대한 제재로서 부과하는 금전적 부담 또는 행정법상의 의무위반에 대하여 행정청이 그 의무자에게 부과·징수하는 금전적 제재이다.

제7절 관광종사원

관광종사원이란 관광진흥법에서 규정한 관광사업의 종류에 종사하는 자를 의미하는 것이다. 즉, 관광종사자란 관광진흥법이 규정하는 관광사업의 종사자만으로 국한할 수 있다. 그러나 실무에서는 법령에서 정하는 관광종사원의 자격 유무와 관계없이 직접 고용의 형태나 간접 고용의 형태 등을 포함하는 모든 종사자로 확대해석할 수 있다.

관광부문에서 통용되고 있는 국가전문자격은 관광통역안내사, 국내여행안내사, 호텔경영사, 호텔관리사, 호텔서비스사 등이다. 이외에 국가기술자격으로 컨벤션기획사 제도가 시행되고 있다. 자격제도는 특정 분야에 대한 전문적인 지식과 기술을 갖춘 인력을 육성, 배출하기 위한 제도이다. 자격제도가 제 기능을 수행하기 위해서는 산업현장에서 필요로 하는 양적 측면의 수요와 질적 측면의 업무 역량 두 가지 조건을 충족시켜야 한다. 그러나 현행 자격제도는 관광환경 변화에 대한 대응성 확보 측면에서 몇 가지 문제점을 안고 있다. 첫째, 현행 자격제도를 통해서 배출되는 인력에 대한 산업 현장의 수요이다. 지극히 원론적인 고민일 수도 있으나 자격제도 운영의 취지가 산업 현장에서 요구하는 인력을 배출하는 데 있으므로 자격증 보유 인력에 대한 수요는 기본적으로 전제되어야 할 사항이다. 둘째, 특정 분야의 업무 수행 역량을 검증하는 시스템으로서 자격제도의 기능이다. 노동시장에서 자격제도가 제 기능을 하기 위해서는 산업 현장에서 요구하는 수준의 업무 수행 능력을 갖춘 인력을 배출해야 한다. 셋째, 자격증 보유 인력에 대한 관리 체계로서 자격증 보유 인력의 타 분야로의 유출과 인적자원 관리 체계 미흡을 들 수 있다(한국문화관광연구원, 2009).

무자격 관광종사원이 외국인관광객들에게 우리나라의 역사와 문화를 왜곡하여 설명하는 등의 부작용을 해소할 필요가 있음을 인식하고, 외국인 관광객을 대상으로 하는 여행업자는 관광통역안내의 자격을 가진 사람을 관광안내에 종사하게 하도록 함으로써 종래의 권고에서 의무 사항으로의 변화를 가져오게 되었다. 이를 통하여 관광통역안내자격자가 관광안내를 함으로써 우리나라의 이미지와 우리나라 관광의 만족도를 높일 수 있을 것으로 기대된다.

제38조(관광종사원의 자격 등)

① 관할 등록기관등의 장은 대통령령으로 정하는 관광 업무에는 관광종사원의 자격을 가진 자가 종사하도록 해당 관광사업자에게 권고할 수 있다. 다만, 외국인 관광객을 대상으로 하는 여행업자는 관광통역안내의 자격을 가진 사람을 관광안내에 종사하게 하여야 한다.
② 제1항에 따른 관광종사원의 자격을 취득하려는 자는 문화체육관광부령으로 정하는 바에 따라 문화체육관광부장관이 실시하는 시험에 합격한 후 문화체육관광부장관에게 등록하여야 한다. 다만, 문화체육관광부령으로 따로 정하는 자는 시험의 전부 또는 일부를 면제할 수 있다.
③ 문화체육관광부장관은 제2항에 따라 등록을 한 자에게 관광종사원 자격증을 내주어야 한다.
④ 광종사원 자격증을 가진 자는 그 자격증을 잃어버리거나 못 쓰게 되면 문화체육관광부장관에게 그 자격증의 재교부를 신청할 수 있다.
⑤ 제2항에 따른 시험의 최종합격자 발표일을 기준으로 제7조제1항 각 호(제3호는 제외한다)의 어느 하나에 해당하는 자는 제1항에 따른 관광종사원의 자격을 취득하지 못한다.
⑥ 관광통역안내의 자격이 없는 사람은 외국인 관광객을 대상으로 하는 관광안내(제1항 단서에 따라 외국인 관광객을 대상으로 하는 여행업에 종사하여 관광안내를 하는 경우에 한정한다. 이하 이 조에서 같다)를 하여서는 아니 된다.
⑦ 관광통역안내의 자격을 가진 사람이 관광안내를 하는 경우에는 제3항에 따른 자격증을 패용하여야 한다.
⑧ 제3항에 따른 자격증을 다른 사람에게 빌려주거나 빌려서는 아니 되며, 이를 알선해서도 아니 된다.
⑨ 문화체육관광부장관은 제2항에 따른 시험에서 다음 각 호의 어느 하나에 해당하는 사람에 대하여는 그 시험을 정지 또는 무효로 하거나 합격결정을 취소하고, 그 시험을 정지하거나 무효로 한 날 또는 합격결정을 취소한 날부터 3년간 시험응시자격을 정지한다.

1. 부정한 방법으로 시험에 응시한 사람
2. 시험에서 부정한 행위를 한 사람

■ 자격을 필요로 하는 관광업무 자격기준 시행령 제36조

등록기관 등의 장이 관광종사원의 자격을 가진 자가 종사하도록 권고할 수 있거나 종사하게 하여야 하는 관광 업무 및 업무별 자격기준은 다음과 같다.

▪ 관광 업무별 자격기준(제36조 관련)

업 종	업 무	종사하도록 권고할 수 있는 자	종사하게 하여야 하는 자
1. 여행업	가. 외국인 관광객의 국내여행을 위한 안내		관광통역안내사 자격을 취득한 자
	나. 내국인의 국내여행을 위한 안내	국내여행안내사 자격을 취득한 자	
2. 관광숙박업	가. 4성급 이상의 관광호텔업의 총괄관리 및 경영업무	호텔경영사 자격을 취득한 자	
	나. 4성급 이상의 관광호텔업의 객실관리 책임자 업무	호텔경영사 또는 호텔관리사 자격을 취득한 자	
	다. 3성급 이하의 관광호텔업과 한국전통호텔업 · 수상관광호텔업 · 휴양콘도미니엄업 · 가족호텔업 · 호스텔업 · 소형호텔업 및 의료관광호텔업의 총괄관리 및 경영업무	호텔경영사 또는 호텔관리사 자격을 취득한 자	
	라. 현관 · 객실 · 식당의 접객업무	호텔서비스사 자격을 취득한 자	

■ 관광종사원의 자격시험 시행규칙 제44조

① 관광종사원의 자격시험(이하 "시험"이라 한다)은 필기시험(외국어시험을 제외한 필기시험을 말한다. 이하 같다), 외국어시험(관광통역안내사 · 호텔경영사 · 호텔관리사 및 호텔서비스사 자격시험만 해당한다) 및 면접시험으로 구분하되, 평가의 객관성이 확보될 수 있는 방법으로 시행하여야 한다.

② 면접시험은 필기시험 및 외국어시험에 합격한 자에 대하여 시행한다.

■ 관광종사원의 필기시험 시행규칙 제46조

▪ 시험과목 및 배점비율

구분	시험과목	배점비율
가. 관광통역안내사	국사 관광자원해설 관광법규(관광기본법 · 관광진흥법 · 관광진흥개발기금법 · 국제회의산업육성에 관한 법률 등의 관광관련 법규) 관광학개론	40% 20% 20% 20%
나. 국내여행안내사	국사 관광자원해설 관광법규 관광학개론	30% 20% 20% 30%
다. 호텔경영사	관광법규 호텔회계론 호텔인사 및 조직관리론 호텔마케팅론	10% 30% 30% 30%
라. 호텔관리사	관광법규 관광학개론 호텔관리론	30% 30% 40%
마. 호텔서비스사	관광법규 호텔실무(현관 · 객실 · 식당 중심)	30% 70%

2. 합격결정기준 : 필기시험의 합격기준은 매 과목 4할 이상, 전 과목의 점수가 위의 배점비율로 환산하여 6할 이상이어야 한다.

▪ 관광통역안내사 시험과목 및 방법

구 분	시험 영역	시험과목 / 내용	비 고
1차 필기시험	필기시험	국사, 관광자원해설, 관광법규, 관광학개론	과목당 25문제/객관식
	외국어시험	해당 외국어	언어별 공인성적수준 제시
2차 면접시험	평가내용	국가관 등의 면접사항	평가내용 범주 내에서 면접관 자유질문
	평가방법	해당 외국어로 구술면접 실시	

■ 외국어 시험 시행규칙 제47조

① 관광종사원별 외국어시험의 종류는 다음과 같다.

1. 관광통역안내사 : 영어, 일본어, 중국어, 프랑스어, 독일어, 스페인어, 러시아어, 이탈리아어, 태국어, 베트남어, 말레이 · 인도네시아어, 아랍어 중 1과목
2. 호텔경영사, 호텔관리사 및 호텔서비스사 : 영어, 일본어, 중국어 중 1과목

② 외국어시험은 다른 외국어시험기관에서 실시하는 시험(이하 "다른 외국어시험"이라 한다)으로 대체한다. 이 경우 외국어시험을 대체하는 다른 외국어시험의 점수 및 급수는 응시원서 접수 마감일부터 2년 이내에 실시한 시험에서 취득한 점수 및 급수를 말한다.

③ 제2항에 따른 다른 외국어시험의 종류 및 합격에 필요한 점수 및 급수는 별표 15와 같다.

■ 외국어 시험의 종류 및 합격 필요 점수

시험명	자격구분	관광통역 안내사	호텔 서비스사	호텔 관리사	호텔 경영사	만점/ 최고급수
영어	TOEFL(PBT)	584점 이상	396점 이상	557점 이상	619점 이상	677점
	TOEFL(IBT)	81점 이상	51점 이상	76점 이상	88점 이상	120점
	TOEIC	760점 이상	490점 이상	700점 이상	800점 이상	990점
	TEPS	372점 이상	201점 이상	367점 이상	404점 이상	600점
	G-TELP (Level 2)	74점 이상	39점 이상	66점 이상	79점 이상	100점
	FLEX	776점 이상	381점 이상	670점 이상	728점 이상	1000점
	IELTS	5점	4점	5점	5점	9점
일본어	JPT	740점 이상	510점 이상	692점 이상	784점 이상	990점
	日檢(NIKKEN)	750점 이상	500점 이상	701점 이상	795점 이상	1000점
	FLEX	776점 이상	–	–	–	1000점
	JLPT	N1 이상				N1
중국어	HSK	5급 이상	4급 이상	5급 이상	5급 이상	6급
	FLEX	776점 이상	–	–	–	1000점
	BCT (B)	181점 이상				300점
	BCT (B)L&R	601점 이상				1000점
	CPT	750점 이상				1000점
	TOCFL	5급(유리) 이상				6급(정통)
프랑스어	FLEX	776점 이상				1000점
	DELF DALF	DELF B2 이상				DALF C2

독일어	FLEX	776점 이상				1000점
	독일어능력 검정시험	Goethe-Zertifikat B1(ZD) 이상				Goethe-Zertifikat C2
스페인어	FLEX	776점 이상				1000점
	DELE	B2 이상				C2
러시아어	FLEX	776점 이상				1000점
	TORFL	1단계 이상				4단계
이탈리아어	CILS	Livello Due-B2 이상				Livello Quattro-C2
	CELI	CELI 3 이상				CELI 5
태국어, 베트남어, 말레이·인도네시아어, 아랍어	FLEX	600점 이상				1000점

■ 관광종사원의 면접시험 시행규칙 제45조

① 면접시험은 다음 각 호의 사항에 관하여 평가한다.

1. 국가관·사명감 등 정신자세
2. 전문지식과 응용능력
3. 예의·품행 및 성실성
4. 의사발표의 정확성과 논리성

② 면접시험의 합격점수는 면접시험 총점의 6할 이상이어야 한다.

■ 응시자격 시행규칙 제48조

관광종사원 중 호텔경영사 또는 호텔관리사 시험에 응시할 수 있는 자격은 다음과 같이 구분한다.

1. 호텔경영사 시험
   가. 호텔관리사 자격을 취득한 후 관광호텔에서 3년 이상 종사한 경력이 있는 자
   나. 4성급 이상 호텔의 임원으로 3년 이상 종사한 경력이 있는 자
2. 호텔관리사 시험
   가. 호텔서비스사 또는 조리사 자격을 취득한 후 관광숙박업소에서 3년 이상 종사한 경력이 있는 자

나. 「고등교육법」에 따른 전문대학의 관광분야 학과를 졸업한 자(졸업예정자를 포함한다) 또는 관광분야의 과목을 이수하여 다른 법령에서 이와 동등한 학력이 있다고 인정되는 자

다. 「고등교육법」에 따른 대학을 졸업한 자(졸업예정자를 포함한다) 또는 다른 법령에서 이와 동등 이상의 학력이 있다고 인정되는 자

라. 「초 · 중등교육법」에 따른 고등기술학교의 관광분야를 전공하는 과의 2년과정 이상을 이수하고 졸업한 자(졸업예정자를 포함한다)

■ 시험의 실시 및 공고 시행규칙 제49조

① 시험은 매년 1회 이상 실시한다. 다만, 호텔경영사 시험은 격년으로 실시한다.

② 한국산업인력공단은 시험의 응시자격 · 시험과목 · 일시 · 장소 · 응시절차, 그 밖에 시험에 필요한 사항을 시험 시행일 90일 전까지 인터넷 홈페이지 등에 공고하여야 한다.

■ 응시원서 시행규칙 제50조

관광종사원 자격시험에 응시하려는 자는 응시원서를 한국산업인력공단에 제출하여야 한다.

응 시 번 호	관광종사원 자격시험 응시원서	사 진 3cm×4cm (반명함판)

한국산업인력공단 이사장 귀하

제 회 자격시험에 응시하고자 원서를 제출합니다.

※ 아래 기재사항은 사실과 다름이 없으며 만일 시험합격 후에 허위 또는 부실 기재한 사실이 판명되었을 경우에는 합격취소 처분을 하여도 이의를 제기하지 아니할 것을 서약합니다.

년 월 일

응시자 (서명 또는 인)

<table>
<tr><td rowspan="2">① 성 명</td><td>한 글</td><td>한 자</td><td>영 어</td><td rowspan="2">② 주 민 등 록 번 호</td><td colspan="2">-
(만 세)</td></tr>
<tr><td></td><td></td><td></td><td colspan="2"></td></tr>
<tr><td rowspan="3">③ 연 락 처</td><td rowspan="2">우편번호</td><td colspan="2" rowspan="2">-</td><td rowspan="2">전화
번호</td><td>휴 대 전 화</td><td></td></tr>
<tr><td>자 택 전 화</td><td>( )-( )-( )</td></tr>
<tr><td>주 소</td><td colspan="5"></td></tr>
<tr><td>④ 선 택
외 국 어</td><td colspan="6">1. 영어 2. 일본어 3. 중국어 4. 프랑스어 5. 독일어 6. 스페인어
7. 러시아어 8. 이탈리아어 9. 태국어 10. 베트남어 11.말레이·인도네시아어 12. 아랍어</td></tr>
<tr><td>⑤ 시험면제
코 드</td><td colspan="6">1. 일반응시 2. 필기일부면제 3. 필기전부면제 4. 외국어면제
5. 필기일부 및 외국어면제 6. 필기전부 및 외국어면제</td></tr>
<tr><td>⑥ 시험지역</td><td colspan="6"></td></tr>
<tr><td>⑦ 최종학력</td><td colspan="6">년 월 일 교 과 년(졸업·수료·중퇴·재학)</td></tr>
<tr><td rowspan="2">⑧ 자 격</td><td>취득연월일</td><td colspan="2">자격증 명칭</td><td colspan="2">발행 기관</td><td>자격증 번호</td></tr>
<tr><td>년 월 일</td><td colspan="2"></td><td colspan="2"></td><td></td></tr>
<tr><td rowspan="3">⑨ 경 력</td><td colspan="5">년 월 일부터
년 월 일까지</td><td>근무</td></tr>
<tr><td colspan="5">년 월 일부터
년 월 일까지</td><td>근무</td></tr>
<tr><td colspan="5">년 월 일부터
년 월 일까지</td><td>근무</td></tr>
</table>

---

⑩ 응 시 번 호	응 시 표	사 진 3cm×4cm (반명함판)

※ 제 회 자격시험

성 명(한글) (한자)

주민등록번호 - (만 세)

년 월 일

한국산업인력공단이사장 [인]

응시자 참고사항

1. 응시원서의 제출기간, 응시자격, 시험일시·장소 및 시험방법 등은 해당 시험시행공고에 따릅니다.
2. 응시원서 기재요령(기재사항은 자필로 기입합니다)
   ①란은 한글·한자 및 영어로 기입합니다.
   ②란은 아라비아숫자로 기입합니다.
   ③란의 우편번호와 전화번호는 아라비아 숫자로 기입(자택 전화번호는 지역번호를 포함)하며, 주소는 주민등록표에 따른 주소로 작성하되, 세부주소(아파트인 경우 동·호수)까지 적어야 합니다.
   ④란은 해당란에 √표를 합니다.
   ⑤란은 해당란에 √표를 합니다.
   ⑥란은 시험 공고문의 시험장소 중 응시희망 장소를 한글로 기입합니다.
   ⑦란은 연월일·최종학교명 및 과를 기입하고, 해당란에 √표를 합니다.
   ⑧란은 획득한 자격의 취득연월일·자격명칭·발행기관 및 자격증 번호를 기입합니다.
   ⑨란은 경력이 응시자격 요건이 되는 경우에 근무기간·근무처 등을 기입하되 경력증명서와 일치하여야 합니다.
   ⑩란은 횟수·응시시험명칭·성명 및 주민등록번호를 한글·한자 및 아라비아 숫자로 기입합니다.
3. 각종 첨부서류는 시험공고를 참조하시기 바랍니다.
4. 사진은 최근 6개월 이내에 모자를 쓰지 아니하고 촬영한 가로 3cm, 세로4cm의 동일한 사진 2매를 응시원서 및 응시표의 사진란에 붙입니다.
5. 수수료는 시험시행공고에서 정하는 바에 따라 소정의 금액을 현금 등으로 납부하여야 합니다.
6. 우편으로 접수하는 자는 반드시 응시원서 도착과 접수 여부 및 응시시간을 확인하여야 하며, 응시표는 시험 당일 시험 시작 30분 전까지 시험장소에서 받아야 합니다.
7. 우편으로 접수하는 경우 응시원서와 응시표를 분리하지 말고 함께 보내야 합니다.
8. 기재사항이 미흡한 서류는 접수하지 아니하며, 제출된 응시원서 및 수수료는 반환하지 아니합니다.

주의사항

1. 응시표를 받은 후 해당란에 누락된 사항이 없는지 확인합니다.
2. 응시표를 가져오지 아니한 자는 응시하지 못하며, 응시표를 잃어버리거나 훼손하였을 경우에는 시험 전에 다시 받아야 합니다(응시원서에 부착된 것과 동일한 사진 1매와 신분증 지참).
3. 시험장에서는 답안지 작성에 필요한 필기구 외에는 휴대할 수 없습니다.
4. 수험시 응시자는 응시표, 신분증(주민등록증·여권·공무원증·운전면허증 중 하나) 및 필기구(컴퓨터용 흑색수성사인펜)를 지녀야 하며, 시험시작 30분전까지 시험장의 지정된 좌석에 앉아야 합니다.
5. 답안지에는 컴퓨터용 흑색수성사인펜만을 사용하여야 하며, 난 외에 기입하거나 점 또는 그 밖의 어떠한 표시를 하여서도 안 됩니다.
6. 시험지 및 시험문제를 시험장 밖으로 유출하여서는 안 됩니다.
7. 응시 중에 퇴장하거나 좌석을 떠난 경우 다시 돌아올 수 없습니다.
8. 부정행위자나 주의사항 또는 감독관의 지시에 따르지 아니한 자는 즉시 퇴장을 명하며, 시험을 무효로 합니다.
9. 응시표는 필기 및 면접시험까지 계속 지녀야 합니다.
10. 그 밖의 자세한 것은 감독관의 지시에 따라야 합니다.

■ 시험의 면제 시행규칙 제51조

① 시험의 일부를 면제할 수 있는 경우는 다음과 같다.

구분	면제대상 및 면제과목
1. 관광 통역 안내사	가. 「고등교육법」에 따른 전문대학 이상의 학교 또는 다른 법령에서 이와 동등 이상의 학력이 인정되는 교육기관에서 해당 외국어를 3년 이상 강의한 자에 대하여 해당 외국어시험을 면제 나. 4년 이상 해당 언어권의 외국에서 근무하거나 유학을 한 경력이 있는 자 및 「초·중등교육법」에 따른 중·고등학교 또는 고등기술학교에서 해당 외국어를 5년 이상 강의한 자에 대하여 해당 외국어 시험을 면제 다. 「고등교육법」에 따른 전문대학 이상의 학교에서 관광분야를 전공(전공과목이 관광법규 및 관광학개론 또는 이에 준하는 과목으로 구성되는 전공과목을 30학점 이상 이수한 경우를 말한다)하고 졸업한 자(졸업예정자 및 관광분야 과목을 이수하여 다른 법령에서 이와 동등한 학력을 취득한 자를 포함한다)에 대하여 필기시험 중 관광법규 및 관광학개론 과목을 면제 라. 관광통역안내사 자격증을 소지한 자가 다른 외국어를 사용하여 관광안내를 하기 위하여 시험에 응시하는 경우 필기시험을 면제 마. 문화체육관광부장관이 정하여 고시하는 교육기관에서 실시하는 60시간 이상의 실무교육과정을 이수한 사람에 대하여 필기시험 중 관광법규 및 관광학개론 과목을 면제. 이 경우 실무교육과정의 교육과목 및 그 비중은 다음과 같음 1) 관광법규 및 관광학개론 : 30% 2) 관광안내실무 : 20% 3) 관광자원안내실습 : 50%
2. 국내 여행 안내사	가. 「고등교육법」에 따른 전문대학 이상의 학교에서 관광분야를 전공(전공과목이 관광법규 및 관광학개론 또는 이에 준하는 과목으로 구성되는 전공과목을 30학점 이상 이수한 경우를 말한다)하고 졸업한 자(졸업예정자 및 관광분야 과목을 이수하여 다른 법령에서 이와 동등한 학력을 취득한 자를 포함한다)에 대하여 필기시험을 면제 나. 여행안내와 관련된 업무에 2년 이상 종사한 경력이 있는 자에 대하여 필기시험을 면제 다. 「초·중등교육법」에 따른 고등학교나 고등기술학교를 졸업한 자 또는 다른 법령에서 이와 동등한 학력이 있다고 인정되는 교육기관에서 관광분야의 학과를 이수하고 졸업한 자(졸업예정자를 포함한다)에 대하여 필기시험을 면제
3. 호텔 경영사	가. 호텔관리사 자격을 취득한 자로서 그 자격을 취득한 후 4성급 이상의 관광호텔에서 부장급 이상으로 3년 이상 종사한 경력이 있는 자에 대하여 필기시험을 면제 나. 호텔관리사 자격을 취득한 후 3성급 관광호텔의 총괄 관리 및 경영업무에 3년 이상 종사한 경력이 있는 자에 대하여 필기시험을 면제 다. 국내호텔과 체인호텔 관계에 있는 해외호텔에서 호텔경영 업무에 종사한 경력이 있는 자로서 해당 국내 체인호텔에 파견근무를 하려는 자에 대하여 필기시험 및 외국어시험을 면제
4. 호텔 관리사	「고등교육법」에 따른 대학 이상의 학교 또는 다른 법령에서 이와 동등 이상의 학력이 인정되는 교육기관에서 호텔경영 분야를 전공하고 졸업한 자(졸업예정자를 포함한다)에 대하여 필기시험을 면제
5. 호텔 서비스사	가. 「초·중등교육법」에 따른 고등학교 또는 고등기술학교 이상의 학교를 졸업한 자 또는 다른 법령에서 이와 동등한 학력이 있다고 인정되는 교육기관에서 관광분야의 학과를 이수하고 졸업한 자(졸업예정자를 포함한다)에 대하여 필기시험을 면제 나. 관광숙박업소의 접객업무에 2년 이상 종사한 경력이 있는 자에 대하여 필기시험을 면제

② 필기시험 및 외국어시험에 합격하고 면접시험에 불합격한 자에 대하여는 다음 회의 시험에만 필기시험 및 외국어시험을 면제한다.

③ 시험의 면제를 받으려는 자는 관광종사원 자격시험 면제신청서에 경력증명서, 학력증명서 또는 그 밖에 자격을 증명할 수 있는 서류를 첨부하여 한국산업인력공단에 제출하여야 한다.

■ 경력의 확인 시행규칙 제51조의2

제48조에 따른 응시자격 증명을 위한 경력증명서 또는 제51조제3항에 따른 시험의 면제를 위한 경력증명서를 제출받은 한국산업인력공단은 「전자정부법」 제36조제1항에 따른 행정정보의 공동이용을 통해 응시자 또는 신청인의 국민연금가입자가입증명 또는 건강보험자격득실확인서를 확인해야 한다. 다만, 응시자 또는 신청인이 확인에 동의하지 않는 경우에는 해당 서류를 제출하도록 해야 한다.

관광종사원 자격시험 면제신청서

접수번호	접수일	발급일	처리기간 3일

신청인	성명(명칭)	생년월일
	전화번호	휴대전화번호
	주소	

자격구분	
면제구분	
면제사유	

「관광진흥법 시행규칙」 제51조제3항에 따라 관광종사원의 자격시험을 면제받고자 신청합니다.

년 월 일

신청인 성명 (서명 또는 인)

한국산업인력공단이사장 귀하

첨부서류	경력증명서·학력증명서 또는 그 밖에 자격을 증명할 수 있는 서류 1부

기재요령

자격구분란은 취득하고자 하는 자격명을 기입합니다.
면제구분란은 「관광진흥법 시행규칙」 별표 16의 구분 기준에 따라 기입합니다.
예)「고등교육법」에 따른 전문대학 이상의 학교 또는 다른 법령에서 이와 동등 이상의 학력이 인정되는 교육기관에서 해당 외국어를 3년 이상 계속하여 강의한 자가 해당 외국어시험을 면제받고자 하는 경우: "1-가"로 기입 면제사유란은 면제 사유가 되는 해당 학력, 경력 또는 자격을 기입합니다.

■ **합격자의 공고** 시행규칙 第52조

한국산업인력공단은 시험 종료 후 합격자의 명단을 게시하고 이를 한국관광공사와 한국관광협회중앙회에 각각 통보하여야 한다.

■ **관광종사원의 등록 및 자격증 발급** 시행규칙 第53조

① 시험에 합격한 자는 법 제38조제2항에 따라 관광종사원 등록신청서에 사진(최근 6개월 이내에 모자를 쓰지 않고 촬영한 상반신 반명함판) 2매를 첨부하여 한국관광공사 및 한국관광협회중앙회에 등록을 신청하여야 한다.

② 한국관광공사 및 한국관광협회중앙회는 제1항에 따른 신청을 받은 경우에는 결격사유가 없는 자에 한하여 관광종사원으로 등록하고 관광종사원 자격증을 발급하여야 한다.

③ 제2항에도 불구하고 관광통역안내사의 경우에는 별지 제39호의5서식에 따른 기재사항 및 교육이수 정보 등을 전자적 방식으로 저장한 집적회로(IC) 칩을 첨부한 자격증을 발급하여야 한다.

관광종사원 [ ]등록 [ ]자격증재발급 신청서

※ 색상이 어두운 란은 신청인이 적지 않습니다.

접수번호	접수일	발급일	처리기간 3일

신청인	성명	생년월일
	전화번호	휴대전화번호
	주소	

자격구분		합격일	
자격증 번호		취득 연월일	
신청사유			

「관광진흥법 시행규칙」 제53조제1항 및 제54조에 따라 [ ]관광종사원 등록 [ ]관광종사원 자격증재발급을 신청합니다.

년 월 일

신청인 성명 (서명 또는 인)

한국관광공사사장 또는 한국관광협회중앙회장 귀하

첨부서류	1. 사진(최근 6개월 이내에 촬영한 탈모 상반신 반명함판) 2매 2. 관광종사원 자격증(자격증이 헐어 못 쓰게 된 경우만 해당합니다) 1부	수수료 관광종사원 등록 시: 5,000원 관광종사원 자격증 재발급 시: 3,000원

■ 관광진흥법 시행규칙 [별지 제39호의5서식]

(앞쪽)

관광통역안내사 자격증

사진
2.5㎝×3㎝

자 격 증 번 호 :
LICENSE NO.
자 격 구 분 :
QUAL
성 명 :
NAME
생 년 월 일 :
DATE OF BIRTH

년 월 일
한국관광공사 사장 인
PRESIDENT OF KTO

86㎜×54㎜(PVC(비닐) 980.4g/㎡)

(뒤쪽)

◉ 주 의 사 항 ◉

1. 이 증을 타인에게 대여하거나, 기타 관광진흥법령 상의 위반행위를 한 경우에는 자격취소 및 자격정지 등의 행정처분을 받게 됩니다.

2. 관광통역안내사 자격이 취소된 자는 한국관광공사에 이 증을 반납하여야 합니다.

3. 이 증을 습득한 경우에는 가까운 우체통에 넣어주시기 바랍니다.

강원도 원주시 세계로 10 한국관광공사 우)26464

86㎜×54㎜(PVC(비닐) 980.4g/㎡)

■ **관광종사원의 자격증의 재발급** 시행규칙 제54조

발급받은 자격증을 잃어버리거나 그 자격증이 못 쓰게 되어 자격증을 재발급 받으려는 자는 관광종사원 자격증 재발급신청서에 사진(최근 6개월 이내에 모자를 쓰지 않고 촬영한 상반신 반명함판) 2매와 관광종사원 자격증(자격증이 헐어 못 쓰게 된 경우만 해당)을 첨부하여 한국관광공사 및 한국관광협회중앙회에 제출하여야 한다.

제39조(교육)

문화체육관광부장관 또는 시·도지사는 관광종사원과 그 밖에 관광 업무에 종사하는 자의 업무 능력 향상 및 지역의 문화와 관광자원 전반에 대한 전문성 향상을 위한 교육에 필요한 지원을 할 수 있다.

관광부문 교육훈련 프로그램은 여행업, 관광호텔업, 카지노업, 종합테마파크업, 국제회의기획업 등 관광진흥법에 명시된 사업체 종사원을 대상으로 하고 있다. 정부 차원에서 실시하는 교육훈련 제도는 지원 대상의 우선 순위를 명확히 하고 우선 순위에 따라 교육훈련관련 예산을 전략적으로 배분하는 원칙이 있어야 한다.

즉 교육훈련 기회는 업계의 핵심인력에게 우선적으로 제공되어야 한다. 교육훈련 프로그램이 체계적으로 운영되기 위해서는 산업별 핵심 인력을 파악하고 이들의 역량을 강화하기 위한 종합적인 계획이 수립되어야 한다. 뿐만 아니라 기존에 운영하고 있는 교육훈련 프로그램에 대한 모니터링을 통해서 교육훈련 제도의 질적 수준을 점검할 수 있는 장치가 마련되어야 한다(한국문화관광연구원, 2009).

제40조(자격취소 등)

문화체육관광부장관(관광종사원 중 대통령령으로 정하는 관광종사원에 대하여는 시·도지사)은 제38조제1항에 따라 자격을 가진 관광종사원이 다음 각 호의 어느 하나에 해당하면 문화체육관광부령으로 정하는 바에 따라 그 자격을 취소하거나 6개월 이내의 기간을 정하여 자격의 정지를 명할 수 있다. 다만, 제1호 및 제5호에 해당하면 그 자격을 취소하여야 한다.

1. 거짓이나 그 밖의 부정한 방법으로 자격을 취득한 경우
2. 제7조제1항 각 호(제3호는 제외한다)의 어느 하나에 해당하게 된 경우
3. 관광종사원으로서 직무를 수행하는 데에 부정 또는 비위(非違) 사실이 있는 경우
4. 삭제
5. 제38조제8항을 위반하여 다른 사람에게 관광종사원 자격증을 대여한 경우

■ 시·도지사 관할 관광종사원 시행령 제37조

법 제40조 각 호 외의 부분 본문에서 "대통령령으로 정하는 관광종사원"이란 다음 각 호에 해당하는 자를 말한다.

1. 국내여행안내사
2. 호텔서비스사

■ 종사원의 자격취소 등 시행규칙 제56조

법 제40조에 따라 문화체육관광부령으로 정하는 관광종사원의 자격취소 등에 관한 처분 기준은 다음(별표 17)과 같다.

■ 관광종사원에 대한 행정처분 기준(제56조 관련)

1. 일반기준
   가. 위반행위가 2 이상일 경우에는 그 중 중한 처분기준(중한 처분기준이 동일할 경우에는 그 중 하나의 처분기준을 말한다)에 따르며, 2 이상의 처분기준이 동일한 자격정지일 경우에는 중한 처분기준의 2분의 1까지 가중 처분할 수 있되, 각 처분기준을 합산한 기간을 초과할 수 없다.
   나. 위반행위의 횟수에 따른 행정처분의 기준은 최근 1년간 같은 위반행위로 행정처분을 받은 경우에 적용한다. 이 경우 행정처분 기준의 적용은 같은 위반행위에 대하여 최초로 행정처분을 한 날을 기준으로 한다.
   다. 처분권자는 그 처분기준이 자격정지인 경우에는 위반행위의 동기 · 내용 · 횟수 및 위반의 정도 등 다음 1)부터 3)까지의 규정에 해당하는 사유를 고려하여 처분기준의 2분의 1 범위에서 그 처분을 감경할 수 있다.
      1) 위반행위가 고의나 중대한 과실이 아닌 사소한 부주의나 오류로 인한 것으로 인정되는 경우
      2) 위반의 내용 · 정도가 경미하여 소비자에게 미치는 피해가 적다고 인정되는 경우
      3) 위반 행위자가 처음 해당 위반행위를 한 경우로서 3년 이상 관광종사원으로서 모범적으로 일해 온 사실이 인정되는 경우
2. 개별기준

위반행위	근거법령	행정처분기준			
		1차 위반	2차 위반	3차 위반	4차 위반
가. 거짓이나 그 밖의 부정한 방법으로 자격을 취득한 경우	법 제40조제1호	자격취소			
나. 법 제7조제1항 각 호(제3호는 제외한다)의 어느 하나에 해당하게 된 경우	법 제40조제2호	자격취소			
다. 관광종사원으로서 직무를 수행하는 데에 부정 또는 비위(非違)사실이 있는 경우	법 제40조제3호	자격정지 1개월	자격정지 3개월	자격정지 5개월	자격취소

제3장 관광사업자 단체

제41조(한국관광협회 중앙회 설립)

① 제45조에 따른 지역별 관광협회 및 업종별 관광협회는 관광사업의 건전한 발전을 위하여 관광업계를 대표하는 한국관광협회중앙회(이하 "협회"라 한다)를 설립할 수 있다.
② 협회를 설립하려는 자는 대통령령으로 정하는 바에 따라 문화체육관광부장관의 허가를 받아야 한다.
③ 협회는 법인으로 한다.
④ 협회는 설립등기를 함으로써 성립한다.

한국관광협회중앙회는 1963년 3월 11일 관광진흥법 제39조에 의거하여 설립된 특수법인으로서 한국의 관광업계를 대표하여 업계 전반의 의견을 종합, 조정하고 국내·외 관련기관과 상호 협조함으로써 관광산업의 진흥과 회원의 권익 및 복리증진에 이바지하는 것을 목적으로 설립되었다.

■ **한국관광협회 중앙회 약력**

1963년 - 관광진흥법에 의거 특수법인 대한관광협회 설립
1972년 - 대한관광협회중앙회 체제로 개편
1973년 - 한국관광협회로 명칭 변경
1977년 - 한국관광장학재단 설립
1987년 - 한국관광협회 여행공제회 발족
1998년 - 한국관광협회중앙회 체제로 개편
2000년 - Korea Travels 쇼핑몰 개장
2001년 - 국민관광상품권 출시
2003년 - 한국관광명품점 개장

○ 중앙회 구조

자료 : 한국관광협회중앙회 홈페이지

■ 한국관광협회중앙회의 설립요건 시행령 제38조

① 한국관광협회중앙회(이하 "협회"라 한다)를 설립하려면 제41조에 따른 지역별 관광협회 및 업종별 관광협회의 대표자 3분의 1 이상으로 구성되는 발기인이 정관을 작성하여 지역별 관광협회 및 업종별 관광협회의 대표자 과반수로 구성되는 창립총회의 의결을 거쳐야 한다.

② 협회의 설립 후 임원이 임명될 때까지 필요한 업무는 발기인이 수행한다.

제42조(정관)

협회의 정관[10]에는 다음 각 호의 사항을 적어야 한다.

1. 목적, 2. 명칭, 3. 사무소의 소재지,
4. 회원 및 총회에 관한 사항 5. 임원에 관한 사항,
6. 업무에 관한 사항, 7. 회계에 관한 사항
8. 해산(解散)에 관한 사항, 9. 그 밖에 운영에 관한 중요 사항

제43조(업무)

① 협회는 다음 각 호의 업무를 수행한다.

1. 관광사업의 발전을 위한 업무
2. 관광사업 진흥에 필요한 조사 · 연구 및 홍보
3. 관광 통계
4. 관광종사원의 교육과 사후관리
5. 회원의 공제사업
6. 국가나 지방자치단체로부터 위탁받은 업무
7. 관광안내소의 운영
8. 제1호부터 제7호까지의 규정에 의한 업무에 따르는 수익사업

② 제1항 제5호에 따른 공제사업은 문화체육관광부장관의 허가를 받아야 한다.

③ 제2항에 따른 공제사업의 내용 및 운영에 필요한 사항은 대통령령으로 정한다.

■ **공제사업의 허가 등** 시행령 제39조

① 공제사업의 허가를 받으려면 공제규정을 첨부하여 문화체육관광부장관에게 신청하여야 한다.

② 공제규정에는 사업의 실시방법, 공제계약, 공제분담금 및 책임준비금의 산출방법에 관한 사항이 포함되어야 한다.

③ 공제규정을 변경하려면 문화체육관광부장관의 승인을 받아야 한다.

④ 공제사업을 하는 자는 공제규정에서 정하는 바에 따라 매 사업연도 말에 그 사업의 책임준비금을 계상하고 적립하여야 한다.

⑤ 공제사업에 관한 회계는 협회의 다른 사업에 관한 회계와 구분하여 경리하여야 한다.

10) 정관(定款) : 단체나 법인의 조직 · 활동을 정하는 근본규칙 또는 이 규칙을 기재한 서면을 말한다. 정관에는 반드시 기재하지 않으면 안 될 사항(필요적 기재사항)과 그렇지 않은 것(임의적 기재사항)이 있다.

■ **공제사업의 내용** 시행령 제39조

1. 관광사업자의 관광사업 행위와 관련된 사고로 인한 대물 및 대인배상에 대비하는 공제 및 배상업무
2. 관광사업 행위에 따른 사고로 인하여 재해를 입은 종사원에 대한 보상업무
3. 그 밖에 회원 상호간의 경제적 이익을 도모하기 위한 업무

제44조 (민법의 준용)

협회에 관하여 이 법에 규정된 것 외에는 「민법」 중 사단법인에 관한 규정을 준용한다.

법인(法人)은 자연인이 아닌 일정한 목적으로 결합한 사람의 단체인 사단(社團)이나 일정한 목적에 제공된 재산운용을 목적으로 하는 재단(財團)으로서 법적 인격이 부여된 권리 · 의무의 주체이다. 법인의 종류는 공법인으로서 공공단체와 사법인으로서 사단법인, 재단법인, 그리고 학교법인 등으로 구분된다. 사단법인은 일정한 목적으로 결합된 사람의 집합체인 단체로서 회원으로 구성되는데, 여기에는 영리법인과 비영리법인이 있다(정희천, 2009).

제45조(지역별 · 업종별 관광협회)

① 관광사업자는 지역별 또는 업종별로 그 분야의 관광사업의 건전한 발전을 위하여 대통령령으로 정하는 바에 따라 지역별 또는 업종별 관광협회를 설립할 수 있다.
② 제1항에 따른 업종별 관광협회는 문화체육관광부장관의 설립허가를, 지역별 관광협회는 시 · 도지사의 설립허가를 받아야 한다.
③ 시 · 도지사는 해당 지방자치단체의 조례로 정하는 바에 따라 제1항에 따른 지역별 관광협회가 수행하는 상업에 대하여 예산의 범위에서 사업비의 전부 또는 일부를 지원할 수 있다.

한국관광협회중앙회는 업종별 협회, 지역별협회로 구분할 수 있다. 업종별 협회에는 한국일반여행업협회, 한국관광호텔협회, 한국카지노협회, 한국종합유원시설협회, 한국휴양콘도미니엄업협회, 한국외국인관광시설협회, 그리고 한국컨벤션이벤트산업협회 등이 있으며, 지역별로 서울특별시 등을 비롯한 시도의 지역별협회가 존재한다.

■ 지역별 또는 업종별 관광협회의 설립 시행령 제41조

지역별 관광협회 또는 업종별 관광협회를 설립할 수 있는 범위는 다음과 같다.

1. 지역별 관광협회는 특별시 · 광역시 · 도 및 특별자치도를 단위로 설립하되, 필요하다고 인정되는 지역에는 지부를 둘 수 있다.
2. 업종별 관광협회는 업종별로 업무의 특수성을 고려하여 전국을 단위로 설립할 수 있다.

제46조(협회에 관한 규정의 준용)

지역별 관광협회 및 업종별 관광협회의 설립 · 운영 등에 관하여는 제41조부터 제44조까지의 규정을 준용한다.

제48조의9(지역관광협의회 설립)

① 관광사업자, 관광 관련 사업자, 관광 관련 단체, 주민 등은 공동으로 지역의 관광진흥을 위하여 광역 및 기초 지방자치단체 단위의 지역관광협의회(이하 "협의회"라 한다)를 설립할 수 있다.

② 협의회에는 지역 내 관광진흥을 위한 이해 관련자가 고루 참여하여야 하며, 협의회를 설립하려는 자는 해당 지방자치단체의 장의 허가를 받아야 한다.

③ 협의회는 법인으로 한다.

④ 협의회는 다음 각 호의 업무를 수행한다.

1. 지역의 관광수용태세 개선을 위한 업무
2. 지역관광 홍보 및 마케팅 지원 업무
3. 관광사업자, 관광 관련 사업자, 관광 관련 단체에 대한 지원
4. 제1호부터 제3호까지의 업무에 따르는 수익사업
5. 지방자치단체로부터 위탁받은 업무

⑤ 협의회의 운영 등에 필요한 경비는 회원이 납부하는 회비와 사업 수익금 등으로 충당하며, 지방자치단체의 장은 협의회의 운영 등에 필요한 경비의 일부를 예산의 범위에서 지원할 수 있다.

⑥ 협의회의 설립 및 지원 등에 필요한 사항은 해당 지방자치단체의 조례로 정한다.

⑦ 협의회에 관하여 이 법에 규정된 것 외에는 「민법」 중 사단법인에 관한 규정을 준용한다.

제4장 관광의 진흥과 홍보

제47조(관광정보 활용 등)

① 문화체육관광부장관은 관광에 관한 정보의 활용과 관광을 통한 국제 친선을 도모하기 위하여 관광과 관련된 국제기구와의 협력 관계를 증진하여야 한다.
② 문화체육관광부장관은 제1항에 따른 업무를 원활히 수행하기 위하여 관광사업자 · 관광사업자 단체 또는 한국관광공사(이하 "관광사업자 등"이라 한다)에게 필요한 사항을 권고 · 조정할 수 있다.
③ 관광사업자등은 특별한 사유가 없으면 제2항에 따른 문화체육관광부장관의 권고나 조정에 협조하여야 한다.

제47조의2(관광통계)

① 문화체육관광부장관과 지방자치단체의 장은 제49조제1항 및 제2항에 따른 관광개발기본계획 및 권역별 관광개발계획을 효과적으로 수립 · 시행하고 관광산업에 활용하도록 하기 위하여 국내외의 관광통계를 작성할 수 있다.
② 문화체육관광부장관과 지방자치단체의 장은 관광통계를 작성하기 위하여 필요하면 실태조사를 하거나, 공공기관 · 연구소 · 법인 · 단체 · 민간기업 · 개인 등에게 협조를 요청할 수 있다.
③ 제1항 및 제2항에서 규정한 사항 외에 관광통계의 작성 · 관리 및 활용에 필요한 사항은 대통령령으로 정한다.

관광개발기본계획 및 권역별 관광개발계획을 효과적으로 수립 · 시행하고 관광산업에 활용하기 위하여 국내외 관광통계를 작성할 필요가 있음을 인식하여 2009년에 본조를 신설하였다. 이를 통하여 문화체육관광부장관과 지방자치단체의 장은 관광통계 작성을 위한 실태조사를 할 수 있으며, 필요하면 공공기관, 연구소 및 민간기업 등에 협조를 요청할 수 있다. 관광통계의 생산 · 관리 등이 쉬워짐에 따라 정확한 관광산업 진흥시책을 마련할 수 있을 것으로 기대된다.

■ 관광통계 작성 범위 시행령 제41조의2

1. 외국인 방한(訪韓) 관광객의 관광행태에 관한 사항
2. 국민의 관광행태에 관한 사항
3. 관광사업자의 경영에 관한 사항
4. 관광지와 관광단지의 현황 및 관리에 관한 사항

5. 그 밖에 문화체육관광부장관 또는 지방자치단체의 장이 관광산업의 발전을 위하여 필요하다고 인정하는 사항 [본조신설 2009.10.7]

제47조의3(장애인 · 고령자 관광 활동의 지원)

① 국가 및 지방자치단체는 장애인 · 고령자의 여행 기회를 확대하고 장애인 · 고령자의 관광 활동을 장려 · 지원하기 위하여 관련 시설을 설치하는 등 종합적인 시책을 강구하여야 한다.

② 국가 및 지방자치단체는 장애인 · 고령자의 여행 및 관광 활동 권리를 증진하기 위하여 장애인 · 고령자의 관광 지원 사업과 장애인 · 고령자 관광 지원 단체에 대하여 경비를 보조하는 등 필요한 지원을 할 수 있다.

제47조의4(관광취약계층의 관광복지 증진 시책 강구)

국가 및 지방자치단체는 경제적 · 사회적 여건 등으로 관광 활동에 제약을 받고 있는 관광취약계층의 여행 기회를 확대하고 관광 활동을 장려하기 위하여 필요한 시책을 강구하여야 한다.

제47조의5(여행이용권의 지급 및 관리)

① 국가 및 지방자치단체는 「국민기초생활 보장법」에 따른 수급권자, 그 밖에 소득수준이 낮은 저소득층 등 대통령령으로 정하는 관광취약계층에게 여행이용권을 지급할 수 있다.

② 국가 및 지방자치단체는 여행이용권의 수급자격 및 자격유지의 적정성을 확인하기 위하여 필요한 가족관계증명 · 국세 · 지방세 · 토지 · 건물 · 건강보험 및 국민연금에 관한 자료 등 대통령령으로 정하는 자료를 관계 기관의 장에게 요청할 수 있고, 해당 기관의 장은 특별한 사유가 없으면 요청에 따라야 한다. 다만, 「전자정부법」 제36조 제1항에 따른 행정정보 공동이용을 통하여 확인할 수 있는 사항은 예외로 한다.

③ 국가 및 지방자치단체는 제2항에 따른 자료의 확인을 위하여 「사회복지사업법」 제6조의2 제2항에 따른 정보시스템을 연계하여 사용할 수 있다.

④ 국가 및 지방자치단체는 여행이용권의 발급, 정보시스템의 구축 · 운영 등 여행이용권 업무의 효율적 수행을 위하여 대통령령으로 정하는 바에 따라 전담기관을 지정할 수 있다.

⑤ 제1항부터 제4항까지에서 규정한 사항 외에 여행이용권의 지급 · 이용 등에 필요한 사항은 대통령령으로 정한다.

⑥ 문화체육관광부장관은 여행이용권의 이용 기회 확대 및 지원 업무의 효율성을 제고하기 위하여 여행이용권을 「문화예술진흥법」 제15조의4에 따른 문화이용권 등 문화체육관광부령으로 정하는 이용권과 통합하여 운영할 수 있다.

■ 관광취약계층의 범위 시행령 제41조의3

법 제47조의5 제1항에서 "「국민기초생활 보장법」에 따른 수급권자, 그 밖에 소득수준이 낮은 저소득층 등 대통령령으로 정하는 관광취약계층"란 다음 각 호의 어느 하나에 해당하는 사람을 말한다.

1. 「국민기초생활 보장법」 제2조 제2호에 따른 수급자
2. 「국민기초생활 보장법」 제2조 제10호에 따른 차상위계층에 해당하는 사람 중 다음 각 목의 어느 하나에 해당하는 사람
   가. 「국민기초생활 보장법」 제7조 제1항 제7호에 따른 자활급여 수급자
   나. 「장애인복지법」 제49조제1항에 따른 장애수당 수급자 또는 같은 법 제50조에 따른 장애아동수당 수급자
   다. 「장애인연금법」 제5조에 따른 장애인연금 수급자
   라. 「국민건강보험법 시행령」 별표 2 제3호라목의 경우에 해당하는 사람
3. 「한부모가족지원법」 제5조에 따른 지원대상자
4. 그 밖에 경제적·사회적 제약 등으로 인하여 관광 활동을 영위하기 위하여 지원이 필요한 사람으로서 문화체육관광부장관이 정하여 고시하는 기준에 해당하는 사람

■ 여행이용권의 지급에 필요한 자료 시행령 제41조의4

법 제47조의5 제2항 본문에서 "가족관계증명·국세·지방세·토지·건물·건강보험 및 국민연금에 관한 자료 등 대통령령으로 정하는 자료"란 다음 각 호의 자료를 말한다.

1. 제41조의3에 따른 관광취약계층에 해당함을 확인하기 위한 자료
2. 주민등록등본
3. 가족관계증명서

■ 여행이용권 업무의 전담기관 시행령 제41조의5

① 법 제47조의5 제4항에 따른 여행이용권 업무의 전담기관(이하 "전담기관"이라 한다)의 지정 요건은 다음 각 호와 같다.

1. 제3항 각 호의 업무를 수행하기 위한 인적·재정적 능력을 보유할 것
2. 제3항 각 호의 업무를 수행하는 데에 필요한 시설을 갖출 것
3. 여행이용권에 관한 홍보를 효율적으로 수행하기 위한 관련 기관 또는 단체와의 협력체계를 갖출 것

② 문화체육관광부장관은 제1항 각 호의 요건을 모두 갖춘 전담기관을 지정하였을 때에는 그 사실을 문화체육관광부의 인터넷 홈페이지에 게시하여야 한다.

③ 전담기관이 수행하는 업무는 다음 각 호와 같다.

1. 여행이용권의 발급에 관한 사항
2. 법 제47조의5 제4항에 따른 정보시스템의 구축 · 운영
3. 여행이용권 이용활성화를 위한 관광단체 및 관광시설 등과의 협력
4. 여행이용권 이용활성화를 위한 조사 · 연구 · 교육 및 홍보
5. 여행이용권 이용자의 편의 제고를 위한 사업
6. 여행이용권 관련 통계의 작성 및 관리
7. 그 밖에 문화체육관광부장관이 여행이용권 업무의 효율적 수행을 위하여 필요하다고 인정하는 사무

■ 여행이용권의 발급 시행령 제41조의6

전담기관 또는 시장(제주특별자치도의 경우에는 「제주특별자치도 설치 및 국제자유도시 조성을 위한 특별법」에 따른 행정시장을 말한다) · 군수 · 구청장은 문화체육관광부령으로 정하는 바에 따라 여행이용권을 발급한다.

■ 여행이용권의 통합운영 시행규칙 제56조의2

① 법 제47조의5제6항에서 "「문화예술진흥법」 제15조의4에 따른 문화이용권 등 문화체육관광부령으로 정하는 이용권"이란 다음 각 호의 이용권을 말한다.

1. 「문화예술진흥법」 제15조의4에 따른 문화이용권
2. 그 밖에 문화체육관광부장관이 지급 · 관리하는 이용권으로서 문화체육관광부장관이 정하여 고시하는 이용권

■ 여행이용권의 발급 등 시행규칙 제56조의3

여행이용권의 발급 및 재발급에 관하여는 「문화예술진흥법 시행규칙」 제2조부터 제4조까지를 준용한다. 이 경우 "문화이용권"은 "여행이용권"으로, "한국문화예술위원회의 위원장"은 "전담기관"으로 본다.

제47조의6(국제협력 및 해외진출 지원)

① 문화체육관광부장관은 관광산업의 국제협력 및 해외시장 진출을 촉진하기 위하여 다음 각 호의 사업을 지원할 수 있다.

1. 국제전시회의 개최 및 참가 지원
2. 외국자본의 투자유치
3. 해외마케팅 및 홍보활동
4. 해외진출에 관한 정보제공
5. 수출 관련 협력체계의 구축
6. 그 밖에 국제협력 및 해외진출을 위하여 필요한 사업

② 문화체육관광부장관은 제1항에 따른 사업을 효율적으로 지원하기 위하여 대통령령으로 정하는 관계 기관 또는 단체에 이를 위탁하거나 대행하게 할 수 있으며, 이에 필요한 비용을 보조할 수 있다.

[본조신설 2018. 12. 11.], [시행일 : 2019. 6. 12.]

제47조의7(관광산업 진흥 사업)

문화체육관광부장관은 관광산업의 활성화를 위하여 대통령령으로 정하는 바에 따라 다음 각 호의 사업을 추진할 수 있다.

1. 관광산업 발전을 위한 정책·제도의 조사·연구 및 기획
2. 관광 관련 창업 촉진 및 창업자의 성장·발전 지원
3. 관광산업 전문인력 수급분석 및 육성
4. 관광산업 관련 기술의 연구개발 및 실용화
5. 지역에 특화된 관광 상품 및 서비스 등의 발굴·육성
6. 그 밖에 관광산업 진흥을 위하여 필요한 사항

[본조신설 2018. 12. 24.], [시행일 : 2019. 6. 25.]

문화체육관광부장관이 관광산업의 활성화를 위하여 창업 지원, 전문인력 양성, 연구개발, 지역특화 관광 상품 및 서비스 발굴·육성 등의 사업을 추진할 수 있는 명시적인 법적 근거를 마련하여 관광산업의 지속적인 성장을 도모하고 일자리 창출에 기여하기 위한 것이다.

제47조의8(스마트관광산업의 육성)

① 국가와 지방자치단체는 기술기반의 관광산업 경쟁력을 강화하고 지역관광을 활성화하기 위하여 스마트관광산업(관광에 정보통신기술을 융합하여 관광객에게 맞춤형 서비스를 제공하고 관광콘텐츠 · 인프라를 지속적으로 발전시킴으로써 경제적 또는 사회적 부가가치를 창출하는 산업을 말한다. 이하 같다)을 육성하여야 한다.

② 문화체육관광부장관은 스마트관광산업의 육성을 위하여 다음 각 호의 사업을 추진 · 지원할 수 있다.

1. 스마트관광산업 발전을 위한 정책 · 제도의 조사 · 연구 및 기획
2. 스마트관광산업 관련 창업 촉진 및 창업자의 성장 · 발전 지원
3. 스마트관광산업 관련 기술의 연구개발 및 실용화
4. 스마트관광산업 기반 지역관광 개발
5. 스마트관광산업 진흥에 필요한 전문인력 양성
6. 그 밖에 스마트관광산업 육성을 위하여 필요한 사항

제48조(관광홍보 및 관광자원 개발)

① 문화체육관광부장관 또는 시 · 도지사는 국제 관광의 촉진과 국민 관광의 건전한 발전을 위하여 국내외 관광 홍보 활동을 조정하거나 관광 선전물을 심사하거나 그 밖에 필요한 사항을 지원할 수 있다.

② 문화체육관광부장관 또는 시 · 도지사는 제1항에 따라 관광홍보를 원활히 추진하기 위하여 필요하면 문화체육관광부령으로 정하는 바에 따라 관광사업자등에게 해외관광시장에 대한 정기적인 조사, 관광 홍보물의 제작, 관광안내소의 운영 등에 필요한 사항을 권고하거나 지도할 수 있다.

③ 지방자치단체의 장, 관광사업자 또는 제54조제1항에 따라 관광지 · 관광단지의 조성계획승인을 받은 자는 관광지 · 관광단지 · 관광특구 · 관광시설 등 관광자원을 안내하거나 홍보하는 내용의 옥외광고물(屋外廣告物)을 「옥외광고물 등의 관리와 옥외광고산업 진흥에 관한 법률」의 규정에도 불구하고 대통령령으로 정하는 바에 따라 설치할 수 있다.

④ 문화체육관광부장관과 지방자치단체의 장은 관광객의 유치, 관광복지의 증진 및 관광 진흥을 위하여 대통령령으로 정하는 바에 따라 다음 각 호의 사업을 추진할 수 있다.

1. 문화, 체육, 레저 및 산업시설 등의 관광자원화 사업
2. 해양관광의 개발사업 및 자연생태의 관광자원화 사업
3. 관광상품의 개발에 관한 사업
4. 국민의 관광복지 증진에 관한 사업
5. 유휴자원을 활용한 관광자원화사업

제48조의2(지역축제 등)

① 문화체육관광부장관은 지역축제의 체계적 육성 및 활성화를 위하여 지역축제에 대한 실태조사와 평가를 할 수 있다.
② 문화체육관광부장관은 지역축제의 통폐합 등을 포함한 그 발전방향에 대하여 지방자치단체의 장에게 의견을 제시하거나 권고할 수 있다.
③ 문화체육관광부장관은 다양한 지역관광자원을 개발·육성하기 위하여 우수한 지역축제를 문화관광축제로 지정하고 지원할 수 있다.
④ 제3항에 따른 문화관광축제의 지정 기준 및 지원 방법 등에 필요한 사항은 대통령령으로 정한다.

유사한 지역축제가 급증함에 따른 예산낭비를 막고 지역축제의 체계적인 정비와 육성을 도모할 필요가 있음을 바탕으로 2009년에 본조가 신설되었다. 문화체육관광부장관은 지역축제의 통폐합을 포함한 발전방향에 대하여 지방자치단체의 장에게 의견을 제시하거나 권고할 수 있고, 다양한 지역관광자원을 개발·육성하기 위하여 우수한 지역축제를 문화관광축제로 지정하여 지원할 수 있도록 하였다. 또한 선심성·전시성 유사축제가 양산되는 것을 방지하고 각 지역의 관광자원을 활용한 문화관광축제의 특성화에 기여할 것으로 기대된다.

축제는 예술적 요소가 포함된 제·의를 일컫는 것으로서 초기에는 성스러운 종교적 제의에서 출발했으나, 유희성을 강하게 지니게 되어 오늘날에는 종교적인 신성성이 거의 퇴색되었다. 오늘날의 축제는 현대 사회의 시대정신과 감각에 맞는 축제의 기호들로 발전하였으며, 지역문화를 외부에 소개하고 외지인을 축제에 참석토록 하여 지역 이미지를 강화하고 재정립하려는 것이 오늘날 지역축제의 개념화가 되고 있다. 지역축제는 다양한 문화현상을 포괄하고 있으며, 좁은 의미로는 '지역과의 역사적 상관성 속에서 생성·전승된 전통적인 문화유산을 축제화한 것'이고 넓은 의미로는 '전통 축제뿐만 아니라 문화제·예술제·전국민속예술 경연대회들을 비롯한 각 지역의 문화행사 전반이 포괄'된다. 축제는 ① 억압된 인간의 감정과 행동표현의 기회를 제공, ② 인간 본연의 위치를 발견하는 계기가 됨, ③ 모순된 사회의 비판 기회를 제공, ④ 사회적·종교적 목적의 활동 수단이 됨, ⑤ 문화교류의 가교역할을 수행하는 등의 기능을 갖는다(서태양, 1999).

■ 주민 주도의 지역관광 활성화 사업 시행령 제41조의7

문화체육관광부장관은 법 제48조제4항제6호에 따라 주민 주도의 지역관광 활성화를 위하여 다음 각 호의 사업을 추진할 수 있다.

1. 주민 주도의 지역관광 활성화 관련 전문인력 및 지역관광 분야 주민사업체(지

역 주민으로 구성되어 영리를 목적으로 지역관광 사업을 수행하는 법인 또는 단체를 말한다)의 발굴 · 육성 · 교육 및 활동 지원

2. 주민 주도의 지역관광 홍보
3. 지역자원을 활용한 관광콘첸츠 개발 지원
4. 주민 주도의 지역관광 모니터링 및 평가
5. 그 밖에 주민 주도의 지역관광 활성화를 위하여 필요한 사업

■ 문화관광축제의 지정 기준 시행령 제41조의8

문화체육관광부장관이 다음의 사항을 고려하여 정한다.

1. 축제의 특성 및 콘텐츠
2. 축제의 운영능력
3. 관광객 유치 효과 및 경제적 파급효과
4. 그 밖에 문화체육관광부장관이 정하는 사항

■ 문화관광축제의 지원 방법 시행령 제41조의9

① 문화관광축제로 지정받으려는 지역축제의 개최자는 관할 특별시 · 광역시 · 도 · 특별자치도를 거쳐 문화체육관광부장관에게 지정신청을 하여야 한다.

② 지정신청을 받은 문화체육관광부장관은 문화관광축제의 지정 기준에 따라 문화관광축제를 지정한다.

③ 문화체육관광부장관은 지정받은 문화관광축제를 예산의 범위에서 지원할 수 있다.

문화관광축제는 문화체육관광부가 외국인 관광객 유치확대 및 지역 관광 활성화를 위해 전국 지역축제 중 관광상품성이 큰 축제를 대상으로 1995년부터 해마다 지속적으로 확대 지원 · 육성하고 있는 사업이다. 선정방법은 각 시 · 도에서 10개 이내의 축제를 추천하면 관광 · 축제 분야의 전문가들로 구성된 선정위원회에서 국내외 관광객 유치실적, 축제 프로그램 등 콘텐츠, 축제의 부가가치 창출 효과 등을 기준으로 선정하게 된다. 문화관광축제는 전통문화와 독특한 주제를 배경으로 한 지역축제 중 관광상품성이 큰 축제를 선정하여 집중육성하고 있으며, 외국인 관광객 유치 증진 및 지역경제 활성화에 기본방향을 두고 추진하고 있다. 최근의 문화관광축제 평가보고서를 보면 관광객이 단순히 보는 관광에서 직접 체험하는 관광을 선호하는 것으로 나타나고 있다. 이에 따른 전략으로 문화체육관광부, 광역자치단체, 기초자치단체, 그리고 지역별 축제추진위원회

는 공동으로 축제를 기획하여 축제의 본질과 지역전통문화의 주체성 유지에 바탕을 두고 관광객 참여형 축제로의 전환을 추구하고 있다.

문화관광축제 추진체계로 문화체육관광부는 육성대상 축제 선정, 관련 기관 참여유도, 예산지원, 관광상품화 등을 총괄하고 있다. 한국관광공사는 해외지사를 통한 현지 여행사의 상품기획, 언론인 초청지원 등을 통한 기사화 및 광고 등을 통한 언론매체 홍보활동과 관광 관련 대형 이벤트 참가, 인터넷 홍보 등을 통한 일반 소비자 대상 홍보활동 등 축제의 해외마케팅 활동을 지원하고 있다. 각 시 · 도 · 군 · 구는 행사추진 행정지원과 국내홍보, 여행업 설명회, 지역 주민 및 업계의 참여를 유도하고 있으며, 각 주최기관은 행사기획과 진행, 여행업계는 축제 패키지 상품을 개발 · 판매하고 있다(문화체육관광부, 2009).

제48조의3(지속가능한 관광활성화)

① 문화체육관광부장관은 에너지 · 자원의 사용을 최소화하고 기후변화에 대응하며 환경 훼손을 줄이고 지역주민의 삶과 균형을 이루며 지역경제와 상생발전할 수 있는 지속가능한 관광자원의 개발을 장려하기 위하여 정보제공 및 재정지원 등 필요한 조치를 강구할 수 있다.

② 시 · 도지사나 시장 · 군수 · 구청장은 다음 각 호의 어느 하나에 해당하는 지역을 조례로 정하는 바에 따라 특별관리지역으로 지정할 수 있다. 이 경우 특별관리지역이 같은 시 · 도 내에서 둘 이상의 시 · 군 · 구에 걸쳐 있는 경우에는 시 · 도지사가 지정하고, 둘 이상의 시 · 도에 걸쳐 있는 경우에는 해당 시 · 도지사가 공동으로 지정한다.

1. 수용 범위를 초과한 관광객의 방문으로 자연환경이 훼손되거나 주민의 평온한 생활환경을 해칠 우려가 있어 관리할 필요가 있다고 인정되는 지역
2. 차량을 이용한 숙박 · 취사 등의 행위로 자연환경이 훼손되거나 주민의 평온한 생활환경을 해칠 우려가 있어 관리할 필요가 있다고 인정되는 지역. 다만, 다른 법령에서 출입, 주차, 취사 및 야영 등을 금지하는 지역은 제외한다.

③ 문화체육관광부장관은 특별관리지역으로 지정할 필요가 있다고 인정하는 경우에는 시 · 도지사 또는 시장 · 군수 · 구청장으로 하여금 해당 지역을 특별관리지역으로 지정하도록 권고할 수 있다.

④ 시 · 도지사나 시장 · 군수 · 구청장은 특별관리지역을 지정 · 변경 또는 해제할 때에는 대통령령으로 정하는 바에 따라 미리 주민의 의견을 들어야 하며, 문화체육관광부장관 및 관계 행정기관의 장과 협의하여야 한다. 다만, 대통령령으로 정하는 경미한 사항을 변경하려는 경우에는 예외로 한다.

⑤ 시 · 도지사나 시장 · 군수 · 구청장은 특별관리지역을 지정 · 변경 또는 해제할 때에는 특별관리지역의 위치, 면적, 지정일시, 지정 · 변경 · 해제 사유, 특별관리지역 내 조치사항, 그 밖에 조례로 정하는 사항을 해당 지방자치단체 공보에 고시하고, 문화체육관광부장관에게 제출하여야 한다.

⑥ 시 · 도지사나 시장 · 군수 · 구청장은 특별관리지역에 대하여 조례로 정하는 바에 따라 관광객 방문시간 제한, 이용료 징수, 차량 · 관광객 통행 제한 등 필요한 조치를 할 수 있다.

> ⑦ 시 · 도지사나 시장 · 군수 · 구청장은 제6항에 따른 조례를 위반한 사람에게 「지방자치법」 제27조에 따라 1천만 원 이하의 과태료를 부과 · 징수할 수 있다.
> ⑧ 시 · 도지사나 시장 · 군수 · 구청장은 특별관리지역에 해당 지역의 범위, 조치사항 등을 표시한 안내판을 설치하여야 한다.
> ⑨ 문화체육관광부장관은 특별관리지역 지정 현황을 관리하고 이와 관련된 정보를 공개하여야 하며, 특별관리지역을 지정 · 운영하는 지방자치단체와 그 주민 등을 위하여 필요한 지원을 할 수 있다.
> ⑩ 그 밖에 특별관리지역의 지정 요건, 지정 절차 등 특별관리지역 지정 및 운영에 필요한 사항은 해당 지방자치단체의 조례로 정한다.

지속가능한 관광이란 생태 · 녹색관광을 의미하는 것으로 해석할 수 있다. 생태관광(eco-tourism)이란 "양호한 상태의 자연보전지구를 목적지로 하는 여행으로서 생태계의 본질을 변화시키지 않으면서 지역주민은 자연보전을 통해 경제적 이익을 얻고, 여행자는 문화와 환경, 자연사에 대한 이해를 증진시키는 관광의 형태"로 규정지을 수 있다. 이러한 생태관광은 환경문제의 심각성에 대한 우려와 현대인의 가치관 변화에 따른 관광욕구의 다양화에 적절히 대응하기 위한 상품 개발 등의 원인에 의해서 발생하게 되었다(김용상 등, 2004). 이와 유사한 개념으로는 특수목적관광(SIT : special interest tourism), 녹색관광(green tourism), 윤리적(ethical) 관광, 착한 여행 등이 존재한다.

UN에서는 2002년을 '생태관광의 해'로 지정하였고, 최근 국내에서도 생태 · 녹색관광 수요의 증대로 체계적인 생태 · 녹색관광자원 개발 필요성이 대두함에 따라 정부는 생태자원을 최대한 보존하면서 환경 친화적인 관광개발을 통해 초보단계에 있는 생태 · 녹색관광을 정착시키고자 노력하고 있다. 정부는 향후 지속적으로 생태 · 녹색 관광자원 개발 예산의 연차적 확대와 지원을 통하여 전국을 균형 있게 개발할 수 있도록 유도하고, 획일적 개발 지양 및 지역적 특성에 맞는 지속가능한 개발을 도모하려하고 있다(문화체육관광부, 2009). 정부의 생태 · 녹색관광 활성화를 위한 시책으로는 녹색관광 가이드라인, 인증제 도입, 녹색관광 현장 컨설팅 제도 운영, 관광시설에 탄소저감 시설 도입할 경우에는 예산을 지원하는 등의 시책이 강구되고 있으며, 생태관광 세계화 10대 모델사업(DMZ, 습지, 갯벌, 생태도시 등), 지자체별로 생태관광 민관협의체 운영(문화부 · 환경부 공동) 등을 구상하고, 관광단지 내 전기 자동차 도입, 탄소배출 저감 시스템 도입 등 탄소중립형 관광단지 조성 및 전환 유도를 위한 시책을 강구하고 있다. 또한 정부는 우수 자연생태계의 보전과 훼손된 자원의 복원을 통해 녹색관광자원을 적극 발굴하고, 우수 생태계 보호지역(습지보호지역 : 20개 → 30개소, 생태경관보전지역 : 14개소 →

20개소로 확대), 국제보호지역(현재 14개소 → 21개소 : 생물권보전지역 5, 세계자연유산 3, 람사르 습지 13 등) 지정을 확대할 계획이다.

■ 특별관리지역의 지정 · 변경 · 해제 시행령 제41조의10

① 시 · 도지사 또는 시장 · 군수 · 구청장은 법 제48조의3제4항 본문에 따라 주민의 의견을 들으려는 경우에는 해당 지역의 주민을 대상으로 공청회를 개최해야 한다.
② 시 · 도지사 또는 시장 · 군수 · 구청장은 법 제48조의3제4항 본문에 따른 협의를 하려는 경우에는 문화체육관광부령으로 정하는 서류를 문화체육관광부장관 및 관계 행정기관의 장에게 제출해야 한다.
③ 법 제48조의3제4항 본문에 따라 협의 요청을 받은 문화체육관광부장관 및 관계 행정기관의 장은 협의 요청을 받은 날부터 30일 이내에 의견을 제출해야 한다.
④ 법 제48조의3제4항 단서에서 "대통령령으로 정하는 경미한 사항을 변경하는 경우"란 다음 각 호의 변경에 해당하지 않는 경우를 말한다.
  1. 특별관리지역의 위치 또는 면적의 변경
  2. 특별관리지역의 지정기간의 변경
  3. 특별관리지역 내 조치사항 중 다음 각 목에 해당하는 사항의 변경
    가. 관광객 방문제한 시간
    나. 특별관리지역 방문에 부과되는 이용료
    다. 차량 · 관광객 통행제한 지역
    라. 그 밖에 가목부터 다목까지에 준하는 조치사항으로서 주민의 의견을 듣거나 문화체육관광부장관 및 관계 행정기관의 장과 협의를 할 필요가 있다고 인정되는 사항

■ 특별관리지역의 지정 · 변경 · 해제 시행규칙 제57조

영 제41조의9제2항에서 "문화체육관광부령으로 정하는 서류"란 다음 각 호의 서류를 말한다.

1. 영 제41조의9제1항에 따라 개최된 공청회 결과서
2. 지정 · 변경 또는 해제하려는 특별관리지역의 적정 관광객 수, 소음 수준, 교통 혼잡도 등 수용 범위에 관한 조사결과서
3. 수용 범위를 초과한 관광객의 방문으로 발생하는 피해의 유형 및 정도 등에 대한 실태조사 결과서

4. 특별관리지역의 구역이 표시된 축척 2만 5천분의 1 이상의 지형도
5. 특별관리지역의 운영 · 관리 계획서

제48조의4(문화관광해설사의 양성 및 활용계획 등)

① 문화체육관광부장관은 문화관광해설사를 효과적이고 체계적으로 양성 · 활용하기 위하여 해마다 문화관광해설사의 양성 및 활용계획을 수립하고, 이를 지방자치단체의 장에게 알려야 한다.
② 지방자치단체의 장은 제1항에 따른 문화관광해설사 양성 및 활용계획에 따라 관광객의 규모, 관광자원의 보유 현황, 문화관광해설사에 대한 수요 등을 고려하여 해마다 문화관광해설사 운영계획을 수립 · 시행하여야 한다. 이 경우 문화관광해설사의 양성 · 배치 · 활용 등에 관한 사항을 포함하여야 한다.

제48조의5(관광체험교육프로그램 개발)

문화체육관광부장관 또는 지방자치단체의 장은 관광객에게 역사 · 문화 · 예술 · 자연 등의 관광자원과 연계한 체험기회를 제공하고, 관광을 활성화하기 위하여 관광체험교육프로그램을 개발 · 보급할 수 있다. 이 경우 장애인을 위한 관광체험교육프로그램을 개발하여야 한다.

제48조의6(문화관광해설사 양성교육과정의 개설 · 운영)

① 문화체육관광부장관 또는 시 · 도지사는 문화관광해설사 양성을 위한 교육과정을 개설(開設)하여 운영할 수 있다.
② 제1항에 따른 교육과정의 개설 · 운영에 필요한 사항은 문화체육관광부령으로 정한다.

■ 문화관광해설사 양성교육과정의 개설 · 운영 기준 시행규칙 제57조의3

① 법 제48조의6제2항에 따른 문화관광해설사 양성을 위한 교육과정의 개설 · 운영 기준은 별표 17의2와 같다.
② 제1항에 따른 교육과정의 개설의 인증 · 운영 기준에 필요한 세부적인 사항은 문화체육관광부장관이 정하여 고시한다.

■ 문화관광해설사 양성교육과정(교육프로그램) 인증기준(제57조의3제1항 관련)

<table>
<tr><th>구분</th><th colspan="3">개설 · 운영</th></tr>
<tr><td rowspan="5">교육과목
및 교육시간</td><td colspan="2">교육과목(실습을 포함)</td><td>교육시간</td></tr>
<tr><td>기본소양</td><td>1) 문화관광해설사의 역할과 자세
2) 문화관광자원의 가치 인식 및 보호
3) 관광객의 특성 이해 및 관광약자 배려</td><td>20시간</td></tr>
<tr><td>전문지식</td><td>4) 관광정책 및 관광산업의 이해
5) 한국 주요 문화관광자원의 이해
6) 지역 특화문화관광자원의 이해</td><td>40시간</td></tr>
<tr><td>현장실무</td><td>7) 해설 시나리오 작성 및 해설 기법
8) 해설 현장 실습
9) 관광 안전관리 및 응급 처치</td><td>40시간</td></tr>
<tr><td colspan="2">합 계</td><td>100시간</td></tr>
<tr><td>교육시설(양성
교육과정만 해당)</td><td colspan="3">1) 강의실
2) 강사대기실
3) 회의실
4) 그 밖에 교육에 필요한 기자재 및 시스템</td></tr>
</table>

비고 : 1)부터 9)까지의 모든 과목을 교육해야 하며, 이론교육은 정보통신망을 통한 온라인교육을 포함하여 구성할 수 있다.

제48조의8(문화관광해설사의 선발 및 활용)

① 문화체육관광부장관 또는 지방자치단체의 장은 제48조의6제1항에 따른 교육과정을 이수한 자를 문화관광해설사로 선발하여 활용할 수 있다.
② 문화체육관광부장관 또는 지방자치단체의 장은 제1항에 따라 문화관광해설사를 선발하는 경우 문화체육관광부령으로 정하는 바에 따라 이론 및 실습을 평가하고, 3개월 이상의 실무수습을 마친 자에게 자격을 부여할 수 있다.
③ 문화체육관광부장관 또는 지방자치단체의 장은 예산의 범위에서 문화관광해설사의 활동에 필요한 비용 등을 지원할 수 있다.
④ 그 밖에 문화관광해설사의 선발, 배치 및 활용 등에 필요한 사항은 문화체육관광부령으로 정한다.

■ 문화관광해설사 선발 및 활용 시행규칙 제57조의5

① 문화체육관광부장관 또는 지방자치단체의 장은 법 제48조의 8 제1항에 따라 문화관광해설사를 선발하려는 경우에는 문화관광해설사의 선발 인원, 평가 일시 및 장소, 응시원서 접수기간, 그 밖에 선발에 필요한 사항을 포함한 선발계획을 수립하고 이를 공고하여야 한다.

② 문화체육관광부장관 또는 지방자치단체의 장이 법 제48조의8제2항에 따라 이론 및 실습을 평가하려는 경우에는 별표 17의4의 평가 기준에 따라 평가하여야 한다.
③ 제1항에 따른 선발계획에 따라 문화관광해설사를 선발하려는 경우에는 제2항의 평가 기준에 따른 평가 결과 이론 및 실습 평가항목 각각 70점 이상을 득점한 사람 중에서 각각의 평가항목의 비중을 곱한 점수가 고득점자인 사람의 순으로 선발한다.
④ 문화체육관광부장관 또는 지방자치단체의 장은 문화관광해설사를 배치·활용하려는 경우에 해당 지역의 관광객 규모와 관광자원의 보유 현황 및 문화관광해설사에 대한 수요, 문화관광해설사의 활동 실적 및 태도 등을 고려하여야 한다.
⑤ 그 밖에 문화관광해설사의 선발, 배치 및 활용 등에 필요한 세부적인 사항은 문화체육관광부장관이 정하여 고시한다.

■ 문화관광해설사 평가 기준(제57조의5제2항 관련)

평가항목	세부 평가내용		배점	비중
1. 이론	기본소양	1) 문화관광해설사의 역할과 자세 2) 문화관광자원의 가치 인식 및 보호 3) 관광객의 특성 이해 및 관광약자 배려	30점	70%
	전문지식	4) 관광정책 및 관광산업의 이해 5) 한국 주요 문화관광자원의 이해 6) 지역 특화 문화관광자원의 이해	70점	
	합 계		100점	
2. 실습	현장실무	7) 해설 시나리오 작성 8) 해설 기법 시연 9) 관광 안전관리 및 응급 처치	45점 45점 10점	30%
	합 계		100점	

비고 : 1)부터 9)까지의 모든 항목을 평가해야 하며, 이론평가는 객관식 문제와 주관식 문제를 병행하여 평가한다.

제48조의10(한국관광 품질인증)

① 문화체육관광부장관은 관광객의 편의를 돕고 관광서비스의 수준을 향상시키기 위하여 관광사업 및 이와 밀접한 관련이 있는 사업으로서 대통령령으로 정하는 사업을 위한 시설 및 서비스 등(이하 "시설등"이라 한다)을 대상으로 품질인증(이하 "한국관광 품질인증"이라 한다)을 할 수 있다.
② 한국관광 품질인증을 받은 자는 대통령령으로 정하는 바에 따라 인증표지를 하거나 그 사실을 홍보할 수 있다.
③ 한국관광 품질인증을 받은 자가 아니면 인증표지 또는 이와 유사한 표지를 하거나 한국관광 품질인증을 받은 것으로 홍보하여서는 아니 된다.

④ 문화체육관광부장관은 한국관광 품질인증을 받은 시설등에 대하여 다음 각 호의 지원을 할 수 있다.
1. 「관광진흥개발기금법」에 따른 관광진흥개발기금의 대여 또는 보조
2. 국내 또는 국외에서의 홍보
3. 그 밖에 시설등의 운영 및 개선을 위하여 필요한 사항

⑤ 문화체육관광부장관은 한국관광 품질인증을 위하여 필요한 경우에는 특별자치시장 · 특별자치도지사 · 시장 · 군수 · 구청장 및 관계 기관의 장에게 자료 제출을 요청할 수 있다. 이 경우 자료 제출을 요청받은 특별자치시장 · 특별자치도지사 · 시장 · 군수 · 구청장 및 관계 기관의 장은 특별한 사유가 없으면 이에 따라야 한다.

⑥ 한국관광 품질인증의 인증 기준 · 절차 · 방법, 인증표지 및 그 밖에 한국관광 품질인증 제도 운영에 필요한 사항은 대통령령으로 정한다.

■ 한국관광 품질인증의 대상 시행령 제41조의11

법 제48조의10제1항에서 "대통령령으로 정하는 사업"이란 다음 각 호의 어느 하나에 해당하는 사업을 말한다.

1. 제2조제1항제3호다목의 야영장업
2. 제2조제1항제3호바목의 외국인관광 도시민박업
3. 제2조제1항제6호라목의 관광식당업
4. 제2조제1항제6호사목의 한옥체험업
5. 제2조제1항제6호카목의 관광면세업
6. 「공중위생관리법」 제2조제1항제2호에 따른 숙박업(법 제3조제1항제2호에 따른 관광숙박업을 제외한다)
7. 「외국인관광객 등에 대한 부가가치세 및 개별소비세 특례규정」 제4조제2항에 따른 외국인관광객면세판매장
8. 그밖에 관광사업 및 이와 밀접한 관련이 있는 사업으로서 문화체육관광부장관이 정하여 고시하는 사업

■ 한국관광 품질인증의 인증 기준 시행령 제41조의12

① 법 제48조의10제1항에 따른 한국관광 품질인증(이하 "한국관광 품질인증"이라 한다)의 인증 기준은 다음 각 호와 같다.
1. 관광객 편의를 위한 시설 및 서비스를 갖출 것
2. 관광객 응대를 위한 전문 인력을 확보할 것

3. 재난 및 안전관리 위험으로부터 관광객을 보호할 수 있는 사업장 안전관리 방안을 수립할 것
4. 해당 사업의 관련 법령을 준수할 것

② 한국관광 품질인증의 인증 기준에 관한 세부사항은 문화체육관광부령으로 정한다.

■ 한국관광 품질인증의 세부 인증 기준(제57조의6 관련)

1. 서류평가 통과 기준 : 다음 각 목의 사항을 모두 갖추었을 것
   가. 제57조의7제1항제1호 · 제2호 · 제4호의 서류를 모두 제출하였을 것
   나. 가목에 따라 제출한 서류를 심사한 결과 위법 · 부당한 사실이 없을 것
   다. 한국관광 품질인증 신청서를 제출한 날 이전 3개월간 관할 허가 · 등록 · 지정 또는 신고기관의 장으로부터 허가 · 등록 · 지정의 취소, 사업의 전부 또는 일부의 정지, 영업의 정지 또는 일부 시설의 사용중지나 영업소 폐쇄 처분을 받지 않았을 것
2. 현장평가 통과 기준: 다음 각 목의 사항을 모두 갖추었을 것
   가. 해당 사업의 관련 법령에 따른 허가 · 등록 · 지정 또는 신고 요건을 계속하여 갖추고 있을 것
   나. 평가 분야별 득점의 합이 100점 만점을 기준으로 하여 70점 이상일 것. 다만, 일부 사업의 경우 득점하여야 하는 총점을 업무 규정으로 다르게 정할 수 있음.

평가 분야	평가 항목	배점비중
가. 시설 및 서비스 분야	건물의 외관 · 내부시설의 유지 · 관리	60%
	장애인을 위한 편의시설의 설치 · 관리	
	매뉴얼에 따른 서비스 품질관리	
	업무 규정에 따른 서비스이행표준의 준수	
나. 인력의 전문성 분야	관광객 응대에 필요한 종사원의 전문성	20%
	외국인 관광객 응대를 위한 외국어 능력	
	종사원의 서비스 교육 · 훈련 이수 결과	
다. 안전관리 분야	정기적인 소방안전점검 및 관리	20%
	안전관리에 필요한 장비의 구비 · 관리	
	비상재해대비시설의 설치 · 관리	
	화재 등으로 발생한 손해에 대한 배상체계 구비	
총 계		100%

* 비고 : 1. 평가 분야별 배점 비중은 업무 규정이 정하는 바에 따라 총계의 10퍼센트 범위에서 조정될 수 있으나, 배점 비중의 총계는 항상 100퍼센트가 되어야 함.
2. 평가 항목별 구체적인 평가지표는 한국관광 품질인증의 대상별 특성에 따라 업무 규정으로 정함.

다. 아래 표에 따른 한국관광 품질인증의 대상별 필수사항을 모두 갖추었을 것

구 분	필수사항
외국인관광 도시민박업, 한옥체험업	- 객실, 침구, 욕실, 조리시설에 대한 청결 수준이 보통(5단계 평가 시 3단계) 이상일 것
관광면세업	- 내국인 출입이 가능할 것 - 품질보증서 등을 구비할 것 - 외국인관광객에게 부가가치세 등을 환급해 줄 수 있는 설비를 갖추고 관련 정보를 제공할 것
숙박업	- 관광객 응대를 위한 안내 데스크가 개방형 구조일 것 - 주차장에 가림막 등 폐쇄형 구조물이 없을 것 - 시간제로 운영하지 않을 것 - 청소년 보호를 위해 성인방송 제공을 제한할 것 - 요금표를 게시할 것 - 객실, 침구, 욕실, 조리시설에 대한 청결 수준이 보통(5단계 평가 시 3단계) 이상일 것
외국인관광객면세판매장	- 내국인 출입이 가능할 것 - 품질보증서 등을 구비할 것 - 외국인관광객에게 부가가치세 등을 환급해 줄 수 있는 설비를 갖추고 관련 정보를 제공할 것

■ 한국관광 품질인증의 절차 및 방법 등 시행령 제41조의13

① 한국관광 품질인증을 받으려는 자는 별지 제39호의6서식의 한국관광 품질인증 신청서(전자문서로 된 신청서를 포함한다)에 다음 각 호의 서류(전자문서를 포함한다)를 첨부하여 한국관광공사에 제출하여야 한다.

1. 「부가가치세법」 제8조제5항에 따른 사업자등록증의 사본 1부
2. 해당 사업의 관련 법령을 준수하여 허가·등록 또는 지정을 받거나 신고를 하였음을 증명할 수 있는 서류 1부
3. 한국관광 품질인증의 인증 기준 전부 또는 일부와 인증 기준이 유사하다고 문화체육관광부장관이 인정하여 고시하는 인증(이하 "유사 인증"이라 한다)이 유효함을 증명할 수 있는 서류 1부(해당 서류가 있는 경우에만 첨부한다)
4. 그 밖에 한국관광공사가 한국관광 품질인증의 대상별 특성에 따라 한국관광 품질인증을 위한 평가·심사에 필요하다고 인정하여 영 제65조제7항에 따른 한국관광 품질인증 및 그 취소에 관한 업무 규정(이하 "업무 규정"이라 한다)으로 정하는 서류 각 1부

② 제1항에 따른 신청을 받은 한국관광공사는 서류평가, 현장평가 및 심의를 실시한 결과 별표 17의5에 따른 세부 인증 기준에 적합하면 신청서를 제출한 자에게 별지 제39호의7서식의 한국관광 품질인증서를 발급하여야 한다.

③ 한국관광공사는 제2항에 따른 서류평가 시 유효한 유사 인증을 받은 것으로 인정되는 자에 대하여 별표 17의5에 따른 인증 기준 전부 또는 일부를 갖추었음을 인정할 수 있다.

④ 한국관광공사는 한국관광 품질인증을 받은 자에게 해당 연도의 사업 운영 실적을 다음 연도 1월 20일까지 제출할 것을 요청할 수 있다.

■ 한국관광 품질인증의 인증표지 시행령 제41조의14

제41조의12(한국관광 품질인증의 인증표지) 한국관광 품질인증의 인증표지는 다음(별표 4의2)과 같다.

한국관광 품질인증의 인증표지(제41조의12 관련)
한국관광 품질인증 KOREA QUALITY 1. 인증표지의 기본형은 흰색을 바탕으로 하여 위와 같이 하고, 로고는 붉은색과 파란색, 글자는 검은색으로 한다. 2. 비례 적용 및 최소사용 크기는 다음의 기준에 따른다.

제48조의11(한국관광 품질인증의 취소)

문화체육관광부장관은 한국관광 품질인증을 받은 자가 다음 각 호의 어느 하나에 해당하는 경우에는 그 인증을 취소할 수 있다. 다만, 제1호에 해당하는 경우에는 인증을 취소하여야 한다.

1. 거짓이나 그 밖의 부정한 방법으로 인증을 받은 경우
2. 제48조의10제6항에 따른 인증 기준에 적합하지 아니하게 된 경우

제48조의12(일 · 휴양연계관광산업의 육성)

① 국가와 지방자치단체는 관광산업과 지역관광을 활성화하기 위하여 일 · 휴양연계관광산업(지역관광과 기업의 일 · 휴양연계제도를 연계하여 관광인프라를 조성하고 맞춤형 서비스를 제공함으로써 경제적 또는 사회적 부가가치를 창출하는 산업을 말한다. 이하 같다)을 육성하여야 한다.

② 문화체육관광부장관은 다양한 지역관광자원을 개발 · 육성하기 위하여 일 · 휴양연계관광산업의 관광 상품 및 서비스를 발굴 · 육성할 수 있다.

③ 지방자치단체는 일 · 휴양연계관광산업의 활성화를 위하여 기업 또는 근로자에게 조례로 정하는 바에 따라 업무공간, 체류비용의 일부 등을 지원할 수 있다.

제5장 관광지 등의 개발

제1절 관광지 및 관광단지의 개발

문화체육관광부가 수립하는 관광개발기본계획은 관광지, 관광단지 등 관광자원 개발을 추진함에 있어 전국적이고 장기적인 안목에서 개발계획을 수립하여 국제관광의 여건 변화, 국민관광의 질적·양적 성숙 등에 원활히 대응할 수 있도록 하기 위한 것이다.

제49조(관광개발기본계획 등)

① 문화체육관광부장관은 관광자원을 효율적으로 개발하고 관리하기 위하여 전국을 대상으로 다음과 같은 사항을 포함하는 관광개발기본계획(이하 "기본계획"이라 한다)을 수립하여야 한다.

1. 전국의 관광 여건과 관광 동향에 관한 사항
2. 전국의 관광 수요와 공급에 관한 사항
3. 관광자원 보호·개발·이용·관리 등에 관한 기본적인 사항
4. 관광권역의 설정에 관한 사항
5. 관광권역별 관광개발의 기본방향에 관한 사항
6. 그 밖에 관광개발에 관한 사항

② 시·도지사(특별자치도지사는 제외한다)는 기본계획에 따라 구분된 권역을 대상으로 다음 각 호의 사항을 포함하는 권역별 관광개발계획(이하 "권역계획"이라 한다)을 수립하여야 한다.

1. 권역의 관광 여건과 관광 동향에 관한 사항
2. 권역의 관광 수요와 공급에 관한 사항
3. 관광자원의 보호·개발·이용·관리 등에 관한 사항
4. 관광지 및 관광단지의 조성·정비·보완 등에 관한 사항

4의2. 관광지 및 관광단지의 실적 평가에 관한 사항

5. 관광지 연계에 관한 사항
6. 관광사업의 추진에 관한 사항
7. 환경보전에 관한 사항
8. 그 밖에 그 권역의 관광자원의 개발, 관리 및 평가를 위하여 필요한 사항

■ 관광개발계획의 수립시기 시행령 제42조

관광개발기본계획은 10년마다, 권역별 관광개발계획은 5년마다 수립한다.

제50조(기본계획)

① 시·도지사는 기본계획의 수립에 필요한 관광 개발사업에 관한 요구서를 문화체육관광부장관에게 제출하여야 하고, 문화체육관광부장관은 이를 종합·조정하여 기본계획을 수립하고 공고하여야 한다.
② 문화체육관광부장관은 수립된 기본계획을 확정하여 공고하려면 관계 부처의 장과 협의하여야 한다.
③ 확정된 기본계획을 변경하는 경우에는 제1항과 제2항을 준용한다.
④ 문화체육관광부장관은 관계 기관의 장에게 기본계획의 수립에 필요한 자료를 요구하거나 협조를 요청할 수 있고, 그 요구 또는 협조 요청을 받은 관계 기관의 장은 정당한 사유가 없으면 요청에 따라야 한다.

제1차 관광개발기본계획(1992~2001)에 따른 제1차 권역별 관광개발계획(1992~1996)과 제2차 권역별 관광개발계획(1997~2001)을 시행하였고, 제2차 관광개발기본계획(2002~2011)에 따른 제3차 권역별 관광개발계획(2002~2006)과 제4차 권역별 관광개발계획(2007~2011)을 시행하였다. 관광개발계획의 실질적인 추진을 위하여 정부에서는 1993년 12월 27일 「관광진흥법」을 개정하여 관광개발계획(기본계획 및 권역계획)을 법정계획으로 규정하였고 1994년 6월 30일 「관광진흥법시행령」을 개정하여 기본계획은 10년, 권역계획은 5년 주기로 수립하도록 제도화하였다. 한편 2012년부터 2021년까지 시행될 제3차 관광개발기본계획을 2011년 12월에 정부계획으로 확정하였으며 이에 따른 제5차 권역별 관광개발계획(2012~2016)을 시·도별로 수립·시행 중에 있다.

'제3차 관광개발기본계획(2012~2021년)'은 '제2차 관광개발기본계획(2002~2011년)' 수립 이후 급변하는 환경변화에 대응하는 새로운 비전과 전략을 제시하며, 국제 경쟁력을 갖춘 관광발전 기반을 구축하고 국민 삶의 질과 지역발전에 기여하기 위해 전국 관광개발의 기본방향을 미래지향적으로 제시하는 계획이다.

제3차 관광개발기본계획에서는 '글로벌 녹색한국을 선도하는 품격 있는 선진관광'이라는 비전하에 이를 달성하기 위해 품격관광을 실현하는 관광개발 정책효율화, 미래 환경에 대응한 명품 관광자원 확충, 문화를 통한 품격 있는 한국형 창조관광 육성, 국민이 행복한 생활관광 환경 조성, 저탄소 녹색성장을 선도하는 지속가능한 관광 확산, 관광경쟁력 제고를 위한 국제 협력 강화 등 6대 개발전략을 제시하였다. 또한 관광권역 설정에 있어 제3차 관광개발기본계획에서는 16개 시 · 도, 광역경제권, 초광역 개발권 등 변화하는 행정 위계를 반영한 '다층적 지역 관광발전 전략'을 도입하여 시 · 도 관광권과 더불어 5+2 광역경제권을 계획 관광권역으로 설정하였으며 해안을 중심으로 한 동 · 서 · 남해안 관광벨트 등 초광역 관광벨트 설정으로 계획권역을 기능적으로 연계 · 보완하였다.

제51조(권역계획)

① 권역계획은 그 지역을 관할하는 시 · 도지사(특별자치도지사는 제외한다. 이하 이 조에서 같다)가 수립하여야 한다. 다만, 둘 이상의 시 · 도에 걸치는 지역이 하나의 권역계획에 포함되는 경우에는 관계되는 시 · 도지사와의 협의에 따라 수립하되, 협의가 성립되지 아니한 경우에는 문화체육관광부장관이 지정하는 시 · 도지사가 수립하여야 한다.
② 시 · 도지사는 제1항에 따라 수립한 권역계획을 문화체육관광부장관의 조정과 관계 행정기관의 장과의 협의를 거쳐 확정하여야 한다. 이 경우 협의요청을 받은 관계 행정기관의 장은 특별한 사유가 없는 한 그 요청을 받은 날부터 30일 이내에 의견을 제시하여야 한다.
③ 시 · 도지사는 권역계획이 확정되면 그 요지를 공고하여야 한다.
④ 확정된 권역계획을 변경하는 경우에는 제1항부터 제3항까지의 규정을 준용한다. 다만, 대통령령으로 정하는 경미한 사항의 변경에 대하여는 관계 부처의 장과의 협의를 갈음하여 문화체육관광부장관의 승인을 받아야 한다.
⑤ 그 밖에 권역계획의 수립 기준 및 방법 등에 필요한 사항은 대통령령으로 정하는 바에 따라 문화체육관광부장관이 정한다.

■ 경미한 권역계획의 변경 시행령 제43조

"대통령령으로 정하는 경미한 사항의 변경"이란 다음의 어느 하나에 해당하는 것을 말한다.

1. 관광개발기본계획의 범위에서 하는 관광개발기본계획 등에 관한 사항의 변경
2. 관광개발기본계획 등에 관한 사항 중 다음 각 목의 변경
   가. 관광자원의 보호 · 이용 및 관리 등에 관한 사항
   나. 관광지 또는 관광단지(이하 "관광지 등"이라 한다)의 면적(권역계획상의 면적을 말한다)의 축소
   다. 관광지등 면적의 100분의 30 이내의 확대
   라. 지형여건 등에 따른 관광지등의 구역 조정(그 면적의 100분의 30 이내에서 조정하는 경우만 해당한다)이나 명칭 변경

■ **권역계획의 수립 기준 및 방법 등** 시행령 제43조의2

① 문화체육관광부장관은 권역계획이 기본계획에 부합되도록 권역계획의 수립 기준 및 방법 등을 포함하는 권역계획 수립지침을 작성하여 특별시장 · 광역시장 · 특별자치시장 · 도지사에게 보내야 한다.

② 제1항에 따른 권역계획 수립지침에는 다음 각 호의 사항이 포함되어야 한다.

1. 기본계획과 권역계획의 관계
2. 권역계획의 기본사항과 수립절차
3. 권역계획의 수립 시 고려사항 및 주요 항목
4. 그 밖에 권역계획의 수립에 필요한 사항

■ **광역관광권 관광개발계획(제3차)**

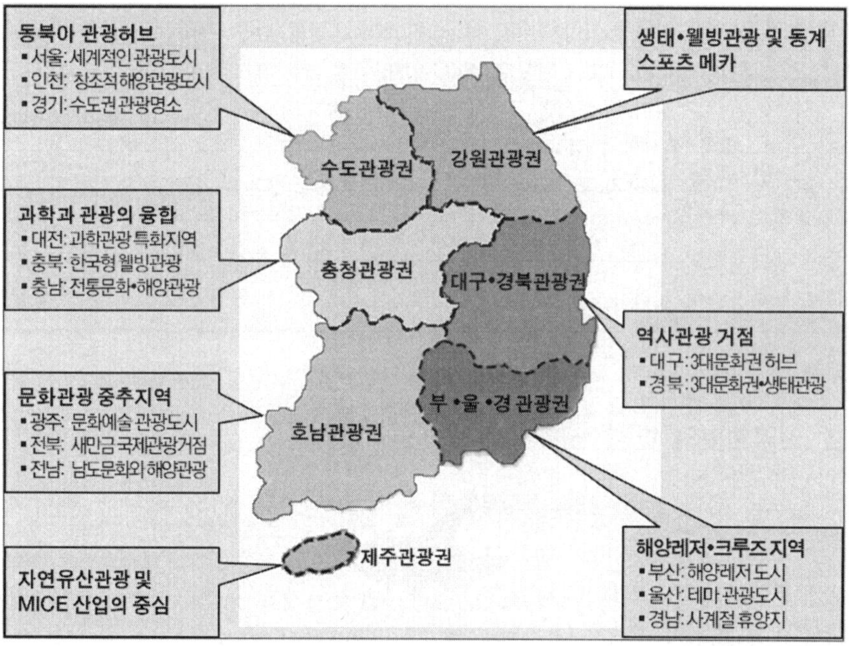

자료 : 문화관광체육부, 2013 : 148.

제52조(관광지의 지정 등)

① 관광지 및 관광단지(이하 "관광지등"이라 한다)는 문화체육관광부령으로 정하는 바에 따라 시장·군수·구청장의 신청에 의하여 시·도지사가 지정한다. 다만, 특별자치시 및 특별자치도의 경우에는 특별자치시장 및 특별자치도지사가 지정한다.
② 시·도지사는 제1항에 따른 관광지등을 지정하려면 사전에 문화체육관광부장관 및 관계 행정기관의 장과 협의하여야 한다. 다만, 「국토의 계획 및 이용에 관한 법률」 제30조에 따라 같은 법 제36조제1항제2호다목에 따른 계획관리지역(같은 법의 규정에 따라 도시·군관리계획으로 결정되지 아니한 지역인 경우에는 종전의 「국토이용관리법」 제8조에 따라 준도시지역으로 결정·고시된 지역을 말한다)으로 결정·고시된 지역을 관광지등으로 지정하려는 경우에는 그러하지 아니하다.
③ 문화체육관광부장관 및 관계 행정기관의 장은 「환경영향평가법」 등 관련 법령에 특별한 규정이 있거나 정당한 사유가 있는 경우를 제외하고는 제2항 본문에 따른 협의를 요청받은 날부터 30일 이내에 의견을 제출하여야 한다.
④ 문화체육관광부장관 및 관계 행정기관의 장이 제3항에서 정한 기간(「민원 처리에 관한 법률」 제20조제2항에 따라 회신기간을 연장한 경우에는 그 연장된 기간을 말한다) 내에 의견을 제출하지 아니하면 협의가 이루어진 것으로 본다.
⑤ 관광지등의 지정 취소 또는 그 면적의 변경은 관광지등의 지정에 관한 절차에 따라야 한다. 이 경우 대통령령으로 정하는 경미한 면적의 변경은 제2항 본문에 따른 협의를 하지 아니할 수 있다.
⑥ 시·도지사는 제1항 또는 제5항에 따라 지정, 지정취소 또는 그 면적변경을 한 경우에는 이를 고시하여야 한다.

관광지는 관광자원이 풍부하고 관광객의 접근이 용이하며 개발 제한요소가 적어 개발이 가능한 지역과 관광정책상 관광지로 개발하는 것이 필요하다고 판단되는 지역을 대상으로 한다. 이 지역에 관광객의 관광활동에 필수적인 진입도로, 주차장, 상·하수도, 식·음료대, 공중화장실, 오수처리시설, 관리사무소, 관광지 안내도 등 기반시설과 야영장, 어린이 놀이시설, 청소년 수련시설, 체력 단련장, 샤워·탈의장, 물품보관소 등 편익시설을 공공사업으로 추진하고 이 외에 관광객의 편의를 위한 운동·오락시설, 휴양·문화시설, 숙박시설, 상가시설 등은 민간자본을 유치하여 개발하는 사업이다. 그리고 관광단지는 관광산업의 진흥을 촉진하고 국내외 관광객의 다양한 관광 및 휴양을 위하여 각종 관광시설을 종합적으로 개발하는 관광거점 지역을 말한다.

정부에서는 주 5일 근무제의 본격적인 시행과 국민소득 증가에 따른 관광수요 증가에 맞추어 관광지를 특화하여 개발함으로써 아름답고 쾌적한 환경을 조성함은 물론 관광을 통하여 국민의 삶의 질을 향상시키는 복지관광정책의 일환으로 활용하고 있다. 정부는 자연적 또는 문화적 관광자원을 갖추고 관광 및 휴식에 적합한 지역을 대상으로 관광지를 지정하여 공공·편의시설, 숙박·상가시설 및 운동·오락시설, 휴양·문화시설, 녹지 등을 유치·개발하고 있다. 21세기의 관광개발은 선택과 집중, 네트워크화, 지방분

권형 개발의 중요성이 대두되면서 정부는 지역특성을 살린 관광지 개발을 촉진하기 위해 관광지 지정 및 조성 계획 승인권한을 2005년 4월로 시·도지사에 이양하였으며, 동시에 관광지 지정 등의 실효성을 제고하기 위해 지정 후 2년 이내 조성 계획 승인신청이 없거나 승인 후 2년 이내에 사업에 착수하지 않으면 관광지의 지정 또는 조성 계획 승인효력이 상실되도록 하였다. 그리고 정부는 관광단지 조성·개발 활성화를 위해 관광단지를 「사회간접자본시설에 대한 민간투자법」 상 사회간접자본시설로 규정하여 민간 자본을 적극 유치하도록 하고 있으며, 취·등록세 및 농지보전 부담금 100% 면제, 대체산림조성비(준보전산지) 및 대체초지조성비의 100% 면제 등 각종 세제 및 부담금의 감면 혜택 등의 조치를 취하고 있다(문화체육관광부, 2009).

■ 관광지·관광단지의 구분기준

1. 관광단지 : 가목의 시설을 갖추고, 나목의 시설 중 1종 이상의 필요한 시설과 다목 또는 라목의 시설 중 1종 이상의 필요한 시설을 갖춘 지역으로서 총면적이 50만제곱미터 이상인 지역(다만, 마목 및 바목의 시설은 임의로 갖출 수 있다)

시설구분	시설종류	구비기준
가. 공공편익시설	화장실, 주차장, 전기시설, 통신시설, 상하수도시설 또는 관광안내소	각 시설이 관광객이 이용하기에 충분할 것
나. 숙박시설	관광호텔, 수상관광호텔, 한국전통호텔, 가족호텔 또는 휴양콘도미니엄	관광숙박업의 등록기준에 부합할 것
다. 운동·오락시설	골프장, 스키장, 요트장, 조정장, 카누장, 빙상장, 자동차경주장, 승마장, 종합체육시설, 경마장, 경륜장 또는 경정장	「체육시설의 설치·이용에 관한 법률」 제10조에 따른 등록체육시설업의 등록기준, 「한국마사회법 시행령」 제5조에 따른 시설·설비기준 또는 「경륜·경정법 시행령」 제5조에 따른 시설·설비기준에 부합할 것
라. 휴양·문화시설	민속촌, 해수욕장, 수렵장, 동물원, 식물원, 수족관, 온천장, 동굴자원, 수영장, 농어촌휴양시설, 산림휴양시설, 박물관, 미술관, 활공장, 자동차야영장, 관광유람선 또는 종합유원시설	관광객이용시설업의 등록기준 또는 유원시설업의 설비기준에 부합할 것
마. 접객시설	관광공연장, 외국인전용관광기념품판매점, 관광유흥음식점, 관광극장유흥업점, 외국인전용유흥음식점, 관광식당 등	관광객이용시설업의 등록기준 또는 관광편의시설업의 지정기준에 적합할 것
바. 지원시설	관광종사자 전용숙소, 관광종사자 연수시설, 물류·유통 관련 시설	관광단지의 관리·운영 및 기능 활성화를 위해서 필요한 시설일 것

2. 관광지 : 제1호가목의 시설을 갖춘 지역(다만, 나목부터 바목까지의 시설은 임의로 갖출 수 있다)

■ 관광지 등의 지정신청 등 시행규칙 제58조

① 법 제52조제1항 및 같은 조 제4항에 따라 관광지등의 지정 및 지정 취소 또는 그 면적의 변경(이하 "지정 등"이라 한다)을 신청하려는 자는 관광지(관광단지) 지정 등 신청서에 다음 각 호의 서류를 첨부하여 특별시장 · 광역시장 · 도지사에게 제출하여야 한다. 다만, 관광지등의 지정 취소 또는 그 면적 변경의 경우에는 그 취소 또는 변경과 관계없는 사항에 대한 서류는 첨부하지 아니한다.

1. 관광지등의 개발방향을 기재한 서류
2. 관광지등과 그 주변의 주요 관광자원 및 주요 접근로 등 교통체계에 관한 서류
3. 「국토의 계획 및 이용에 관한 법률」에 따른 용도지역을 기재한 서류
4. 관광객 수용능력 등을 기재한 서류
5. 관광지등의 구역을 표시한 축척 2만5천분의 1 이상의 지형도 및 지목 · 지번 등이 표시된 축척 500분의 1부터 6천분의 1까지의 도면
6. 관광지 등의 지번 · 지목 · 지적 및 소유자가 표시된 토지조서(임야에 대하여는 「산지관리법」에 따른 보전산지 및 준보전산지로 구분하여 표시하고, 농지에 대하여는 「농지법」에 따른 농업진흥지역 및 농업진흥지역이 아닌 지역으로 구분하여 표시한다)

② 제1항에 따른 신청을 하려는 자는 관광지 · 관광단지의 구분기준에 따라 그 지정 등을 신청하여야 한다.

③ 특별시장 · 광역시장 · 도지사는 제1항에 따른 지정 등의 신청을 받은 경우에는 제1항에 따른 관광지등의 개발 필요성, 타당성, 관광지 · 관광단지의 구분기준 및 관광개발기본계획 및 권역별 관광개발계획에 적합한지 등을 종합적으로 검토하여야 한다.

■ 경미한 면적 변경 시행령 제44조

법 제52조제4항 후단에서 "대통령령으로 정하는 경미한 면적의 변경"이란 다음 각 호의 것을 말한다.

1. 지적조사 또는 지적측량의 결과에 따른 면적의 정정 등으로 인한 면적의 변경
2. 관광지 등 지정면적의 100분의 30 이내의 면적(「농지법」 제28조에 따른 농업진흥지역의 농지가 1만 제곱미터 이상, 농업진흥지역이 아닌 지역의 농지가 6만 제곱미터 이상 추가로 포함되는 경우는 제외한다)의 변경

■ 관광지 등의 지정·고시 등 시행령 제45조

① 관광지 등의 지정 등에 따른 시·도지사의 고시에는 다음의 사항이 포함되어야 한다.
1. 고시연월일
2. 관광지 등의 위치 및 면적
3. 관광지 등의 구역이 표시된 축척 2만 5천분의 1 이상의 지형도

② 시·도지사(특별자치도지사는 제외)는 관광지 등을 지정·고시하는 경우에는 그 지정내용을 관계 시장·군수·구청장에게 통지하여야 한다.

③ 특별자치도지사와 제2항에 따른 통지를 받은 시장·군수·구청장은 관광지 등의 지번·지목·지적 및 소유자가 표시된 토지조서를 갖추어 두고 일반인이 열람할 수 있도록 하여야 한다.

■ 관광지 등의 지정신청 및 조성계획의 승인신청 시행규칙 제59조

시장·군수·구청장은 관광지등의 지정신청 및 조성계획의 승인신청을 함께 하거나 관광단지의 지정신청을 할 때 관광단지개발자로 하여금 관광단지의 조성계획을 제출하게 하여 관광단지의 지정신청 및 조성계획의 승인신청을 함께 할 수 있다. 이 경우 특별시장·광역시장·도지사는 관광지 등의 지정 및 조성계획의 승인을 함께 할 수 있다.

■ 관광단지 개발 현황

단지명	위치	개발기간	개발주체
보문	경상북도 경주시 신평동 천군동 일원	1974년~ 2010년	경북관광개발공사
중문	제주특별자치도 서귀포시 중문동 색달동 일원	1978년~ 2010년	한국관광공사
평창 용평	강원도 평창군 도암면, 용산리 수하리 일원	1986년~ 2015년	㈜용평리조트
해남 화원	전라남도 해남군 화원면 주광리, 화봉리 일원	1991년~ 2011년	한국관광공사
평창 봉평	강원도 평창군 봉평명 면온리, 무이리, 진조리 일원	1994년~ 2009년	㈜보광
원주오크벨리	강원도 원주시 지정면 월송리 일원	1995년~ 2013년	한솔개발주식회사
감포	경상북도 경주시 감포읍 대본리, 나정리 일원	1997년~ 2015년	경북관광개발공사
김천 온천	경상북도 김천시 부항면 파천리 일원	1997년~ 2011년	주식회사우촌개발
인천 용유, 무의	인천광역시 중구 을왕동 덕교동 무의동 일원	2003년~ 2020년	인천경제 자유구역청
동부산	부산광역시 기장군 기장읍 시랑리 일원	2000년~ 2011년	부산도시공사
안동 문화	경상북도 안동시 성곡, 성동동 일원	2000년~ 2015년	경북관광개발공사
여수 화양	전라남도 여수시 화양면 장수리 화동리, 안포리	2004년~ 2015년	㈜일상

횡성 두원	강원도 횡성군 둔내면 두원리, 우용리, 조항리 일원	1992년~ 2011년	현대시멘트(주)
어등산	광주광역시 광산구 운수동 어등산 일원	2005년~ 2015년	광주시 도시공사
성산포 해양	제주특별자치도 서귀포시 성산읍 고성리 127-2번지 일원	2006년~ 2011년	(주)보광제주
홍천 비발디파크	강원도 홍천군 서면 팔봉리, 대곡리 일원	1990년~ 2011년	(주)대명레저산업
신화 역사공원	제주특별자치도 서귀포시 안덕면 서광리 일원	2006년~ 2014년	제주국제자유도시 개발센터
팜파스종합휴양	제주특별자치도 서귀포시 표선면 3196-2번지 일원	2008년~ 2018년	(주)남영산업
중문 색달온천	제주특별자치도 서귀포시 색달동 320번지 일원	2009년~ 2012년	(주)21세기 컨설팅

자료 : 문화체육관광부, 관광지식정보시스템(http://www.tour.go.kr/)

■ 행위 등의 제한 시행령 제45조의2

① 법 제52조의2제1항 전단에서 "건축물의 건축, 공작물의 설치, 토지의 형질 변경, 토석의 채취, 토지분할, 물건을 쌓아놓는 행위 등 대통령령으로 정하는 행위"란 다음 각 호의 어느 하나에 해당하는 행위를 말한다.

1. 건축물의 건축 : 「건축법」 제2조제1항제2호에 따른 건축물(가설건축물을 포함한다)의 건축, 대수선 또는 용도변경
2. 공작물의 설치 : 인공을 가하여 제작한 시설물(「건축법」 제2조제1항제2호에 따른 건축물은 제외한다)의 설치
3. 토지의 형질 변경 : 절토(땅깎기)·성토(흙쌓기)·정지(땅고르기)·포장(흙덮기) 등의 방법으로 토지의 형상을 변경하는 행위, 토지의 굴착(땅파기) 또는 공유수면의 매립
4. 토석의 채취 : 흙·모래·자갈·바위 등의 토석을 채취하는 행위(제3호에 따른 토지의 형질 변경을 목적으로 하는 것은 제외한다)
5. 토지분할
6. 물건을 쌓아놓는 행위 : 옮기기 어려운 물건을 1개월 이상 쌓아놓는 행위
7. 죽목(竹木)을 베어내거나 심는 행위

② 특별자치시장·특별자치도지사·시장·군수·구청장은 법 제52조의2제1항에 따른 허가를 하려는 경우 법 제54조제1항 단서에 따른 조성계획의 승인을 받은 자가 이미 있는 때에는 그 의견을 들어야 한다.

③ 법 제52조의2제3항에 따른 신고를 하려는 자는 관광지등으로 지정·고시된 날부터 30일 이내에 문화체육관광부령으로 정하는 신고서에 다음 각 호의 서류를 첨

부하여 해당 특별자치시장 · 특별자치도지사 · 시장 · 군수 · 구청장에게 제출해야 한다.

1. 관계 법령에 따른 허가를 받았거나 허가를 받을 필요가 없음을 증명할 수 있는 서류
2. 신고일 기준시점의 공정도를 확인할 수 있는 사진
3. 배치도 등 공사 또는 사업 관련 도서(제1항제3호 또는 제4호에 따른 토지의 형질 변경 또는 토석의 채취에 해당하는 경우로 한정한다)

제52조의2(행위 등의 제한)

① 제52조에 따라 관광지등으로 지정 · 고시된 지역에서 건축물의 건축, 공작물의 설치, 토지의 형질 변경, 토석의 채취, 토지분할, 물건을 쌓아놓는 행위 등 대통령령으로 정하는 행위를 하려는 자는 특별자치시장 · 특별자치도지사 · 시장 · 군수 · 구청장의 허가를 받아야 한다. 허가받은 사항을 변경하려는 경우에도 또한 같다.

② 제1항에도 불구하고 재해복구 또는 재난수습에 필요한 응급조치를 위하여 하는 행위는 제1항에 따른 허가를 받지 아니하고 할 수 있다.

③ 제1항에 따라 허가를 받아야 하는 행위로서 관광지등의 지정 및 고시 당시 이미 관계 법령에 따라 허가를 받았거나 허가를 받을 필요가 없는 행위에 관하여 그 공사 또는 사업에 착수한 자는 대통령령으로 정하는 바에 따라 특별자치시장 · 특별자치도지사 · 시장 · 군수 · 구청장에게 신고한 후 이를 계속 시행할 수 있다.

④ 특별자치시장 · 특별자치도지사 · 시장 · 군수 · 구청장은 제1항을 위반한 자에게 원상회복을 명할 수 있으며, 명령을 받은 자가 그 의무를 이행하지 아니하면 「행정대집행법」에 따라 이를 대집행(代執行)할 수 있다.

⑤ 제1항에 따른 허가에 관하여 이 법에서 규정한 것을 제외하고는 「국토의 계획 및 이용에 관한 법률」 제57조부터 제60조까지 및 제62조를 준용한다.

⑥ 제1항에 따라 허가를 받은 경우에는 「국토의 계획 및 이용에 관한 법률」 제56조에 따라 허가를 받은 것으로 본다.

제53조(조사 · 측량 실시)

① 시 · 도지사는 기본계획 및 권역계획을 수립하거나 관광지 등의 지정을 위하여 필요하면 해당 지역에 대한 조사와 측량을 실시할 수 있다.

② 제1항에 따른 조사와 측량을 위하여 필요하면 타인이 점유하는 토지에 출입할 수 있다.

③ 제2항에 따른 타인이 점유하는 토지에의 출입에 관하여는 「국토의 계획 및 이용에 관한 법률」 제130조와 제131조를 준용한다.

제54조(조성계획의 수립 등)

① 관광지 등을 관할하는 시장 · 군수 · 구청장은 조성계획을 작성하여 시 · 도지사의 승인을 받아야 한다. 이를 변경(대통령령으로 정하는 경미한 사항의 변경은 제외한다)하려는 경우에도 또한 같다. 다만, 관광단지를 개발하려는 정부투자기관 등 문화체육관광부령으로 정하는 공공법인 또는 민간개발자(이하 "관광단지개발자"라 한다)는 조성계획을 작성하여 대통령령으로 정하는 바에 따라 시 · 도지사의 승인을 받을 수 있다.
② 시 · 도지사는 제1항에 따른 조성계획을 승인하거나 변경승인을 하고자 하는 때에는 관계 행정기관의 장과 협의하여야 한다. 이 경우 협의요청을 받은 관계 행정기관의 장은 특별한 사유가 없는 한 그 요청을 받은 날부터 30일 이내에 의견을 제시하여야 한다.
③ 시 · 도지사가 제1항에 따라 조성계획을 승인 또는 변경승인한 때에는 지체 없이 이를 고시하여야 한다.
④ 민간개발자가 관광단지를 개발하는 경우에는 제58조제13호 및 제61조를 적용하지 아니한다. 다만, 조성계획상의 조성 대상 토지면적 중 사유지의 3분의 2 이상을 취득한 경우 남은 사유지에 대하여는 그러하지 아니하다.
⑤ 제1항부터 제3항까지에도 불구하고 관광지등을 관할하는 특별자치시장 및 특별자치도지사는 관계 행정기관의 장과 협의하여 조성계획을 수립하고, 조성계획을 수립한 때에는 지체 없이 이를 고시하여야 한다.

■ 조성계획의 승인신청 시행령 제46조

① 관광지 등 조성계획의 승인 또는 변경승인을 받으려는 자는 다음의 서류를 첨부하여 조성계획의 승인 또는 변경승인을 신청하여야 한다. 다만, 조성계획의 변경승인을 신청하는 경우에는 변경과 관계되지 아니하는 사항에 대한 서류는 첨부하지 아니하고, 국 · 공유지에 대한 소유권 또는 사용권을 증명할 수 있는 서류는 조성계획 승인 후 공사착공 전에 제출할 수 있다.

1. 문화체육관광부령으로 정하는 내용을 포함하는 관광시설계획서 · 투자계획서 및 관광지 등 관리계획서
2. 지번 · 지목 · 지적 · 소유자 및 시설별 면적이 표시된 토지조서
3. 조감도
4. 민간개발자가 개발하는 경우에는 해당 토지의 소유권 또는 사용권을 증명할 수 있는 서류. 다만, 민간개발자가 개발하는 경우로서 해당 토지 중 사유지의 3분의 2 이상을 취득한 경우에는 취득한 토지에 대한 소유권을 증명할 수 있는 서류와 국 · 공유지에 대한 소유권 또는 사용권을 증명할 수 있는 서류

② 관광단지개발자가 조성계획의 승인 또는 변경승인을 신청하는 경우에는 특별자치도지사 · 시장 · 군수 · 구청장에게 조성계획 승인 또는 변경승인신청서를 제출하여야 하며, 조성계획 승인 또는 변경승인신청서를 제출받은 시장 · 군수 · 구청장은 제출받은 날부터 20일 이내에 검토의견서를 첨부하여 시 · 도지사(특별자치도지사는 제외)에게 제출하여야 한다.

■ **관광시설계획 등의 작성** 시행규칙 제60조

① 영 제46조제1항에 따라 작성되는 조성계획에는 다음 각 호의 사항이 포함되어야 한다.

1. 관광시설계획
   가. 공공편익시설, 숙박시설, 상가시설, 관광휴양 · 오락시설 및 그 밖의 시설지구로 구분된 토지이용계획
   나. 건축연면적이 표시된 시설물설치계획(축척 500분의 1부터 6천분의 1까지의 지적도에 표시한 것이어야 한다)
   다. 조경시설물, 조경구조물 및 조경식재계획이 포함된 조경계획
   라. 그 밖의 전기 · 통신 · 상수도 및 하수도 설치계획
   마. 관광시설계획에 대한 관련부서별 의견(지방자치단체의 장이 조성계획을 수립하는 경우만 해당한다)
2. 투자계획
   가. 재원조달계획
   나. 연차별 투자계획
3. 관광지등의 관리계획
   가. 관광시설계획에 포함된 시설물의 관리계획
   나. 관광지등의 관리를 위한 인원 확보 및 조직에 관한 계획
   다. 그 밖의 관광지등의 효율적 관리방안

② 제1항제1호가목에 따른 각 시설지구 안에 설치할 수 있는 시설은 별표 19와 같다.

■ 관광지 등의 시설지구 내 설치가능 시설

시설지구	설치할 수 있는 시설
공공편익시설 지구	도로, 주차장, 관리사무소, 안내시설, 광장, 정류장, 공중화장실, 금융기관, 관공서, 폐기물처리시설, 오수처리시설, 상하수도시설, 그 밖에 공공의 편익시설과 관련되는 시설로서 관광지등의 기반이 되는 시설
숙박시설지구	「공중위생관리법」 및 이 법에 따른 숙박시설, 그 밖에 관광객의 숙박과 체재에 적합한 시설
상가시설지구	판매시설, 「식품위생법」에 따른 업소, 「공중위생관리법」에 따른 업소(숙박업은 제외한다), 사진관, 그 밖의 물품이나 음식 등을 판매하기에 적합한 시설
관광휴양 · 오락 시설지구	1. 휴양 · 문화시설 : 공원, 정자, 전망대, 조경휴게소, 의료시설, 노인시설, 삼림욕장, 자연휴양림, 연수원, 야영장, 온천장, 보트장, 유람선터미널, 낚시터, 청소년수련시설, 공연장, 식물원, 동물원, 박물관, 미술관, 수족관, 문화원, 교양관, 도서관, 자연학습장, 과학관, 국제회의장, 농 · 어촌휴양시설, 그 밖에 휴양과 교육 · 문화와 관련된 시설 2. 운동 · 오락시설 : 「체육시설의 설치 · 이용에 관한 법률」에 따른 체육시설, 이 법에 따른 유원시설, 「게임산업진흥에 관한 법률」에 따른 게임제공업소, 케이블카(리프트카), 수렵장, 어린이놀이터, 무도장, 그 밖의 운동과 놀이에 직접 참여하거나 관람하기에 적합한 시설
휴양 · 문화시설 지구	공원, 정자, 전망대, 조경휴게소, 노인시설, 삼림욕장, 자연휴양림, 연수원, 야영장, 온천장, 보트장, 유람선터미널, 낚시터, 청소년수련시설, 공연장, 식물원, 동물원, 박물관, 미술관, 수족관, 문화원, 교양관, 도서관, 자연학습장, 과학관, 국제회의장, 농 · 어촌휴양시설, 그 밖에 휴양과 교육 · 문화와 관련된 시설
기타시설지구	위의 지구에 포함되지 아니하는 시설

비고 : 개별시설에 각종 부대시설이 복합적으로 있는 경우에는 그 시설의 주된 기능을 중심으로 시설지구를 구분함

■ 관광단지 개발자 시행규칙 제61조

① "문화체육관광부령으로 정하는 공공법인"이란 다음의 어느 하나에 해당하는 것을 말한다.

1. 「한국관광공사법」에 따른 한국관광공사 또는 한국관광공사가 관광단지 개발을 위하여 출자한 법인
2. 「한국토지공사법」에 따른 한국토지공사
3. 「지방공기업법」에 따라 설립된 지방공사 및 지방공단
4. 「제주특별자치도 설치 및 국제자유도시 조성을 위한 특별법」에 따른 제주국제자유도시개발센터

② "문화체육관광부령으로 정하는 관광단지개발자"란 제1항 각 호의 공공법인 또는 민간개발자를 말한다.

■ 경미한 조성계획의 변경 시행령 제47조

① 법 제54조제1항 후단에서 "대통령령으로 정하는 경미한 사항의 변경"이란 다음의 어느 하나에 해당하는 것을 말한다.

1. 관광시설계획면적의 100분의 20 이내의 변경
2. 관광시설계획 중 시설지구별 토지이용계획면적(조성계획의 변경승인을 받은 경우에는 그 변경승인을 받은 토지이용계획면적을 말한다)의 100분의 30 이내의 변경(시설지구별 토지이용계획면적이 2천200제곱미터 미만인 경우에는 660제곱미터 이내의 변경)
3. 관광시설계획 중 시설지구별 건축 연면적(조성계획의 변경승인을 받은 경우에는 그 변경승인을 받은 건축 연면적을 말한다)의 100분의 30 이내의 변경(시설지구별 건축 연면적이 2천200제곱미터 미만인 경우에는 660제곱미터 이내의 변경)

② 관광지 등 조성계획의 승인을 받은 자는 경미한 조성계획의 변경을 하는 경우에는 관계 행정기관의 장과 조성계획 승인권자에게 각각 통보하여야 한다.

제55조(조성계획의 시행)

① 조성사업은 이 법 또는 다른 법령에 특별한 규정이 있는 경우 외에는 사업시행자가 행한다.

② 사업시행자가 관광지등의 개발 촉진을 위하여 조성계획의 승인 전에 시·도지사의 승인을 받아 그 조성사업에 필요한 토지를 매입한 경우에는 사업시행자로서 토지를 매입한 것으로 본다.

③ 사업시행자가 아닌 자로서 조성사업을 하려는 자는 대통령령으로 정하는 기준과 절차에 따라 사업시행자가 특별자치도지사·시장·군수·구청장인 경우에는 특별자치도지사·시장·군수·구청장의 허가를 받아서 조성사업을 할 수 있고, 사업시행자가 관광단지개발자인 경우에는 관광단지개발자와 협의하여 조성사업을 할 수 있다.

④ 사업시행자가 아닌 자로서 조성사업(특별자치도지사·시장·군수·구청장이 조성계획의 승인을 받은 사업만 해당한다. 이하 이 항에서 같다)을 시행하려는 자가 제15조제1항 및 제2항에 따라 사업계획의 승인을 받은 경우에는 제3항에도 불구하고 특별자치도지사·시장·군수·구청장의 허가를 받지 아니하고 그 조성사업을 시행할 수 있다.

⑤ 관광단지를 개발하려는 정부투자기관 등 문화체육관광부령으로 정하는 관광단지개발자는 필요하면 용지의 매수 업무와 손실보상 업무(민간개발자인 경우에는 제54조제4항 단서에 따라 남은 사유지를 수용하거나 사용하는 경우만 해당한다)를 대통령령으로 정하는 바에 따라 관할 지방자치단체의 장에게 위탁할 수 있다.

■ **조성사업의 시행허가 신청** 시행규칙 제62조

① 사업시행자가 아닌 자가 조성사업의 허가를 받거나 협의를 하려는 경우에는 조성사업 허가 또는 협의신청서에 다음의 서류를 첨부하여 관광지등의 사업시행자에게 제출하여야 한다.

1. 사업계획서(위치, 용지면적, 시설물설치계획, 건설비내역 및 재원조달계획 등을 포함)
2. 시설물의 배치도 및 설계도서(평면도 및 입면도를 의미)
3. 부동산이 타인 소유인 경우에는 토지소유자가 자필 서명된 사용승낙서 및 신분증 사본

② 신청서를 받은 관광지 등의 사업시행자는 「전자정부법」 제36조제1항에 따른 행정정보의 공동이용을 통하여 부동산등기부등본을 확인하여야 한다.

■ **조성사업의 시행허가** 시행령 제48조

① 조성사업의 시행허가를 받거나 협의를 하려는 자는 문화체육관광부령으로 정하는 바에 따라 특별자치도지사 · 시장 · 군수 · 구청장 또는 조성계획 승인을 받은 자(이하 "사업시행자"라 한다)에게 각각 신청하여야 한다.

② 특별자치도지사 · 시장 · 군수 · 구청장 또는 사업시행자는 허가 또는 협의를 하려면 해당 조성사업에 대하여 다음의 사항을 검토하여야 한다.

1. 조성계획에 저촉 여부
2. 관광지등의 자연경관 및 특성에 적합 여부

■ **용지매수 및 보상업무의 위탁** 시행령 제49조

① 관광단지개발자는 조성사업을 위한 용지의 매수 업무와 손실보상 업무를 관할 지방자치단체의 장에게 위탁하려면 그 위탁 내용에 다음의 사항을 명시하여야 한다.

1. 위탁업무의 시행지 및 시행기간
2. 위탁업무의 종류 · 규모 · 금액
3. 위탁업무 수행에 필요한 비용과 그 지급방법
4. 그 밖에 위탁업무를 수행하는 데에 필요한 사항

② 지방자치단체의 장은 용지매수 및 보상업무의 위탁을 받은 경우에는 문화체육관광부령으로 정하는 바에 따라 그 업무를 위탁한 자에게 수수료를 청구할 수 있다.

■ **위탁수수료** 시행규칙 제63조

■ 용지매수 및 보상업무의 위탁수수료 산정기준

용지매수의 금액별	위탁수수료의 기준 (용지매수대금에 대한 백분율)	비 고
10억 원 이하	2.0퍼센트 이내	1. "용지매수의 금액"이란 용지매입비, 시설의 매수 및 인건비, 관리보상비 및 지장물보상비와 이주위자료의 합계액을 말한다. 2. 감정수수료 및 등기수수료 등 법정수수료는 위탁수수료의 기준을 정할 때 고려하지 아니한다. 3. 개발사업의 완공 후 준공 및 관리처분을 위한 측량, 지목변경, 관리이전을 위한 소유권의 변경절차를 위한 관리비는 이 기준수수료의 100분의 30의 범위에서 가산할 수 있다. 4. 지역적인 특수조건이 있는 경우에는 이 위탁료율을 당사자가 상호 협의하여 증감 조정할 수 있다.
10억 원 초과 30억 원 이하	1.7퍼센트 이내	
30억 원 초과 50억 원 이하	1.3퍼센트 이내	
50억 원 초과	1.0퍼센트 이내	

제56조(관광지 지정 등의 실효 및 취소 등)

① 제52조에 따라 관광지등으로 지정·고시된 관광지등에 대하여 그 고시일부터 2년 이내에 제54조제1항에 따른 조성계획의 승인신청이 없으면 그 고시일부터 2년이 지난 다음 날에 그 관광지등 지정은 효력을 상실한다. 제2항에 따라 조성계획의 효력이 상실된 관광지등에 대하여 그 조성계획의 효력이 상실된 날부터 2년 이내에 새로운 조성계획의 승인신청이 없는 경우에도 또한 같다.

② 제54조제1항에 따라 조성계획의 승인을 받은 관광지등 사업시행자(제55조제3항에 따른 조성사업을 하는 자를 포함한다)가 같은 조 제3항에 따라 조성계획의 승인고시일부터 2년 이내에 사업을 착수하지 아니하면 조성계획 승인고시일부터 2년이 지난 다음 날에 그 조성계획의 승인은 효력을 상실한다.

③ 시·도지사는 제54조제1항에 따라 조성계획 승인을 받은 민간개발자가 사업 중단 등으로 환경·미관을 크게 해치거나 제49호제2항제4호의2에 따른 관광지 및 관광단지의 실적평가 결과 조성사업의 완료가 어렵다고 판단되는 경우에는 조성계획의 승인을 취소하거나 이의 개선을 명할 수 있다.

④ 시·도지사는 제1항과 제2항에도 불구하고 행정절차의 이행 등 부득이한 사유로 조성계획 승인신청 또는 사업 착수기한의 연장이 불가피하다고 인정되면 1년 이내의 범위에서 한 번만 그 기한을 연장할 수 있다.

⑤ 시·도지사는 제1항이나 제2항에 따라 지정 또는 승인의 효력이 상실된 경우 및 제3항에 따라 승인이 취소된 경우에는 지체 없이 그 사실을 고시하여야 한다.

제57조(공공시설의 우선 설치)

국가 · 지방자치단체 또는 사업시행자는 관광지등의 조성사업과 그 운영에 관련되는 도로, 전기, 상 · 하수도 등 공공시설을 우선하여 설치하도록 노력하여야 한다.

관광지 등의 조성 사업에 있어서 공공시설의 우선 설치에 관한 사항을 언급함으로써 국가, 지방자치단계, 그리고 사업 시행자가 공공의 이익을 우선적으로 고려할 것을 명시하는 조항이다. 공공시설이란 사회기반시설을 의미하는 것으로서 사회기반시설이란 각종 생산 활동의 기반이 되는 시설, 당해 시설의 효용을 증진시키거나 이용자의 편의를 도모하는 시설 및 국민생활의 편익을 증진시키는 시설을 의미한다(사회기반시설에 대한 민간투자법, 제2조). 또는 사회간접자본(SOC : social overhead capital)으로 해석할 수 있는데 사회간접자본이란 부가가치 생산 활동에 직접적으로 사용되지 않지만 경제 생산 활동을 위해서 꼭 필요한 기반시설을 의미하는 것으로 운수, 통신, 용수, 그리고 전력 같은 동력 및 공중위생 등 산업 발전의 기반이 되는 여러 가지 공공시설을 말한다. 이러한 공공시설은 대부분 정부나 지방 공공단체가 관리 및 통제하기 때문에 사회적 자본이라 불리며, 또한 특정 기업 또는 개인에게만 혜택이 돌아가는 게 아니라 다수의 기업 활동 또는 국민의 공익과 관련되는 간접적 필요에 의해 마련되기 때문에 간접자본이라고도 한다(위키백과).

제57조의2(관광단지의 전기시설 설치)

① 관광단지에 전기를 공급하는 자는 관광단지 조성사업의 시행자가 요청하는 경우 관광단지에 전기를 공급하기 위한 전기간선시설 및 배전시설을 관광단지 조성계획에서 도시계획시설로 결정된 도로까지 설치하되, 구체적인 설치범위는 대통령령으로 정한다.

② 제1항에 따라 관광단지에 전기를 공급하는 전기간선시설 및 배전시설의 설치비용은 전기를 공급하는 자가 부담한다. 다만, 관광단지 조성사업의 시행자 · 입주기업 · 지방자치단체 등의 요청에 의하여 전기간선시설 및 배전시설을 땅속에 설치하는 경우에는 전기를 공급하는 자와 땅속에 설치할 것을 요청하는 자가 각각 100분의 50의 비율로 설치비용을 부담한다.

■ 전기간선시설 등의 설치범위 시행령 제49조의2

전기간선시설(電氣幹線施設) 및 배전시설(配電施設)을 설치하여야 하는 구체적인 설치범위는 관광단지 조성사업구역 밖의 기간(基幹)이 되는 시설로부터 조성사업구역 안의 토지이용계획상 6미터 이상의 도시계획시설로 결정된 도로에 접하는 개별필지의 경계선까지를 말한다.

제58조(인 · 허가 등의 의제)

① 제54조제1항에 따라 조성계획의 승인 또는 변경승인을 받거나 같은 조 제5항에 따라 특별자치시장 및 특별자치도지사가 조성계획을 수립한 경우 다음 각 호의 인 · 허가 등에 관하여 시 · 도지사가 인 · 허가 등의 관계 행정기관의 장과 미리 협의한 사항에 대해서는 해당 인 · 허가 등을 받거나 신고를 한 것으로 본다.

1. 「국토의 계획 및 이용에 관한 법률」 제30조에 따른 도시 · 군관리계획(같은 법 제2조제4호다목의 계획 중 대통령령으로 정하는 시설 및 같은 호 마목의 계획 중 같은 법 제51조에 따른 지구단위계획구역의 지정 계획 및 지구단위계획만 해당한다)의 결정, 같은 법 제32조제2항에 따른 지형도면의 승인, 같은 법 제36조에 따른 용도지역 중 도시지역이 아닌 지역의 계획관리지역 지정, 같은 법 제37조에 따른 용도지구 중 개발진흥지구의 지정, 같은 법 제56조에 따른 개발행위의 허가, 같은 법 제86조에 따른 도시 · 군계획시설사업 시행자의 지정 및 같은 법 제88조에 따른 실시계획의 인가
2. 「수도법」 제17조에 따른 일반수도사업의 인가 및 같은 법 제52조에 따른 전용 상수도설치시설의 인가
3. 「하수도법」 제16조에 따른 공공하수도 공사시행 등의 허가
4. 「공유수면 관리 및 매립에 관한 법률」 제8조에 따른 공유수면 점용 · 사용허가, 같은 법 제17조에 따른 점용 · 사용 실시계획의 승인 또는 신고, 같은 법 제28조에 따른 공유수면의 매립면허, 같은 법 제 35조에 따른 국가 등이 시행하는 매립의 협의 또는 승인 및 같은 법 제38조에 따른 공유수면매립실시 계획의 승인
5. 삭제
6. 「하천법」 제30조에 따른 하천공사 등의 허가 및 실시계획의 인가, 같은 법 제33조에 따른 점용허가 및 실시계획의 인가
7. 「도로법」 제36조에 따른 도로관리청이 아닌 자에 대한 도로공사 시행의 허가 및 같은 법 제61조에 따른 도로의 점용 허가
8. 「항만법」 제9조제2항에 따른 항만공사 시행의 허가 및 같은 법 제10조제2항에 따른 항만공사 실시계획의 승인
9. 「사도법」 제4조에 따른 사도개설의 허가
10. 「산지관리법」 제14조 · 제15조에 따른 산지전용허가 및 산지전용신고, 같은 법 제15조의2에 따른 산지 일시사용허가 · 신고, 「산림자원의 조성 및 관리에 관한 법률」 제36조제1항 · 제4항 및 제45조제1항 · 제2항에 따른 입목벌채 등의 허가와 신고
11. 「농지법」 제34조제1항에 따른 농지 전용허가
12. 「자연공원법」 제20조에 따른 공원사업 시행 및 공원시설관리의 허가와 같은 법 제23조에 따른 행위 허가
13. 「공익사업을 위한 토지 등의 취득 및 보상에 관한 법률」 제20조제1항에 따른 사업인정
14. 「초지법」 제23조에 따른 초지전용의 허가
15. 「사방사업법」 제20조에 따른 사방지 지정의 해제
16. 「장사 등에 관한 법률」 제8조제3항에 따른 분묘의 개장신고 및 같은 법 제27조에 따른 분묘의 개장 허가
17. 「폐기물관리법」 제29조에 따른 폐기물 처리시설의 설치승인 또는 신고

18. 「온천법」 제10조에 따른 온천개발계획의 승인
19. 「건축법」 제11조에 따른 건축허가, 같은 법 제14조에 따른 건축신고, 같은 법 제20조에 따른 가설건축물 건축의 허가 또는 신고
20. 제15조제1항에 따른 관광숙박업 및 제15조제2항에 따른 관광객 이용시설업 · 국제회의업의 사업계획승인. 다만, 제15조에 따른 사업계획의 작성자와 제55조제1항에 따른 조성사업의 사업시행자가 동일한 경우에 한한다.
21. 「체육시설의 설치 · 이용에 관한 법률」 제12조에 따른 등록 체육시설업의 사업계획 승인. 다만, 제15조에 따른 사업계획의 작성자와 제55조제1항에 따른 조성사업의 사업시행자가 동일한 경우에 한한다.
22. 「유통산업발전법」 제8조에 따른 대규모점포의 개설등록
23. 「공간정보의 구축 및 관리 등에 관한 법률」 제86조제1항에 따른 사업의 착수 · 변경의 신고

② 시 · 도지사(제54조제5항에 따른 조성계획 수립의 경우에는 특별자치시장 및 특별자치도지사를 말한다)는 제1항 각 호의 인 · 허가 등이 포함되어 있는 조성계획을 승인 · 변경 승인 또는 수립하려는 경우 미리 관계 행정기관의 장과 협의하여야 한다.

③ 제1항 및 제2항에서 규정한 사항 외에 인 · 허가 등 의제의 기준 및 효과 등에 관하여는 「행정기본법」 제24조부터 제26조까지를 준용한다.

■ 인 · 허가 등의 의제 시행령 제50조

"대통령령으로 정하는 시설"이란 「국토의 계획 및 이용에 관한 법률 시행령」 제2조제1항 제2호에 따른 유원지를 말한다.

제58조의2(준공검사)

① 사업시행자가 관광지등 조성사업의 전부 또는 일부를 완료한 때에는 대통령령으로 정하는 바에 따라 지체 없이 시 · 도지사에게 준공검사를 받아야 한다. 이 경우 시 · 도지사는 해당 준공검사 시행에 관하여 관계 행정기관의 장과 미리 협의하여야 한다.

② 사업시행자가 제1항에 따라 준공검사를 받은 경우에는 제58조제1항 각 호에 규정된 인 · 허가 등에 따른 해당 사업의 준공검사 또는 준공인가 등을 받은 것으로 본다.

■ 준공검사 시행령 제50조의2

① 사업시행자가 조성사업의 전부 또는 일부를 완료하여 준공검사를 받으려는 때에는 다음의 사항을 적은 준공검사신청서를 시 · 도지사에게 제출하여야 한다.

1. 사업시행자의 성명(법인인 경우에는 법인의 명칭 및 대표자의 성명을 말한다) · 주소

2. 조성사업의 명칭
3. 조성사업을 완료한 지역의 위치 및 면적
4. 조성사업기간

② 제1항에 따른 준공검사신청서에는 다음의 서류 및 도면을 첨부하여야 한다.

1. 준공설계도서(착공 전의 사진 및 준공사진을 첨부한다)
2. 「공간정보의 구축 및 관리 등에 관한 법률」에 따라 지적소관청이 발행하는 지적측량성과도
3. 공공시설 및 토지 등의 귀속조사문서와 도면(민간개발자인 사업시행자의 경우에는 용도 폐지된 공공시설 및 토지 등에 대한 「감정평가 및 감정평가사에 관한 법률」에 따른 감정평가업자의 평가조서와 새로 설치된 공공시설의 공사비 산출내역서를 포함)
4. 「공유수면 관리 및 매립에 관한 법률」 제46조, 제35조제4항 및 같은 법 시행령 제51조에 따라 사업시행자가 취득할 대상 토지와 국가 또는 지방자치단체에 귀속될 토지 등의 내역서(공유수면을 매립하는 경우에만 해당)
5. 환지계획서 및 신 · 구 지적대조도(환지를 하는 경우에만 해당한다)
6. 개발된 토지 또는 시설 등의 관리 · 처분 계획

③ 준공검사 신청을 받은 시 · 도지사는 검사일정을 정하여 준공검사 신청 내용에 포함된 공공시설을 인수하거나 관리하게 될 국가기관 또는 지방자치단체의 장에게 검사일 5일 전까지 통보하여야 하며, 준공검사에 참여하려는 국가기관 또는 지방자치단체의 장은 준공검사일 전날까지 참여를 요청하여야 한다.

④ 준공검사 신청을 받은 시 · 도지사는 준공검사를 하여 해당 조성사업이 승인된 조성계획대로 완료되었다고 인정하는 경우에는 준공검사증명서를 발급하고, 다음의 사항을 공보에 고시하여야 한다.

1. 조성사업의 명칭
2. 사업시행자의 성명 및 주소
3. 조성사업을 완료한 지역의 위치 및 면적
4. 준공연월일
5. 주요 시설물의 관리 · 처분에 관한 사항
6. 그 밖에 시 · 도지사가 필요하다고 인정하는 사항

■ **준공검사신청서 등** 시행규칙 제63조의2

① 영 제50조의2제1항에 따른 준공검사신청서는 별지 제41호의2서식에 따른다.
② 영 제50조의2제4항에 따른 준공검사증명서는 별지 제41호의3서식에 따른다.

제58조의3(공공시설 등의 귀속)

① 사업시행자가 조성사업의 시행으로 「국토의 계획 및 이용에 관한 법률」 제2조제13호에 따른 공공시설을 새로 설치하거나 기존의 공공시설에 대체되는 시설을 설치한 경우 그 귀속에 관하여는 같은 법 제65조를 준용한다. 이 경우 "행정청이 아닌 경우"는 "사업시행자인 경우"로 본다.
② 제1항에 따른 공공시설 등을 등기하는 경우에는 조성계획승인서와 준공검사증명서로써 「부동산등기법」의 등기원인을 증명하는 서면을 갈음할 수 있다.
③ 제1항에 따라 「국토의 계획 및 이용에 관한 법률」을 준용할 때 관리청이 불분명한 재산 중 도로 · 도랑 등에 대하여는 국토교통부장관을, 하천에 대하여는 환경부장관을 그 밖의 재산에 대하여는 기획재정부장관을 관리청으로 본다.

제59조(관광지 등의 처분)

① 사업시행자는 조성한 토지, 개발된 관광시설 및 지원시설의 전부 또는 일부를 매각하거나 임대하거나 타인에게 위탁하여 경영하게 할 수 있다.
② 제1항에 따라 토지 · 관광시설 또는 지원시설을 매수 · 임차하거나 그 경영을 수탁한 자는 그 토지나 관광시설 또는 지원시설에 관한 권리 · 의무를 승계한다.

제60조(국토의 계획 및 이용에 관한 법률의 준용)

조성계획의 수립, 조성사업의 시행 및 관광지등의 처분에 관하여는 이 법에 규정되어 있는 것 외에는 「국토의 계획 및 이용에 관한 법률」 제90조 · 제100조 · 제130조 및 제131조를 준용한다. 이 경우 "국토해양부장관 또는 시 · 도지사"는 "시 · 도지사"로, "실시계획"은 "조성계획"으로, "인가"는 "승인"으로, "도시계획시설사업의 시행지구"는 "관광지등"으로, "도시계획시설사업의 시행자"는 "사업시행자"로, "도시계획시설사업"은 "조성사업"으로, "국토해양부장관"은 "문화체육관광부장관"으로, "광역도시계획 또는 도시계획"은 "조성계획"으로 본다.

제61조(수용 및 사용)

① 사업시행자는 제55조에 따른 조성사업의 시행에 필요한 토지와 다음 각 호의 물건 또는 권리를 수용하거나 사용할 수 있다. 다만, 농업 용수권이나 그 밖의 농지개량 시설을 수용 또는 사용하려는 경우에는 미리 농림축산식품부장관의 승인을 받아야 한다.
1. 토지에 관한 소유권 외의 권리
2. 토지에 정착한 입목이나 건물, 그 밖의 물건과 이에 관한 소유권 외의 권리
3. 물의 사용에 관한 권리
4. 토지에 속한 토석 또는 모래와 조약돌

② 제1항에 따른 수용 또는 사용에 관한 협의가 성립되지 아니하거나 협의를 할 수 없는 경우에는 사업시행자는 「공익사업을 위한 토지 등의 취득 및 보상에 관한 법률」 제28조제1항에도 불구하고 조성사업 시행 기간에 재결을 신청할 수 있다.

③ 제1항에 따른 수용 또는 사용의 절차, 그 보상 및 재결 신청에 관하여는 이 법에 규정되어 있는 것 외에는 「공익사업을 위한 토지 등의 취득 및 보상에 관한 법률」을 적용한다.

공용수용(公用收用)은 공공사업 기타 공공목적을 위하여 개인의 특정한 재산권을 법률의 힘에 의하여 강제적으로 취득하는 일 및 그 제도이다. 공용수용의 목적은 특정한 재산권을 공익사업 기타 공공목적에 제공함으로써 공공복리의 증진과 사유재산권의 조절을 도모함에 있다. 공용수용의 주체는 당해 공익사업의 주체인데, 국가일 경우도 있고, 공공단체 또는 사인(私人)일 경우도 있다. 공용수용은 공익상 필요에 의하여 개인의 재산권에 대하여 특별한 희생을 요구하는 것이므로 그로 인한 손실은 보상하여야 하며, 반드시 헌법과 법률의 근거가 필요하다. 공용사용(公用使用)은 행정주체가 특정한 행정목적을 실현하기 위해 타인의 재산권을 사용하는 일을 의미하며, 미리 당해 소유자 또는 점유자에게 통지하여야 하고 일출 전, 일몰 후의 출입이 제한되며 권한을 표시하는 증표를 휴대 · 제시하여야 한다.

제63조(선수금)

사업시행자는 그가 개발하는 토지 또는 시설을 분양받거나 시설물을 이용하려는 자로부터 그 대금의 전부 또는 일부를 대통령령으로 정하는 바에 따라 미리 받을 수 있다.

■ 선수금 시행령 제52조

사업시행자는 선수금을 받으려는 경우에 그 금액 및 납부방법에 대하여 토지 또는 시설을 분양받거나 시설물을 이용하려는 자와 협의하여야 한다.

제64조(이용자 분담금 및 원인자 부담금)

① 사업시행자는 지원시설 건설비용의 전부 또는 일부를 대통령령으로 정하는 바에 따라 그 이용자에게 분담하게 할 수 있다.
② 지원시설 건설의 원인이 되는 공사 또는 행위가 있으면 사업시행자는 대통령령으로 정하는 바에 따라 그 공사 또는 행위의 비용을 부담하여야 할 자에게 그 비용의 전부 또는 일부를 부담하게 할 수 있다.
③ 사업시행자는 관광지등의 안에 있는 공동시설의 유지 · 관리 및 보수에 드는 비용의 전부 또는 일부를 대통령령으로 정하는 바에 따라 관광지등에서 사업을 경영하는 자에게 분담하게 할 수 있다.

■ 이용자 분담금 시행령 제53조

① 사업시행자는 지원시설의 이용자에게 분담금을 부담하게 하려는 경우에는 지원시설의 건설사업명 · 건설비용 · 부담금액 · 납부방법 및 납부기한을 서면에 구체적으로 밝혀 그 이용자에게 분담금의 납부를 요구하여야 한다.
② 제1항에 따른 지원시설의 건설비용은 다음의 비용을 합산한 금액으로 한다.
1. 공사비(조사측량비 · 설계비 및 관리비는 제외한다)
2. 보상비(감정비를 포함한다)
③ 제1항에 따른 분담금액은 지원시설의 이용자의 수 및 이용횟수 등을 고려하여 사업시행자가 이용자와 협의하여 산정한다.

■ 원인자 분담금 시행령 제54조

사업시행자가 원인자 부담금을 부담하게 하려는 경우에는 이용자 분담금에 관한 사항을 준용한다.

■ 유지 · 관리 및 보수비용의 분담 시행령 제55조

① 사업시행자는 법 제64조제3항에 따라 공동시설의 유지 · 관리 및 보수비용을 분담하게 하려는 경우에는 공동시설의 유지 · 관리 · 보수 현황, 분담금액, 납부방법, 납부기한 및 산출내용을 적은 서류를 첨부하여 관광지등에서 사업을 경영하는 자에게 그 납부를 요구하여야 한다.
② 공동시설의 유지 · 관리 및 보수비용의 분담비율은 시설사용에 따른 수익의 정도에 따라 사업시행자가 사업을 경영하는 자와 협의하여 결정한다.

③ 사업시행자는 유지 · 관리 · 보수비용의 분담 및 사용 현황을 매년 결산하여 비용분담자에게 통보하여야 한다.

제65조(강제징수)

① 제64조에 따라 이용자 분담금 · 원인자 부담금 또는 유지 · 관리 및 보수에 드는 비용을 내야 할 의무가 있는 자가 이를 이행하지 아니하면 사업시행자는 대통령령으로 정하는 바에 따라 그 지역을 관할하는 특별자치시장 · 특별자치도지사 · 시장 · 군수 · 구청장에게 그 징수를 위탁할 수 있다.
② 제1항에 따라 징수를 위탁받은 특별자치시장 · 특별자치도지사 · 시장 · 군수 · 구청장은 지방세 체납처분의 예에 따라 이를 징수할 수 있다. 이 경우 특별자치시장 · 특별자치도지사 · 시장 · 군수 · 구청장에게 징수를 위탁한 자는 특별자치시장 · 특별자치도지사 · 시장 · 군수 · 구청장이 징수한 금액의 100분의 10에 해당하는 금액을 특별자치시 · 특별자치도 · 시 · 군 · 구에 내야 한다.

■ 이용자 분담금 및 원인자 부담금의 징수 위탁 시행규칙 제56조

사업시행자는 특별자치도지사 · 시장 · 군수 · 구청장에게 이용자 분담금, 원인자 부담금 또는 유지 · 관리 및 보수 비용(이하 이 조에서 "분담금등"이라 한다)의 징수를 위탁하려면 그 위탁 내용에 다음의 사항을 명시하여야 한다.

1. 분담금등의 납부의무자의 성명 · 주소
2. 분담금등의 금액
3. 분담금등의 납부사유 및 납부기간
4. 그 밖에 분담금등의 징수에 필요한 사항

제66조(이주대책)

① 사업시행자는 조성사업의 시행에 따른 토지 · 물건 또는 권리를 제공함으로써 생활의 근거를 잃게 되는 자를 위하여 대통령령으로 정하는 내용이 포함된 이주대책을 수립 · 실시하여야 한다.
② 제1항에 따른 이주대책의 수립에 관하여는 「공익사업을 위한 토지 등의 취득 및 보상에 관한 법률」 제78조 제2항 · 제3항과 제81조를 준용한다.

■ 이주대책의 포함내용 시행령 제57조

1. 택지 및 농경지의 매입
2. 택지 조성 및 주택 건설
3. 이주보상금
4. 이주방법 및 이주시기
5. 이주대책에 따른 비용
6. 그 밖에 필요한 사항

제67조(입장료 등의 징수와 사용)

① 관광지등에서 조성사업을 하거나 건축, 그 밖의 시설을 한 자는 관광지등에 입장하는 자로부터 입장료를 징수할 수 있고, 관광시설을 관람하거나 이용하는 자로부터 관람료나 이용료를 징수할 수 있다.
② 제1항에 따른 입장료·관람료 또는 이용료의 징수 대상의 범위와 그 금액은 관광지등이 소재하는 지방자치단체의 조례로 정한다.
③ 지방자치단체는 제1항에 따라 입장료·관람료 또는 이용료를 징수하면 이를 관광지등의 보존·관리와 그 개발에 필요한 비용에 충당하여야 한다.
④ 지방자치단체는 지역관광 활성화를 위하여 관광지등에서 조성사업을 하거나 건축, 그 밖의 시설을 한 자(국가 또는 지방자치단체는 제외한다)가 제1항에 따라 징수한 입장료·관람료 또는 이용료를 「지역사랑상품권 이용 활성화에 관한 법률」 제2조제1호에 따른 지역사랑상품권을 활용하여 관광객에게 환급하는 경우 조례로 정하는 바에 따라 환급한 입장료·관람료 또는 이용료의 전부 또는 일부에 해당하는 비용을 지원할 수 있다.

제69조(관광지 등의 관리)

① 사업시행자는 관광지등의 관리·운영에 필요한 조치를 하여야 한다.
② 사업시행자는 필요하면 관광사업자 단체 등에 관광지등의 관리·운영을 위탁할 수 있다.

제69조의2((관광지 등에 설치·방치된 물건등의 제거)

① 누구든지 관광지등에서 이 법에 따른 등록·허가 또는 지정을 받지 아니하거나 신고를 하지 아니하고 야영용품이나 취사용품 등 대통령령으로 정하는 물건(이하 이 조에서 "물건등"이라 한다)을 무단으로 설치 또는 방치하여 관광객의 원활한 관광 및 휴양을 방해하여서는 아니 된다.
② 관광지등을 관할하는 특별자치시장·특별자치도지사·시장·군수·구청장은 제1항을 위반하여 관광지등의 이용·관리에 지장을 줄 것으로 인정되는 경우로서 문화체육관광부령으로 정하는 바에 따라 긴급하게 실시할 필요가 있고, 「행정대집행법」 제3조제1항 및 제2항의 절차에 따르면 그 목적을 달성하기가 곤란하다고 인정되는 경우에는 그 절차를 거치지 아니하고도 설치 또는 방치되어 있는 물건등을 제거하는 등 필요한 조치를 할 수 있다.
③ 제2항에 따른 조치는 관광지등의 이용·관리에 필요한 최소한도에 그쳐야 한다.
④ 제2항에 따른 조치로 제거된 물건등의 보관 및 처리에 필요한 사항은 대통령령으로 정한다.

제2절 관광특구

제70조(관광특구의 지정 요건)

① 관광특구는 다음 각 호의 요건을 모두 갖춘 지역 중에서 시장·군수·구청장의 신청(특별자치시 및 특별자치도의 경우는 제외한다)에 따라 시·도지사가 지정한다. 이 경우 관광특구로 지정하려는 대상지역이 같은 시·도 내에서 둘 이상의 시·군·구에 걸쳐 있는 경우에는 해당 시장·군수·구청장이 공동으로 지정을 신청하여야 하고, 둘 이상의 시·도에 걸쳐 있는 경우에는 해당 시장·군수·구청장이 공동으로 지정을 신청하고 해당 시·도지사가 공동으로 지정하여야 한다.

1. 외국인 관광객 수가 대통령령으로 정하는 기준 이상일 것
2. 문화체육관광부령으로 정하는 바에 따라 관광안내시설, 공공편익시설 및 숙박시설 등이 갖추어져 외국인 관광객의 관광수요를 충족시킬 수 있는 지역일 것
3. 관광활동과 직접적인 관련성이 없는 토지의 비율이 대통령령으로 정하는 기준을 초과하지 아니할 것
4. 제1호부터 제3호까지의 요건을 갖춘 지역이 서로 분리되어 있지 아니할 것

② 제1항 각 호 외의 부분 전단에도 불구하고 「지방자치법」 제198조제2항제1호에 따른 인구 100만 이상 대도시(이하 "특례시"라 한다)의 시장은 관할 구역 내에서 제1항 각 호의 요건을 모두 갖춘 지역을 관광특구로 지정할 수 있다.

③ 관광특구의 지정·취소·면적변경 및 고시에 관하여는 제52조제2항·제3항·제5항 및 제6항을 준용한다. 이 경우 "시·도지사"는 "시·도지사 또는 특례시의 시장"으로 본다.

관광특구는 외국인 관광객의 유치 촉진을 위하여 관광시설이 밀집된 지역에 대해 야간 영업시간 제한을 배제하는 등 관광활동을 촉진하고자 1993년에 도입된 제도이다. 「관광진흥법」 제2조에서는 '외국인 관광객의 유치 촉진 등을 위하여 관광활동과 관련된 관계법령의 적용이 배제되거나 완화되고, 관광활동과 관련된 서비스·안내체계 및 홍보 등 관광여건을 집중적으로 조성할 필요가 있는 지역으로서 관광진흥법에 의하여 지정된 곳'이라고 정의하고 있다.

문화체육관광부는 2004년 10월 「관광진흥법」을 일부 개정하여 특구 지정 권한을 시·도지사에게 이양하고 특구에 대한 국가 및 지방자치단체의 지원근거를 마련하였으며, 관광특구진흥계획의 수립·시행 및 평가를 의무화하는 등 특구제도의 실효성을 확보하기 위한 다양한 제도적 장치를 도입하였다. 또한 2005년 4월에는 「관광진흥법」 개정을 통해 관광특구 지역안의 문화·체육시설, 숙박시설 등으로서 관광객 유치를 위하여 특히 필요하다고 문화체육관광부장관이 인정하는 시설에 대하여 관광진흥개발기금의 보조 또는 융자가 가능하도록 하였다. 관광특구 지정 요건은 문화체육관광부령이 정하

는 상가 · 숙박 · 공공편익시설, 휴양 · 오락시설 등의 요건을 갖추고 외국인 관광객의 수요를 충족시킬 수 있는 지역으로 당해 지역의 최근 1년 동안 외국인 관광객이 10만 명(서울특별시의 경우에는 50만 명) 이상이어야 하며, 임야 · 농지 · 공업용지 · 택지 등 관광활동과 관련이 없는 토지가 관광특구 전체면적의 10%를 초과하지 않아야 한다(문화체육관광부, 2009).

관광특구의 지정 절차와 관련하여 관광특구 요건을 갖춘 대상지역이 같은 시 · 도 내에서 둘 이상의 시 · 군 · 구에 걸쳐 있거나, 둘 이상의 시 · 도에 걸쳐있는 경우에는 지정 신청 및 지정이 곤란하다는 문제점이 있으므로 관광특구로 지정하려는 대상지역이 같은 시 · 도 내에서 둘 이상의 시 · 군 · 구에 걸쳐 있는 경우에는 해당 시장 · 군수 · 구청장이 공동으로 지정을 신청하여야 하고, 둘 이상의 시 · 도에 걸쳐 있는 경우에는 해당 시장 · 군수 · 구청장이 공동으로 지정을 신청하고 해당 시 · 도지사가 공동으로 지정하도록 하였다.

관광특구는 제주도, 경주시, 설악산, 해운대, 유성의 5개 지역이 1994년 8월 31일 최초 지정된 이래, 2008년 5월 현재, 부산광역시 중구 부평동, 광복동, 남포동 지역의 용두산 · 자갈치 관광특구를 새로 지정하여 2010년 기준으로 13개 시 · 도에 26곳이 지정되어 있다.

■ 관광특구의 지정요건 시행령 제58조

① "대통령령으로 정하는 기준"이란 문화체육관광부장관이 고시하는 기준을 갖춘 통계전문기관의 통계결과 해당 지역의 최근 1년간 외국인 관광객 수가 10만 명(서울특별시는 50만 명)인 것을 말한다.

② "대통령령으로 정하는 기준"이란 관광특구 전체 면적 중 관광활동과 직접적인 관련성이 없는 토지가 차지하는 비율이 10퍼센트인 것을 말한다.

제70조의2(관광특구 지정을 위한 조사 · 분석)

제70조제1항 및 제2항에 따라 시 · 도지사 또는 특례시의 시장이 관광특구를 지정하려는 경우에는 같은 조 제1항 각 호의 요건을 갖추었는지 여부와 그 밖에 관광특구의 지정에 필요한 사항을 검토하기 위하여 대통령령으로 정하는 전문기관에 조사 · 분석을 의뢰하여야 한다.

■ 관광특구의 지정신청 등 시행규칙 제64조

① 관광특구 지정요건의 세부기준

▪ 관광특구 지정요건의 세부기준

시설 구분	시 설 종 류	구 비 기 준
공공편익시설	화장실, 주차장, 전기시설, 통신시설, 상하수도시설	각 시설이 관광객이 이용하기에 충분할 것
관광안내시설	관광안내소, 외국인통역안내소, 관광지 표지판	각 시설이 관광객이 이용하기에 충분할 것
숙박시설	관광호텔, 수상관광호텔, 한국전통호텔, 가족호텔 및 휴양콘도미니엄	등록기준에 부합되는 관광숙박시설이 1종류 이상일 것
휴양·오락시설	민속촌, 해수욕장, 수렵장, 동물원, 식물원, 수족관, 온천장, 동굴자원, 수영장, 농어촌휴양시설, 산림휴양시설, 박물관, 미술관, 활공장, 자동차야영장, 관광유람선 및 종합유원시설	등록기준에 부합되는 관광객이용시설 또는 시설 및 설비기준에 부합되는 유원시설로서 2종류 이상일 것
접객시설	관광공연장, 외국인전용관광기념품판매점, 관광유흥음식점, 관광극장유흥업점, 외국인전용유흥음식점, 관광식당	등록기준에 부합되는 관광객이용시설 또는 지정기준에 부합되는 관광편의시설로서 관광객이 이용하기에 충분할 것
상가시설	관광기념품전문판매점, 백화점, 재래시장, 면세점 등	1개소 이상일 것

② 관광특구의 지정 및 지정 취소 또는 그 면적의 변경(이하 이 조에서 "지정 등"이라 한다)을 신청하려는 시장·군수·구청장(특별자치도의 경우는 제외)은 관광특구 지정 등 신청서에 다음의 서류를 첨부하여 특별시장·광역시장·도지사에게 제출하여야 한다. 다만, 관광특구의 지정 취소 또는 그 면적 변경의 경우에는 그 취소 또는 변경과 관계되지 아니하는 사항에 대한 서류는 첨부하지 아니한다.

1. 신청사유서
2. 주요관광자원 등의 내용이 포함된 서류
3. 해당 지역주민 등의 의견수렴 결과를 기재한 서류
4. 관광특구의 진흥계획서
5. 관광특구를 표시한 행정구역도와 지적도면
6. 제1항의 요건에 적합함을 증명할 수 있는 서류

③ 관광특구의 지정 등에 관하여는 제58조제3항을 준용한다.

제71조(관광특구의 진흥계획)

① 특별자치시장 · 특별자치도지사 · 시장 · 군수 · 구청장은 관할 구역 내 관광특구를 방문하는 외국인 관광객의 유치 촉진 등을 위하여 관광특구진흥계획을 수립하고 시행하여야 한다.
② 제1항에 따른 관광특구진흥계획에 포함될 사항 등 관광특구진흥계획의 수립 · 시행에 필요한 사항은 대통령령으로 정한다.

■ 관광특구진흥계획의 수립 · 시행 시행령 제59조

① 특별자치도지사 · 시장 · 군수 · 구청장은 관광특구진흥계획(이하 "진흥계획"이라 한다)을 수립하기 위하여 필요한 경우에는 해당 특별자치도 · 시 · 군 · 구 주민의 의견을 들을 수 있다.
② 특별자치도지사 · 시장 · 군수 · 구청장은 다음의 사항이 포함된 진흥계획을 수립 · 시행한다.
1. 외국인 관광객을 위한 관광편의시설의 개선에 관한 사항
2. 특색 있고 다양한 축제, 행사, 그 밖에 홍보에 관한 사항
3. 관광객 유치를 위한 제도개선에 관한 사항
4. 관광특구를 중심으로 주변지역과 연계한 관광코스의 개발에 관한 사항
5. 그 밖에 관광질서 확립 및 관광서비스 개선 등 관광객 유치를 위하여 필요한 사항으로서 문화체육관광부령으로 정하는 사항

③ 특별자치도지사 · 시장 · 군수 · 구청장은 수립된 진흥계획에 대하여 5년마다 그 타당성을 검토하고 진흥계획의 변경 등 필요한 조치를 하여야 한다.

■ 관광특구진흥계획의수립 내용 시행규칙 제65조

1. 범죄예방 계획 및 바가지 요금, 퇴폐행위, 호객행위 근절 대책
2. 관광불편신고센터의 운영계획
3. 관광특구 안의 접객시설 등 관련시설 종사원에 대한 교육계획
4. 외국인 관광객을 위한 토산품 등 관광상품 개발 · 육성계획

第72조(관광특구의 대한 지원)

① 국가나 지방자치단체는 관광특구를 방문하는 외국인 관광객의 관광 활동을 위한 편의 증진 등 관광특구 진흥을 위하여 필요한 지원을 할 수 있다.
② 문화체육관광부장관은 관광특구를 방문하는 관광객의 편리한 관광 활동을 위하여 관광특구 안의 문화·체육·숙박·상가·교통·주차시설로서 관광객 유치를 위하여 특히 필요하다고 인정되는 시설에 대하여 「관광진흥개발기금법」에 따라 관광진흥개발기금을 대여하거나 보조할 수 있다.

第73조(관광특구에 대한 평가 등)

① 시·도지사 또는 특례시의 시장은 대통령령으로 정하는 바에 따라 제71조에 따른 관광특구진흥계획의 집행 상황을 평가하고, 우수한 관광특구에 대하여는 필요한 지원을 할 수 있다.
② 시·도지사 또는 특례시의 시장은 제1항에 따른 평가 결과 제70조에 따른 관광특구 지정 요건에 맞지 아니하거나 추진 실적이 미흡한 관광특구에 대하여는 대통령령으로 정하는 바에 따라 관광특구의 지정취소·면적조정·개선권고 등 필요한 조치를 하여야 한다.
③ 문화체육관광부장관은 관광특구의 활성화를 위하여 관광특구에 대한 평가를 3년마다 실시하여야 한다.
④ 문화체육관광부장관은 제3항에 따른 평가 결과 우수한 관광특구에 대하여는 필요한 지원을 할 수 있다.
⑤ 문화체육관광부장관은 제3항에 따른 평가 결과 제70조에 따른 관광특구지정요건에 맞지 아니하거나 추진 실적이 미흡한 관광특구에 대하여는 대통령령으로 정하는 바에 따라 해당 시·도지사 또는 특례시의 시장에게 관광특구의 지정취소·면적조정·개선권고 등 필요한 조치를 할 것을 요구할 수 있다.
⑥ 제3항에 따른 평가의 내용, 절차 및 방법 등에 필요한 사항은 대통령령으로 정한다.

■ 관광특구의 평가 및 조치 시행령 제60조

① 시·도지사 또는 인구 100만 이상 대도시(특례시)의 시장은 관광특구에 대한 평가 등에 따라 진흥계획의 집행 상황을 연 1회 평가해야 하며, 평가 시에는 관광 관련 학계·기관 및 단체의 전문가와 지역주민, 관광 관련 업계 종사자가 포함된 평가단을 구성하여 평가해야 한다.
② 시·도지사 또는 특례시의 시장은 제1항에 따른 평가 결과를 평가가 끝난 날부터 1개월 이내에 문화체육관광부장관에게 보고해야 하며, 문화체육관광부장관은 시·도지사 또는 특례시의 시장이 보고한 사항 외에 추가로 평가가 필요하다고 인정되면 진흥계획의 집행 상황을 직접 평가할 수 있다.

③ 관광특구에 대한 조치 등에 따라 시 · 도지사는 진흥계획의 집행 상황에 대한 평가 결과에 따라 다음의 구분에 따른 조치를 할 수 있다.

1. 관광특구의 지정요건에 3년 연속 미달하여 개선될 여지가 없다고 판단되는 경우에는 관광특구 지정 취소
2. 진흥계획의 추진실적이 미흡한 관광특구로서 제3호에 따라 개선권고를 3회 이상 이행하지 아니한 경우에는 관광특구 지정 취소
3. 진흥계획의 추진실적이 미흡한 관광특구에 대하여는 지정 면적의 조정 또는 투자 및 사업계획 등의 개선 권고

제74조(다른 법률의 대한 특례)

① 관광특구 안에서는 「식품위생법」 제43조에 따른 영업제한에 관한 규정을 적용하지 아니한다.
② 관광특구 안에서 대통령령으로 정하는 관광사업자는 「건축법」 제43조에도 불구하고 연간 180일 이내의 기간 동안 해당 지방자치단체의 조례로 정하는 바에 따라 공개 공지(空地: 공터)를 사용하여 외국인 관광객을 위한 공연 및 음식을 제공할 수 있다. 다만, 울타리를 설치하는 등 공중(公衆)이 해당 공개 공지를 사용하는 데에 지장을 주는 행위를 하여서는 아니 된다.
③ 관광특구 관할 지방자치단체의 장은 관광특구의 진흥을 위하여 필요한 경우에는 시 · 도경찰청장 또는 경찰서장에게 「도로교통법」 제2조에 따른 차마(車馬) 또는 노면전차의 도로통행 금지 또는 제한 등의 조치를 하여줄 것을 요청할 수 있다. 이 경우 요청받은 시 · 도경찰청장 또는 경찰서장은 「도로교통법」 제6조에도 불구하고 특별한 사유가 없으면 지체 없이 필요한 조치를 하여야 한다.

관광특구 내에서의 영업활동의 활성화와 외국인 관광객의 유치 및 소비촉진 등의 활동을 보다 원활하게 지원하기 위한 하나의 시책의 일환으로서 다른 법률 즉, 식품위생법 제43조(영업제한)의 제1항 '시 · 도지사는 영업 질서와 선량한 풍속을 유지하는 데에 필요한 경우에는 영업자 중 식품접객영업자와 그 종업원에 대하여 영업시간 및 영업행위를 제한할 수 있다'는 조항으로부터 법률적 적용이 배제될 수 있음을 의미한다. 즉 관광특구 내에서의 영업활동과 관련해서는 관광진흥법을 우선적으로 적용하게 되며, 시도의 조례보다 우선함을 보여주는 조항이다.

■ **관광특구의 평가 및 조치** 시행령 제60조의2

① 문화체육관광부장관은 법 제73조제3항에 따라 관광특구에 대하여 다음 각 호의 사항을 평가해야 한다.

1. 법 제70조에 따른 관광특구 지정 요건을 충족하는지 여부
2. 최근 3년간의 진흥계획 추진 실적
3. 외국인 관광객의 유치 실적
4. 그 밖에 관광특구의 활성화를 위하여 평가가 필요한 사항으로서 문화체육관광부령으로 정하는 사항

② 문화체육관광부장관은 법 제73조제3항에 따른 관광특구의 평가를 위하여 평가 대상지역의 특별자치시장 · 특별자치도지사 · 시장 · 군수 · 구청장에게 평가 관련 자료의 제출을 요구할 수 있으며, 필요한 경우 현지조사를 할 수 있다.

③ 문화체육관광부장관은 법 제73조제3항에 따라 관광특구에 대한 평가를 하려는 경우에는 세부 평가계획을 수립하여 평가 대상지역의 특별자치시장 · 특별자치도지사 · 시장 · 군수 · 구청장에게 평가실시일 90일 전까지 통보해야 한다.

④ 문화체육관광부장관은 법 제73조제5항에 따라 다음 각 호의 구분에 따른 조치를 해당 시 · 도지사에게 요구할 수 있다.

1. 법 제70조에 따른 관광특구의 지정 요건에 맞지 않아 개선될 여지가 없다고 판단되는 경우 : 관광특구 지정 취소
2. 진흥계획 추진 실적이 미흡한 경우 : 면적조정 또는 개선권고
3. 제2호에 따른 면적조정 또는 개선권고를 이행하지 않은 경우 : 관광특구 지정 취소

⑤ 시 · 도지사는 제4항 각 호의 구분에 따른 조치 요구를 받은 날부터 1개월 이내에 조치계획을 문화체육관광부장관에게 보고해야 한다.

■ 「건축법」에 대한 특례를 적용받는 관광사업자의 범위 시행령 제60조의3

법 제74조제2항 본문에서 "대통령령으로 정하는 관광사업자"란 다음 각 호의 어느 하나에 해당하는 관광사업을 경영하는 자를 말한다.

1. 법 제3조제1항제2호에 따른 관광숙박업
2. 법 제3조제1항제4호에 따른 국제회의업
3. 제2조제1항제1호가목에 따른 일반여행업
4. 제2조제1항제3호마목에 따른 관광공연장업
5. 제2조제1항제6호라목, 사목 및 카목에 따른 관광식당업, 여객자동차터미널시설업 및 관광면세업

제6장 보칙

제76조(재정지원)

① 문화체육관광부장관은 관광에 관한 사업을 하는 지방자치단체, 관광사업자 단체 또는 관광사업자에게 대통령령으로 정하는 바에 따라 보조금을 지급할 수 있다.
② 지방자치단체는 그 관할 구역 안에서 관광에 관한 사업을 하는 관광사업자 단체 또는 관광사업자에게 조례로 정하는 바에 따라 보조금을 지급할 수 있다.
③ 국가 및 지방자치단체는 「국유재산법」, 「공유재산 및 물품 관리법」, 그 밖의 다른 법령에도 불구하고 관광지등의 사업시행자에 대하여 국유·공유 재산의 임대료를 대통령령으로 정하는 바에 따라 감면할 수 있다.

■ 국고보조금의 지급신청 시행령 제61조

① 재정지원에 따른 보조금을 받으려는 자는 문화체육관광부령으로 정하는 바에 따라 문화체육관광부장관에게 신청하여야 한다.
② 문화체육관광부장관은 국고보조금의 지급 신청을 받은 경우 필요하다고 인정하면 관계 공무원의 현지조사 등을 통하여 그 신청의 내용과 조건을 심사할 수 있다.

■ 국고보조금의 신청 시행규칙 제66조

① 국고보조금을 받으려는 자는 국고보조금 신청서에 다음의 사항을 기재한 서류를 첨부하여 문화체육관광부장관에게 제출하여야 한다.
1. 사업 개요(건설공사인 경우 시설내용을 포함한다) 및 효과
2. 사업자의 자산과 부채에 관한 사항
3. 사업공정계획
4. 총사업비 및 보조금액의 산출내역
5. 사업의 경비 중 보조금으로 충당하는 부분 외의 경비 조달방법

② 보조금을 받으려는 자가 지방자치단체인 경우에는 제1항 제2호 및 제5호의 사항을 생략할 수 있다.

■ 보조금의 지급결정 등 시행령 제62조

① 문화체육관광부장관은 국고보조금 신청이 타당하다고 인정되면 보조금의 지급을 결정하고 그 사실을 신청인에게 알려야 한다.

② 보조금은 원칙적으로 사업완료 전에 지급하되, 필요한 경우 사업완료 후에 지급할 수 있다.

③ 보조금을 받은 자(이하 "보조사업자"라 한다)는 문화체육관광부장관이 정하는 바에 따라 그 사업추진 실적을 문화체육관광부장관에게 보고하여야 한다.

■ 사업계획의 변경 등 시행령 제63조

① 보조사업자는 사업계획을 변경 또는 폐지하거나 그 사업을 중지하려는 경우에는 미리 문화체육관광부장관의 승인을 받아야 한다.

② 보조사업자는 다음의 어느 하나에 해당하는 사실이 발생한 경우에는 지체 없이 문화체육관광부장관에게 신고하여야 한다. 다만, 사망한 경우에는 그 상속인이, 합병한 경우에는 그 합병으로 존속되거나 새로 설립된 법인의 대표자가, 해산한 경우에는 그 청산인이 신고하여야 한다.

1. 성명(법인인 경우에는 그 명칭 또는 대표자의 성명)이나 주소를 변경한 경우
2. 정관이나 규약을 변경한 경우
3. 해산하거나 파산한 경우
4. 사업을 시작하거나 종료한 경우

■ 보조금의 사용 제한 등 시행령 제64조

① 보조사업자는 보조금을 지급받은 목적 외의 용도로 사용할 수 없다.

② 문화체육관광부장관은 보조금의 지급결정을 받은 자 또는 보조사업자가 다음의 어느 하나에 해당하는 경우에는 보조금의 지급결정의 취소, 보조금의 지급정지 또는 이미 지급한 보조금의 전부 또는 일부의 반환을 명할 수 있다.

1. 거짓이나 그 밖의 부정한 방법으로 보조금의 지급을 신청하였거나 받은 경우
2. 보조금의 지급조건을 위반한 경우

■ **공유 재산의 임대료 감면** 시행령 제64조의2

① 법 제76조제3항에 따른 공유 재산의 임대료 감면율은 고용창출, 지역경제 활성화에 미치는 영향 등을 고려하여 공유 재산 임대료의 100분의 30의 범위에서 해당 지방자치단체의 조례로 정한다.

② 법 제76조제3항에 따라 공유 재산의 임대료를 감면받으려는 관광지등의 사업시행자는 해당 지방자치단체의 장에게 감면 신청을 하여야 한다.

제76조의2(감염병 확산 등에 따른 지원)

국가와 지방자치단체는 감염병 확산 등으로 관광사업자에게 경영상 중대한 위기가 발생한 경우 필요한 지원을 할 수 있다.

제77조(청문)

관할 등록기관등의 장은 다음 각 호의 어느 하나에 해당하는 처분을 하려면 청문을 하여야 한다.

1. 제13조의2에 따른 국외여행 인솔자 자격의 취소
2. 제24조제2항 · 제31조제2항 또는 제35조제1항에 따른 관광사업의 등록등이나 사업계획승인의 취소
3. 제40조에 따른 관광종사원 자격의 취소

3의2. 삭제

4. 제48조의11에 따른 한국관광 품질인증의 취소
5. 제56조 제3항에 따른 조성계획 승인의 취소
6. 제80조제5항에 따른 카지노기구의 검사 등의 위탁 취소

청문(聽聞)이란 행정 기관이 규칙 제정 · 쟁송을 해결함에 이해관계인이나 제3자로부터 의견을 듣는 것을 말하며, 청문을 위한 모임을 청문회(聽聞會)라고 부른다. 넓은 의미의 청문은 행정 명령의 제정, 행정에 관한 정책이나 구체적인 조치의 결정 등에 의하여 영향을 받거나 불이익을 입게 될 당사자 또는 이해관계인에게 자신의 의견을 표명하거나 유리한 증거를 제출할 기회를 제공하는 것을 말한다. 즉, 행정처분 및 기타 공권력을 행사하기 전에 미리 상대방 또는 이해관계인에게 사안을 알려 상대방 · 이해관계인들로 하여금 그 권익에 대하여 주장할 수 있는 기회를 주는 절차이다.

제78조(보고 · 검사)

① 지방자치단체의 장은 문화체육관광부령으로 정하는 바에 따라 관광진흥정책의 수립 · 집행에 필요한 사항과 그 밖에 이 법의 시행에 필요한 사항을 문화체육관광부장관에게 보고하여야 한다.
② 관할 등록기관등의 장은 관광진흥시책의 수립 · 집행 및 이 법의 시행을 위하여 필요하면 관광사업자 단체 또는 관광사업자에게 그 사업에 관한 보고를 하게 하거나 서류를 제출하도록 명할 수 있다.
③ 관할 등록기관등의 장은 관광진흥시책의 수립 · 집행 및 이 법의 시행을 위하여 필요하다고 인정하면 소속 공무원에게 관광사업자 단체 또는 관광사업자의 사무소 · 사업장 또는 영업소 등에 출입하여 장부 · 서류나 그 밖의 물건을 검사하게 할 수 있다.
④ 제3항의 경우 해당 공무원은 그 권한을 표시하는 증표를 지니고 이를 관계인에게 내보여야 한다.

■ **보고** 시행규칙 제67조

① 법 제78조제1항에 따라 지방자치단체의 장은 다음의 사항을 문화체육관광부장관에게 보고하여야 한다.
  1. 법 제4조에 따른 관광사업의 등록 현황
  2. 법 제15조에 따른 사업계획의 승인 현황
  3. 법 제49조제2항에 따른 권역계획에 포함된 관광자원 개발의 촉진 현황
  4. 법 제52조에 따른 관광지등의 지정 현황
  5. 법 제54조에 따른 관광지등의 조성계획 승인 현황
② 제1항 제1호부터 제3호까지에 따른 보고는 매 연도 말 현재의 상황을 해당 연도가 끝난 후 20일 이내에 제출하여야 하며, 제1항 제4호 및 제5호에 따른 보고는 지정 또는 승인 즉시하여야 한다.

■ **검사공무원의 증표** 시행규칙 제68조

법 제78조제4항에 따른 공무원의 증표는 별표 22와 같다.

검사공무원 증표(제68조 관련)

(앞 쪽)

제 호
직 명
성 명
생년원일

위의 사람은 「관광진흥법」 제78조제4항에 따른 검사공무원임을 증명합니다.

유효기간 년 월 일부터
년 월 일까지

문 화 체 육 관 광 부 장 관
시 · 도 지 사 인
시장 · 군수 · 구청장

(뒤쪽)

1. 이 증표는 본인만 사용할 수 있다.
2. 이 증표는 사업장에 출입 · 검사할 경우에 관계자에게 내보여야 한다.
3. 이 증표를 분실한 경우에는 지체 없이 그 사유를 발행처에 보고하고 재발급받아야 한다.
4. 사용기간을 경과하거나 사용하지 못하게 된 경우에는 지체 없이 발행처에 반납하여야 한다.

이 증표를 습득하신 분은 가까운 우체함에 넣어 주시기 바랍니다.

제79조(수수료)

다음 각 호의 어느 하나에 해당하는 자는 문화체육관광부령으로 정하는 바에 따라 수수료를 내야 한다.

1. 제4조제1항 및 제4항에 따라 여행업, 관광숙박업, 관광객 이용시설업 및 국제회의업의 등록 또는 변경등록을 신청하는 자
2. 제5조제1항 및 제3항에 따라 카지노업의 허가 또는 변경허가를 신청하는 자
3. 제5조제2항부터 제4항까지의 규정에 따라 테마파크업의 허가 또는 변경허가를 신청하거나 테마파크업의 신고 또는 변경신고를 하는 자
4. 제6조에 따라 관광 편의시설업 지정을 신청하는 자
5. 제8조제4항 및 제6항에 따라 지위 승계를 신고하는 자
6. 제15조제1항 및 제2항에 따라 관광숙박업, 관광객 이용시설업 및 국제회의업에 대한 사업계획의 승인 또는 변경승인을 신청하는 자
7. 제19조에 따라 관광숙박업의 등급 결정을 신청하는 자
8. 제23조제2항에 따라 카지노시설의 검사를 받으려는 자
9. 제25조제2항에 따라 카지노기구의 검정을 받으려는 자
10. 제25조제3항에 따라 카지노기구의 검사를 받으려는 자
11. 제33조제1항에 따라 안전성검사 또는 안전성검사 대상에 해당되지 아니함을 확인하는 검사를 받으려는 자
12. 제38조제2항에 따라 관광종사원 자격시험에 응시하려는 자
13. 제38조제2항에 따라 관광종사원의 등록을 신청하는 자
14. 제38조제4항에 따라 관광종사원 자격증의 재교부를 신청하는 자
15. 삭제 〈2018. 12. 11.〉
16. 제48조의10에 따라 한국관광 품질인증을 받으려는 자

수수료(手數料)는 국가·공공단체가 타인을 위하여 공적(公的) 사무를 제공한 보상으로 징수하는 요금이다.

■ **수수료** 시행규칙 제69조

① 법 제79조제1호, 제2호, 제4호부터 제7호까지, 제10호, 제12호부터 제16호까지의 규정에 따른 수수료는 별표 23과 같다.

② 법 제79조제3호에 따른 유원시설업의 허가·변경허가·신고 또는 변경신고에 관한 수수료는 해당 시·군·구(자치구를 말한다. 이하 같다)의 조례로 정한다.

③ 법 제79조제8호에 따른 카지노시설의 검사에 관한 수수료는 카지노전산시설 검사기관의 검사공정별로 필요한 경비를 산출하여 이에 대한 직접인건비, 직접경비, 제경비 및 기술료를 합한 금액으로 한다.

④ 법 제79조제11호에 따른 유기시설 또는 유기기구의 안전성검사에 관한 수수료는 해당 안전성검사기관이 정하되, 「엔지니어링 기술진흥법」 제10조 및 같은 법 시행령 제14조에 따른 엔지니어링사업대가의 기준을 고려하여 검사의 난이도, 검사에 걸린 시간 등에 따른 유기기구 종류별 금액을 정하여야 한다.

⑤ 제3항에 따른 경비의 산출기준은 「소프트웨어산업 진흥법」 제22조 및 같은 법 시행령 제16조에 따른 소프트웨어사업의 대가기준에 따르며, 직접인건비, 직접경비, 제경비 및 기술료의 범위와 요율 및 직접인건비의 기준금액은 「엔지니어링 기술진흥법」 제10조 및 같은 법 시행령 제14조에 따른 엔지니어링사업대가의 기준에 따른다.

⑥ 법 제79조제12호에 따라 관광종사원 자격시험에 응시하려고 납부한 수수료에 대한 반환기준은 다음 각 호와 같다.

1. 수수료를 과오납한 경우 : 그 과오납한 금액의 전부
2. 시험 시행일 20일 전까지 접수를 취소하는 경우 : 납입한 수수료의 전부
3. 시험관리기관의 귀책사유로 시험에 응시하지 못하는 경우 : 납입한 수수료의 전부
4. 시험 시행일 10일 전까지 접수를 취소하는 경우 : 납입한 수수료의 100분의 50

⑦ 제1항부터 제4항까지의 규정에 따른 수수료와 법 제80조에 따라 문화체육관광부장관의 권한이 한국관광공사, 한국관광협회중앙회, 지역별 관광협회, 업종별 관광협회, 카지노전산시설 검사기관, 카지노기구 검사기관, 유기시설·유기기구 안전성검사기관 또는 한국산업인력공단에 위탁된 업무에 대한 수수료는 해당 기관 또는 해당 기관이 지정하는 은행에 내야 한다.

■ 수수료

구분	금액
1. 법 제4조제1항부터 제4항까지의 규정에 따른 관광사업을 등록하는 자	
가. 관광사업의납부자 신규 등록	1) 외국인관광 도시민박업의 경우 : 20,000원 2) 그 밖의 관광사업의 경우 : 30,000원(숙박시설이 있는 경우 매 실당 700원을 가산한 금액으로 한다)
나. 관광사업의 변경등록	1) 외국인관광 도시민박업의 경우: 15,000원 2) 그 밖의 관광사업의 경우 : 15,000원(숙박시설 중 객실변경등록을 하는 경우 매 실당 600원을 가산한 금액으로 한다)
2. 법 제5조제1항 및 제3항에 따른 카지노업의 허가를 신청하는 자	

구분	금액
가. 신규허가	100,000원(온라인으로 신청하는 경우 90,000원)
나. 변경허가	50,000원(온라인으로 신청하는 경우 45,000원)
3. 법 제6조에 따른 관광편의시설업의 지정을 신청하는 자	20,000원
4. 법 제8조제4항 및 제5항에 따른 관광사업의 지위승계를 신고하는 자	20,000원
5. 법 제15조에 따른 사업계획의 승인을 신청하는 자	
가. 신규사업계획의 승인	50,000원(숙박시설이 있는 경우 매 실당 500원을 가산한 금액)
나. 사업계획 변경승인	50,000원(숙박시설 중 객실변경이 있는 경우 매 실당 500원을 가산한 금액)
6. 법 제19조에 따라 관광숙박업의 등급결정을 신청하는 자	등급결정에 관한 평가요원의 수 및 지급 수당 등을 고려하여 문화체육관광부장관이 정하여 고시하는 기준에 따른 금액
7. 법 제25조제3항에 따라 카지노기구(별표 8 제3호에 따른 머신게임만 해당한다)의 검사를 신청하는 자	
가. 신규로 반입·사용하거나 검사유효기간이 만료되어 신청하는 경우	대당 189,000원
나. 가목 외의 경우	기본료 100,000원 + 대당 25,000원
8. 법 제38조제2항에 따라 관광종사원 자격시험에 응시하려는 자	20,000원
9. 법 제38조제2항에 따라 관광종사원의 등록을 신청하는 자	5,000원
10. 법 제38조제4항에 따라 관광종사원 자격증의 재발급을 신청하는 자	3,000원
11. 법 제48조의6제1항에 따라 문화관광해설사 양성을 위한 교육프로그램 또는 교육과정의 인증을 신청하는 자	20,000원
12. 법 제48조의10제1항에 따라 한국관광 품질인증을 신청하는 자	품질인증에 관한 평가·심사 인원의 수 및 지급 수당 등을 고려하여 문화체육관광부장관이 정하여 고시하는 기준에 따른 금액

제80조(권한의 위임 · 위탁 등)

① 이 법에 따른 문화체육관광부장관의 권한은 대통령령으로 정하는 바에 따라 그 일부를 시 · 도지사에게 위임할 수 있다.

② 시 · 도지사(특별자치시장은 제외한다)는 제1항에 따라 문화체육관광부장관으로부터 위임받은 권한의 일부를 문화체육관광부장관의 승인을 받아 시장(「제주특별자치도 설치 및 국제자유도시 조성을 위한 특별법」 제11조제2항에 따른 행정시장을 포함한다) · 군수 · 구청장에게 재위임할 수 있다.

③ 문화체육관광부장관 또는 시 · 도지사 및 시장 · 군수 · 구청장은 다음 각 호의 권한의 전부 또는 일부를 대통령령으로 정하는 바에 따라 한국관광공사, 협회, 지역별 · 업종별 관광협회 및 대통령령으로 정하는 전문 연구 · 검사기관, 자격검정기관이나 교육기관에 위탁할 수 있다.

1. 제6조에 따른 관광 편의시설업의 지정 및 제35조에 따른 지정 취소
1의2. 제13조제2항 및 제3항에 따른 국외여행 인솔자의 등록 및 자격증 발급
2 .제19조제1항에 따른 관광숙박업의 등급 결정
2의2. 삭제 〈2018. 3. 13.〉
3. 제25조제3항에 따른 카지노기구의 검사
4. 제33조제1항에 따른 안전성검사 또는 안전성검사 대상에 해당되지 아니함을 확인하는 검사
4의2. 제33조제3항에 따른 안전관리자의 안전교육
5. 제38조제2항에 따른 관광종사원 자격시험 및 등록
6. 제47조의7에 따른 사업의 수행
6-2. 제47조의8제2항에 따른 사업의 수행
7. 제48조의6제1항에 따른 문화관광해설사 양성을 위한 교육과정의 개설 · 운영
8. 제48조의10 및 제48조의11에 따른 한국관광 품질인증 및 그 취소
9. 제73조제3항에 따른 관광특구에 대한 평가

④ 3항에 따라 위탁받은 업무를 수행하는 한국관광공사, 협회, 지역별 · 업종별 관광협회 및 전문 연구 · 검사기관이나 자격검정기관의 임원 및 직원과 제23조제2항 · 제25조제2항에 따라 검사기관의 검사 · 검정 업무를 수행하는 임원 및 직원은 「형법」 제129조부터 제132조까지의 규정을 적용하는 경우 공무원으로 본다.
[시행일 : 2019. 6. 25.]

⑤ 문화체육관광부장관 또는 특별자치시장 · 특별자치도지사 · 시장 · 군수 · 구청장은 제3항제3호 및 제4호에 따른 검사에 관한 권한을 위탁받은 자가 다음 각 호의 어느 하나에 해당하면 그 위탁을 취소하거나 6개월 이내의 기간을 정하여 업무의 전부 또는 일부의 정지를 명하거나 업무의 개선을 명할 수 있다. 다만, 제1호에 해당하는 경우에는 그 위탁을 취소하여야 한다.

1. 거짓이나 그 밖의 부정한 방법으로 위탁사업자로 선정된 경우
2. 거짓이나 그 밖의 부정한 방법으로 제25조제3항 또는 제33조제1항에 따른 검사를 수행한 경우
3. 정당한 사유없이 검사를 수행하지 아니한 경우
4. 문화체육관광부령으로 정하는 위탁 요건을 충족하지 못하게 된 경우

⑥ 제5항에 따른 위탁 취소, 업무 정지의 기준 및 절차 등에 필요한 사항은 문화체육관광부령으로 정한다.

「행정권한의 위임 및 위탁에 관한 규정」 제1조에 의하면, 「정부조직법」에 따라 행정능률의 향상, 행정사무의 간소화와 행정기관의 권한 및 책임의 일치를 위하여 법률에 규정된 행정기관의 권한 중 그 보조기관 또는 하급행정기관의 장에게 위임하거나 다른 행정기관의 장 또는 지방자치단체의 장에게 위임 또는 위탁할 권한을 정하고, 「정부조직법」에 따라 행정 간여(干與)의 범위를 축소하여 민간의 자율적인 행정 참여의 기회를 확대하기 위하여 법률에 규정된 행정기관의 소관 사무 중 지방자치단체가 아닌 법인·단체 또는 그 기관이나 개인에게 위탁할 사무를 정함을 목적으로 한다고 하면서, 사용하는 용어의 뜻은 다음과 같다고 하였다.

1. "위임"이란 법률에 규정된 행정기관의 장의 권한 중 일부를 그 보조기관 또는 하급행정기관의 장이나 지방자치단체의 장에게 맡겨 그의 권한과 책임 아래 행사하도록 하는 것을 말한다.
2. "위탁"이란 법률에 규정된 행정기관의 장의 권한 중 일부를 다른 행정기관의 장에게 맡겨 그의 권한과 책임 아래 행사하도록 하는 것을 말한다.
3. "민간위탁"이란 법률에 규정된 행정기관의 사무 중 일부를 지방자치단체가 아닌 법인·단체 또는 그 기관이나 개인에게 맡겨 그의 명의로 그의 책임 아래 행사하도록 하는 것을 말한다.
4. "위임기관"이란 자기의 권한을 위임한 해당 행정기관의 장을 말하고, "수임기관"이란 행정기관의 장의 권한을 위임받은 하급행정기관의 장 및 지방자치단체의 장을 말한다.
5. "위탁기관"이란 자기의 권한을 위탁한 해당 행정기관의 장을 말하고, "수탁기관"이란 행정기관의 권한을 위탁받은 다른 행정기관의 장과 사무를 위탁받은 지방자치단체가 아닌 법인·단체 또는 그 기관이나 개인을 말한다.

■ 권한의 위탁 시행령 제65조

① 등록기관등의 장은 법 제80조제3항에 따라 다음 각 호의 권한을 한국관광공사, 협회, 지역별·업종별 관광협회, 전문 연구·검사기관, 자격검정기관 또는 교육기관에 각각 위탁한다.

1. 법 제6조 및 법 제35조에 따른 관광 편의시설업 중 관광식당업·관광사진업 및 여객자동차터미널시설업의 지정 및 지정취소에 관한 권한 : 지역별 관광협회.

1의2. 법 제13조제2항 및 제3항에 따른 국외여행 인솔자의 등록 및 자격증 발급에 관한 권한 : 업종별 관광협회

1의3. 삭제

2. 법 제25조제3항에 따른 카지노기구의 검사에 관한 권한 : 법 제25조제2항에 따라 문화체육관광부장관이 지정하는 검사기관(이하 "카지노기구 검사기관"이라 한다)
3. 법 제33조제1항에 따른 테마파크시설의 안전성검사 및 안전성검사 대상에 해당되지 아니함을 확인하는 검사에 관한 권한 : 문화체육관광부령으로 정하는 인력과 시설 등을 갖추고 문화체육관광부령으로 정하는 바에 따라 문화체육관광부장관이 지정한 업종별 관광협회 또는 전문 연구 · 검사기관

3의2. 법 제33조제3항에 따른 안전관리자의 안전교육에 관한 권한 : 업종별 관광협회 또는 안전 관련 전문 연구 · 검사기관

4. 법 제38조에 따른 관광종사원 중 관광통역안내사 · 호텔경영사 및 호텔관리사의 자격시험, 등록 및 자격증의 발급에 관한 권한 : 한국관광공사. 다만, 자격시험의 출제, 시행, 채점 등 자격시험의 관리에 관한 업무는 「한국산업인력공단법」에 따른 한국산업인력공단
5. 법 제38조에 따른 관광종사원 중 국내여행안내사 및 호텔서비스사의 자격시험, 등록 및 자격증의 발급에 관한 권한 : 협회. 다만, 자격시험의 출제, 시행, 채점 등 자격시험의 관리에 관한 업무는 「한국산업인력공단법」에 따른 한국산업인력공단
6. 법 제48조의6 및 제48조의7에 따른 문화관광해설사의 양성교육과정 등의 인증 및 인증의 취소에 관한 권한 : 한국관광공사
7. 법 제48조의10 및 제48조의11에 따른 한국관광 품질인증 및 그 취소에 관한 업무 : 한국관광공사

② 제1항제1호에 따라 위탁받은 업무를 수행한 지역별 관광협회는 이를 시 · 도지사에게 보고하여야 한다.

③ 시 · 도지사는 제2항에 따라 지역별 관광협회로부터 보고받은 사항을 매월 종합하여 다음 달 10일까지 문화체육관광부장관에게 보고하여야 한다.

④ 제1항제2호에 따라 카지노기구의 검사에 관한 권한을 위탁받은 카지노기구 검사기관은 문화체육관광부령으로 정하는 바에 따라 제1항제2호의 검사에 관한 업무 규정을 정하여 문화체육관광부장관의 승인을 받아야 한다. 이를 변경하는 경우에도 또한 같다.

⑤ 제1항제3호에 따라 위탁받은 업무를 수행한 업종별 관광협회 또는 전문 연구 · 검사기관은 그 업무를 수행하면서 법령 위반 사항을 발견한 경우에는 지체 없이 관할 특별자치도지사 · 시장 · 군수 · 구청장에게 이를 보고하여야 한다.

⑥ 제1항제1호의2 및 제4호부터 제7호까지의 규정에 따라 위탁받은 업무를 수행한 한국관광공사, 협회, 업종별 관광협회 및 한국산업인력공단은 국외여행 인솔자의 등록 및 자격증 발급, 관광종사원의 자격시험, 등록 및 자격증의 발급, 문화관광해설사 양성교육과정 등의 인증 및 인증의 취소, 한국관광 품질인증 및 그 취소에 관한 업무를 수행한 경우에는 이를 분기별로 종합하여 다음 분기 10일까지 문화체육관광부장관에게 보고하여야 한다.

⑦ 제1항제7호에 따라 한국관광 품질인증 및 그 취소에 관한 업무를 위탁받은 한국관광공사는 문화체육관광부령으로 정하는 바에 따라 한국관광 품질인증 및 그 취소에 관한 업무 규정을 정하여 문화체육관광부장관의 승인을 받아야 한다. 이를 변경하는 경우에도 또한 같다.

■ 한국관광 품질인증 및 그 취소에 관한 업무 규정 시행규칙 제71조의2

영 제65조제7항에 따른 업무 규정에는 다음 각 호의 사항이 모두 포함되어야 한다.

1. 한국관광 품질인증의 대상별 특성에 따른 세부 인증 기준
2. 서류평가, 현장평가 및 심의의 절차 및 방법에 관한 세부사항
3. 한국관광 품질인증의 취소 기준 · 절차 및 방법에 관한 세부사항
4. 그 밖에 문화체육관광부장관이 한국관광 품질인증 및 그 취소에 필요하다고 인정하는 사항

■ 안전성검사기관 지정 요건 시행규칙 제70조

영 제65조제1항제3호 전단에서 “문화체육관광부령으로 정하는 인력과 시설 등”이란 다음(별표 24)의 요건을 말한다.

■ 안전성검사기관의 지정 요건

구분	등록요건
1. 인력 기준	다음 각 목의 자격기준에 해당하는 자 중 7명 이상을 채용하되, 기계분야 자격자 4명(가목 해당자 1명 이상을 포함하여야 한다), 전기 분야 자격자 2명 및 산업안전 분야 자격자 1명을 포함하여야 한다. 가. 「국가기술자격법」에 따른 기계 · 전기 또는 기계안전 분야의 기술사 또는 공학박사 나. 「국가기술자격법」 에 따른 기계 · 전기 · 전자 또는 산업안전 분야의 기사 이상 자격자로서 해당 실무경력이 3년 이상인 자 다. 기계 · 전기 · 전자 또는 산업안전 분야의 석사 이상의 학위 소지자로서 해당 실무경력이 3년 이상인 자

	라. 「국가기술자격법」에 따른 기계 · 전기 · 전자 또는 산업안전 분야의 산업기사 이상 자격자로서 해당 실무경력이 5년 이상인 자 마. 「고등교육법」에 따른 대학졸업자(이와 동등 이상의 학력이 인정되는 자를 포함한다)로서 기계 · 전기 · 전자 또는 산업안전 관련 분야를 전공하고 유원시설 관련 실무경력이 5년 이상인 자 바. 고등교육법에 따른 전문대학의 졸업자(이와 동등 이상의 학력이 인정되는 자를 포함한다)로서 기계 · 전기 · 전자 또는 산업안전 관련 분야를 전공하고 유원시설 관련 실무경력이 7년 이상인 자 사. 가목부터 바목까지의 규정에 해당하는 자와 동등 이상의 자격이 있다고 문화체육관광부장관이 인정하는 자
2. 장비 기준	다음 각 목의 검사 · 시험 등을 위한 장비를 각각 1대 이상 보유하여야 한다. 가. 검사기기: 회전속도계, 절연저항계, 전류계, 전압계, 소음계, 온도계, 와이어로프결함테스터, 초음파두께측정기, 조도계, 접지저항계, 광파거리측정기, 경도측정기, 오실로스코프(oscilloscope), 베어링검사기, 가속도측정기, 토크렌치(torque wrench), 유압테스터, 레이저거리측정기 나. 시험기기: 자분탐상(磁粉探狀)시험기, 초음파탐상기, 진동계, 진동분석장비[FFT분석기 · 임팩트해머(impact hammer) 및 모덜(modal)프로그램 포함] 다. 컴퓨터프로그램: 구조해석용 프로그램
3. 그 밖의 기준	다음 각 목의 요건을 갖추어야 한다. 가. 비영리법인일 것 나. 자체 사무실을 보유하고 2명 이상의 상근 관리직원을 둘 것 다. 안전성검사와 관련하여 유원시설업 관광객에게 피해를 준 경우 그 손해를 배상할 것을 내용으로 하는 보증보험에 가입할 것 라. 검사 신청 및 절차, 검사조직 운영, 검사결과 통지, 검사수수료 등이 포함된 안전성검사를 위한 세부규정을 마련하고 있을 것

■ 안전성검사기관 지정신청 절차 등 시행규칙 제71조

① 영 제65조제1항제3호에 따라 지정 신청을 하려는 업종별 관광협회 또는 전문 연구 · 검사기관은 별지 제44호서식의 테마파크시설 안전성검사기관 지정신청서에 다음 각 호의 서류를 첨부하여 문화체육관광부장관에게 제출하여야 한다.

1. 별표 24 제1호에 따른 인력을 보유함을 증명하는 서류
2. 별표 24 제2호에 따른 장비의 명세서(장비의 사진을 포함한다)
3. 사무실 건물의 임대차계약서 사본(사무실을 임차한 경우만 해당한다)
4. 관리직원 채용증명서 또는 재직증명서
5. 별표 24 제3호다목에 따른 보험 또는 공제 가입을 증명하는 서류
6. 별표 24 제3호라목에 따른 안전성검사를 위한 세부규정

② 문화체육관광부장관은 제1항에 따라 지정 신청을 한 업종별 관광협회 또는 전문 연구 · 검사기관에 대하여 별표 24에 따른 지정 요건에 적합하다고 인정하는 경우

에는 별지 제45호서식의 지정서를 발급하고, 별지 제46호서식의 유기시설·기구 안전성검사기관 지정부를 작성하여 관리하여야 한다.

③ 제2항에 따라 지정된 업종별 관광협회 또는 전문 연구·검사기관은 제40조제6항에 따라 문화체육관광부장관이 고시하는 안전성검사의 세부검사기준 및 절차에 따라 검사를 하여야 한다.

■ 등급결정 권한의 위탁 시행령 제66조

① 문화체육관광부장관은 법 제80조제3항제2호에 따라 법 제19조제1항에 따른 호텔업의 등급결정권을 다음 각 호의 요건을 모두 갖춘 법인으로서 문화체육관광부장관이 정하여 고시하는 법인에 위탁한다.

1. 문화체육관광부장관의 허가를 받아 설립된 비영리법인이거나 「공공기관의 운영에 관한 법률」에 따른 공공기관일 것
2. 관광숙박업의 육성과 서비스 개선 등에 관한 연구 및 계몽활동 등을 하는 법인일 것
3. 문화체육관광부령으로 정하는 기준에 맞는 자격을 가진 평가요원을 50명 이상 확보하고 있을 것

② 문화체육관광부장관은 제1항에 따른 위탁 업무 수행에 필요한 경비의 전부 또는 일부를 호텔업 등급결정권을 위탁받은 법인에 지원할 수 있다.

③ 제1항에 따른 호텔업 등급결정권 위탁 기준 등 호텔업 등급결정권의 위탁에 필요한 사항은 문화체육관광부장관이 정하여 고시한다.

■ 평가요원의 자격 시행규칙 제72조

영 제66조제1항제3호에 따른 평가요원의 자격은 다음 각 호와 같다.

1. 호텔업에서 5년 이상 근무한 사람으로서 평가 당시 호텔업에 종사하고 있지 아니한 사람 1명 이상
2. 「고등교육법」에 따른 전문대학 이상 또는 이와 같은 수준 이상의 학력이 인정되는 교육기관에서 관광 분야에 관하여 5년 이상 강의한 경력이 있는 교수, 부교수, 조교수 또는 겸임교원 1명 이상
3. 다음 각 목의 어느 하나에 해당하는 연구기관에서 관광 분야에 관하여 5년 이상 연구한 경력이 있는 연구원 1명 이상

   가. 「정부출연연구기관 등의 설립·운영 및 육성에 관한 법률」 또는 「과학기술분

야 정부출연연구기관 등의 설립 · 운영 및 육성에 관한 법률」에 따라 설립된 정부출연연구기관

나. 「특정연구기관 육성법」 제2조에 따른 특정연구기관

다. 국공립연구기관

4. 관광 분야에 전문성이 인정되는 사람으로서 다음 각 목의 어느 하나에 해당하는 사람 1명 이상

가. 「소비자기본법」에 따른 한국소비자원 또는 소비자보호와 관련된 단체에서 추천한 사람

나. 등급결정 수탁기관이 공모를 통하여 선정한 사람

5. 그 밖에 문화체육관광부장관이 제1호부터 제4호까지에 해당하는 사람과 동등한 자격이 있다고 인정하는 사람

■ 고유식별정보의 처리 시행령 제66조의2

① 문화체육관광부장관(제65조에 따라 문화체육관광부장관의 권한을 위임 · 위탁받은 자를 포함한다) 및 지방자치단체의 장(해당 권한이 위임 · 위탁된 경우에는 그 권한을 위임 · 위탁받은 자를 포함한다)은 다음 각 호의 사무를 수행하기 위하여 불가피한 경우 「개인정보 보호법 시행령」 제19조에 따른 주민등록번호, 여권번호 또는 외국인등록번호가 포함된 자료를 처리할 수 있다.

1. 법 제4조에 따른 여행업, 관광숙박업, 관광객 이용시설업 및 국제회의업의 등록 등에 관한 사무
2. 법 제5조에 따른 카지노업 또는 테마파크업의 허가 또는 신고 등에 관한 사무
3. 법 제6조에 따른 관광 편의시설업의 지정 등에 관한 사무
4. 법 제8조에 따른 관광사업의 양수 등에 관한 사무
5. 법 제15조에 따른 사업계획의 승인 등에 관한 사무
6. 법 제48조의8에 따른 문화관광해설사의 선발 및 활용 등에 관한 사무
7. 법 제48조의10 및 제48조의11에 따른 한국관광 품질인증 및 그 취소에 관한 사무

② 다음 각 호의 어느 하나에 해당하는 자는 법 제9조에 따른 공제 또는 영업보증금 예치 사무를 수행하기 위하여 불가피한 경우 「개인정보 보호법 시행령」 제19조제1호 또는 제4호에 따른 주민등록번호 또는 외국인등록번호가 포함된 자료를 처리할 수 있다.

1. 법 제43조제2항 및 이 영 제39조제1항에 따라 공제사업의 허가를 받은 협회
2. 영업보증금 예치 사무를 수행하는 문화체육관광부령으로 정하는 자

③ 법 제20조에 따라 관광사업의 시설에 대하여 분양 또는 회원 모집을 한 자는 같은 조 제5항제5호에 따른 회원증의 발급과 확인에 관한 사무를 수행하기 위하여 불가피한 경우 「개인정보 보호법 시행령」 제19조에 따른 주민등록번호 또는 외국인등록번호가 포함된 자료를 처리할 수 있다.

④ 카지노사업자는 법 제28조제2항에 따른 카지노사업자의 영업준칙을 이행(카지노영업소의 이용자의 도박 중독 등을 이유로 그 이용자의 출입을 제한하기 위한 경우 및 카지노영업소 이용자의 출입일수 관리를 위한 경우로 한정한다)하기 위한 사무를 수행하기 위하여 불가피한 경우 「개인정보 보호법 시행령」 제19조제1호, 제2호 또는 제4호에 따른 주민등록번호, 여권번호 또는 외국인등록번호가 포함된 자료를 처리할 수 있다.

⑤ 문화체육관광부장관(제65조에 따라 문화체육관광부장관의 권한을 위임 · 위탁받은 자를 포함한다)은 법 제38조제2항부터 제4항까지의 규정에 따른 관광종사원의 자격 취득 및 자격증 교부에 관한 사무를 수행하기 위하여 불가피한 경우 「개인정보 보호법 시행령」 제19조제1호 또는 제4호에 따른 주민등록번호 또는 외국인등록번호가 포함된 자료를 처리할 수 있다.

⑥ 문화체육관광부장관(법 제80조에 따라 문화체육관광부장관의 권한을 위임 · 위탁받은 자를 포함한다), 전담기관 및 지방자치단체의 장(해당 권한이 위임 · 위탁된 경우에는 그 권한을 위임 · 위탁받은 자를 포함한다)은 법 제47조의5에 따른 여행이용권의 지급 및 관리에 관한 사무를 수행하기 위하여 불가피한 경우 「개인정보 보호법 시행령」 제19조에 따른 주민등록번호, 여권번호, 운전면허의 면허번호 또는 외국인등록번호가 포함된 자료를 처리할 수 있다.

■ **규제의 재검토** 시행령 제66조의3

① 문화체육관광부장관은 다음 각 호의 사항에 대하여 다음 각 호의 기준일을 기준으로 3년마다(매 3년이 되는 해의 기준일과 같은 날 전까지를 말한다) 그 타당성을 검토하여 개선 등의 조치를 하여야 한다.
1. 제9조에 따른 사업계획 변경승인 대상 : 2014년 1월 1일
2. 제23조에 따른 분양 및 회원모집 대상 관광사업 등 : 2014년 1월 1일
2의2. 삭제

3. 별표 1에 따른 관광사업의 등록기준(별표 1 제2호사목에 따른 의료관광호텔업의 등록기준은 제외한다) : 2014년 1월 1일

② 문화체육관광부장관은 별표 1 제2호사목(9)의 외국인환자 유치 의료기관 및 유치업자가 충족하여야 하는 연간 사업실적 기준이 적정한지를 2018년 12월 31일까지 검토하여 적절한 기준을 정하여야 한다.

■ 규제의 재검토 시행규칙 제73조

① 문화체육관광부장관은 법 제19조제1항에 따라 호텔업의 등록을 한 자가 등급결정을 받은 날부터 3년이 지난 경우에는 재등급결정을 신청하도록 한 제25조제1항제2호에 대하여 그 기간이 적절한지 여부를 2018년 12월 31일까지 검토하여 적절한 기간을 정하여야 한다.

② 문화체육관광부장관은 다음 각 호의 사항에 대하여 다음 각 호의 기준일을 기준으로 3년마다(매 3년이 되는 해의 기준일과 같은 날 전까지를 말한다) 그 타당성을 검토하여 개선 등의 조치를 하여야 한다.

1. 제7조에 따른 테마파크업의 시설 및 설비기준과 허가신청 절차 등 : 2014년 1월 1일
2. 제15조에 따른 관광 편의시설업의 지정기준 : 2014년 1월 1일
3. 제18조에 따른 여행업자의 보험 가입 등 : 2014년 1월 1일

3의2. 제20조에 따른 타인 경영 금지 관광시설 : 2017년 1월 1일

4. 제22조에 따른 국외여행 인솔자의 자격요건 : 2014년 1월 1일
5. 제27조에 따른 휴양콘도미니엄 분양 또는 회원모집 첨부서류 등 모집기준 : 2014년 1월 1일

5의2. 별표 7에 따른 야영장의 안전 · 위생기준 : 2015년 8월 4일

6. 제39조의2에 따른 물놀이형 테마파크시설의 안전 · 위생기준 : 2014년 1월 1일
7. 제40조에 따른 테마파크시설의 안전성검사 등 : 2014년 1월 1일
8. 제58조에 따른 관광지등의 지정신청 등 : 2014년 1월 1일
9. 제64조에 따른 관광특구의 지정신청 등 : 2014년 1월 1일

③ 문화체육관광부장관은 다음 각 호의 사항에 대하여 다음 각 호의 기준일을 기준으로 3년마다(매 5년이 되는 해의 기준일과 같은 날 전까지를 말한다) 그 타당성을 검토하여 개선 등의 조치를 하여야 한다.

1. 삭제
2. 제62조에 따른 조성사업의 허가신청 등 : 2020년 1월 1일

제7장 벌칙

제81조(벌칙)

① 다음 각 호의 다음 각 호의 어느 하나에 해당하는 자는 7년 이하의 징역 또는 7천만 원 이하의 벌금에 처한다. 이 경우 징역과 벌금은 병과(倂科)할 수 있다.

1. 제5조제1항에 따른 카지노업의 허가를 받지 아니하고 카지노업을 경영한 자
2. 제26의2를 위반한 자(제1호에 해당하는 자는 제외한다)

② 제28조제1항제1호 또는 제2호를 위반하는 자는 5년 이하의 징역 또는 5천만 원 이하의 벌금에 처한다. 이 경우 징역과 벌금은 병과할 수 있다.

③ 제1항의 미수범은 처벌한다.

제82조(벌칙)

다음 각 호의 어느 하나에 해당하는 자는 3년 이하의 징역 또는 3천만 원 이하의 벌금에 처한다. 이 경우 징역과 벌금은 병과할 수 있다.

1. 제4조제1항에 따른 등록을 하지 아니하고 여행업·관광숙박업(제15조제1항에 따라 사업계획의 승인을 받은 관광숙박업만 해당한다)·국제회의업 및 제3조제1항제3호나목의 관광객 이용시설업을 경영한 자
2. 제5조제2항에 따른 허가를 받지 아니하고 테마파크업을 경영한 자
3. 제20조제1항 및 제2항을 위반하여 시설을 분양하거나 회원을 모집한 자
4. 제33조의2제3항에 따른 사용중지 등의 명령을 위반한 자

제83조(벌칙)

① 다음 각 호의 어느 하나에 해당하는 카지노사업자(제28조제1항 본문에 따른 종사원을 포함한다)는 2년 이하의 징역 또는 2천만 원 이하의 벌금에 처한다. 이 경우 징역과 벌금은 병과할 수 있다.

1. 제5조제3항에 따른 변경허가를 받지 아니하거나 변경신고를 하지 아니하고 영업을 한 자
2. 제8조제4항을 위반하여 지위승계신고를 하지 아니하고 영업을 한 자
3. 제11조제1항을 위반하여 관광사업의 시설 중 부대시설 외의 시설을 타인에게 경영하게 한 자
4. 제23조제2항에 따른 검사를 받아야 하는 시설을 검사를 받지 아니하고 이를 이용하여 영업을 한 자
5. 제25조제3항에 따른 검사를 받지 아니하거나 검사 결과 공인기준등에 맞지 아니한 카지노기구를 이용하여 영업을 한 자
6. 제25조제4항에 따른 검사합격증명서를 훼손하거나 제거한 자
7. 제28조제1항제3호부터 제8호까지의 규정을 위반한 자
8. 제35조제1항 본문에 따른 사업정지처분을 위반하여 사업정지 기간에 영업을 한 자
9. 제35조제1항 본문에 따른 개선명령을 위반한 자
10. 제35조제1항제19호를 위반한 자

11. 제78조제2항에 따른 보고 또는 서류의 제출을 하지 아니하거나 거짓으로 보고를 한 자나 같은 조제3항에 따른 관계 공무원의 출입 · 검사를 거부 · 방해하거나 기피한 자

② 제4조제1항에 따른 등록을 하지 아니하고 야영장업을 경영한 자는 2년 이하의 징역 또는 2천만 원 이하의 벌금에 처한다. 이 경우 징역과 벌금은 병과할 수 있다.

제84조(벌칙)

다음 각 호의 어느 하나에 해당하는 자는 1년 이하의 징역 또는 1천만 원 이하의 벌금에 처한다.

1. 제5조제3항에 따른 테마파크업의 변경허가를 받지 아니하거나 변경신고를 하지 아니하고 영업을 한 자
2. 제5조제4항 전단에 따른 테마파크업의 신고를 하지 아니하고 영업을 한 자

2의2. 제13조제4항을 위반하여 자격증을 빌려주거나 빌린 자 또는 이를 알선한 자

2의3. 거짓이나 그 밖의 부정한 방법으로 제25조제3항 또는 제33조제1항에 따른 검사를 수행한 자

3. 제33조를 위반하여 안전성검사를 받지 아니하고 테마파크시설을 설치한 자

3의2. 거짓이나 그 밖의 부정한 방법으로 제3조제1항에 따른 검사를 받은 자

4. 제34조제2항을 위반하여 테마파크시설 또는 테마파크기구의 부분품을 설치하거나 사용한 자

4의2. 제35조제1항제14호에 해당되어 관할 등록기관등의 장이 발한 명령을 위반한 자

5. 제35조제1항제20호에 해당되어 관할 등록기관등의 장이 발한 개선명령을 위반한 자

5의2. 제38조제8항을 위반하여 자격증을 빌려주거나 빌린 자 또는 이를 알선한 자

5의3. 제52조의2제1항에 따른 허가 또는 변경허가를 받지 아니하고 같은 항에 규정된 행위를 한 자

5의4. 제52조의2제1항에 따른 허가 또는 변경허가를 거짓이나 그 밖의 부정한 방법으로 받은 자

5의5. 제52조의2제4항에 따른 원상회복명령을 이행하지 아니한 자

6. 제55조제3항을 위반하여 조성사업을 한 자

벌칙(罰則)이란 국가 또는 지방자치단체의 법규에서 그 법규의 위반 행위에 대한 제재(制裁)로서 형벌이나 행정벌을 과할 것을 정하는 규정이다. 즉, 행정범에 대한 형사처벌을 규정한2 규칙이며, 징역이나 벌금 등이 부과된다. 죄형법정주의(罪刑法定主義)와 법치주의에 의하여 국민에게 형벌이나 행정벌을 과하려면 반드시 법률에 근거가 있어야 한다(헌법 12조 1항). 형법에 모든 범죄를 배열하기는 범죄행위가 너무 많기 때문에 각 위법행위의 성격을 가지는 행정법에서 해당 범죄를 행정범으로 규정하는 것처럼 그 행정법들에서 벌칙으로서 해당 행정범에 대한 형벌을 규정하고 있는 것이다. 벌칙은 해당 법률의 총칙, 본칙, 보칙과 부칙 사이에 배열된다.

제85조(양벌규정)

법인의 대표자나 법인 또는 개인의 대리인, 사용인, 그 밖의 종업원이 그 법인 또는 개인의 업무에 관하여 제81조부터 제84조까지의 어느 하나에 해당하는 위반행위를 하면 그 행위자를 벌하는 외에 그 법인 또는 개인에게도 해당 조문의 벌금형을 과(科)한다. 다만, 법인 또는 개인이 그 위반행위를 방지하기 위하여 해당 업무에 관하여 상당한 주의와 감독을 게을리하지 아니한 경우에는 그러하지 아니하다.

양벌규정(兩罰規定)이란 어떤 범죄가 이루어진 경우에 행위자를 벌할 뿐만 아니라 그 행위자와 일정한 관계가 있는 남(자연인 또는 법인)에 대하여도 형을 과하도록 정한 규정을 말한다. 어떤 법인의 대표자나 법인 또는 개인의 대리인 · 사용인 · 종업원이 위법행위를 한 경우 벌칙규정을 적용받아 처벌되는 것은 실제 행위를 한 자이다. 그러나 이 경우 실제로 그 위반행위에 의하여 이익 등을 받고 있는 자는 그 법인 또는 사용주이므로 이와 같은 위반행위를 방지하고 장래에 대한 예방조치를 강구하기 위해서는 행위자뿐만 아니라 법인 또는 사용주에 대하여도 형을 과하여 제재하는 것이 타당하다는 이론이다. 양벌규정의 예를 보게 되면 어떤 회사의 경리담당 이사 또는 경리부장이 그 회사를 위하여 탈세행위를 한 경우에는 그 탈세행위를 한 이사 또는 경리부장 본인이 탈세범으로서 처벌되는 것은 물론이지만 그 회사 자체도 탈세범으로 벌금형을 받는 것이다(대검찰청, 법률용어해설).

제86조(과태료)

① 다음 각 호의 어느 하나에 해당하는 자에게는 500만 원 이하의 과태료를 부과한다.
  1. 제33조의2제1항에 따른 통보를 아니한 자
  2. 제38조제6항을 위반하여 관광통역안내를 한 자
② 다음 각 호의 어느 하나에 해당하는 자에게는 100만 원 이하의 과태료를 부과한다.
  1. 삭제
  2. 제10조제3항을 위반한 자
  3. 삭제
  4. 제28조제2항 전단을 위반하여 영업준칙을 지키지 아니한 자
  4의2. 제33조제3항을 위반하여 안전교육을 받지 아니한 자
  4의3. 제33조제4항을 위반하여 안전관리자에게 안전교육을 받도록 하지 아니한 자
  4의4. 삭제
  4의5. 제38조제7항을 위반하여 자격증을 패용하지 아니한 자
  5. 삭제

> 6. 제48조의10제3항을 위반하여 인증표지 또는 이와 유사한 표지를 하거나 한국관광 품질인증을 받은 것으로 홍보한 자
>
> ③ 제1항 및 제2항에 따른 과태료는 대통령령으로 정하는 바에 따라 관할 등록기관등의 장이 부과 · 징수한다.

과태료(過怠料)란 법률질서를 유지하기 위하여 법령에 위반한 자에 대한 제재로써 과해지는 금전벌이며, 법률질서에 대한 위반이기는 하나 형벌을 가할 만치 중대한 일반사회법익의 침해가 아니라고 인정하는 것에 대하여 현행 법제상 이 과태료가 질서 벌로써 부과되고 있는 것이다(대검찰청, 법률용어해설). 즉, 행정 법규 등 형벌의 성질을 가지지 않는 법령위반에 대해 시청, 군청 등이 부과하는 '금전적 징계'를 가리킨다. 주차위반을 했다거나 주민등록법 규정을 위반했을 때 부과되는 것이 이에 해당한다.

■ 과태료의 부과 시행령 제67조

제86조제1항 및 제2항에 따른 과태료의 부과기준은 다음(별표 5)과 같다.

■ 과태료의 부과기준(제67조 관련)

> 1. 일반기준
>
> 가. 위반행위의 횟수에 따른 과태료의 가중된 부과기준은 최근 2년간 같은 위반행위로 과태료 부과처분을 받은 경우에 적용한다. 이 경우 기간의 계산은 위반행위에 대하여 과태료 부과처분을 받은 날과 그 처분 후 다시 같은 위반행위를 하여 적발된 날을 기준으로 한다.
>
> 나. 가목에 따라 가중된 부과처분을 하는 경우 가중처분의 적용 차수는 그 위반행위 전 부과처분 차수(가목에 따른 기간 내에 과태료 부과처분이 둘 이상 있었던 경우에는 높은 차수를 말한다)의 다음 차수로 한다.
>
> 다. 부과권자는 다음의 어느 하나에 해당하는 경우에는 제2호의 개별기준에 따른 과태료 금액의 2분의 1의 범위에서 그 금액을 줄일 수 있다. 다만, 과태료를 체납하고 있는 위반행위자에 대해서는 그렇지 않다.
>
> 1) 위반행위자가 「질서위반행위규제법 시행령」 제2조의2제1항 각 호의 어느 하나에 해당하는 경우
>
> 2) 위반행위자가 처음 해당 위반행위를 한 경우로서 5년 이상 해당 업종을 모범적으로 영위한 사실이 인정되는 경우
>
> 3) 위반행위자가 자연재해 · 화재 등으로 재산에 현저한 손실이 발생하거나 사업여건의 악화로 사업이 중대한 위기에 처하는 등의 사정이 있는 경우
>
> 4) 위반행위가 사소한 부주의나 오류로 인한 것으로 인정되는 경우

5) 위반행위자가 같은 위반행위로 벌금이나 사업정지 등의 처분을 받은 경우
6) 위반행위자가 법 위반상태를 시정하거나 해소하기 위하여 노력한 것으로 인정되는 경우
7) 그 밖에 위반행위의 정도, 위반행위의 동기와 그 결과 등을 고려하여 과태료의 금액을 줄일 필요가 있다고 인정되는 경우

2. 개별기준

(단위 : 만 원)

위반행위	근거 법조문	과태료 금액		
		1차 위반	2차 위반	3차 이상 위반
가. 법 제10조제3항을 위반하여 관광표지를 사업장에 붙이거나 관광사업의 명칭을 포함하는 상호를 사용한 경우	법 제86조 제2항제2호	30	60	100
나. 법 제28조제2항 전단을 위반하여 영업준칙을 지키지 않은 경우	법 제86조 제2항제4호	100	100	100
다. 법 제33조제3항을 위반하여 안전교육을 받지 않은 경우	법 제86조 제2항제4호의2	30	60	100
라. 법 제33조제4항을 위반하여 안전관리자에게 안전교육을 받도록 하지 않은 경우	법 제86조 제2항제4호의3	50	100	100
마. 법 제33조의2제1항을 위반하여 테마파크시설로 인한 중대한 사고를 통보하지 않은 경우	법 제86조 제1항	100	200	300
바. 법 제38조제6항을 위반하여 관광통역안내를 한 경우	법 제86조 제1항제2호	150	300	500
사. 법 제38조제7항을 위반하여 자격증을 패용하지 않은 경우	법 제86조 제2항제4호의5	3	3	3
아. 법 제48조의6제4항을 위반하여 인증을 받지 않은 교육프로그램 또는 교육과정에 인증표시를 하거나 이와 유사한 표시를 한 경우	법 제86조 제2항제5호	30	60	100
자. 법 제48조의10제3항을 위반하여 인증표지 또는 이와 유사한 표지를 하거나 한국관광품질인증을 받은 것으로 홍보한 경우	법 제86조 제2항제6호	30	60	100

Part 5

관광진흥개발기금법

[법률 제19542 호, 2023. 8. 8, 일부개정]

제1조(목적) 이 법은 관광사업을 효율적으로 발전시키고 관광을 통한 외화 수입의 증대에 이바지하기 위하여 관광진흥개발기금을 설치하는 것을 목적으로 한다.

시행령 : 제1조(목적) 이 영은 「관광진흥개발기금법」의 시행에 필요한 사항을 규정함을 목적으로 한다.

시행규칙 : 제1조(목적) 이 규칙은 「관광진흥개발기금법」 및 같은 법 시행령에서 위임된 사항과 그 시행에 필요한 사항을 규정함을 목적으로 한다.

제2조(기금의 설치 및 재원)

① 정부는 이 법의 목적을 달성하는 데에 필요한 자금을 확보하기 위하여 관광진흥개발기금(이하 "기금"이라 한다)을 설치한다.

② 기금은 다음 각 호의 재원(財源)으로 조성한다.

1. 정부로부터 받은 출연금
2. 「관광진흥법」 제30조에 따른 납부금
3. 제3항에 따른 출국납부금
4. 「관세법」 제176조의2제4항에 따른 보세판매장 특허수수료의 100분의 50
5. 기금의 운용에 따라 생기는 수익금과 그 밖의 재원

③ 국내 공항과 항만을 통하여 출국하는 자로서 대통령령으로 정하는 자는 1만 원의 범위에서 대통령령으로 정하는 금액을 기금에 납부하여야 한다.

④ 제3항에 따른 납부금을 부과받은 자가 부과된 납부금에 대하여 이의가 있는 경우에는 부과받은 날부터 60일 이내에 문화체육관광부장관에게 이의를 신청할 수 있다.

⑤ 문화체육관광부장관은 제4항에 따른 이의신청을 받았을 때에는 그 신청을 받은 날부터 15일 이내에 이를 검토하여 그 결과를 신청인에게 서면으로 알려야 한다.

⑥ 제3항에 따른 납부금의 부과 · 징수의 절차 등에 필요한 사항은 대통령령으로 정한다.

⑦ 제4항 및 제5항에서 규정한 사항 외에 이의신청에 관한 사항은 「행정기본법」 제36조(제2항 단서는 제외한다)에 따른다.

시행령 : 제1조의2(납부금의 납부대상 및 금액)

① 「관광진흥개발기금법」(이하 "법"이라 한다) 제2조제3항에서 "대통령령으로 정하는 자"란 다음 각 호의 어느 하나에 해당하는 자를 제외한 자를 말한다.

1. 외교관여권이 있는 자
2. 12세 미만인 어린이
3. 국외로 입양되는 어린이와 그 호송인
4. 대한민국에 주둔하는 외국의 군인 및 군무원
5. 입국이 허용되지 아니하거나 거부되어 출국하는 자
6. 「출입국관리법」 제46조에 따른 강제퇴거 대상자 중 국비로 강제 출국되는 외국인
7. 공항통과 여객으로서 다음 각 목의 어느 하나에 해당되어 보세구역을 벗어난 후 출국하는 여객
   가. 항공기 탑승이 불가능하여 어쩔 수 없이 당일이나 그 다음 날 출국하는 경우
   나. 공항이 폐쇄되거나 기상이 악화되어 항공기의 출발이 지연되는 경우
   다. 항공기의 고장 · 납치, 긴급환자 발생 등 부득이한 사유로 항공기가 불시착한 경우
   라. 관광을 목적으로 보세구역을 벗어난 후 24시간 이내에 다시 보세구역으로 들어오는 경우
8. 국제선 항공기 및 국제선 선박을 운항하는 승무원과 승무교대를 위하여 출국하는 승무원

② 법 제2조제3항에 따른 납부금은 7천 원으로 한다. 다만, 선박을 이용하는 경우에는 1천 원으로 한다.

시행령 : 제1조의3(납부금의 부과제외)

① 제1조의2제1항 각 호의 어느 하나에 해당하는 자는 법 제2조제1항에 따른 관광진흥개발기금(이하 "기금"이라 한다)의 납부금 부과 · 징수권자(이하 "부과권자"

라 한다)로부터 출국 전에 납부금 제외 대상 확인서를 받아 출국 시 제출하여야 한다. 다만, 선박을 이용하여 출국하는 자와 승무원은 출국 시 부과권자의 확인으로 갈음할 수 있다.

② 제1조의2제1항제7호에 따른 공항통과 여객이 납부금 제외 대상 확인서를 받으려는 경우에는 항공운송사업자가 항공기 출발 1시간 전까지 그 여객에 대한 납부금의 부과 제외 사유를 서면으로 부과권자에게 제출하여야 한다.

시행령 : 제3조의2(여유자금의 운용) 문화체육관광부장관은 기금의 여유자금을 다음 각 호의 방법으로 운용할 수 있다.

1. 「은행법」과 그 밖의 법률에 따른 금융기관, 「우체국예금 · 보험에 관한 법률」에 따른 체신관서에 예치
2. 국 · 공채 등 유가증권의 매입
3. 그 밖의 금융상품의 매입

시행령 : 제14조(기금의 수납) 법 제2조제2항의 재원이 기금계정에 납입된 경우 이를 수납한 자는 지체 없이 그 납입서를 기금수입징수관에게 송부하여야 한다.

제3조(기금의 관리)

① 기금은 문화체육관광부장관이 관리한다.

② 문화체육관광부장관은 기금의 집행 · 평가 · 결산 및 여유자금 관리 등을 효율적으로 수행하기 위하여 10명 이내의 민간 전문가를 고용한다. 이 경우 필요한 경비는 기금에서 사용할 수 있다.

③ 제2항에 따른 민간 전문가의 고용과 운영에 필요한 사항은 대통령령으로 정한다.

시행령 : 제1조의4(민간전문가)

① 법 제3조제2항에 따른 민간전문가는 계약직으로 하며, 그 계약기간은 2년을 원칙으로 하되, 1년 단위로 연장할 수 있다.

② 제1항에 따른 민간전문가의 업무분장 · 채용 · 복무 · 보수 및 그 밖의 인사관리에 필요한 사항은 문화체육관광부장관이 정한다.

시행령 : 제3조(기금대여업무의 취급) 문화체육관광부장관은 「한국산업은행법」 제20조에 따라 한국산업은행이 기금의 대여업무를 할 수 있도록 한국산업은행에 기금을 대여할 수 있다.

시행령 : 제9조(대여업무계획의 승인) 한국산업은행이 제3조에 따라 기금의 대여업무를 할 경우에는 미리 기금대여업무계획을 작성하여 문화체육관광부장관의 승인을 받아야 한다.

시행규칙 : 제3조(기금의 대하신청) 한국산업은행의 은행장은 영 제9조에 따른 대여업무계획에 따라 기금을 사용하려는 자로부터 대여신청을 받으면 대여에 필요한 기금을 대하(貸下)하여 줄 것을 문화체육관광부장관에게 신청하여야 한다.

시행령 : 제19조(감독) 문화체육관광부장관은 한국산업은행의 은행장과 기금을 대여받은 자에게 기금 운용에 필요한 사항을 명령하거나 감독할 수 있다.

시행령 : 제18조(기금대여상황 보고) 제3조에 따라 기금의 대여업무를 취급하는 한국산업은행은 문화체육관광부령으로 정하는 바에 따라 기금의 대여 상황을 문화체육관광부장관에게 보고하여야 한다.

시행규칙 : 제4조(보고) 한국산업은행은 영 제18조에 따라 매월의 기금사용업체별 대여금액, 대여잔액 등 기금대여 상황을 다음 달 10일 이전까지 보고하여야 하고, 반기(半期)별 대여사업 추진상황을 그 반기의 다음 달 10일 이전까지 보고하여야 한다.

시행령 : 제10조(기금의 대여이자 등) 기금의 대하이자율(貸下利子率), 대여이자율, 대여기간 및 연체이자율은 위원회의 심의를 거쳐 문화체육관광부장관이 기획재정부장관과 협의하여 정한다. 이를 변경하는 경우에도 또한 같다.

제4조(기금의 회계연도) 기금의 회계연도는 정부의 회계연도에 따른다.

제5조(기금의 용도)

① 기금은 다음 각 호의 어느 하나에 해당하는 용도로 대여(貸與)할 수 있다.
 1. 호텔을 비롯한 각종 관광시설의 건설 또는 개수(改修)
 2. 관광을 위한 교통수단의 확보 또는 개수
 3. 관광사업의 발전을 위한 기반시설의 건설 또는 개수

② 문화체육관광부장관은 기금에서 관광정책에 관하여 조사·연구하는 법인의 기본재산 형성 및 조사·연구사업, 그 밖의 운영에 필요한 경비를 출연 또는 보조할 수 있다.

③ 기금은 다음 각 호의 어느 하나에 해당하는 사업에 대여하거나 보조할 수 있다.
 1. 국외 여행자의 건전한 관광을 위한 교육 및 관광정보의 제공사업
 2. 국내외 관광안내체계의 개선 및 관광홍보사업
 3. 관광사업 종사자 및 관계자에 대한 교육훈련사업
 4. 국민관광 진흥사업 및 외래관광객 유치 지원사업

5. 관광상품 개발 및 지원사업
6. 관광지 · 관광단지 및 관광특구에서의 공공 편익시설 설치사업
7. 국제회의의 유치 및 개최사업
8. 장애인 등 소외계층에 대한 국민관광 복지사업
9. 전통관광자원 개발 및 지원사업
9의2. 감염병 확산 등으로 관광사업자(「관광진흥법」 제2조제2호에 따른 관광사업자를 말한다)에게 발생한 경영상 중대한 위기 극복을 위한 지원 사업
10. 그 밖에 관광사업의 발전을 위하여 필요한 것으로서 대통령령으로 정하는 사업

④ 기금은 민간자본의 유치를 위하여 필요한 경우 다음 각 호의 어느 하나의 사업이나 투자조합에 출자(出資)할 수 있다.
1. 「관광진흥법」 제2조제6호 및 제7호에 따른 관광지 및 관광단지의 조성사업
2. 「국제회의산업 육성에 관한 법률」 제2조제3호에 따른 국제회의시설의 건립 및 확충 사업
3. 관광사업에 투자하는 것을 목적으로 하는 투자조합
4. 그 밖에 관광사업의 발전을 위하여 필요한 것으로서 대통령령으로 정하는 사업

⑤ 기금은 신용보증을 통한 대여를 활성화하기 위하여 예산의 범위에서 다음 각 호의 기관에 출연할 수 있다.
1. 「신용보증기금법」에 따른 신용보증기금
2. 「지역신용보증재단법」에 따른 신용보증재단중앙회

시행령 : 제2조(대여 또는 보조사업) 법 제5조제3항제10호에서 "대통령령으로 정하는 사업"이란 다음 각 호의 사업을 말한다.
1. 「관광진흥법」 제4조에 따라 여행업을 등록한 자나 같은 법 제5조에 따라 카지노업을 허가받은 자(「관광진흥법 시행령」 제2조제1항제1호가목에 따른 종합여행업을 등록한 자나 「관광진흥법」 제5조에 따라 카지노업을 허가받은 자가 「관광진흥법」 제45조에 따라 설립한 관광협회를 포함한다)의 해외지사 설치
2. 관광사업체 운영의 활성화
3. 관광진흥에 기여하는 문화예술사업
4. 지방자치단체나 「관광진흥법」 제54조제1항 단서에 따른 관광단지개발자 등의 관광지 및 관광단지 조성사업
5. 관광지 · 관광단지 및 관광특구의 문화 · 체육시설, 숙박시설, 상가시설로서 관광객 유치를 위하여 특히 필요하다고 문화체육관광부장관이 인정하는 시설의 조성
6. 관광 관련 국제기구의 설치

시행령 : 제3조의3(기금의 보조) 법 제5조제2항 및 제3항에 따른 기금의 보조는 「보조금 관리에 관한 법률」에서 정하는 바에 따른다. 제3조의3(기금의 보조) 법 제5조제2항 및 제3항에 따른 기금의 보조는 「보조금 관리에 관한 법률」에서 정하는 바에 따른다.

시행령 : 제3조의4(출자 대상 등)

① 법 제5조제4항제4호에서 "관광사업의 발전을 위하여 필요한 것으로서 대통령령으로 정하는 사업"이란 「자본시장과 금융투자업에 관한 법률」 제9조제18항 및 제19항에 따른 집합투자기구 또는 사모집합투자기구나 「부동산투자회사법」 제2조제1호에 따른 부동산투자회사에 의하여 투자되는 다음 각 호의 어느 하나의 사업을 말한다.

1. 법 제5조제4항제1호 또는 제2호에 따른 사업
2. 「관광진흥법」 제2조제1호에 따른 관광사업

② 법 제5조제4항에 따라 기금을 출자할 때에는 출자로 인한 민간자본 유치의 기여도 등 출자의 타당성을 검토하여야 한다.

③ 제2항에 따른 기금 출자 및 관리에 관한 세부기준, 절차, 그 밖에 필요한 사항은 문화체육관광부장관이 정하여 고시한다.

제6조(기금운용위원회의 설치)

① 기금의 운용에 관한 종합적인 사항을 심의하기 위하여 문화체육관광부장관 소속으로 기금운용위원회(이하 "위원회"라 한다)를 둔다.

② 위원회의 조직과 운영에 필요한 사항은 대통령령으로 정한다.

시행령 : 제4조(기금운용위원회의 구성)

① 법 제6조에 따른 기금운용위원회(이하 "위원회"라 한다)는 위원장 1명을 포함한 10명 이내의 위원으로 구성한다.

② 위원장은 문화체육관광부 제1차관이 되고, 위원은 다음 각 호의 사람 중에서 문화체육관광부장관이 임명하거나 위촉한다.

1. 기획재정부 및 문화체육관광부의 고위공무원단에 속하는 공무원
2. 관광 관련 단체 또는 연구기관의 임원
3. 공인회계사의 자격이 있는 사람
4. 그 밖에 기금의 관리 · 운용에 관한 전문 지식과 경험이 풍부하다고 인정되는 사람

시행령 : 제5조(위원장의 직무)

① 위원장은 위원회를 대표하고, 위원회의 사무를 총괄한다.

② 위원장이 부득이한 사유로 직무를 수행할 수 없을 때에는 위원장이 지정한 위원이 그 직무를 대행한다.

시행령 : 제6조(회의)

① 위원회의 회의는 위원장이 소집한다.

② 회의는 재적위원 과반수의 출석으로 개의하고, 출석위원 과반수의 찬성으로 의결한다.

시행령 : 제7조(간사)

① 위원회에는 문화체육관광부 소속 공무원 중에서 문화체육관광부장관이 지정하는 간사 1명을 둔다.

② 간사는 위원장의 명을 받아 위원회의 서무를 처리한다.

시행령 : 제8조(수당) 회의에 출석한 위원 중 공무원이 아닌 위원에게는 예산의 범위에서 수당을 지급할 수 있다.

시행령 : 제4조의2(위원의 해임 및 해촉) 문화체육관광부장관은 제4조제2항에 따른 위원이 다음 각 호의 어느 하나에 해당하는 경우에는 해당 위원을 해임하거나 해촉(解囑)할 수 있다.

1. 심신장애로 인하여 직무를 수행할 수 없게 된 경우
2. 직무와 관련된 비위사실이 있는 경우
3. 직무태만, 품위손상이나 그 밖의 사유로 인하여 위원으로 적합하지 아니하다고 인정되는 경우
4. 위원 스스로 직무를 수행하는 것이 곤란하다고 의사를 밝히는 경우

제7조(기금운용계획안의 수립 등)

① 문화체육관광부장관은 매년 「국가재정법」에 따라 기금운용계획안을 수립하여야 한다. 기금운용계획을 변경하는 경우에도 또한 같다.

② 제1항에 따른 기금운용계획안을 수립하거나 기금운용계획을 변경하려면 위원회의 심의를 거쳐야 한다.

시행령 : 제21조(결산보고) 문화체육관광부장관은 회계연도마다 기금의 결산보고서를 작성하여 다음 연도 2월 말일까지 기획재정부장관에게 제출하여야 한다.

제8조(기금의 수입과 지출)

① 기금의 수입은 제2조제2항 각 호의 재원으로 한다.

② 기금의 지출은 제5조에 따른 기금의 용도를 위한 지출과 기금의 운용에 따르는 경비로 한다.

제9조(기금의 회계 기관) 문화체육관광부장관은 기금의 수입과 지출에 관한 사무를 하게 하기 위하여 소속 공무원 중에서 기금수입징수관, 기금재무관, 기금지출관 및 기금출납 공무원을 임명한다.

시행령 : 제11조(기금의 회계기관) 문화체육관광부장관은 법 제9조에 따라 기금수입징수관, 기금재무관, 기금지출관, 기금출납 공무원을 임명한 경우에는 감사원장, 기획재정부장관 및 한국은행총재에게 알려야 한다.

시행령 : 제15조(기금의 지출 한도액)

① 문화체육관광부장관은 기금재무관으로 하여금 지출원인행위를 하게 할 경우에는 기금운용계획에 따라 지출 한도액을 배정하여야 한다.

② 문화체육관광부장관은 제1항에 따라 지출 한도액을 배정한 경우에는 기획재정부장관과 한국은행총재에게 이를 알려야 한다.

③ 기획재정부장관은 기금의 운용 상황 등을 고려하여 필요한 경우에는 기금의 지출을 제한하게 할 수 있다.

시행규칙 : 제2조(기금지출 한도액의 통지) 문화체육관광부장관은 「관광진흥개발기금법 시행령」(이하 "영"이라 한다) 제15조제1항에 따라 배정한 기금지출 한도액을 한국산업은행의 은행장에게 알린다.

시행령 : 제16조(기금지출원인행위액보고서 등의 작성 · 제출) 기금재무관은 기금지출원인행위액보고서를, 기금지출관은 기금출납보고서를 그 행위를 한 달의 말일을 기준으로 작성하여 다음 달 15일까지 기획재정부장관에게 제출하여야 한다.

시행령 : 제17조(기금의 지출원인행위) 기금재무관이 지출원인행위를 할 경우에는 제15조에 따라 배정받은 지출 한도액을 초과하여서는 아니 된다.

시행령 : 제20조(장부의 비치)

① 기금수입징수관과 기금재무관은 기금총괄부, 기금지출원인행위부 및 기금징수부를 작성 · 비치하고, 기금의 수입 · 지출에 관한 총괄 사항과 기금지출 원인행위 사항을 기록하여야 한다.

② 기금출납공무원은 기금출납부를 작성·비치하고, 기금의 출납 상황을 기록하여야 한다.

제10조(기금 계정의 설치) 문화체육관광부장관은 기금지출관으로 하여금 한국은행에 관광진흥개발기금의 계정(計定)을 설치하도록 하여야 한다.

시행령 : 제12조(기금계정) 문화체육관광부장관은 법 제10조에 따라 한국은행에 관광진흥개발기금계정(이하 "기금계정"이라 한다)을 설치할 경우에는 수입계정과 지출계정으로 구분하여야 한다.

시행령 : 제13조(대여기금의 납입)

① 한국산업은행의 은행장이나 기금을 전대(轉貸)받은 금융기관의 장은 대여기금(전대받은 기금을 포함한다)과 그 이자를 수납한 경우에는 즉시 기금계정에 납입하여야 한다.

② 제1항에 위반한 경우에는 납입기일의 다음 날부터 제10조에 따른 연체이자를 납입하여야 한다.

제11조(목적 외의 사용 금지 등)

① 기금을 대여받거나 보조받은 자는 대여받거나 보조받을 때에 지정된 목적 외의 용도에 기금을 사용하지 못한다.

② 대여받거나 보조받은 기금을 목적 외의 용도에 사용하였을 때에는 대여 또는 보조를 취소하고 이를 회수한다.

③ 문화체육관광부장관은 기금의 대여를 신청한 자 또는 기금의 대여를 받은 자가 다음 각 호의 어느 하나에 해당하면 그 대여 신청을 거부하거나, 그 대여를 취소하고 지출된 기금의 전부 또는 일부를 회수한다.

1. 거짓이나 그 밖의 부정한 방법으로 대여를 신청한 경우 또는 대여를 받은 경우
2. 잘못 지급된 경우
3. 「관광진흥법」에 따른 등록·허가·지정 또는 사업계획 승인 등의 취소 또는 실효 등으로 기금의 대여자격을 상실하게 된 경우
4. 대여조건을 이행하지 아니한 경우
5. 그 밖에 대통령령으로 정하는 경우

④ 다음 각 호의 어느 하나에 해당하는 자는 해당 기금을 대여받거나 보조받은 날부터 5년 이내에 기금을 대여받거나 보조받을 수 없다.

1. 제2항에 따라 기금을 목적 외의 용도에 사용한 자

2. 거짓이나 그 밖의 부정한 방법으로 기금을 대여받거나 보조받은 자

시행령 : 제18조의2(기금 대여의 취소 등)

① 법 제11조제3항제5호에서 "대통령령으로 정하는 경우"란 기금을 대여받은 후 「관광진흥법」 제4조에 따른 등록 또는 변경등록이나 같은 법 제15조에 따른 사업계획 변경승인을 받지 못하여 기금을 대여받을 때에 지정된 목적 사업을 계속하여 수행하는 것이 현저히 곤란하거나 불가능한 경우를 말한다.

② 문화체육관광부장관은 법 제11조에 따라 취소된 기금의 대여금 또는 보조금을 회수하려는 경우에는 그 기금을 대여받거나 보조받은 자에게 해당 대여금 또는 보조금을 반환하도록 통지하여야 한다.

③ 제2항에 따라 대여금 또는 보조금의 반환 통지를 받은 자는 그 통지를 받은 날부터 2개월 이내에 해당 대여금 또는 보조금을 반환하여야 하며, 그 기한까지 반환하지 아니하는 경우에는 그 다음 날부터 제10조에 따른 연체이자율을 적용한 연체이자를 내야 한다.

제12조(납부금 부과 · 징수 업무의 위탁)

① 문화체육관광부장관은 제2조제3항에 따른 납부금의 부과 · 징수의 업무를 대통령령으로 정하는 바에 따라 관계 중앙행정기관의 장과 협의하여 지정하는 자에게 위탁할 수 있다.

② 문화체육관광부장관은 제1항에 따라 납부금의 부과 · 징수의 업무를 위탁한 경우에는 기금에서 납부금의 부과 · 징수의 업무를 위탁받은 자에게 그 업무에 필요한 경비를 보조할 수 있다.

시행령 : 제22조(납부금 부과 · 징수 업무의 위탁) 문화체육관광부장관은 법 제12조제1항에 따라 납부금의 부과 · 징수 업무를 지방해양수산청장, 「항만공사법」에 따른 항만공사 및 「항공사업법」 제2조제34호에 따른 공항운영자에게 각각 위탁한다.

시행령 : 제12조의2(납부금의 기금 납입) 부과권자는 납부금을 부과 · 징수한 경우에는 지체 없이 납부금을 기금계정에 납입하여야 한다.

제13조(벌칙 적용 시의 공무원 의제) 제3조제2항에 따라 고용된 자는 「형법」 제129조부터 제132조까지의 규정을 적용할 때에는 공무원으로 본다.

부 칙 〈법률 제16050호, 2018. 12. 24.〉

이 법은 공포한 날부터 시행한다.

Part 6

국제회의산업 육성에 관한 법률

[법률 제19411호, 2023. 5. 16, 일부 개정]

제1조(목적) 이 법은 국제회의의 유치를 촉진하고 그 원활한 개최를 지원하여 국제회의산업을 육성·진흥함으로써 관광산업의 발전과 국민경제의 향상 등에 이바지함을 목적으로 한다.

시행령 : 제1조(목적) 이 영은 「국제회의산업 육성에 관한 법률」에서 위임된 사항과 그 시행에 필요한 사항을 규정함을 목적으로 한다.

시행규칙 : 제1조(목적) 이 규칙은 「국제회의산업 육성에 관한 법률」 및 같은 법 시행령에서 위임된 사항과 그 시행에 필요한 사항을 규정함을 목적으로 한다.

제2조(정의) 이 법에서 사용하는 용어의 뜻은 다음과 같다.

1. “국제회의”란 상당수의 외국인이 참가하는 회의(세미나·토론회·전시회·기업회의 등을 포함한다)로서 대통령령으로 정하는 종류와 규모에 해당하는 것을 말한다.
2. “국제회의산업”이란 국제회의의 유치와 개최에 필요한 국제회의시설, 서비스 등과 관련된 산업을 말한다.
3. “국제회의시설”이란 국제회의의 개최에 필요한 회의시설, 전시시설 및 이와 관련된 지원시설·부대시설 등으로서 대통령령으로 정하는 종류와 규모에 해당하는 것을 말한다.
4. “국제회의도시”란 국제회의산업의 육성·진흥을 위하여 제14조에 따라 지정된 특별시·광역시 또는 시를 말한다.
5. “국제회의 전담조직"이란 국제회의산업의 진흥을 위하여 각종 사업을 수행하는 조직을 말한다.
6. “국제회의산업 육성기반”이란 국제회의시설, 국제회의 전문인력, 전자국제회의체

제, 국제회의 정보 등 국제회의의 유치·개최를 지원하고 촉진하는 시설, 인력, 체제, 정보 등을 말한다.

7. "국제회의복합지구"란 국제회의시설 및 국제회의집적시설이 집적되어 있는 지역으로서 제15조의2에 따라 지정된 지역을 말한다.
8. "국제회의집적시설"이란 국제회의복합지구 안에서 국제회의시설의 집적화 및 운영 활성화에 기여하는 숙박시설, 판매시설, 공연장 등 대통령령으로 정하는 종류와 규모에 해당하는 시설로서 제15조의3에 따라 지정된 시설을 말한다.

시행령 : 제2조(국제회의의 종류·규모)「국제회의산업 육성에 관한 법률」(이하 "법"이라 한다) 제2조제1호에 따른 국제회의는 다음 각 호의 어느 하나에 해당하는 회의를 말한다.

1. 국제기구, 기관 또는 법인·단체가 개최하는 회의로서 다음 각 목의 요건을 모두 갖춘 회의
   가. 해당 회의에 3개국 이상의 외국인이 참가할 것
   나. 회의 참가자가 100명 이상이고 그 중 외국인이 50명 이상일 것
   다. 2일 이상 진행되는 회의일 것
2. 삭제
3. 국제기구, 기관, 법인 또는 단체가 개최하는 회의로서 다음 각 목의 요건을 모두 갖춘 회의
   가. 「감염병의 예방 및 관리에 관한 법률」 제2조제2호에 따른 제1급감염병 확산으로 외국인이 회의장에 직접 참석하기 곤란한 회의로서 개최일이 문화체육관광부장관이 정하여 고시하는 기간 내일 것
   나. 회의 참가자 수, 외국인 참가자 수 및 회의일수가 문화체육관광부장관이 정하여 고시하는 기준에 해당할 것

시행령 : 제3조(국제회의시설의 종류·규모)

① 법 제2조제3호에 따른 국제회의시설은 전문회의시설·준회의시설·전시시설·지원시설 및 부대시설로 구분한다.

② 전문회의시설은 다음 각 호의 요건을 모두 갖추어야 한다.
   1. 2천명 이상의 인원을 수용할 수 있는 대회의실이 있을 것
   2. 30명 이상의 인원을 수용할 수 있는 중·소회의실이 10실 이상 있을 것
   3. 옥내와 옥외의 전시면적을 합쳐서 2천제곱미터 이상 확보하고 있을 것

③ 준회의시설은 국제회의 개최에 필요한 회의실로 활용할 수 있는 호텔연회장·공연장·체육관 등의 시설로서 다음 각 호의 요건을 모두 갖추어야 한다.

1. 200명 이상의 인원을 수용할 수 있는 대회의실이 있을 것
2. 30명 이상의 인원을 수용할 수 있는 중·소회의실이 3실 이상 있을 것

④ 전시시설은 다음 각 호의 요건을 모두 갖추어야 한다.

1. 옥내와 옥외의 전시면적을 합쳐서 2천제곱미터 이상 확보하고 있을 것
2. 30명 이상의 인원을 수용할 수 있는 중·소회의실이 5실 이상 있을 것

⑤ 지원시설은 다음 각 호의 요건을 모두 갖추어야 한다.

1. 다음 각 목에 따른 설비를 모두 갖출 것
   가. 컴퓨터, 카메라 및 마이크 등 원격영상회의에 필요한 설비
   나. 칸막이 또는 방음시설 등 이용자의 정보 노출방지에 필요한 설비
2. 제1호 각 목에 따른 서비의 설치 및 이용에 사용되는 면적을 합한 면적이 80 제곱미터 이상일 것

⑥ 부대시설은 국제회의 개최와 전시의 편의를 위하여 제2항 및 제4항의 시설에 부속된 숙박시설·주차시설·음식점시설·휴식시설·판매시설 등으로 한다.

시행령 : 제4조(국제회의집적시설의 종류와 규모) 법 제2조제8호에서 "숙박시설, 판매시설, 공연장 등 대통령령으로 정하는 종류와 규모에 해당하는 시설"이란 다음 각 호의 시설을 말한다.

1. 「관광진흥법」 제3조제1항제2호에 따른 관광숙박업의 시설로서 100실(「관광진흥법」 제19조제1항에 따라 같은 법 시행령 제22조제2항의 4성급 또는 5성급으로 등급결정을 받은 호텔업의 경우에는 30실) 이상의 객실을 보유한 시설
2. 「유통산업발전법」 제2조제3호에 따른 대규모점포
3. 「공연법」에 따른 공연장으로서 300석 이상의 객석을 보유한 공연장
4. 그 밖에 국제회의산업의 진흥 및 발전을 위하여 국제회의집적시설로 지정될 필요가 있는 시설로서 문화체육관광부장관이 정하여 고시하는 시설

시행령 : 제5조 삭제, 시행령 : 제6조 삭제, 시행령 : 제7조 삭제, 시행령 : 제8조 삭제

제3조(국가의 책무)

① 국가는 국제회의산업의 육성·진흥을 위하여 필요한 계획의 수립 등 행정상·재정상의 지원조치를 강구하여야 한다.

② 제1항에 따른 지원조치에는 국제회의 참가자가 이용할 숙박시설, 교통시설 및 관광 편의시설 등의 설치·확충 또는 개선을 위하여 필요한 사항이 포함되어야 한다.

제4조 삭제

제5조(국제회의 전담조직의 지정 및 설치)

① 문화체육관광부장관은 국제회의산업의 육성을 위하여 필요하면 국제회의 전담조직(이하 "전담조직"이라 한다)을 지정할 수 있다.

② 국제회의시설을 보유·관할하는 지방자치단체의 장은 국제회의 관련 업무를 효율적으로 추진하기 위하여 필요하다고 인정하면 전담조직을 설치·운영할 수 있으며, 그에 필요한 비용의 전부 또는 일부를 지원할 수 있다.

③ 전담조직의 지정·설치 및 운영 등에 필요한 사항은 대통령령으로 정한다.

시행령 : 제9조(국제회의 전담조직의 업무) 법 제5조제1항에 따른 국제회의 전담조직은 다음 각 호의 업무를 담당한다.

1. 국제회의의 유치 및 개최 지원
2. 국제회의산업의 국외 홍보
3. 국제회의 관련 정보의 수집 및 배포
4. 국제회의 전문인력의 교육 및 수급(需給)
5. 법 제5조제2항에 따라 지방자치단체의 장이 설치한 전담조직에 대한 지원 및 상호 협력
6. 국제회의산업 진흥을 위한 제도 및 법령 개선에 관한 사항
7. 그 밖에 국제회의산업의 육성과 관련된 업무

시행령 : 제10조(국제회의 전담조직의 지정) 문화체육관광부장관은 법 제5조제1항에 따라 국제회의 전담조직을 지정할 때에는 제9조 각 호의 업무를 수행할 수 있는 전문인력 및 조직 등을 적절하게 갖추었는지를 고려하여야 한다.

제6조(국제회의산업육성기본계획의 수립 등)

① 문화체육관광부장관은 국제회의산업의 육성·진흥을 위하여 다음 각 호의 사항이 포함되는 국제회의산업육성기본계획(이하 "기본계획"이라 한다)을 5년마다 수립·시행하여야 한다.

1. 국제회의의 유치와 촉진에 관한 사항
2. 국제회의의 원활한 개최에 관한 사항
3. 국제회의에 필요한 인력의 양성에 관한 사항
4. 국제회의시설의 설치와 확충에 관한 사항
5. 국제회의시설의 감염병 등에 대한 안전·위생·방역 관리에 관한 사항
6. 국제회의산업 진흥을 위한 제도 및 법령 개선에 관한 사항
7. 그 밖에 국제회의산업의 육성·진흥에 관한 중요 사항

② 문화체육관광부장관은 기본계획에 따라 연도별 국제회의산업육성시행계획(이하 "시행계획"이라 한다)을 수립·시행하여야 한다.

③ 문화체육관광부장관은 기본계획 및 시행계획의 효율적인 달성을 위하여 관계 중앙행정기관의 장, 지방자치단체의 장 및 국제회의산업 육성과 관련된 기관의 장에게 필요한 자료 또는 정보의 제공, 의견의 제출 등을 요청할 수 있다. 이 경우 요청을 받은 자는 정당한 사유가 없으면 이에 따라야 한다.

④ 문화체육관광부장관은 기본계획의 추진실적을 평가하고, 그 결과를 기본계획의 수립에 반영하여야 한다.

⑤ 기본계획·시행계획의 수립 및 추진실적 평가의 방법·내용 등에 필요한 사항은 대통령령으로 정한다.

시행령 : 제11조(국제회의산업육성기본계획의 수립 등)

① 문화체육관광부장관은 법 제6조에 따른 국제회의산업육성기본계획과 국제회의산업육성시행계획을 수립하거나 변경하는 경우에는 국제회의산업과 관련이 있는 기관 또는 단체 등의 의견을 들어야 한다.

② 문화체육관광부장관은 법 제6조제4항에 따라 국제회의산업육성기본계획의 추진실적을 평가하는 경우에는 연도별 국제회의산업육성시행계획의 추진실적을 종합하여 평가하여야 한다.

③ 문화체육관광부장관은 제2항에 따른 국제회의산업육성기본계획의 추진실적 평가에 필요한 조사·분석 등을 전문기관에 의뢰할 수 있다.

제7조(국제회의 유치·개최 지원)

① 문화체육관광부장관은 국제회의의 유치를 촉진하고 그 원활한 개최를 위하여 필요하다고 인정하면 국제회의를 유치하거나 개최하는 자에게 지원을 할 수 있다.

② 제1항에 따른 지원을 받으려는 자는 문화체육관광부령으로 정하는 바에 따라 문화체육관광부장관에게 그 지원을 신청하여야 한다.

시행규칙 : 제2조(국제회의 유치·개최 지원신청) 「국제회의산업 육성에 관한 법률」(이하 "법"이라 한다) 제7조제2항에 따라 국제회의 유치·개최에 관한 지원을 받으려는 자는 별지 제1호서식의 국제회의 지원신청서에 다음 각 호의 서류를 첨부하여 법 제5조제1항에 따른 국제회의 전담조직의 장에게 제출하여야 한다.

1. 국제회의 유치·개최 계획서(국제회의의 명칭, 목적, 기간, 장소, 참가자 수, 필요한 비용 등이 포함되어야 한다) 1부

2. 국제회의 유치 · 개최 실적에 관한 서류(국제회의를 유치 · 개최한 실적이 있는 경우만 해당한다) 1부
3. 지원을 받으려는 세부 내용을 적은 서류 1부

시행규칙 : 제3조(지원 결과 보고) 법 제7조에 따라 지원을 받은 국제회의 유치 · 개최자는 해당 사업이 완료된 후 1개월(영 제2조제3호에 따른 국제회의를 유치하거나 개최하여 지원금을 받은 경우에는 문화체육관광부장관이 정하여 고시하는 기한) 이내에 법 제5조제1항에 따른 국제회의 전담조직의 장에게 사업 결과 보고서를 제출해야 한다.

제8조(국제회의산업 육성기반의 조성)

① 문화체육관광부장관은 국제회의산업 육성기반을 조성하기 위하여 관계 중앙행정기관의 장과 협의하여 다음 각 호의 사업을 추진하여야 한다.
1. 국제회의시설의 건립
2. 국제회의 전문인력의 양성
3. 국제회의산업 육성기반의 조성을 위한 국제협력
4. 인터넷 등 정보통신망을 통하여 수행하는 전자국제회의 기반의 구축
5. 국제회의산업에 관한 정보와 통계의 수집 · 분석 및 유통
6. 국제회의 기업 육성 및 서비스 연구 개발
7. 그 밖에 국제회의산업 육성기반의 조성을 위하여 필요하다고 인정되는 사업으로서 대통령령으로 정하는 사업

② 문화체육관광부장관은 다음 각 호의 기관 · 법인 또는 단체(이하 "사업시행기관"이라 한다) 등으로 하여금 국제회의산업 육성기반의 조성을 위한 사업을 실시하게 할 수 있다.
1. 제5조제1항 및 제2항에 따라 지정 · 설치된 전담조직
2. 제14조제1항에 따라 지정된 국제회의도시
3. 「한국관광공사법」에 따라 설립된 한국관광공사
4. 「고등교육법」에 따른 대학 · 산업대학 및 전문대학
5. 그 밖에 대통령령으로 정하는 법인 · 단체

시행령 : 제12조(국제회의산업 육성기반 조성사업 및 사업시행기관)

① 법 제8조제1항제7호에서 "대통령령으로 정하는 사업"이란 다음 각 호의 사업을 말한다.

1. 법 제5조에 따른 국제회의 전담조직의 육성
2. 국제회의산업에 관한 국외 홍보사업

② 법 제8조제2항제5호에서 "대통령령으로 정하는 법인 · 단체"란 국제회의산업의 육성과 관련된 업무를 수행하는 법인 · 단체로서 문화체육관광부장관이 지정하는 법인 · 단체를 말한다.

제9조(국제회의시설의 건립 및 운영 촉진 등) 문화체육관광부장관은 국제회의시설의 건립 및 운영 촉진 등을 위하여 사업시행기관이 추진하는 다음 각 호의 사업을 지원할 수 있다.

1. 국제회의시설의 건립
2. 국제회의시설의 운영
3. 그 밖에 국제회의시설의 건립 및 운영 촉진을 위하여 필요하다고 인정하는 사업으로서 문화체육관광부령으로 정하는 사업

시행규칙 : 제4조(국제회의시설의 지원) 법 제9조제3호에서 "문화체육관광부령으로 정하는 사업"이란 국제회의시설의 국외 홍보활동을 말한다.

제10조(국제회의 전문인력의 교육 · 훈련 등) 문화체육관광부장관은 국제회의 전문인력의 양성 등을 위하여 사업시행기관이 추진하는 다음 각 호의 사업을 지원할 수 있다.

1. 국제회의 전문인력의 교육 · 훈련
2. 국제회의 전문인력 교육과정의 개발 · 운영
3. 그 밖에 국제회의 전문인력의 교육 · 훈련과 관련하여 필요한 사업으로서 문화체육관광 부령으로 정하는 사업

시행규칙 : 제5조(전문인력의 교육 · 훈련) 법 제10조제3호에서 "문화체육관광부령으로 정하는 사업"이란 국제회의 전문인력 양성을 위한 인턴사원제도 등 현장실습의 기회를 제공하는 사업을 말한다.

제11조(국제협력의 촉진) 문화체육관광부장관은 국제회의산업 육성기반의 조성과 관련된 국제협력을 촉진하기 위하여 사업시행기관이 추진하는 다음 각 호의 사업을 지원할 수 있다.

1. 국제회의 관련 국제협력을 위한 조사 · 연구
2. 국제회의 전문인력 및 정보의 국제 교류
3. 외국의 국제회의 관련 기관 · 단체의 국내 유치

4. 그 밖에 국제회의 육성기반의 조성에 관한 국제협력을 촉진하기 위하여 필요한 사업으로서 문화체육관광부령으로 정하는 사업

시행규칙 : 제6조(국제협력의 촉진) 법 제11조제4호에서 "문화체육관광부령으로 정하는 사업"이란 다음 각 호의 사업을 말한다.

1. 국제회의 관련 국제행사에의 참가
2. 외국의 국제회의 관련 기관·단체에의 인력 파견

제12조(전자국제회의 기반의 확충)

① 정부는 전자국제회의 기반을 확충하기 위하여 필요한 시책을 강구하여야 한다.

② 문화체육관광부장관은 전자국제회의 기반의 구축을 촉진하기 위하여 사업시행기관이 추진하는 다음 각 호의 사업을 지원할 수 있다.

1. 인터넷 등 정보통신망을 통한 사이버 공간에서의 국제회의 개최
2. 전자국제회의 개최를 위한 관리체제의 개발 및 운영
3. 그 밖에 전자국제회의 기반의 구축을 위하여 필요하다고 인정하는 사업으로서 문화체육관광부령으로 정하는 사업

시행규칙 : 제7조(전자국제회의 기반 구축) 법 제12조제2항제3호에서 "문화체육관광부령으로 정하는 사업"이란 전자국제회의 개최를 위한 국내외 기관 간의 협력사업을 말한다.

제13조(국제회의 정보의 유통 촉진)

① 정부는 국제회의 정보의 원활한 공급·활용 및 유통을 촉진하기 위하여 필요한 시책을 강구하여야 한다.

② 문화체육관광부장관은 국제회의 정보의 공급·활용 및 유통을 촉진하기 위하여 사업시행기관이 추진하는 다음 각 호의 사업을 지원할 수 있다.

1. 국제회의 정보 및 통계의 수집·분석
2. 국제회의 정보의 가공 및 유통
3. 국제회의 정보망의 구축 및 운영
4. 그 밖에 국제회의 정보의 유통 촉진을 위하여 필요한 사업으로 문화체육관광부령으로 정하는 사업

③ 문화체육관광부장관은 국제회의 정보의 공급·활용 및 유통을 촉진하기 위하여 필요하면 문화체육관광부령으로 정하는 바에 따라 관계 행정기관과 국제회의 관련 기관·단체 또는 기업에 대하여 국제회의 정보의 제출을 요청하거나 국제회의 정보를 제공할 수 있다.

시행규칙 : 제8조(국제회의 정보의 유통 촉진)

① 법 제13조제2항제4호에서 "문화체육관광부령으로 정하는 사업"이란 국제회의 정보의 활용을 위한 자료의 발간 및 배포를 말한다.

② 문화체육관광부장관은 법 제13조제3항에 따라 국제회의 정보의 제출을 요청하거나, 국제회의 정보를 제공할 때에는 요청하려는 정보의 구체적인 내용 등을 적은 문서로 하여야 한다.

제14조(국제회의도시의 지정 등)

① 문화체육관광부장관은 대통령령으로 정하는 국제회의도시 지정기준에 맞는 특별시·광역시 및 시를 국제회의도시로 지정할 수 있다.

② 문화체육관광부장관은 국제회의도시를 지정하는 경우 지역 간의 균형적 발전을 고려하여야 한다.

③ 문화체육관광부장관은 국제회의도시가 제1항에 따른 지정기준에 맞지 아니하게 된 경우에는 그 지정을 취소할 수 있다.

④ 문화체육관광부장관은 제1항과 제3항에 따른 국제회의도시의 지정 또는 지정취소를 한 경우에는 그 내용을 고시하여야 한다.

⑤ 제1항과 제3항에 따른 국제회의도시의 지정 및 지정취소 등에 필요한 사항은 대통령령으로 정한다.

시행령 : 제13조(국제회의도시의 지정기준) 법 제14조제1항에 따른 국제회의도시의 지정기준은 다음 각 호와 같다.

1. 지정대상 도시에 국제회의시설이 있고, 해당 특별시·광역시 또는 시에서 이를 활용한 국제회의산업 육성에 관한 계획을 수립하고 있을 것
2. 지정대상 도시에 숙박시설·교통시설·교통안내체계 등 국제회의 참가자를 위한 편의시설이 갖추어져 있을 것
3. 지정대상 도시 또는 그 주변에 풍부한 관광자원이 있을 것

시행규칙 : 제9조(국제회의도시의 지정신청) 법 제14조제1항에 따라 국제회의도시의 지정을 신청하려는 특별시장·광역시장 또는 시장은 다음 각 호의 내용을 적은 서류를 문화체육관광부장관에게 제출하여야 한다.

1. 국제회의시설의 보유 현황 및 이를 활용한 국제회의산업 육성에 관한 계획
2. 숙박시설·교통시설·교통안내체계 등 국제회의 참가자를 위한 편의시설의 현황 및 확충계획
3. 지정대상 도시 또는 그 주변의 관광자원의 현황 및 개발계획
4. 국제회의 유치·개최 실적 및 계획

제15조(국제회의도시의 지원) 문화체육관광부장관은 제14조제1항에 따라 지정된 국제회의도시에 대하여는 다음 각 호의 사업에 우선 지원할 수 있다.

1. 국제회의도시에서의 「관광진흥개발기금법」 제5조의 용도에 해당하는 사업
2. 제16조제2항 각 호의 어느 하나에 해당하는 사업

제15조의2(국제회의복합지구의 지정 등)

① 특별시장 · 광역시장 · 특별자치시장 · 도지사 · 특별자치도지사(이하 "시 · 도지사"라 한다)는 국제회의산업의 진흥을 위하여 필요한 경우에는 관할구역의 일정 지역을 국제회의복합지구로 지정할 수 있다.

② 시 · 도지사는 국제회의복합지구를 지정할 때에는 국제회의복합지구 육성 · 진흥계획을 수립하여 문화체육관광부장관의 승인을 받아야 한다. 대통령령으로 정하는 중요한 사항을 변경할 때에도 또한 같다.

③ 시 · 도지사는 제2항에 따른 국제회의복합지구 육성 · 진흥계획을 시행하여야 한다.

④ 시 · 도지사는 사업의 지연, 관리 부실 등의 사유로 지정목적을 달성할 수 없는 경우 국제회의복합지구 지정을 해제할 수 있다. 이 경우 문화체육관광부장관의 승인을 받아야 한다.

⑤ 시 · 도지사는 제1항 및 제2항에 따라 국제회의복합지구를 지정하거나 지정을 변경한 경우 또는 제4항에 따라 지정을 해제한 경우 대통령령으로 정하는 바에 따라 그 내용을 공고하여야 한다.

⑥ 제1항에 따라 지정된 국제회의복합지구는 「관광진흥법」 제70조에 따른 관광특구로 본다.

⑦ 제2항에 따른 국제회의복합지구 육성 · 진흥계획의 수립 · 시행, 국제회의복합지구 지정의 요건 및 절차 등에 필요한 사항은 대통령령으로 정한다.

시행령 : 제13조의2(국제회의복합지구의 지정 등)

① 법 제15조의2제1항에 따른 국제회의복합지구 지정요건은 다음 각 호와 같다.

1. 국제회의복합지구 지정대상 지역 내에 제3조제2항에 따른 전문회의시설이 있을 것
2. 국제회의복합지구 지정 대상 지역 내에서 개최된 회의에 참가한 외국인이 국제회의복합지구 지정일이 속한 연도의 전년도 기준 5천명 이상이거나 국제회의복합지구 지정일이 속한 연도의 직전 3년간 평균 5천명 이상일 것. 이 경우 「감영병의 예방 및 관리에 관한 법률」에 따른 감염병의 확산으로 「재난 및 안전관리 기본법」 제38조제2항에 따른 경계 이상의 위기경보가 발령된

기간에 개최된 회의에 참가한 외국인의 수는 회의에 참가한 외국인의 수에 문화체육관광부장관이 정하여 고시하는 가중치를 곱하여 계산할 수 있다.

3. 국제회의복합지구 지정 대상 지역에 제4조 각 호의 어느 하나에 해당하는 시설이 1개 이상 있을 것
4. 국제회의복합지구 지정 대상 지역이나 그 인근 지역에 교통시설 · 교통안내체계 등 편의시설이 갖추어져 있을 것

② 국제회의복합지구의 지정 면적은 400만 제곱미터 이내로 한다.

③ 특별시장 · 광역시장 · 특별자치시장 · 도지사 · 특별자치도지사(이하 "시 · 도지사"라 한다)는 국제회의복합지구의 지정을 변경하려는 경우에는 다음 각 호의 사항을 고려하여야 한다.

1. 국제회의복합지구의 운영 실태
2. 국제회의복합지구의 토지이용 현황
3. 국제회의복합지구의 시설 설치 현황
4. 국제회의복합지구 및 인근 지역의 개발계획 현황

④ 시 · 도지사는 법 제15조의2제4항에 따라 국제회의복합지구의 지정을 해제하려면 미리 해당 국제회의복합지구의 명칭, 위치, 지정 해제 예정일 등을 20일 이상 해당 지방자치단체의 인터넷 홈페이지에 공고하여야 한다.

⑤ 시 · 도지사는 국제회의복합지구를 지정하거나 지정을 변경한 경우 또는 지정을 해제한 경우에는 법 제15조의2제5항에 따라 다음 각 호의 사항을 관보, 「신문 등의 진흥에 관한 법률」 제2조제1호가목에 따른 일반일간신문 또는 해당 지방자치단체의 인터넷 홈페이지에 공고하고, 문화체육관광부장관에게 국제회의복합지구의 지정, 지정 변경 또는 지정 해제의 사실을 통보하여야 한다.

1. 국제회의복합지구의 명칭
2. 국제회의복합지구를 표시한 행정구역도와 지적도면
3. 국제회의복합지구 육성 · 진흥계획의 개요(지정의 경우만 해당한다)
4. 국제회의복합지구 지정 변경 내용의 개요(지정 변경의 경우만 해당한다)
5. 국제회의복합지구 지정 해제 내용의 개요(지정 해제의 경우만 해당한다)

시행령 : 제13조의3(국제회의복합지구 육성 · 진흥계획의 수립 등)

① 법 제15조의2제2항 전단에 따른 국제회의복합지구 육성 · 진흥계획(이하 "국제회의복합지구 육성 · 진흥계획"이라 한다)에는 다음 각 호의 사항이 포함되어야 한다.

1. 국제회의복합지구의 명칭, 위치 및 면적
2. 국제회의복합지구의 지정 목적

3. 국제회의시설 설치 및 개선 계획
4. 국제회의집적시설의 조성 계획
5. 회의 참가자를 위한 편의시설의 설치 · 확충 계획
6. 해당 지역의 관광자원 조성 · 개발 계획
7. 국제회의복합지구 내 국제회의 유치 · 개최 계획
8. 관할 지역 내의 국제회의업 및 전시사업자 육성 계획
9. 그 밖에 국제회의복합지구의 육성과 진흥을 위하여 필요한 사항

② 법 제15조의2제2항 후단에서 "대통령령으로 정하는 중요한 사항"이란 국제회의복합지구의 위치, 면적 또는 지정 목적을 말한다.

③ 시 · 도지사는 수립된 국제회의복합지구 육성 · 진흥계획에 대하여 5년마다 그 타당성을 검토하고 국제회의복합지구 육성 · 진흥계획의 변경 등 필요한 조치를 하여야 한다.

제15조의3(국제회의집적시설의 지정 등)

① 문화체육관광부장관은 국제회의복합지구에서 국제회의시설의 집적화 및 운영 활성화를 위하여 필요한 경우 시 · 도지사와 협의를 거쳐 국제회의집적시설을 지정할 수 있다.

② 제1항에 따른 국제회의집적시설로 지정을 받으려는 자(지방자치단체를 포함한다)는 문화체육관광부장관에게 지정을 신청하여야 한다.

③ 문화체육관광부장관은 국제회의집적시설이 지정요건에 미달하는 때에는 대통령령으로 정하는 바에 따라 그 지정을 해제할 수 있다.

④ 그 밖에 국제회의집적시설의 지정요건 및 지정신청 등에 필요한 사항은 대통령령으로 정한다.

시행령 : 제13조의4(국제회의집적시설의 지정 등)

① 법 제15조의3제1항에 따른 국제회의집적시설의 지정요건은 다음 각 호와 같다.
1. 해당 시설(설치 예정인 시설을 포함한다. 이하 이 항에서 같다)이 국제회의복합지구 내에 있을 것
2. 해당 시설 내에 외국인 이용자를 위한 안내체계와 편의시설을 갖출 것
3. 해당 시설과 국제회의복합지구 내 전문회의시설 간의 업무제휴 협약이 체결되어 있을 것

② 국제회의집적시설의 지정을 받으려는 자는 법 제15조의3제2항에 따라 문화체육관광부령으로 정하는 지정신청서를 문화체육관광부장관에게 제출하여야 한다.

③ 국제회의집적시설 지정 신청 당시 설치가 완료되지 아니한 시설을 국제회의집적시설로 지정받은 자는 그 설치가 완료된 후 해당 시설이 제1항 각 호의 요건을 갖추었음을 증명할 수 있는 서류를 문화체육관광부장관에게 제출하여야 한다.

④ 문화체육관광부장관은 법 제15조의3제3항에 따라 국제회의집적시설의 지정을 해제하려면 미리 관할 시 · 도지사의 의견을 들어야 한다.

⑤ 문화체육관광부장관은 법 제15조의3제1항에 따라 국제회의집적시설을 지정하거나 같은 조 제3항에 따라 지정을 해제한 경우에는 관보, 「신문 등의 진흥에 관한 법률」 제2조제1호가목에 따른 일반일간신문 또는 문화체육관광부의 인터넷 홈페이지에 그 사실을 공고하여야 한다.

⑥ 제1항부터 제5항까지에서 규정한 사항 외에 설치 예정인 국제회의집적시설의 인정 범위 등 국제회의집적시설의 지정 및 해제에 필요한 사항은 문화체육관광부장관이 정하여 고시한다.

시행규칙 : 제9조의2(국제회의집적시설의 지정신청) 국제회의집적시설의 지정을 받으려는 자는 법 제15조의3제2항에 따라 별지 제2호서식의 지정신청서에 다음 각 호의 서류를 첨부하여 문화체육관광부장관에게 지정을 신청하여야 한다.

1. 지정 신청 당시 설치가 완료된 시설인 경우 : 「국제회의산업 육성에 관한 법률 시행령」(이하 "영"이라 한다) 제4조 각 호의 어느 하나에 해당하는 시설에 해당하고 영 제13조의4제1항 각 호의 지정 요건을 갖추고 있음을 증명할 수 있는 서류
2. 지정 신청 당시 설치가 완료되지 아니한 시설의 경우 : 설치가 완료되는 시점에는 영 제4조 각 호의 어느 하나에 해당하는 시설에 해당하고 영 제13조의4제1항 각 호의 요건을 충족할 수 있음을 확인할 수 있는 서류

제15조의4(부담금의 감면 등)

① 국가 및 지방자치단체는 국제회의복합지구 육성 · 진흥사업을 원활하게 시행하기 위하여 필요한 경우에는 국제회의복합지구의 국제회의시설 및 국제회의집적시설에 대하여 관련 법률에서 정하는 바에 따라 다음 각 호의 부담금을 감면할 수 있다.

1. 「개발이익 환수에 관한 법률」 제3조에 따른 개발부담금
2. 「산지관리법」 제19조에 따른 대체산림자원조성비
3. 「농지법」 제38조에 따른 농지보전부담금
4. 「초지법」 제23조에 따른 대체초지조성비
5. 「도시교통정비 촉진법」 제36조에 따른 교통유발부담금

② 지방자치단체의 장은 국제회의복합지구의 육성 · 진흥을 위하여 필요한 경우 국제회의복합지구를 「국토의 계획 및 이용에 관한 법률」 제51조에 따른 지구단위계획구역으로 지정하고 같은 법 제52조제3항에 따라 용적률을 완화하여 적용할 수 있다.

제16조(재정 지원)

① 문화체육관광부장관은 이 법의 목적을 달성하기 위하여 「관광진흥개발기금법」 제2조제2항제3호에 따른 국외 여행자의 출국납부금 총액의 100분의 10에 해당하는 금액의 범위에서 국제회의산업의 육성재원을 지원할 수 있다.

② 문화체육관광부장관은 제1항에 따른 금액의 범위에서 다음 각 호에 해당되는 사업에 필요한 비용의 전부 또는 일부를 지원할 수 있다.

1. 제5조제1항 및 제2항에 따라 지정 · 설치된 전담조직의 운영
2. 제7조제1항에 따른 국제회의 유치 또는 그 개최자에 대한 지원
3. 제8조제2항제2호부터 제5호까지의 규정에 따른 사업시행기관에서 실시하는 국제회의산업 육성기반 조성사업
4. 제10조부터 제13조까지의 각 호에 해당하는 사업

4의2. 제15조의2에 따라 지정된 국제회의복합지구의 육성 · 진흥을 위한 사업

4의3. 제15조의3에 따라 지정된 국제회의집적시설에 대한 지원 사업

5. 그 밖에 국제회의산업의 육성을 위하여 필요한 사항으로서 대통령령으로 정하는 사업

③ 제2항에 따른 지원금의 교부에 필요한 사항은 대통령령으로 정한다.

④ 제2항에 따른 지원을 받으려는 자는 대통령령으로 정하는 바에 따라 문화체육관광부장관 또는 제18조에 따라 사업을 위탁받은 기관의 장에게 지원을 신청하여야 한다.

시행령 : 제14조(재정 지원 등) 법 제16조제2항에 따른 지원금은 해당 사업의 추진상황 등을 고려하여 나누어 지급한다. 다만, 사업의 규모 · 착수시기 등을 고려하여 필요하다고 인정할 때에는 한꺼번에 지급할 수 있다.

시행령 : 제15조(지원금의 관리 및 회수)

① 법 제16조제2항에 따라 지원금을 받은 자는 그 지원금에 대하여 별도의 계정(計定)을 설치하여 관리해야 하고, 그 사용 실적을 사업이 끝난 후 1개월(제2조제3호에 따른 국제회의를 유치하거나 개최하여 지원금을 받은 경우에는 문화체육관광부장관이 정하여 고시하는 기한) 이내에 문화체육관광부장관에게 보고해야 한다.

② 법 제16조제2항에 따라 지원금을 받은 자가 법 제16조제2항 각 호에 따른 용도 외에 지원금을 사용하였을 때에는 그 지원금을 회수할 수 있다.

제17조(다른 법률에 따른 허가 · 인가 등의 의제)

① 국제회의시설의 설치자가 국제회의시설에 대하여 「건축법」 제11조에 따른 건축허가를 받으면 같은 법 제11조제5항 각 호의 사항 외에 다음 각 호의 허가 · 인가 등을 받거나 신고를 한 것으로 본다.

1. 「하수도법」 제24조에 따른 시설이나 공작물 설치의 허가
2. 「수도법」 제52조에 따른 전용상수도 설치의 인가
3. 「소방시설 설치 및 관리에 관한 법률」 제6조제1항에 따른 건축허가의 동의
4. 「폐기물관리법」 제29조제2항에 따른 폐기물처리시설 설치의 승인 또는 신고
5. 「대기환경보전법」 제23조, 「물환경보전법」 제33조 및 「소음 · 진동관리법」 제8조에 따른 배출시설 설치의 허가 또는 신고

② 국제회의시설의 설치자가 국제회의시설에 대하여 「건축법」 제22조에 따른 사용승인을 받으면 같은 법 제22조제4항 각 호의 사항 외에 특별자치도지사 · 시장 · 군수 또는 구청장이 다음 각 호의 검사 · 신고 등의 관계 행정기관의 장과 미리 협의한 사항에 대해서는 해당 검사를 받거나 신고를 한 것으로 본다.

1. 「수도법」 제53조에 따른 전용상수도의 준공검사
2. 「소방시설공사업법」 제14조제1항에 따른 소방시설의 완공검사
3. 「폐기물관리법」 제29조제4항에 따른 폐기물처리시설의 사용개시 신고
4. 「대기환경보전법」 제30조 및 「물환경보전법」 제37조에 따른 배출시설 등의 가동개시(稼動開始) 신고

③ 제1항과 제2항에 따른 협의를 요청받은 행정기관의 장은 그 요청을 받은 날부터 15일 이내에 의견을 제출하여야 한다.

④ 제1항부터 제3항까지에서 규정한 사항 외에 허가 · 인가 · 검사 및 신고 등 의제의 기준 및 효과 등에 관하여는 「행정기본법」 제24조부터 제26조까지를 따른다. 이 경우 같은 법 제24조제4항 전단 중 "20일"은 "15일"로 한다.

시행규칙 : 제10조(인가 · 허가 등의 의제를 위한 서류 제출) 법 제17조제3항에서 "문화체육관광부령으로 정하는 관계 서류"란 법 제17조제1항 및 제2항에 따라 의제(擬制)되는 허가 · 인가 · 검사 등에 필요한 서류를 말한다.

제18조(권한의 위탁)

① 문화체육관광부장관은 제7조에 따른 국제회의 유치·개최의 지원에 관한 업무를 대통령령으로 정하는 바에 따라 법인이나 단체에 위탁할 수 있다.

② 문화체육관광부장관은 제1항에 따른 위탁을 한 경우에는 해당 법인이나 단체에 예산의 범위에서 필요한 경비(經費)를 보조할 수 있다.

시행령 : 제16조(권한의 위탁) 문화체육관광부장관은 법 제18조제1항에 따라 법 제7조에 따른 국제회의 유치·개최의 지원에 관한 업무를 법 제5조제1항에 따른 국제회의 전담조직에 위탁한다.

부칙 〈법률 제15059호, 2017. 11. 28.〉 이 법은 공포 후 6개월이 경과한 날부터 시행한다. 다만, 제17조제1항의 개정규정은 공포한 날부터 시행한다.

Part 7

한국관광공사법

[법률 제15592호, 2023. 8. 8, 일부개정]

제1조(목적) 이 법은 한국관광공사를 설립하여 관광진흥, 관광자원 개발, 관광산업의 연구·개발 및 관광 관련 전문인력의 양성·훈련에 관한 사업을 수행하게 함으로써 국가경제 발전과 국민복지 증진에 이바지함을 목적으로 한다.

시행령 : 제1조(목적) 이 영은 「한국관광공사법」에서 위임된 사항과 그 시행에 필요한 사항을 규정함을 목적으로 한다.

제2조(법인격) 한국관광공사(이하 "공사"라 한다)는 법인으로 한다.

제3조(사무소)

① 공사의 주된 사무소의 소재지는 정관으로 정한다.

② 공사는 그 업무수행을 위하여 필요하면 이사회의 의결을 거쳐 필요한 곳에 지사 또는 사무소를 둘 수 있다.

제4조(자본금)

① 공사의 자본금은 500억 원으로 하고, 그 2분의 1 이상을 정부가 출자한다.

② 정부는 국유재산 중 관광사업 발전에 필요한 토지, 시설 및 물품 등을 공사에 현물로 출자할 수 있다.

제5조(등기)

① 공사는 주된 사무소의 소재지에서 설립등기를 함으로써 성립한다.

② 제1항에 따른 설립등기, 지사 또는 사무소의 설치등기, 이전등기, 변경등기, 그 밖에 공사의 등기에 필요한 사항은 대통령령으로 정한다.

③ 공사는 등기가 필요한 사항에 관하여는 등기 후가 아니면 제3자에게 대항하지 못한다.

시행령 : 제2조(설립등기)

① 한국관광공사(이하 "공사"라 한다)는 「한국관광공사법」(이하 "법"이라 한다) 제5조에 따른 설립등기를 정관의 인가를 받은 날부터 2주일 내에 주된 사무소의 소재지에서 하여야 한다.

② 제1항에 따른 설립등기의 사항은 다음 각 호와 같다.

1. 목적
2. 명칭
3. 주된 사무소, 지사 또는 사무소의 소재지
4. 자본금
5. 임원의 성명과 주소
6. 공고의 방법

시행령 : 제3조(지사 등의 설치등기)

① 공사는 공사의 설립 후에 지사 또는 사무소를 설치하였을 때에는 다음 각 호의 구분에 따라 등기하여야 한다.

1. 주된 사무소의 소재지의 경우 : 2주일 내에 새로 설치된 지사 또는 사무소의 명칭과 소재지
2. 새로 설치된 지사 또는 사무소의 소재지의 경우 : 3주일 내에 제2조제2항 각 호의 사항
3. 이미 설치된 다른 지사 또는 사무소의 소재지의 경우 : 3주일 내에 새로 설치된 지사 또는 사무소의 명칭과 소재지

② 공사의 설립과 동시에 지사 또는 사무소를 설치하는 경우에는 제2조제1항에 따른 설립등기를 한 후 3주일 내에 그 지사 또는 사무소의 소재지에서 같은 조 제2항 각 호의 사항을 등기하여야 한다.

③ 주된 사무소, 지사 또는 사무소의 소재지를 관할하는 등기소의 관할구역에서 다른 지사 또는 사무소를 새로 설치하였을 때에는 그 지사 또는 사무소의 명칭과 소재지만을 등기하면 된다.

시행령 : 제4조(이전등기)

① 공사가 주된 사무소를 다른 등기소의 관할구역으로 이전하였을 때에는 종전 소재지에서는 2주일 내에 새로운 소재지와 이전 연월일을 등기하고, 새로운 소재지에서는 3주일 내에 제2조제2항 각 호의 사항을 등기하여야 한다.

② 지사 또는 사무소를 다른 등기소의 관할구역으로 이전하였을 때에는 주된 사무소의 소재지와 지사 또는 사무소의 종전 소재지에서는 2주일 내에 새로운 소재지와 이전 연월일을 등기하고, 새로운 소재지에서는 3주일 내에 제2조제2항 각 호의 사항을 등기하여야 한다.

③ 동일한 등기소의 관할구역에서 주된 사무소, 지사 또는 사무소를 이전하였을 때에는 2주일 내에 새로운 소재지와 이전 연월일을 등기하여야 한다.

시행령 : 제5조(변경등기) 제2조제2항 각 호의 등기사항 중 변경된 사항이 있는 경우에는 주된 사무소의 소재지에서는 2주일 내에, 지사 또는 사무소의 소재지에서는 3주일 내에 각각 변경된 사항을 등기하여야 한다.

시행령 : 제7조(등기신청서의 첨부서류) 이 영에 따른 등기신청서에는 다음 각 호의 구분에 따른 서류를 첨부하여야 한다.

1. 제2조에 따른 설립등기: 공사의 정관, 임원의 자격을 증명하는 서류 및 설립위원회의 회의록
2. 제3조에 따른 지사 또는 사무소의 설치등기: 지사 또는 사무소의 설치를 증명하는 서류
3. 제4조에 따른 이전등기: 주된 사무소, 지사 또는 사무소의 이전을 증명하는 서류
4. 제5조에 따른 변경등기: 그 변경사항을 증명하는 서류
5. 제6조에 따른 대리인 선임등기: 대리인 선임을 증명하는 서류
6. 제11조에 따른 사채(社債) 발행의 등기: 법 제15조제1항에 따른 이사회의 의결을 거쳤음을 증명하는 서류

시행령 : 제8조(등기기간의 기산) 이 영에 따른 등기사항으로서 문화체육관광부장관의 인가 또는 승인을 받아야 할 사항이 있을 때에는 그 인가서 또는 승인서가 도달한 날부터 제2조부터 제5조까지의 등기기간을 기산(起算)한다.

제6조(유사명칭의 사용금지) 이 법에 따른 공사가 아닌 자는 한국관광공사 또는 이와 유사한 명칭을 사용하지 못한다.

제7조(주식)

① 공사의 자본금은 주식으로 분할한다.

② 주식은 기명으로 하고 그 종류와 1주당 금액은 정관으로 정한다.

제8조(정부주 매도의 제한) 정부소유의 주식을 다른 자에게 매도할 경우에는 다른 자가 소유하는 주식의 총액이 정부 소유주식의 총액을 초과하여서는 아니 된다.

제9조(사장의 대표권 제한) 공사의 이익과 사장의 이익이 상반되는 사항에 대하여는 사장이 공사를 대표하지 못하며, 감사가 공사를 대표한다.

제10조(대리인의 선임) 사장은 정관으로 정하는 바에 따라 직원 중에서 공사의 업무에 관하여 재판상 또는 재판 외의 모든 행위를 할 수 있는 권한을 가진 대리인을 선임할 수 있다.

시행령 : 제6조(대리인 선임등기) 법 제10조에 따라 사장이 대리인을 선임하였을 때에는 대리인을 둔 주된 사무소, 지사 또는 사무소의 소재지에서 각각 2주일 내에 다음 각 호의 사항을 등기하여야 한다.

1. 대리인의 성명과 주소
2. 대리인을 둔 주된 사무소, 지사 또는 사무소의 명칭과 소재지
3. 대리인의 권한을 제한한 경우에는 그 제한의 내용

제11조(비밀누설 금지 등) 공사의 임직원이나 그 직에 있었던 사람은 그 직무상 알게 된 비밀을 누설하거나 도용하여서는 아니 된다.

제12조(사업)

① 공사는 제1조의 목적을 달성하기 위하여 다음 각 호의 사업을 수행한다.

1. 국제관광 진흥사업
   가. 외국인 관광객의 유치를 위한 홍보
   나. 국제관광시장의 조사 및 개척
   다. 관광에 관한 국제협력의 증진
   라. 국제관광에 관한 지도 및 교육
2. 국민관광 진흥사업
   가. 국민관광의 홍보
   나. 국민관광의 실태 조사
   다. 국민관광에 관한 지도 및 교육
   라. 장애인, 노약자 등 관광취약계층에 대한 관광 지원

3. 관광자원 개발사업
   가. 관광단지의 조성과 관리, 운영 및 처분
   나. 관광자원 및 관광시설의 개발을 위한 시범사업
   다. 관광지의 개발
   라. 관광자원의 조사
4. 관광산업의 연구 · 개발사업
   가. 관광산업에 관한 정보의 수집 · 분석 및 연구
   나. 관광산업의 연구에 관한 용역사업
5. 관광 관련 전문인력의 양성과 훈련 사업
6. 관광사업의 발전을 위하여 필요한 물품의 수출입업을 비롯한 부대사업으로서 이사회가 의결한 사업

② 공사는 제1항에 따른 사업 중 필요하다고 인정하는 사업은 이사회의 의결을 거쳐 타인에게 위탁하여 경영하게 할 수 있다.

③ 공사는 국가, 지방자치단체, 「공공기관의 운영에 관한 법률」에 따른 공공기관 및 그 밖의 공공단체 중 대통령령으로 정하는 기관으로부터 제1항 각 호의 어느 하나에 해당하는 사업을 위탁받아 시행할 수 있다.

시행령 : 제9조(위탁경영)

① 법 제12조제2항에 따른 "타인"이란 공공단체, 공익법인 또는 문화체육관광부장관이 인정하는 단체를 말한다.

② 법 제12조제2항에 따라 공사가 그 업무를 제1항의 법인이나 단체에 위탁하려는 경우에는 위탁하려는 업무의 종류 및 범위, 위탁경영의 조건 및 기간과 위탁방법 등에 관하여 이사회의 의결을 거쳐야 한다.

시행령 : 제9조의2(공공단체의 범위) 법 제12조제3항에서 "대통령령으로 정하는 기관"이란 다음 각 호의 기관을 말한다.

1. 「지방공기업법」 제5조에 따른 지방직영기업, 같은 법 제49조에 따른 지방공사 및 같은 법 제76조에 따른 지방공단
2. 「지방자치단체 출자 · 출연 기관의 운영에 관한 법률」 제5조에 따라 행정안전부장관이 지정한 출자 · 출연 기관

제13조(손익금의 처리)

① 공사는 매 사업연도의 결산 결과 이익이 생기면 다음 각 호의 순서로 처리한다.
   1. 이월손실금의 보전

2. 자본금의 2분의 1에 이를 때까지 이익금의 10분의 1 이상을 이익준비금으로 적립
3. 주주에 대한 배당
4. 제2호에 따른 이익준비금 외의 준비금으로 적립
5. 다음 연도로 이월

② 공사는 매 사업연도의 결산 결과 손실이 생기면 제1항제4호에 따른 적립금으로 보전하고 그 적립금으로도 부족하면 같은 항 제2호에 따른 적립금으로 이를 보전하되, 그 미달액은 다음 사업연도로 이월한다.

③ 제1항제2호 및 제4호에 따른 적립금은 대통령령으로 정하는 바에 따라 자본금으로 전입할 수 있다.

시행령 : 제10조(적립금의 자본전입) 공사가 법 제13조제3항에 따라 적립금의 전부 또는 일부를 자본금으로 전입하려는 경우에는 주주총회의 의결을 거쳐야 한다.

제14조(보조금) 정부는 예산의 범위에서 공사의 사업과 운영에 필요한 비용을 보조할 수 있다.

제15조(사채의 발행 등)

① 공사는 이사회의 의결을 거쳐 자본금과 적립금 합계액의 2배를 초과하지 아니하는 범위에서 사채(社債)를 발행할 수 있다.

② 정부는 제1항에 따라 공사가 발행하는 사채의 원리금의 상환을 보증할 수 있다.

시행령 : 제11조(사채 발행의 등기) 공사는 법 제15조제1항에 따라 사채를 발행할 때에는 다음 각 호의 사항을 등기하여야 한다.

1. 사채 발행의 목적
2. 사채 발행의 시기
3. 사채의 총액
4. 사채의 권종(券種)별 액면금액
5. 사채의 이율
6. 사채의 모집 및 인수 방법
7. 사채 상환의 방법 및 기한
8. 사채 이자 지급의 방법 및 기한

제ㄴ16조(감독) 문화체육관광부장관은 공사의 경영목표를 달성하기 위하여 필요한 범위에서 다음 각 호의 사항과 관련되는 공사의 업무에 관하여 지도·감독한다.

1. 국제관광 및 국민관광 진흥사업
2. 관광자원 개발사업
3. 관광산업의 연구·개발사업
4. 관광 관련 전문인력의 양성과 훈련 사업
5. 법령에 따라 문화체육관광부장관이 위탁 또는 대행하도록 한 사업
6. 그 밖에 관계 법령에서 정하는 사업

제17조(다른 법률과의 관계) 이 법에 규정되지 아니한 공사의 조직과 경영 등에 관한 사항은 「공공기관의 운영에 관한 법률」에 따른다.

제18조(벌칙) 제11조를 위반하여 비밀을 누설하거나 도용한 자는 2년 이하의 징역 또는 2천만 원 이하의 벌금에 처한다.

제19조(과태료)

① 제6조를 위반하여 한국관광공사 또는 이와 유사한 명칭을 사용한 자에게는 300만 원 이하의 과태료를 부과한다.

② 제1항에 따른 과태료는 대통령령으로 정하는 바에 따라 문화체육관광부장관이 부과·징수한다.

시행령 : 제12조(과태료의 부과기준) 법 제19조제1항에 따른 과태료의 부과기준은 다음과 같다.

■ 과태료의 부과기준

1. 일반기준

가. 위반행위의 횟수에 따른 과태료의 가중된 부과기준은 최근 1년간 같은 위반행위로 과태료 부과처분을 받은 경우에 적용한다. 이 경우 기간의 계산은 위반행위에 대하여 과태료 부과처분을 받은 날과 그 처분 후 다시 같은 위반행위를 하여 적발된 날을 기준으로 한다.

나. 가목에 따라 가중된 부과처분을 하는 경우 가중처분의 적용 차수는 그 위반행위 전 부과처분 차수(가목에 따른 기간 내에 과태료 부과처분이 둘 이상 있었던 경우에는 높은 차수를 말한다)의 다음 차수로 한다.

다. 부과권자는 위반행위의 동기, 내용 및 결과 등을 고려하여 제2호의 개별기준에 따른 과태료 금액의 2분의 1 범위에서 그 금액을 줄일 수 있다.

2. 개별기준

위반행위	근거 법조문	과태료 금액(단위 : 만 원)		
		1차 위반	2차 위반	3차 이상 위반
가. 법 제6조를 위반하여 공사가 아닌 자가 한국관광공사라는 명칭을 사용한 경우	법 제19조 제1항	100	200	300
나. 법 제6조를 위반하여 공사가 아닌 자가 한국관광공사와 유사한 명칭을 사용한 경우	법 제19조 제1항	50	100	200

부칙 〈법률 제15171호, 2017. 12. 12.〉

이 법은 공포 후 3개월이 경과한 날부터 시행한다. 다만, 제14조의 개정규정은 공포한 날부터 시행한다.

참고문헌

국가경쟁력강화위원회(2008), 「관광산업경쟁력 제고방안」, 제9차 회의안건.
국무총리실 등(2009), 「지역관광활성화방안」, 보도참고자료.
김용상(2004), 「관광학」, 서울 : 백산출판사.
김창수(1998), 「관광교통론」, 서울 : 대왕사.
문화관광체육관광부(2018), 「2017 관광동향에 관한 연차보고서」.
미래서비스아카데미(2007), 「투어에스코드실무」, 서울 : 새로미.
박규영(2000), 「관광사업개론」, 서울 : 형설출판사.
박철호 · 이황 · 김종규 · 안택균(2008), 「뉴패러다임 관광법규」, 서울 : 진영사.
서병로 · 강한승 · 김기홍(2009), 「의료관광산업」, 서울 : 대왕사.
서태양(1999), 「문화관광론」, 서울 : 대왕사.
신상준(2000), 「관광법규의 이해와 사례분석」, 서울 : 대왕사.
윤대순(2001), 「관광경영학원론」, 서울 : 백산출판.
이광원(1998), 「관광학원론」, 서울 : 기문사.
이광재(2008), 「법령해석 실무 및 사례」, 공무원 교육자료.
이상희(2008), 「법령의 체계와 입법절차」, 공무원 교육자료.
이선희(2001), 「여행업경영개론」, 서울 : 대왕사.
이항구(2000), 「관광법규학신론」, 서울 : 백산출판사.
정희천(2009), 「최신관광법규론」, 서울 : 대왕사.
한국문화관광연구원(2009), 「한국관광정책」, 38(winter).
허영민(1992), 「법학개론」, 서울 : 박영사.
네이버, www.naver.com/
대검찰청, http://www.spo.go.kr/
문화체육관광부, http://www.mcst.go.kr/
법제처, http://www.moleg.go.kr/
한국관광공사, http://www.visitkorea.or.kr/
한국관광협회중앙회, http://www.koreatravel.or.kr/
한국관광호텔업협회, http://www.hotelskorea.or.kr/
한국의료관광협회, http://www.koreamedicaltour.org/
한국일반여행업협회, http://www.kata.or.kr/
한국종합유원시설업협회, http://www.kaapa.or.kr/
한국카지노업협회, http://www.koreacasino.or.kr/
한국컨벤션이벤트산업협회, http://www.kceia.org/https:/

저자소개

■ 최 철 수

- 경기대학교 관광경영학과 졸업(경영학 학사)
- 경기대학교 대학원 관광경영학 전공(경영학 석사)
- 경기대학교 대학원 관광경영학 전공(관광학 박사)
- 관광통역안내사 · 국내여행안내사 자격시험 출제위원 · 면접위원

  현) 동남보건대학교 의료융합관광과 교수

  관광경영학회 이사

■ 김 판 영

- 경기대학교 관광경영학과 졸업(경영학 학사)
- 경기대학교 대학원 관광경영학 전공(경영학 석사)
- 경기대학교 대학원 관광경영학 전공(관광학 박사)
- (주)투어차이나항공 영업부 근무
- 동남보건대학 관광영어과 겸임교수 역임
- 안양대학교 관광학부 강의전담 교수 역임

  현) 백석대학교 관광학부 관광경영전공 교수

  문화관광연구학회 이사

  한국여행학회 이사

  한국관광연구학회 편집위원
- 「여행업과 항공업무의 이해」, 서울 : 대왕사, 2009. 외
- "여행업의 여행서비스 회복에 관한 연구", 2004. 박사학위논문, 외
- "충주시 문화관광 기반 구축", 2004, 연구보고서, 외

新 관광법규론

2014년 7월 31일 초 판 발행
2019년 2월 28일 2판 1쇄 발행
2020년 1월 31일 3판 1쇄 발행
2022년 2월 28일 4판 1쇄 발행
2024년 8월 20일 5판 1쇄 발행

저 자 최철수 · 김판영
발행인 한인환 · 한재성
발행처 도서출판 **기문사**
등 록 1978. 8. 9. NO. 6-0637
주 소 서울시 동대문구 안암로 50-1(용두동) 홍신빌딩 3층
전 화 02) 2265-7214(代)/922-8662~3
팩 스 02) 922-8772

homepage : www.kimoonsa.co.kr
e-mail : book@kimoonsa.co.kr

ISBN : 978-89-7723-990-6 13900

정가 : 20,000원